中華思想의 實體 Ⅲ

-(中華思想의 震源은 道家인가?)-

제1권. 중화사상의 진면목을 논구해야할 당위성

제2권. 이족이 수립한 요순사관과 통치이념의 정통성을 계승한 유가

제3권. 황제사관을 내세우고서 역사왜곡을 감행한 도가

지은이 이 현모

도서출판 장서원

목차

들어가는 말

주목 : 열자가 노자 도덕경의 글을 실려 있는 서책을 황제서(黃帝書)라고 하였다. 그러면 도덕경이 황제서인지 아니면 도덕경과 별개로 황제서가 먼저 있었고 그리고 나중에 노자가 그 서책을 바탕으로 하여 도덕경을 저술했는지가 도가를 이해하는 작업에 있어서 가장 중요한 핵심과제 중 으뜸과제가 된다. 그러므로 황제사관의 정체를 밝히기 위해서는 그 점을 특히 유념해야 한다.

3권의 제목은 중국고대역사가 왜곡되었다는 점과 그리고 그로부터 탄생한 중화사상의 진원지가 황로학의 도가에 있음을 밝히려는 논구의 표제이다.

그런데 그런 거창한 왜곡의 발상이 도가에서 비롯되었는데, 도가는 그 왜곡의 작업을 유가를 철저히 부정하는 발상으로부터 시작한다. 즉 1, 2권이 논구한 요순사관(堯舜史觀)을 배격하고 그 대신 그 곳에 황제사관(黃帝史觀)을 내세우려고 한 점이다. 물론 도가의 선비들이 역사를 왜곡한 직접적인 동기는 주나라를 전복하고 새로운 왕조를 수립하려는 야욕에서 비롯된 것이기 때문에 따라서 당연히 이 주제의 논구는 그들의 정치적 동기와 야심을 전제조건으로 하고 있다.

그리하여 그들은 자신들의 의도와 신분을 은폐하고서 세상 사람들의 의식을 개조하려고 하였는데, 그 점은 노자 도덕경 마지막 81장이 함축하고 있다. 왜냐하면 그 문장이 전국시대에 등장한 도가사상의 의도와 전략을 가늠할 수 있게 하는 근본바탕이 되기 때문이다. 다시 말해 그들은 너무도 아름답고 고귀한 모습으로 자기 자신들을 위장하고서 자신들의 말을 대중들의 머리와 가슴에 의식시켰기 때문이다.

그러므로 제3권은 과연 아래의 말처럼 유가의 말이 참으로 거짓이고 그들의 말이 참으로 진실인지를 논구하려고 한다.

> "진실한 말은 아름답지 않고(信言不美) 아름다운 말은 진실하지 않다(美言不信). 착한 사람은 말을 잘하지 않고(善者不辯) 말을 잘하는 사람은 착하지 않다(辯者不善). 아는 사람은 넓지 않고(知者不博) 넓은 사람은 알지 못한다(博者不知).
>
> 성인은 쌓지 않는다(聖人不積). 이미 남을 위함으로써(旣以爲人) 내가 더욱 있게 되고(己愈有) 이미 남에게 줌으로써(旣以與人) 내가 더욱 많아진다(己愈多).
>
> 하늘의 도는(天之道) 이롭게 하고 해치지 않으며(利而不害) 성인의 도는 (聖人之道) 다스리면서 능히 다투지 않는다(爲而不爭)."[1]

그러면 당연히 그들의 내세운 무위자연의 정체가 무엇인가? 하는 의문점과 그리고 왜 그들은 자신의 사고방식을 무위라고

---

1) 도덕경 p392

했는가? 더 나아가 무위자연의 도를 깨친 인물의 구체적이고 실질적인 행동모습은 어떤 것인가? 하는 의문점의 해명이 궁금해진다. 곧 세속을 떠난 신선이나 도인과 같은 걸치레를 한 모습의 인물이 세속에서 행동하는 무위자연의 모습의 무엇인가? 하는 의문점에 대한 해명이다. 그리고 그런 의문점에 대해 장자가 갖가지 우화를 만들어 해명했기 때문에 그 점이 주목되는데, 특히 그 중에서도 장자가 황제사관의 주체인 황제를 내세우고서 천하를 다스리는 정치의 무위의 도를 설명했기 때문에 그 설명은 정치적·도덕적 관점에서 뿐만 아니라 역사적 관점에서 실로 말할 수 없을 정도로 중요해진다. 그 이유는 도가가 어떤 말로서 자신들의 진정한 정체와 의도를 교묘히 감추었더라도 천하를 다스리는 정치의 방법을 그와 같이 노출시킨 이상, 그것이 그들의 의도를 명백히 보여 주는 객관적 증거가 아닐 수 없기 때문이다. 더욱이 도가의 무위자연의 도가 속세를 떠난 도인의 길을 의미하는 것이라면 도저히 황제사관의 글이 그런 발상으로부터 나올 수 없기 때문이다. 더 나아가 속세를 떠난 도인의 모습이 도가의 진면목인지 아니면 천하를 다스리는 방법을 펼친 황제의 모습이 도가의 진면목인지가 보는 사람으로 하여금 헷갈리게 하지만 그러나 이 두 방법이 결코 양립할 수 있는 것이 아니기 때문이다. 그러면 한 쪽의 진술이 다른 쪽의 진술의 의도를 교묘히 은폐하기 위한 전술·전략용일 수밖에 없게 된다.

왜냐하면 아무리 전국시대가 난국의 시대라고 하더라도, 전국시대의 정국이 도인의 길을 걸어가겠다는 일반백성들로 하여금 굳이 자기 자신의 정체를 세상에 은폐하도록 또는 위장하도록 만들어야 할 이유를 전혀 가지고 있지 않았기 때문이다. 그렇다면 일반백성들이 아닌 선비들이 자기 자신의 신분을 은폐시켜야만할 이유가 있었다는 것인데, 그것은 황제사관을 내세우고서 요·순사관을 부정하고 배척하는 것이라고밖에 할 수 없다. 다시 말해 은폐의 진정한 원인이 외부에서 압력을 가한 강제적인 사정이 아니라, 황제사관을 만든 자신들의 떳떳치 못한 개인 사정이 진정한 원인이라는 것이다. 곧 한편으로는 황제사관이 야기할 세간의 비판을 교묘히 피하면서, 다른 편으로는 황제사관을 세간에 은밀히 확산시켜나갈 고도의 위장(僞裝)전술의 극치가 세속을 떠난 도인의 모습을 가장한 무위자연의 도의 진면목이라는 점이다. 그러므로 아래의 글은 그런 관점을 확인시켜줄 확실한 실마리가 된다.

"황제가 문득 대의를 만나려고 구자산에 찾아갔다(黃帝將見大隗乎具茨之山). <우주만물을 다 알고 있는>방명이(方明爲御), <우주를 창성케하는>창우가 배승하고(昌寓驂乘), <힘센>장약과 <구변이 좋은>습붕이 앞에서 말을 이끌고(張若謵朋前馬), <혼돈한 바보>곤혼과 <상궤를 벗어난>골계가 마차 뒤에서 따랐다(昆閽滑稽後車). 양성의 들판에 도달하자(至於襄城之野) 일곱 성현 모두가 길을 잃고 헤매게 되었다(七聖皆迷) 길을 물을 곳도 없었다(無所問塗) 마침 말을 치는 동자를 만났으므로(適遇牧馬童子)

길을 물었다(問塗焉)…. 황제가 말했다(黃帝曰). 「기이하구나(異哉)! 어린 아이가 다만 구자산만 아는 것이 아니라(小童非徒知具茨之山), 또 대외가 살고 있는 곳도 아는구나(又知大隗知所存)」 천하를 다스리는 일에 대해 청하고서 물었다(청問爲天下).

소동이 말했다(小童曰). 「무릇 천하를 다스리는 일은(夫爲天下者) 역시 이와 같아서(亦若此而已矣). 또 무슨 다스림이 어디에 있겠습니까(又奚事焉)? 내가 어렸었기 때문에 <천지사방이내>속세에서 노닐고 있었는데(予少而自遊於六合之內). 내가 <현기증>눈이 흐려지는 병을 맞이하게 되었습니다(予適有瞀病). 어떤 늙은이가 나를 가르쳐 말했습니다(有長者敎予曰).「너는 태양의 수레를 타고서(若乘日之車) 능히 양성의 들판에서 노닐도록 하라(而遊於襄城之野). 지금 제 병은 적잖이 나았습니다(今予病少痊). 제가 또 다시 세상 밖으로 나가 노닐려고 합니다(予又且復遊於六合之外). 천하를 다스리는 일은(夫爲天下) 역시 이와 같아서(亦若此而已) 제가 또 무슨 일을 어떻게 하겠습니까(予又奚事焉)?」.

황제가 말했다(皇帝曰). 무릇 천하를 다스리는 일은(夫爲天下

者) 곧 참으로 그대의 일은 아니다(則誠非吾子之事). 그렇지만(雖然) 천하를 다스리는 일을 청하려 묻겠다(請問爲天下). 소동은 사양하였지만(小童辭) 황제는 또 물었다(黃帝又問).

소동이 말했다(小童曰). 「무릇 천하를 다스리는 일은(夫爲天下者) 역시 말을 치는 일에서 무슨 차이가 있겠습니까(亦奚以異乎牧馬者哉)? 역시 마땅히 말을 해치는 것을 제거하는 것입니다(亦去其害馬者而已矣)」.

황제가 <두 번 절하고 머리를 조아리는> 제배계수를 행하고(黃帝再拜稽首) <동자를>하늘이 내린 사부라고 칭하고서 물러났다(稱天師則退)."[2)]

곧 여기에서의 황제와 동자의 관계가 전국시대의 왕과 도가 선비의 관계와 일맥상통하는 것이기 때문에 그들이 나눈 대화 내용은 지극히 중요한 정치적 의의를 지니게 된다. 그 까닭은 황제가 다가올 통일왕조의 왕이고 동자가 도가사상가라면, 당연히 이 대화는 도가가 새로운 왕이 될 인물에게 미리 새로운 방식의 정치의 도를 말해 준 것이 되기 때문이다. 그러므로 동자가 말한 내용 중에서 「제가 또 다시 세상 밖으로 나가 노니는 것(予遊於六合之外)」을 해석함에 있어서 그 의미를 탈세속화

2)장자 447, 장자B805~806

로 파악하게 되면, 곧 그 답변은 현실정치와 무관한 것이 되기 때문에 적절한 이해가 될 수 없게 되고, 또한 그것을 통치자의 정신자세를 강조한 것으로 파악하게 되면 그것은 현실의 통치방법으로서 구체적 답변이 될 수 없기 때문에 적절한 이해가 될 수 없게 된다.

따라서 동자의 그 말을 전국시대의 난국에서 일단 벗어나야 함을 충고한 의미로 해석해야만 비로소 그 진의가 제대로 드러나게 된다. 다시 말해 동자의 말을 일단 전국시대의 진흙탕 물 속에서 벗어나서 돌아가는 사태를 한 발짝 물러나 관망한 연후에 그리고 나서 그 사태에 맞추어 적절한 대응책을 강구해야 한다는 권고의 말로 해석해야만 도가의 진의가 마땅히 드러나게 된다.

그러면 도가가 말하는 천하의 모습이 노자 도덕경 80장에 기록된 '작은 나라 적은 백성(小國寡民)'의 세상인가?' 하는 의문점이 도가의 정체를 파악하는 작업의 핵심주제로 등장하지 않을 수 없게 된다. 그 이유는 소국과민의 말뜻이 도가가 전국시대에 실시된 군현(郡縣)단위를 행정의 토대로 삼아 중앙집권적 전제군주제도를 표명한 입장인지 아니면 반대한 입장인지의 의문점 때문이다.

그런즉 이와 같은 의문점을 규명하는 작업이 도가의 진의를 간과하고 그 표피의 말뜻만 쫓아가게 되면 마치 도가사상을 진(秦)나라의 통일을 반대한 사상으로 해석하는 잘못을 범할 수 있게 되는데, 진실은 전혀 그렇지 않기 때문에 그 점을 유념하고서 도가사상이 논구되어야 한다. 왜냐하면 도가사상이 탈(脫)세속(世俗)을 추구한 종교적 내지 도덕적 사상이라면, 굳이 황제(黃帝)사관(史觀)을 내세워 요·순(堯舜)사관(史觀)을 극구 부정할 정치적 이유가 도가사상가들에게 도대체 있을 리 만무했기 때문이다.

그런즉 도가의 궁극 의도는 그들이 말한 무위자연의 도의 의미를 제대로 직시해야만 그들의 의도가 명확히 밝혀질 것이다. 그런데 그 점은 장자가 재유(在宥)의 글 속에서 교묘히 암시한 정치적 목적에서 명확히 드러난다. 물론 이 문장을 순수하게 해석하여 도가를 변호할 수 있겠지만 그러나 그렇게 하려면 당연히 왜 도가가 정치적 발언을 줄곧 하였는지를 먼저 해명해야 한다. 그러므로 이 논구는 그런 반론을 염두에 두고서 진행될 것이다.

그러면 장자가 재유에서 다음의 말로 시작하여 유가를 부정한 점을 주목해야 한다. 곧 유가가 견지하고 있는 모든 정치노선이 고대통치자가 자신들의 생각으로 억지로 백성들을 구속하였기 때문에 춘추전국시대의 혼란이 발생했었다는 책임론이다. 다시 말해 장자는 그들이 자연의 근본원리를 따르지 않고 자기들이 생각한 방식대로 세상을 다스렸기 때문에, 그리하여 세상이 나아가야할 순리와 어긋난 불협화와 부작용을 야기하면서 당시의 난국을 초래했기 때문에, 당연히 그 연장선상에 서 있는 유가가 그 책임을 져야한다고 비난하였던 것이었다.

"천하를 있는 그대로 두거나 풀어 준다는 말은<방임하는 일> 들었으나(聞在宥天下), 천하를 <인위적으로> 다스린다는 말은 듣지 못했다(不聞治天下也). 있는 그대로 두는 것은(在之也者) 천하 사람들의 자연한 본성이 인위적인 규범에 의해 왜곡될까 두려워하기 때문이다(恐天下之淫其性也). 풀어 주는 것<방임하는 것>은(宥之也者) 천하 사람들이 타고난 덕이 변경될까 두려워하기 때문이다(恐天下之遷其德也). 천하 사람들이 자기의 본성을 흐리지 않고(天下不淫其性) 그 덕을 변질시키지 않는다면(不遷其德) 천하를 <특별히 따로> 인위적으로 다스릴 필요가 어디 있겠는가(有治天下者哉)?"[3]

그리고서 장자는 곧바로 음양론을 펼치고서 하·은·주 삼대를 비난했다. 즉, 전국시대의 난국의 원인을 곧장 고대통치이념의 탓으로 돌린 것이다. 다시 말해 난세의 책임을 져야할 군주들에 대한 직접적인 책임 대신에 그들이 그렇게 된 근본적인 책임이 인위적 사고방식을 전수한 고대왕조의 위정자에게 있고 그러므로 현재의 군주는 난국의 직접적 책임을 져야할 이유가 없다는 것이다.

---

3) ibid p268. B p443

“사람이 지나치게 기뻐하면(人大喜邪) 양기가 손상하고(毗於陽), 지나치게 화를 내면(大怒邪) 음기가 손상한다(毗於陰). 음양이 모두 손상되면(陰陽幷毗) 사계절이 제때 이르지 않고(四時不至), 한서의 조화가 제대로 이루어지지 않으면(寒暑之和不成) 도리어 사람의 몸을 상하게 한다(其反傷人之形乎). 사람들이 희로에 마땅함을 잃고(使人喜怒失位) 거처에 일정함이 없고(居處無常), 사려에 스스로 터득함이 없고(思慮不自得), 중도에 제대로 된 성공사례가 없게 만드는 배경이다(中道不成章).”[4]

그런즉 장자는 이처럼 음양론을 펼치고 나서 그곳을 바탕으로 하여 하·은·주 삼대에게 난세의 모든 책임을 전가시켰는데, 마치 그 방식은 정통의 유가가 전국시대에 등장한 법가를 힐난하는 모습과 매우 흡사하다. 더욱이 장자는 도둑인 도척이나 학식과 품행이 뛰어난 공자의 직접제자인 증자를 같은 수준에 놓고서 비난함으로서 기존의 모든 가치관을 무력화시키려고 하였는데, 그 점이 곧 도가가 구사한 전략적 공격방식이었던 것이다.

“이에(於是乎) 천하의 사람들이 거만한 태도로 남을 힐난하고 사납게 굴기 시작했다(天下始喬詰卓鷙). 그런 후에 도척과 증자<증삼>, 사추<사어>와 같은 자들이 횡행하게 되었다(而後有盜跖

4) ibid 동, B p445

曾史之行). 그러므로 천하의 모든 재물을 다 동원해 선한 자에게 상을 준다고 할지라도(故擧天下以賞其善者) 이들을 상주기에 부족할 것이고(不足), 천하의 형벌을 다 동원해 악한 자에게 벌을 준다고 하더라도(擧天下以罰其惡者) 이들을 다 벌주기에 부족할 것이다(不給). 이처럼 천하의 광대함으로는 이들을 상주고 벌주기에 부족한 터에(故天下之大不足以賞罰) <하은주>삼대 이후의 위정자들이(自三代以下者) 시끄럽게 떠들어 대면서 끝내 상벌로 천하에 임했다(匈匈焉終以賞罰爲事). <그러니> 저들이 어느 겨를에 타고난 성명의 자연스런 실정에 마음 편히 머물 수 있겠는가(彼何暇安其性命之情哉)?"[5]

그리고서 장자가 내놓은 난국의 해결책은 다름 아닌 자신들이 내세우는 무위자연의 도를 터득한 인물이 나서서 새로운 왕조의 주인이 되면 모든 것이 절로 해결된다는 것이었다. 그리하여 무위에 의해 포장된 도가의 진면목은 장자와 말한 바의 그런 모습으로 세상에 전파되었다. 하지만 그렇다고 하더라도 도가인 장자는 유가를 비판하면서 속세에 초연한 태도를 취한 초기의 자신들의 진술을 슬그머니 정치적인 진술로 변경하게 된 이유를 나름대로 그럴 듯한 명분으로 변명해야만 했다. 그리하

5) ibid 동 B p446

여 장자는 이 경우에 대해 부득이(不得已)란 용어를 사용하여 국면을 전환시켰는데, 오히려 그 점이 도가의 이중적 처세관의 진면목을 그대로 보여 주고 있기 때문에 무위자연에 관한 모든 글이 이 글과 비교되지 않을 수 없게 된다.

> "………. 그러므로 군자가 <본의 아니게>부득이 천하에 군림하게 되더라도(故君子不得已而臨莅天下) 무위보다 나은 게 없다(莫若無爲). 무위한 뒤에야(無爲也 而後) 타고난 성명의 실정을 조용히 펼칠 수 있다(安其性命之情). 따라서 자신의 몸을 천하에 돌보는 것보다 중시하는 사람에게(故貴以身於爲天下) 곧 천하를 맡길 수 있고(則可以託天下), 자신의 몸을 천하를 돌보는 것보다 아끼는 사람에게(愛以身於爲天下) 곧 천하를 맡겨도 좋다(則可以寄天下).………."[6]

그러므로 이 문장은 특별히 주목해야할 점 그리고 도가를 이해하기 위해 반드시 유념해야할 점을 명백히 보여주는데, 그것은 마지막 구절의 천하의 주인이 자신을 몸을 더 중시해야 한다는 대목이다. 곧 도가의 의도를 정확히 꿰뚫지 못한 입장이 이 대목을 얼핏 보고서 군주가 자신의 몸을 아끼듯이 천하를 성심성의 것 다스려야하는 뜻으로 수용할 수 있게 되는 점인데, 그러면 그런 입장을 두 가지 점

6) ibid p269, B p451

에서 도저히 무위자연의 뜻을 충족시킬 수 없게 된다. 왜냐하면 하나는 성심을 다하여 정치를 해야 하는 의미인데, 그것은 기존의 유가의 논리를 그대로 답습하는 꼴이 되므로 따라서 결코 그런 뜻으로 해석될 수 없기 때문이다. 또 다른 하나는 자기 몸을 더 귀하게 여기고 애착을 갖는 태도는 이기적인 태도로서 나라를 다스려야 하는 의미인데, 그것은 희생과 봉사 및 책임의 정치와는 전혀 무관하여 따라서 도저히 그런 뜻으로 해석될 수 없기 때문이다. 그런즉 이 글을 도가가 문제 많은 전국시대의 열 왕들을 정치·도의적으로 사면시켜 주는 글로 해석해야만, 비로소 제대로 그 진의가 드러날 수 있게 된다. 곧 그것은 유가가 잘못 오도한 정국에서 무위의 통치이념에 입각하여 열 왕들이 나름대로 자신의 나라를 잘 다스려 왔고 그리하여 마침내 그들의 손에 의해 천하통일이 이루어져야 한다는 암시이다.

그러므로 3권은 황로학을 주도한 도가사상이 지극한 정치사상임을 논증하고, 도가사상이 중국고대왕조의 진정한 역사인 요·순사관을 황제사관으로 왜곡시켜 독선적이고 오만한 중화사상의 초석을 마련했으며, 그리하여 동아시아전체의 역사를 변질시켰다는 점을 논구하려고 한다.

§1. 부정의 논법이 지향한 종착역은 어디인가?

주목 : 노자가 공자와 동시대의 인물이면서 나이가 많은 연장

자였다면, 당연히 노자 도덕경의 첫 구절인「道可道(도가도) 非常道(비상도) 名可名(명가명) 非常名(비상명)」의 문장은 노자가 춘추시대 인물이 아님을 스스로 증명하는 내용이 되거나 아니면 고대통치이념을 부정한 입장임을 증명하는 내용이 된다. 왜냐하면 노자와 공자가 춘추시대에 똑같이 생존한 인물이었다면, 당연히 노자가 공자의 가르침이 바로 고대왕조가 수립한 통치이념임을 익히 알고 있었을 것이기 때문이고 그리고 그 당시에는 유가의 독자적인 경전이 된 논어가 공자의 제자들에 의해 만들어져 세상에 존재하지도 않았었기 때문이다.

더 나아가 도가의 의도가 주나라를 부정하고 새로운 왕조의 혁명만을 주장하는 그런 정도였다면, 주나라를 전복할 혁명을 도저히 꿈꾸지 않았던 유가와 차별되는 그들의 혁명론은 무왕이 은나라 주왕을 부정하고 탕왕을 이어받았고, 탕왕이 하나라 걸왕을 부정하고 우왕을 이어받았듯이, 현재의 주나라 왕을 부정하고 무왕을 이어받는 혁명이었어야 마땅했기 때문이다. 그러나 그들의 의도는 전혀 그렇지 않았다. 곧 그들이 지향한 목적은 실재한 고대왕조의 역사를 부정하고 자신들이 날조한 역사관에 입각한 새로운 왕조를 건국하는 것이었다. 그러므로 당연히 그들의 부정의 논법이 지향한 종착지는 역사왜곡이 아닐 수 없었고 중앙집권적 독재노선인 전제군주제도가 아닐 수 없었다. 그리고 그들의 그러한 행위는 무위가 아닌 인위의 극치가 아닐 수 없었다. 그런데 상황이 이와 같음에도 불구하고 도가가 전제군주제도가 독재적인 체제가 아니라고 주장하려면, 당연히 도가는 황제의 명칭이 만천하에 유아독존으로 군림하지 않고 겸손과 겸양의 자세로 백성들을 공경하겠다는 정치·도덕적인 의도를 지닌 용어인 점을 입증해야만 한다.

물론 도가가 이와 같은 조건에 부합해야 하는 이유는 당연히 모든 이론이 적극적으로 자신이 추구하는 바의 목적을 실현시킬 수 있는 구체적인 방책을 내놓아야 하는데 기인한다. 그러므로 기존의 질서를 심히 부정하면서도 마땅한 새로운 대안을 내놓지 않게 되면, 그런 부정의 말은 진정한 대안이 아니라, 단지 기존의 것을 부정함으로서 발생할 반대급부의 이익만 챙기려는 정략적 방법의 일환(一環)이 될 수밖에 없다. 다시 말해 기존의 질서가 지니고 있는 구조적 약점과 기성사회가 당면하고 있는 어려운 사정을 악용하여 사익을 취하려는 인물들이 야기한 정치적 사건의 일련(一連)이 된다. 왜냐하면 구조적인 문제점은 제도를 근본적으로 바꾸어야 하는 개혁의 문제이고 위정자의 문제점은 난국을 해결하려는 의지가 박약한 위정자의 자질의 문제인데, 어느 쪽이건 간에 대안 없이는 해결이 불가능하기 때문이다.

그런데 어지러운 정국의 모습이 부조리한 통치행위와 불합리한 나라제도를 근본적으로 바꾸어야할 파격적인 혁신의 문제점이 아닌데도 불구하고, 기존정국의 부정적인 측면만 들추어 비난하면서 혁명을 주장한 정도의 태도라면, 당연히 그것은 기존의 정치권력을 무너뜨리고 그 자리를 쟁취하려는 술수 이상의 의미를 부여할 수 없게 된다. 왜냐하면 그런 정도의 정국은 얼마든지 현명한 인물을 등용하여 개선해 나갈 수 있기 때문이다.

그런데 도가를 위시한 황로학파는 당시의 주나라의 왕의 자질을 문제 삼은 것이 아니라 주나라 제도와 이념 자체를 문제 삼고서 혁명을 주장하였고 그리하여 주나라의 통치이념을 견지하려는 공자를 극단적으로 부정하고 배척하였다. 그러면 그들의 부정적 시각의 입장이 과연 혁명의 타당한 명분과 새로운 통치방법과 새로운 통치노선의 알맹이를 충실히 갖추고 있었는지의 여부가 문제되지 않을 수 없게 된다. 따라서 그 점에 대한 타당성의 여부는 혁명을 주장한 도가의 부정적 논법의 내용 곧 주나라의 정치이념과 정치제도와 정치인물에 가한 내용의 타당성을 논구하면 여하간 그 타당성에 대한 시비가 판가름 나게 될 것이다.

그런데 그 점에서 정작 문제가 되는 것은 옳고 그름을 밝히려면 누구나 인정할 수 있는 객관적 평가방식이 필요한데, 만약 그것이 여의치 않으면 정작 논구는 그 평가방식의 정당성의 문제에 가로 막혀 시작도 해보지 못한 채 난파당할 수 있게 된다는 점이다. 그러므로 그런 문제점을 감안하고서 논구를 시작하려면 여하튼 판단기준은 객관적 일반상식에 부합하지 않으면 안된다. 왜냐하면 어떤 논구라도 논구의 대전제가 일반상식이 근거를 두고 있는 근본원리의 원칙을 벗어나 있으면, 그 논증과정이 아무리 타당해도 그것이 올바른 평가의 진정한 결론을 이끌어 낼 수 없기 때문이다. 따라서 적절한 논구는 논구의 대전제에 해당하는 문제점을 분명히 제시해야 하고 그리고 논구대상을 대·중·소의 등급으로 세밀히 구분하고서 논증의 원칙에 맞추어 차근히 진행해 나갈 적에 가능해지게 된다.

그러므로 도가의 진정한 의도에 대한 정당성의 평가는 도가가 주나라를 전복하려고 한 목적을 위해 그들이 유가를 극구 비난하고 배척하려고 시도한 관점을 근본바탕으로 삼아 진행해야 마땅하게 된다. 물론 그 이유는 당연히 다음의 두 가지 점 때문이다. 첫째는 유가가 도가보다 앞 선 시대의 유파로서 주나라의 정통성을 견지하고서 주나라를 바로 세우려고 한 입장이 사실이었다는 점과 둘째는 유가의 그런 입장이 진정으로 잘못되었다면 당연히 유가를 비난한 도가가 상대적으로 정당할 수 밖에 없기 때문이다. 따라서 이 관점에 가장 잘 부합하는 기준을 찾아야 하는데, 곧 그것이 다른 무엇보다도 최우선적으로 임금의 책임론이기 때문에 당연히 그 점에 대한 전거(典據)가 논구의 대전제가 되어야 한다. 그런즉 그 점에 대한 논구의 출발로는 공자가 춘추의 혼란기에 고대통치이념을 견지하였기 때문에 당연히 그의 글이 전거의 가장 적절한 예시가 될 것이다. 곧 아래의 글이다.

“<哀>공이 말했다(公曰). 「감히 묻겠는데(敢問), 어떤 것을 가리켜 정치라고 합니까(何謂政)?」

공자가 대답해 말했다(孔子對曰). 「정치는 바른 것으로서(政者正也) 임금이 바를 때에는(君爲正) 백성도 따를 것입니다(則百姓從政矣). 임금이 하시는 일은(君之所爲) 백성들이 따르는 것입니다(百姓之所從). 임금이 하시지 않는 일을(君所不爲) 어찌 백성들이 따를 수 있겠습니까(百姓何從)?」[7]

따라서 이와 같은 책임론에 입각하여 나라가 훌륭하려면, 당연히 군주를 위시하여 그 다음으로 신하와 선비와 백성이 차례로 다 함께 훌륭해야 한다. 그런데 정치는 이 모든 것을 한꺼번에 그리고 동시에 훌륭하게 갖추고서 시작할 수 없기 때문에 여하간 나라를 그렇게 만들고자 원한다면, 다른 무엇보다도 우선 나라를 다스리는 군주부터 훌륭해야 한다.

그러므로 문제를 객관적인 입장에서 공정하게 따지려면 형식적인 요건에 맞추어 정확히 군주에게는 무엇이 잘못되었고, 신하에게는 무엇이 잘못되었고, 선비에게는 무엇이 잘못되었고, 백성에게는 무엇이 잘못되었는지를 밝히고 나서 그 원인이 제도와 규범에 있었던 것인지, 아니면 권력과 제물에 대한 위정자의 탐욕과 쾌락을 추구한 위정자의 탐닉에 있었는지를 구분한 후 적절히 평가해야 한다. 그런데 만약 그렇게 하지 않고 각 곳에 나타난 문제점만 찾아 나열하고서 곧바로 통치이념, 가치관, 각종 제도와 규범, 문물이 잘못되었다고 비난하게 되면, 그것은 오히려 본말을 전도한 경우가 된다. 그 이유는 어떤 비난도 훌륭한 군주와 훌륭한 신하와 훌륭한 선비와 훌륭한 백성을 각기 나누어 평가하고 그리고 그 이후에 다시 전체를 아울러 종합적으로 평가하여 객관적인 결론을 내놓을 경우에만 적법한 절차의 타당성을 획득할 수 있기 때문이다. 그러면 평가받은 각 요소를 취합한 전체의 모습은 논리적으로 다음처럼 된다.

---

7) 예기 p275

훌륭한 군주(O)+훌륭한 신하(O)+훌륭한 선비(O)+훌륭한 백성(O).

훌륭한 군주(O)+훌륭하지 못한 신하(X)+훌륭한 선비(O)+훌륭한 백성(O)

훌륭하지 못한 군주(X)+훌륭한 신하(O)+훌륭한 선비(o)+훌륭한 백성(o)

훌륭하지 못한 군주(X)+훌륭하지 못한 신하(X)+훌륭한 선비(O)+훌륭한 백성(O)

……이런 식으로 계속 경우를 구분해 나가면, 전체적으로 16개의 경우가 성립한다. 물론 성질의 문제에 있어서는 훌륭함과 훌륭하지 못함 사이에 여러 가지의 경우가 당연히 성립하기 때문에 셀 수 없을 정도의 경우가 존재한다고 말할 수 있다.

그렇지만 여하간 각 평가대상은 논구의 근본기준이 되는 [O+O+O+O] 경우와 아예 논구에서 배제해야 할 [X+X+X+X] 경우 사이에 놓인 하나의 경우에 해당될 수밖에 없기 때문에 그로부터 객관적인 판정이 가능하게 된다. 그리고 더 나아가 각 경우의 요소들이 야기한 문제점들도 상황논리에 맞추어 진단하면 시비의 원인을 명확히 가릴 수 있게 된다. 하지만 잘못된 현상을 평가함에 있어서 각 요인의 잘못을 어떻게 바로 잡을 것인지의 대안을 전혀 내놓지 않고, 드러난 문제점만 하나하나씩 끄집어 나열한 후 무조건 전체를 나쁘다고만 지적하면 그 평가는 논리를 비약시킨 실로 어처구니없는 결론이 될 수밖에 없게 된다.

그런데 전국시대의 유가가 도가에게 공격당한 상황이 바로 이와 똑같은 일방적인 경우였다. 곧 유가가 자신이 무엇을 잘못 하였는지를 꼼꼼히 따지기도 전에 난국의 모든 책임을 몽땅 뒤집어써야만 했었기 때문이다.

그러므로 전국시대의 원인을 진단하면서 무조건 유가가 잘못 되었다고 말하는 도가의 의도는 처음부터 그 목적이 전혀 다른 곳에 있다고 밖에 볼 수 없게 된다. 특히 도가가 전국시대의 난국에서 정치현장의 문제점을 해결할 수 있는 실질적이고 탁월한 방책을 보여 준 것이 아니라, 배후에서 필요한 심리전술과 난세에 필요한 처세술만 보여 주었기 때문에 특히 의심받지 않을 수 없게 된다. 따라서 도가를 논구함에 있어서는 그들이 구사한 방법과 그들이 주장한 내용을 철저히 구분하여 별개로 나누어 평가해야 한다. 왜냐하면 그들은 무위자연의 이론을 세상에 전파하는 과정에서 유가를 폄하하기 위해 전략적으로 요, 순, 우, 탕, 무왕, 공자 및 그의 제자들을 직접 이야기의 등장인물로 내세우고 그리고 더 나아가 가공의 인물인 황제를 역사의 실존인물로 확정하고서 그에 걸 맞는 거짓된 이야기를 꾸몄기 때문이다. 그러므로 그 이야기도 역시 4가지의 경우로 대별된다.

1. 도가의 전략적 방법은 도덕적으로 하자가 없다. 그리고 내용도 진실하다.

2. 도가의 전략적 방법은 도덕적으로 하자가 없다. 그러나 내용은 진실하지 않다.

3. 도가의 전략적 방법은 도덕적으로 하자가 있다. 그러나 내용은 진실하다.

4. 도가의 전략적 방법은 도덕적으로 하자가 있다. 그리고 내

용도 진실하지 않다.

그러면 당연히 어느 쪽이 도가의 진면목인지가 이 관점에 맞추어 규명되어야 한다. 또한 그 과정에서 당연히 도가의 뿌리가 어디에서 연유하는지가 밝혀져야 한다. 그 이유는 유가를 배척한 도가사상가들은 줄기차게 자신들의 사상의 근원이 고대통치이념에 있는 것이 아니라고 부인하였기 때문이다. 다시 말해 도가사상가들은 요·순 시대 이전부터 이미 존재하고 있었던 사상을 계승하였다고 둘러대었지만, 그러나 전국시대에 등장한 도가의 인물들에게 전수될 수 있었던 사상은 고대통치이념에 근거한 사상이외에 결코 다른 사상이 있을 수 없었기 때문이다.

그러므로 도가사상의 뿌리는 결국 고대통치사상에 기반을 둔 당대의 세 가지 사상으로 좁혀질 수밖에 없게 된다. 하나는 유학이고 다른 하나는 음양학이고 또 다른 하나는 형명학이다. 그런즉 도가 선비들이 고대통치이념을 기반으로 한 유학의 근본 골격에 전국시대에 등장한 음양학과 형명학을 융·복합시켜 새로운 학문인 도가사상을 탄생시켰던 것이고 그리고 더 나아가 그것에 부수적으로 의술과 같은 실용적 여러 지식을 가미하여 황로학의 전체골격이 완성하였던 것이다. 따라서 그들의 모든 지식은 전국시대에 적합하게 고대통치이념을 변형시킨 것일 뿐, 결코 한 치도 더 앞으로 나아간 것이 아니게 된다.

그러면 도가, 법가, 음양가가 합세하여 새롭게 형태로 변신한 황로학이 과연 요·순사관(堯舜史觀)을 대신하여 황제사관(黃帝史觀)을 내세우고서 봉건(封建)군주제도 대신에 전제(專制)군주제도로 전환시켜야할 당위성과 필연성을 마땅히 갖추고 있었는지가 명확히 논구되어야 한다.

그런데 기존의 요·순사관(堯舜史觀)과 대비하여 황제사관(黃帝史觀)을 객관적으로 다루기 위해서는 반드시 가장 오래된 고대문헌을 참조해야 하는데, 그 첫 번째 자료는 마땅히 황제사관의 발상을 제공한 서경(書經)이 된다. 왜냐하면 황제사관과 요·순사관이 접목될 유일한 접점은 요(堯)임금 밖에 없기 때문이다. 즉 요임금 이외의 다른 임금에게서는 도저히 황제와의 접점이 생길 수 없기 때문이다. 다시 말해 요임금으로부터 왕위를 물려받은 순임금과 순임금으로부터 왕위를 물려받은 우임금 모두가 요의 문묘에서 왕위를 계승했으므로 오직 요임금만이 접점을 가질 수 있기 때문이다. 그러므로 그 접점은 우선적으로 서경(書經) 우서(虞書) 순전(舜典)에 기록된 아래 글에서 찾아야 한다. 그리고서 아래의 서경의 요임금의 기록이 도가에게 그런 틈새를 제공할 여지를 지닌 글인지를 따져보아야 한다.

> "첫째 달 초하루에(正月上日) 문조의 사당에서 <요 임금이> 끝마친 자리를 받으시다(受終于文祖)."[8]

즉 이 글이 서경에 수록된 요임금의 조상에 관한 기록인데,

---

8) 서경 p24

여기에서 논쟁이 발생할 수 있었던 여지는 요임금의 조상에 대해 직접적이고 구체적인 언급이 없었던 점이다. 그러므로 이 부분은 당연히 요임금의 조상에 대한 궁금증을 유발시키는데, 그 궁금증은 여러 가지 경우로 상상될 수 있다. 하지만 분명한 점은 요임금의 조상이 결코 황제가 아니라는 점이다. 만약 요임금의 조상이 황제였다면 반드시 그에 대한 언급이 서경에 기록되어 있었어야 마땅했고 또한 그렇게 되었을 것이다. 그리하여 서경의 기록은 「<요임금의>문조에서(于文朝)」가 아니라 그 대신 「황제를 모신 사당(于黃帝)에서」로 표현되어야 했을 것이다.

그렇지만 서경의 기록은 황로학이 내세우는 그런 황제사관의 내용이 전혀 아니었기 때문에, 요임금의 조상에 대한 의문을 이용하여 급기야 도가가 전국시대에 황제사관을 정치와 역사의 전면에 내세웠다. 그러면 똑같이 황제의 조상에 대한 의문이 그런 방식으로 제기될 것이다. 그런데 그 점에 대해서는 이미 1권에서 요·순(堯舜)임금으로부터 중국고대왕조의 역사가 시작해야 하는 마땅한 이유를 논구한 만큼, 여기서는 일단 황제의 실존이 서경의 기록 때문에 결코 타당할 수 없는 점만 먼저 확실히 해두고자 한다.

그러므로 역사왜곡의 진상을 밝히려는 논구는 종국적으로 진(秦)나라가 천하를 통일하고 나서, 진나라 왕이 자신을 삼황오제(三皇五帝)의 명칭으로부터 황제(皇帝)의 용어를 새로 만들어 자신을 진시황제로 격상시킨 발상이 도대체 어떻게, 어디에서 연유하였는가? 그리고 진나라가 16년 만에 멸망하게 된 연유가 도대체 무엇 때문인가? 하는 의문점을 해명하는 논구로 나아가지 않을 수 없게 된다. 그리고서 도가사상의 본질에 초점을 맞추지 않을 수 없게 된다. 왜냐하면 통일왕조인 진나라가 진시황, 호혜, 가영 3대 황제의 폭정과 무능으로 나라가 망했다고 하더라도, 그 멸망에 대한 모든 책임을 일방적으로 삼인의 황제에게만 전가할 수도 없고 또한 더 나아가 전가해서도 안 되기 때문이다. 오히려 그에 앞서 진나라의 통치이념과 통치노선에 무슨 문제가 없었는지를 심도 깊게 통찰하는 것이 정상적인 순리이기 때문이다. 그러면 역사왜곡의 해명은 진시황이 왜 은나라 탕(湯)왕과 주나라 문(文)·무(武)왕처럼 되지 못한 연유를 함께 따져야만 가능해지게 된다.

§2. 인간에게 가장 자연스러운 것이 무위(無爲)인가? 아니면 인위(人爲)인가?

주목 : 인간의 의식은 대상을 뜻을 가지고 인식하는 사고기능을 의미한다. 곧 이 의식은 목적을 추구하는 목적 지향적 사고능력이다. 그러므로 도가가 유가의 가르침을 인위의 사고방식으로 몰아붙이고서 자신의 가르침을 무위의 사고방식으로 합리화하는 지적 작업과 상관없이 도가와 유가의 사고방식은 모두 각 유파에

속한 선비들의 목적의식에 따라 의도적으로 구성된 인위적인 이론인 것이다. 그 이유는 인위라고 배척하건 무위라고 옹호하건 간에 두 이론이 각기 동물에 적용되는 정치·도덕론이 아니라 인간에게 적용되는 정치·도덕론이기 때문인데, 그래서 모두 다 인위적인 사고방식이 아닐 수 없게 된다. 그런즉 도가의 근본입장이 농사를 짓고, 가축을 기르는 생활을 포기하고, 수렵의 생활로 회귀하자는 것이 아니라면, 무위자연의 이론이 인간의 생존방식이 문명생활이어서는 안 된다는 내용을 주장한 것인가? 하는 점이 우선적으로 검토되어야한다. 곧 그들의 주장이 문명생활자체를 거부한 것이 아니라면, 그리하여 도가가 이리저리 빙빙 돌려서 말한 내용이 전부 배제되었을 때, 곧바로 밑바닥에 드러나게 될 그들의 진정한 의도가 도대체 무엇인가? 하는 의문점이다. 다시 말해 그들이 요·순사관의 고대통치이념과 그것을 견지하는 유가를 배척하고 그리고 그 연장선상에서 정통성을 확립하고 있는 주나라를 몰락시키기 위해, 황제사관의 새로운 통치이념을 역사의 전면에 내세우고서 새로운 왕조 곧 중앙집권적 전제군주제도를 수립할 목적이 전혀 없었는가? 하는 의문점이다. 그리고 종국적으로 그것이 중화사상의 태동으로서 곧 누구나 궁금해 하는 역사왜곡의 진상이 아닌가? 하는 의문점이다.

도가들이 내세우는 무위자연의 이론의 근거는 서경에 마련되어 있다. 그런데 서경의 객관적 기록이 실로 중요한 이유는 도가사상가들이 서경의 기록을 전혀 무시하고 자신들의 사고방식이 요·순임금 이전의 시대에 이미 있었고 그리고 은밀히 전승되어 유가와 전혀 접목할 근거가 없었다고 주장하였기 때문이다. 하지만 그들의 그런 주장은 도무지 신뢰할 수 없는 것으로서,

오히려 그 주장은 역으로 자신이 유가에 뿌리를 두고 있는 선비임을 은폐하기 위한 변명처럼 들릴 뿐이다.

그런즉 그 근거를 유가가 배우는 고대경전에서 찾아 입증해야 하는데, 그 목적에 가장 잘 부합하는 서책은 역시 가장 오래된 고대왕조의 역사를 기록하고 있는 서경이다. 그리고 그 점에 가장 걸맞고 적절한 자료는 다름 아닌 서경(書經) 상서(商書) 이훈(伊訓)에 수록되어 있는 글이다. 아래 글은 상나라 임금 태갑(太甲)에게 신하 이윤(伊尹)이 훈도한 글인데, 자연을 묘사한 그 글의 전개방식과 내용이 도가의 주장과 다름이 거의 없기 때문에 당연히 그들이 유가에 뿌리를 둔 선비가 아닐 수 없음을 보여 준다. 왜냐하면 전반부가 무위자연의 도를 연상시키고 그리고 후반부가 인위적인 이념으로 혼란을 초래한 왕조의 몰락을 연상시키는 점 때문이다.

“아(曰嗚呼)! 옛날 하의 임금이(古有夏先后) 바야흐로 그 덕에 힘씀에(方懋厥德) 하늘의 재앙이 있지 아니하며(罔有天災), 산과 내의 귀신이(山川鬼神) 또 편안하지 않음이 없으며(亦莫不寧), 새와 짐승, 물고기와 자라들도 모두(暨鳥獸魚鼈) 빠짐없이 그와 같았습니다<그 본성에 따라 살았습니다>(咸若).

그 자손에 이르러(于其子孫) 따르지 않아서(弗率) 황천이(皇

天) 재앙을 내리시는데(降災), <탕왕>명을 받은 우리에게서 손을 빌렸습니다(假手于我有命). 공격을 한 것은 <걸의 도읍지>명조이지만(造攻自鳴條) 조짐이 시작된 것은 <탕의 도읍지>박에서부터였습니다(朕哉自亳)."[9]

물론 누군가가 이런 문장만 가지고서는 도가가 고대 사상으로부터 영향을 받았다고 말해서는 안 된다고 강하게 반박할 수 있다. 그러나 그렇게 하려면 그 입장은 다음의 의문에 대해 타당한 반론의 근거를 제시해야 한다. 다시 말해 도가의 자연관이 위의 내용과 엇비슷해 보이더라도 그것은 단지 우연적인 경우에 해당할 뿐이고 그러므로 도가의 자연관은 그와 같은 기록과 무관한 독자적인 사상이라고 도가가 주장하려면, 도가는 다음의 지적을 제대로 반박해야 한다.

곧 주나라 시대까지 선비들이 배운 지식의 보고가 기존의 경전들인데, 이들 경전 이외에 당시의 선비들이 달리 배울 수 있는 또 다른 내용의 서책이 있었는지를 반드시 해명해야 하는 점이다. 다시 말해 도가는 한 걸음 더 나아가 예기(禮記) 경해(經解)편에 수록된 바의 공자의 말을 반박하면서 도가사상의 원천을 밝혀야 하는 점이다.

"공자가 말했다(孔子曰). 「그 나라에 들어가면(入其國) 그 가

9) ibid p231~232

르침을 알 수 있다(其敎可知也).

그 사람이 온유하고 돈후한 것은(其爲人也 溫柔敦厚) 시의 가르침이다(詩敎也).

소통하고 먼 것을 아는 것은(疏通知遠) 서의 가르침이다(書敎也).

드넓고 평온하고 아름다운 것은(廣博易良) 악의 가르침이다(樂敎也).

<심성이> 맑고 고요하고 정밀하고 자세한 것은(絜靜精微) 역의 가르침이다(易敎也).

공손, 검약, 장중, 공경한 것은(恭儉莊敬) 예의 가르침이다(禮敎也).

말을 분석하고 일을 비교하는 것은(屬辭比事) 춘추의 가르침이다(春秋敎也)」."[10]

그러면 당연히 도가가 전래의 경전 이외에 접할 수 있는 지식의 원천은 오로지 전국시대의 추연에서 비롯된 음양학인데 그러면 도가가 춘추시대의 유가의 지식보다 앞선다는 주장할 수 없게 된다. 하지만 도가는 노자를 춘추시대의 인물로 가공하

10) 예기 하 p260

였기 때문에 거꾸로 도가사상의 원천이 음양학에 영향을 주었다는 역설적인 주장이 논리적으로 타당해지게 된다. 그런데 역사의 진실은 묵자가 유가가 견지하고 있는 고대통치이념 중의 애인(愛人)사상을 더 한층 진취적으로 해석하여 겸애설을 내놓은 방식과 마찬가지로 도가가 유가가 견지하고 있는 고대통치이념의 사상을 포섭(包攝)하는 상위개념으로 무위의 도를 내세운 것이었을 뿐이다. 그러므로 당연히 도가의 인물들이 배울 수 있는 지식의 원천이 고대경전 이외의 다른 경전이 사실상 있을 수 없었고 그리고 더 나아가 추연의 음양학에 그들의 비전이 전해질 리 만무 했었던 것이다.

그럼에도 불구하고 도가가 줄곧 공자보다 노자가 앞선 인물이라고 주장하는 만큼, 당연히 도가는 노자사상의 원천인 무위자연사상의 고대시기의 흔적이 춘추 이전의 시대에 있음을 반드시 해명해야 한다. 더욱이 음양학도 주역뿐만 아니라 그 이전 시기의 경전에 뿌리를 두고 있는 사상이기 때문에 당연히 도가는 전국시대 이전까지 결코 세상에 드러나지 않았던 그들만의 비전(秘傳)의 서책을 세상에 공개해야 한다. 만약 그렇지 않고 비전의 서책이 있었지만 소실되었다고 얼룽 뚱땅 둘러대면, 그 행위는 스스로 자신들의 말이 거짓임을 시인하는 꼴만 된다. 왜냐하면 도가사상가들이 자신들의 이론을 독자적으로 연구하여 만든 독창적인 사상이라고 강변해도, 그들의 사상이 기존의 경전에 설명되어 있는 도(道)를 반박한 내용에 불과한 이상, 사실적이거나 논리적이거나 간에 어쨌든 그 경전의 내용을 반박하고 새로운 자신들의 관점을 수립한 시점이 반드시 있어야하기 때문이다. 그 뿐만 아니라 만약에 그 시점이 서경 이전이고, 그리하여 도가의 사상의 원형이 아득한 고대시기부터 별도로 존재하였다면, 도가는 왜 고대왕조의 사관이 그 사실에 주목하지 않았고 그리고 그 내용을 언급하지 않았는지에 대한 의문점도 최우선적으로 해명해야 한다.

그러면 결론적으로 도가의 인물들은 자신들의 입장이 두 가지 중의 하나일 수밖에 없음을 확실히 인정해야 한다. 곧 첫 번째 경우는 기존의 모든 경전에 앞서 자신들의 사상이 존재하고 있었다는 사실과 그리고 세상에 전혀 알려지지 않은 그 사상이 세상에 알려지게 된 경위를 소상히 밝혀야 하는 일이다. 다시 말해 도덕경을 서술한 노자에게 비전의 사상을 전수해 준 인물을 아울러 혹은 비전의 서책을 밝혀야 하는 경우이다. 그런데 그 점에 대해서는 장자가 여러 차례 해명 아닌 변명을 했다. 그럼에도 불구하고 장자는 노자는 언급해도 그의 서책인 도덕경의 내용은 열자처럼 직접 인용하지 않았다. 그리고 더 나아가 그는 도가사상의 근원에 대해서는 예전부터 민간에 전해 오는 이야기가 있었다는 이야기만 했을 뿐, 도가에 관한 전래의 서책이 있었는지에 관한 이야기는 도대체 언급하지 않았다. 그 대신 그는 무위의 도를 설명하는 과정에서 그런 서책이 있을 수 없음을 넌지시 "심오한 도는 손으로 주고받을 수도 없고, 눈으로 볼 수도 없다"고 말하면서 슬그머니 회피하였다. 그러면 장자의 태도는 스스로 자가당착에 빠지게 된다. 왜 장자는 그런 신비한 도를 지금에 이르러 글로서 설명하고 있는가? 하는 의문점이고, 또 그런 신비한 도를 알려주는 방식은 배울 수 없으니 무조건 도가가 말하는 성현의 행위를 본으로 삼아 맹목적으로 따르라고 하는 것인가? 하는 의문점 때문이다.

“무릇 도는 정과 믿음은 있으나(夫道有情有信) 작용이나 형태가 없다(無爲無形). <마음으로> 전해 줄 수는 있으나 손으로 주고받을 수 없고(可傳而不可受) <마음으로> 터득할 수는 있으나 눈으로 볼 수 없다(可得而不可見). 스스로를 근본으로 삼는 것은(自本自根) 천지가 있기 전(未有天地) 이미 오랜 옛날부터 한결같이 존재한 탓이다(自古以固存). 귀신과 상제를 신령하게 하고(神鬼神帝), 천지를 만들고(生天生地), 태극보다 앞서 존재했지만 높은 체하지 않고(在太極之先而不爲高), 육극아래 머물면서도 깊은 체하지 않고(在六極之下而不爲深), 천지보다 앞서 존재했는데도 오래된 체하지 않고(先天地生而不爲久), 상고보다 더 오래됐는데도 늙은 체하지 않는다(長於上古而不爲老).”[11]

하지만 그런 투의 이야기는 역설적으로 도가가 스스로 자신들의 정체를 은폐하려고 한 의도를 입증하는 근거만 될 뿐이다. 왜냐하면 아래의 글처럼 가공의 인물들을 나열하고서 그리고

11) ibid p230, 장자B p350~351

그들에게서 서책을 통해 배운 것이 아니라 단지 들었다는 이야기만 하였기 때문이다.

"남백자규가 여우에게 묻고자 말했다(南伯子葵問乎女偊曰). ……「살아 있는 것을 사멸시키는 존재는 그 자신은 죽지 않고(殺生者不死), 살아 있는 것을 생성하는 존재는 그 자신은 생성되지 않는다(生生者不生). 그래서 사물을 이룸은(其爲物) 양육하지 않음이 없고(無不將也) 맞이하지 않음이 없고(無不迎也) 훼손하지 않음이 없고(無不毁也) 생성하지 않음이 없다(無不成也) 이를 일컬어 영녕이라고 한다(其名爲攖寧). 영녕이라는 것은(攖寧也者) 얽히게 한 이후에 생성하는 것이다(攖而後成者也)」.

남백자규가 말했다(南伯子葵曰).「선생은 홀로 어디에서 그런 말을 들었습니까(子獨惡乎聞之)?」

<여우가> 말했다(曰).「부묵의 아들에게서 들었고(聞諸副墨之子), 부묵의 아들은 낙송의 손자에게서 들었고(副墨之子聞諸洛誦之孫), 낙송의 손자는 첨명에게서 들었고(洛誦之孫聞之瞻明), 첨명은 섭허에게서 들었고(瞻明聞之聶許), 섭허는 수역에게서 들었고(聶許需役), 수역은 오구에게서 들었고(需役聞之惡謳), 오구는 현명(惡謳聞之玄冥), 현명은 참료(玄冥聞之參寥), 참료는 의시에

게서 들었다(參寥聞之疑始)」."[12]

그리고 두 번째 경우는 노자가 기존의 경전을 배우는 과정에서 그 내용 중 모순된 점 또는 부족한 점을 발견하고 새로운 관점의 도가사상을 개척한 것이라면, 그 시점과 경위를 정확히 그리고 소상히 밝혀야 하는 경우이다. 하지만 이 두 경우 중에서 전자는 불가능하고, 후자는 당연히 도가가 서경의 영향을 받았다는 사실을 시인하는 것이 됨으로, 어떤 경우에서도 반론이 여의치 않게 된다. 특히 비전을 전수하고 전수받은 인물이 학식과 재능이 뛰어난 선비들이 아니면 도저히 불가능한 전자의 경우에 있어서는 여하간 역사적으로 요·순임금시대 이래로 도가가 등장하기까지 그들이 비밀히 간직한 비전의 사상이 결코 세상에 전혀 드려나지 않고 온전히 전해 내려올 여지가 전혀 없었기 때문에 더 이상 거론할 이유가 없게 된다. 더 나아가 무위자연의 이론을 설파한 사상이 굳이 비밀리 내려오다가 하필 전국시대에 이르러 그 비전의 전통을 깨고 세상에 공포되었다면, 충분히 납득할 만한 이유가 있어야 하는데, 그러나 그런 이유가 도대체 마땅치 않기 때문에 더 이상 거론할 이유가 없게 된다.

따라서 그런 점을 염두에 두고 위의 함약(咸若)의 용어를 주목하면, 당연히 무위자연의 개념과 문명창조의 인간의 활동이 서로 대립적인 개념인지를 우선적으로 고찰하지 않을 수 없게 된다. 왜냐하면 도가의 무위자연관을 논구하기 위해서는 일단

12) ibid p232, 장자B p356

맨 먼저 도가가 자연의 원시상태에서 문명사회를 건설한 인간의 창조적 능력을 어떻게 설명하였는지를 확인해야하기 때문이다. 곧 그 일은 도가가 인간의 창조적 능력을 자연적 본성으로 간주하지 않고 인간의 본성으로부터 우연적으로 발생한 극히 불량한 사고기능으로 간주하였는지를 확인하는 일이다. 특히 이 점이 대단히 중요해지는 까닭은 만약 도가가 문명창조의 지적 능력을 인간본성으로 간주하지 않았다면, 당연히 자연 상태로부터 문명 상태로 이행해야할 적절한 이유와 그리고 인간에게 지적 기능이 필요한 이유를 인간본성 이외의 다른 별다른 요인을 명백히 제시하고서 설명해야하기 때문이다. 그리하여 도가가 문명을 창조하는 능력을 우연적으로 진화된 사고기능이라고 간주하였다면, 그것은 인간의 본성이 잘못된 방향으로 진화되었다고 주장하는 것이 되고 그리고 더 나아가 그 원인인 자연이 잘못된 방향으로 유도했었다고 말해야하기 때문이다.

그런데 장자는 이 점에 대해서 그의 저서 장자의 제물론(齊物論)에서 자연의 도와 인간본성을 동일차원에서 수미일관된 일원론적인 이치로 설명하였다. 곧 그것이 장자의 사상을 대표하는 만물제동론(萬物齊同論)인데, 다름 아닌 무위자연설의 근본원리에 해당하는 이론이다. 곧 장자의 만물제동론(萬物齊同論)은 각 인간과 각 사물을 근본의 도에서 바라보면 결코 차별이 있을 수 없다는 주장이다. 그러므로 만물제동론에서의 근본의 도는 결국 하나인 것으로 귀일되는 통일된 원리일 수밖에 없기 때문에, 따라서 반드시 모든 현상은 하나인 근본의 도로 되돌아가는 것이고 그리하여 만물의 생성소멸은 그로부터 끊임없이 되풀이하는 현상일 뿐이게 된다. 그런즉 모든 생성소멸의 현상을 하나의 근본 틀에서 고찰하게 되면, 어차피 모든 개체의 본질은 같은 것이 아닐 수 없게 된다.

따라서 이 논리를 인간 세상에 적용하게 되면, 곧 모든 인간이 말 그대로 평등하기 때문에 차별을 해서도 그리고 차별을 받아서도 안 된다는 결론이 나올 수 있다. 그리하여 장자의 논리는 차등의 질서 속에 살고 있는 일반백성들의 귀에 가뭄의 단비가 대지를 파고들 듯이 후벼 파고 들어 갈 수 있었다.

하지만 인간세상은 평범한 일반백성들이 모여 살고 있는 곳이기 때문에 상층부의 몇몇 위정자들이 무위의 마음을 갖는다고 하여 평화의 상태가 쉽게 이룩되는 곳이 아니다. 물론 당연히 위정자는 그런 무위자연의 마음가짐을 갖추어야 하지만, 그러나 위정자가 어떤 방법, 어떤 수단, 어떤 도구를 활용하여 그 목적을 제대로 달성할 수 있는지를 구체적으로 밝히지 않으면 그것은 단지 공상(空想)의 산물이 될 뿐이다.

그런데 여하간 구체적이어야 할 바로 그 지점에서 장자처럼 도가가 인간의 본성을 만물제동(萬物齊同)론으로 설명하게 되면, 곧 인간의 본성이 잘못 진화하였다고 주장하는 경우가 된다.

따라서 자신이 비난한 인물에게서 당신이 지금의 위정자라면 어떻게 할 것인가? 하는 질문을 받았음에도 불구하고 당사자가 그 질문에 대해 묵묵부답이라면, 그 때에는 오히려 자신이 상대방에게 가한 이전의 비난은 오로지 부정을 위한 부정의 화법일 뿐, 결코 긍정적인 대안을 제시하고서 공동번영을 추구하는 화법이 될 수 없다. 다시 말해 그런 부정적 화법은 위정자들의 잘못을 지적하고 각성하는 방법으로서의 효능은 있어도, 결코 당면의 문제를 긍정적으로 해결하려는 방법론이 아니라는 점이다. 왜냐하면 그런 통상적 사회비판은 어느 시대 어떤 사상에서도 늘 있었지만, 그러나 바람직한 대안을 갖추고 있지 않은 경우에는 대체로 그런 비판은 바람직한 결과를 도모하지 못했기 때문이다.

다시 말해 인류사회가 문명의 발전을 이룩하는 과업은 학문이 뒷받침하지 않고서는 불가능하고 또한 선비와 백성이 무지하고서는 제대로 진행될 수 없었기 때문이다.

더욱이 이런 경향을 비판하고서 반대했던 반사회적 사고방식과 생활방식이 곧 세속의 욕망을 초월한 반사회적 사고방식과 생활방식으로서 몇몇 사람들끼리 모여 사는 종교적 공동체에서는 실현 가능했지만, 그러나 그 방식이 문명사회 전체를 일률적으로 전부 무차별적 평등사회로 나아가게 할 수 없었기 때문이다.

그러므로 역사 이래로 인간이 모여 사는 공동체는 각 구성원들이 자신이 직면한 갖가지 문제를 해결할 수 있는 지식을 반드시 갖추어야 하는 지적(知的)사회가 아닌 적이 없었다. 다시 말해 인간의 삶의 터전인 인간의 공동체는 자연 상태와 차별되는 문명사회로서 여러 가지 지적인 방책이 없이는 체제의 유지가 도저히 불가능한 유기적 조직체가 된 것이다. 그리하여 유사(有史) 이래로 성인은 이런 특성을 차별화하여 지혜라는 지적 능력을 인간의 특성으로 규정하고 그리고서 자연의 생존방식으로부터 인간의 생존방식을 구분하였던 것이다. 다시 말해 성인은 인간을 이성적 존재로서 규정하고서 인간의 본성을 다른 동물과 차별하였던 것이다.

그런데 이러한 인간의 생존방식을 새로운 시각으로 비난한 도가사상이 전국(戰國)시대에 등장했는데, 그들이 비난한 문명사회의 삶은 인간의 순수한 본성이 타락한 상태의 삶의 모습이었고 그리고 그와 정반대로 자연의 삶은 인간의 순수한 본성을 간직한 평화로운 상태의 삶의 모습이었다. 그런즉 전국시대 당시에 유가를 극구 비난하고 배척한 그들의 무위자연의 사상이 과연 인간의 문명 상태를 원시적인 자연 상태로 되돌려 놓으려고 한 것인지가 의문의 대상이 아닐 수 없게 된다. 하지만 그들의 사상에는 표면적인 그런 부정적 내용의 글뿐만 아니라 전혀 다른 시각의 의도를 표출한 내용의 글도 충분히 상존하고 있기 때문에, 따라서 도가의 의도를 따지는 작업은 당연히 혼란스러운 모습을 가장한 그들의 진정한 의도가 도대체 무슨 목적을 추구하였는지를 논구하여 그들의 전략적 언어구사를 올바르게 정리해야 한다.

그러면 그 논구는 필히 유가가 가르친 인과 예법사상을 비난한 그들이 자신의 무위자연(無爲自然)사상을 인간을 가장 인간답게 만드는 이론이라고 주장하였을 적에, 곧 그들이 자신의 사상을 합리적인 이성적 이론이고 결코 불합리한 비이성적 이론이 아니라고 논증한 방법을 따지는 일이 아닐 수 없게 된다. 또한 자연 상태에서 할 수 있는 이성의 역할이 자연 상태를 이탈하려는 움직임을 적극적으로 방지하는 기능인지를 규명하는 일이 아닐 수 없게 된다. 더 나아가 유가의 사상을 긍정하는 것이 인위가 되고, 부정하는 것이 무위가 되는 것이라면, 황제사관에 의한 중앙집권적 전제군주제도는 가장 무위적인 사고방식의 체제인지를 규명해야 하는 일이 아닐 수 없게 된다. 그 뿐만 아니라 그 일은 이럴 수도 있고 저럴 수도 있는 도가의 입장에 따라 인위에 대한 무위의 개념이 상대적인 용어가 되는 것인지를 밝히는 일이 아닐 수 없게 된다. 그리하여 그 일은 종국적으로는 도가가 주장하는 바의 무위자연의 사고방식이야말로 가장 인위적 사고방식의 극치일 수 있다고 의심할 수 있는 역설적인 측면을 심도 있게 검토하는 일이 아닐 수 없게 된다.

어쨌든 그런 많은 논란거리를 내포하고 있는 도가는 그들의 이론이 유가의 이론보다 즉 고대통치이념의 이론보다는 시대적으로나 내용적으로나 상위에 있음을 강조하기 위해 근원적인 원리가 하나임을 설파하였는데, 장자는 그 점을 제물론(齊物論)에서 다음처럼 설명하였다.

“<하나의 사물이> 나뉘는 것은 <다른 사물이> 이루어지는 것이다(其分也 成也). <하나의 사물이> 이루지는 것은 <다른 사물

이>제거되는 것이다(其成也 毁也).

무릇 사물은 이루어지는 것과 제거되는 것이 없다(凡物無成與毁). 다시 내왕하여 하나가 된다(復通爲一).

오직 통달한 자만이 내왕하면서 하나가 되는 것을 안다(惟達者知通爲一)

이렇게 되는 것은 작용이 아닌 것이고 그리고 법도에 맡긴다(爲是不用而寓諸庸). 법도는 작용하는 것이고(庸也者 用也) 작용하는 것은 내왕하는 것이고(用也者 通也) 내왕하는 것은 이루는 것이고(通也者 得也) 마땅히 이루는 것은 조짐이다(適得而幾矣) 원인은 이것이다(因是已). 이것은 그래서 그 분명함을 알지 못한다(已而不知其然). 도라고 일컫는 것이다(謂之道)."[13]

하지만 위의 설명은 물질이 분해되면 물질로 돌아간다는 공허한 내용일 뿐, 인간의 의식이 물질로부터 발생한다는 식의 유물론적 내용을 직접 결코 언급한 내용은 아니다. 다시 말해 도가는 물질이 곧 정신이라는 입장은 단적으로 표명하지 않았고 그리고 인간이 지향해야할 미래의 인간사회는 원시적인 삶의 공동체로 되돌아가야 한다는 주장도 내놓질 않았다. 오히려 장자는 마치 그 점을 의식한 듯이 아래의 문장에서 인간사회와

13) ibid p173~174

자연의 상태가 모순적이 아니라 조화로운 상황이라는 입장을 내 놓았다.

"동일한 것은 동일한 것이고(其一也一), 동일하지 않은 것도 동일한 것이다(其不一也一). 동일한 것은 <자연>하늘을 따른 것이고(其一與天爲徒) 동일하지 않은 것은 인위를 따르는 것이다(其不一與人爲徒). <자연>하늘과 인위는 모순을 일으키는 일은 없다(天與人不相勝也). 이런 사람이 진인이라고 일컫는다(是之謂眞人)."[14]

그런 점에도 불구하고 도가는 유가의 입장을 배척하고 기존의 질서의식 즉 도덕관을 부정하기 위해 전략적 방법으로 무위자연의 이론을 세상 사람들의 면전에 내세웠다. 그리하여 도가는 유가의 노선과 상대적으로 대척점에 서게 되었다. 그리고 그 결과로 드러난 극단적 입장 차이가 곧 우민(愚民)론과 교육(敎育)론의 대립이었다.

그런데 전국시대의 난국에 처해 피곤할 때로 피곤한 백성들에게는 여하간 유가가 추구하는 인·의·예·지(仁義禮知)의 말보다는 소박한 자연적 삶을 추구하면 평화와 안녕을 추구할 수 있다는 도가의 전략적인 말이 더 그들의 마음을 파고 들 수밖에

14) ibid p227

없었다. 그러므로 그 당시 도가의 이론이 진리의 측면에서 과연 올바르고 정당한 것인가? 하는 의문점과 별개로 그들의 전략이 극히 탁월했었다는 평가는 충분히 가능하다. 그러나 그들이 주장하는 바의 내용의 정당성 여부는 인간의 삶이 소박한 자연 상태로 돌아가는 것이 과연 당시의 정국을 올바르게 안정시키는 제대로 된 방법일 수 있었는가? 하는 해명에 달려 있다.

그리고 이 의문의 해명은 곧바로 도가가 내세운 도의 정체를 파악하는 작업과 직결되기 때문에 도가가 도에 관해 설명한 많은 문장 중에서 다음의 글귀가 대단히 중요해진다. 그 이유는 도를 천도(天道)와 인도(人道)로 구별해 놓았기 때문이다. 곧 고대통치이념을 따르는 옛 임금의 통치방식이 천명을 수행하는 것이어서, 유가의 가르침이 천도와 인도가 다를 바 없었는데, 그에 비해 도가는 유가의 가르침을 공박하기 위해 천도와 인도를 구분한 것이었다.

"도란 무엇인가(何爲道)? <도에는> 천도와(有天道) 인도가 있다(有人道). 주된 것은 천도이고(主者 天道也) 따르는 것이 인도이다(臣者 人道也) 천도와 인도는 <격차가 크다>서로 멀리 가 있다(天道與人道也 相去遠矣). 자세히 살펴서 알지 않으면 안 된다(不可不察)[15]……"

15) ibid p278 - p280

그러면 장자가 말하는 천도가 유가와 말하는 천명을 결부시켜 놓고 보면, 그들이 내세운 무위자연의 이론이 반(反)문명적이고 비(非)정치적인 이론이 아니라 가장 문명적인 정치이론이 아닐 수 없게 된다. 더욱이 장자가 아래의 문장에서 옛 임금의 천하는 무위의 세상이었다고 말해 곧바로 장자가 말한 무위의 천하는 순수한 자연 상태가 아니게 된다. 그 이유는 다음의 관점 때문에 자명하다. 곧 아득한 옛 임금의 천하(玄古之君天下)라는 표현에서의 임금이 요·순임금일 수가 없기 때문인데, 그러면 당연히 그 임금은 황제일 수밖에 없게 되고 그리고 그 세상은 임금이 다스리는 정치적 사회이므로 당연히 자연 상태일 수가 없게 된다. 만약 그 임금의 해석을 두고서 장자학파가 요·순임금도 아니고 황제도 아니라는 억지주장을 하게 되면, 그러면 장자학파가 황제 이전의 고대역사를 또 설정하지 않으면 안 되게 되어 그리하여 장자의 모든 이론체계가 허물어지게 된다. 그러므로 무위의 이론은 정치적인 이론이 아닐 수 없게 된다.

"천지는 아무리 광대하여도, 그 변화는 가지런하다((天地雖大 其化均也).

만물이 아무리 많아도, 그 다스림은 하나다(萬物雖多 其治一也).

사람의 무리가 아무리 많아도, 그 주인은 임금이다(人卒雖衆 其主君也).

임금은 덕에 기초하고서, 능히 천하를 다스린다(君原於德 而成於天).

그래서 말하기를(故曰), 아득한 옛 임금의 천하는 무위였다(玄古之君天下 無爲也)

더욱이 뒤이어 장자가 군자가 무위의 경지에서 다스리는 세상을 두고서 "그 다스림을 성대하게 하여 만물이 모여들 것이다(沛乎其爲萬物逝也)"라고 하였기 때문에, 더 더욱 무위로 다스리는 세상은 결코 순수한 자연 상태가 아니게 된다. 왜냐하면 도가사상이 정치적인 사상이 아니었다면 결코 무위사상이 정치적인 지위를 지닌 군자와 결부될 리 만무했고 더 나아가 그가 다스린 세상에 대한 통치의 결과를 그와 같이 전망할 리 만무했기 때문이다.

"…군자는 마음을 도려내지 않으면 아니 된다(君子不可以不刳心焉).

무위인 채로 일을 이루는 것은 천이라고 한다(無爲爲之之謂天).

무위인 채로 알려 주는 것은 덕이라고 한다(無爲言之之謂德).

사람을 사랑하고 사물을 이롭게 하는 것은 인이라 한다(愛人利物之謂仁).

갈지 않은 것을 같은 것으로 보는 것은 대라 한다(不同同之之謂大).

행동을 함에 있어서 <자기와>다른 것에 대해 눈을 흘기지 않는 것은 관이라 한다(行不崖以之謂寬).

만물이 서로 다른 것은 부라고 한다(有物不同之謂富).

반드시 덕을 붙잡는 것은 기라고 한다(故執德之謂紀).

덕이 이루어지는 것은 입이라 한다(德成之謂立).

도에서 <갖추는 것 또는 대비하는 것>빙빙 도는 것은 비라 한다(循於道之謂備).

<외부의 영향에 의해>사물 때문에 뜻이 꺾이지 않는 것은 완이라 한다(不以物挫之之謂完).

군자가 이 열 가지를 명백히 이해한다면(君子明於此十者), 곧 <세상의>일을 품을 정도로 마음이 넓어져(則韜乎其事心之大也) 그 다스림을 성대하게 하여 만물이 모여들 것이다(沛乎其爲萬物逝也)."[16]

그런즉 장자의 이와 같은 정치사상은 보는 이로 하여금 유가의 사상을 궁극의 이치를 모르는 어리석은 유생들이 장님들이 코끼리 더듬고 나서 마치 코끼리를 아는 체 하고 있는 수준의

16) ibid p280~281

사상인 것처럼 매도하고서 비웃는 오만함을 느낄 수 있게 해준다. 곧 장자가 진정한 진리를 모르는 유생들이 어떻게 자신들의 지고한 의도를 알겠는가! 하는 냉소적 자세를 취하고서 줄곧 그들을 비판한 태도이다.

그런데 무위자연의 이론은 말 자체의 순수한 의미만으로 해석하면 여하튼 참으로 그럴 듯하다. 곧 위정자가 사리사욕을 추구하려는 사심을 버리고 오로지 공정하게 정치를 하되, 그 실천의 방법은 남에게 말하기 전에 자신이 먼저 솔선수범하여 만인의 귀감이 되도록 일을 시행하는 것이 되기 때문이다.

그러면 도가의 선비들이 순수한 입장에서 무위의 용어를 바탕으로 삼아 당시의 열 왕들에게 사심을 버려야 하는 당위론을 과연 제대로 설파하였는지가 논구점이 아니 될 수 없다. 더욱이 전국시대를 종식하고 등장한 통일왕조의 진나라가 유가를 말살하려는 분서갱유를 자행하였기 때문에 그와 같은 의혹이 증폭된다. 다시 말해 그들 스스로가 욕망의 사심을 버리는 일에 몸소 실천하여 모범을 보어야 함에도 불구하고, 그들이 자신들이 뱉은 말처럼 하지 않았기 때문에 오히려 더한 의심만 불려 일으키는 국면이다. 왜냐하면 인간의 삶을 자연의 상태로 반드시 되돌리는 것이 도가의 진정한 의도이었다면, 당연히 도가는 무위의 마음을 갖춘 모습으로 유가가 가르친 인·의·예·지의 방법보다 더 나은 경지의 정치를 보여 주어야 했기 때문이다. 그러므로 기존의 유가를 극렬하게 배척한 도가마저 세속의 일에 초연하여 그릇된 욕망을 달관한 모습을 보여 주지 못했다면, 급기야 중국의 사상계는 진나라 이후부터 세속을 벗어나 승려가 되는 인도의 불가에서 그 모습을 찾아야 하고 그리고 현대에서는 세속을 벗어나 천주교의 길에서 그런 모습을 바라보아야 마땅하게 되는 역설적인 지경에 빠지게 된다.

그런즉 도가는 자신의 야욕을 달성하기 위해 황제사관을 만들어 기존의 역사를 왜곡한 엄청난 과오를 저질은 행위에 대해 여전히 그 사실을 학적 논구를 거쳐 평가될 문제라고 거부할 수밖에 없겠지만, 그러나 자신들의 정치적 의도를 관철하기 위해 묵인했거나 아니면 동참하였던 분서갱유의 사건에 대해서는 자신들이 내세운 무위의 정치적 도를 비판의 근거로 삼아 반드시 해명해야 한다. 왜냐하면 오늘날처럼 종이와 인쇄술을 갖추고 있지 않은 상황에서 죽간의 서책을 모두 없애고 더 나아가 그 내용을 가르치는 선비를 아예 죽이려고 한 행위는 도가를 포함한 황로학파가 유가의 학문자체를 말살시키려 한 천인공노할 일에 해당하기 때문이다. 더욱이 역사왜곡의 여파가 오늘날까지 지속되고 있기 때문에 그들의 도덕성은 반드시 올바르게 평가받아야 하고 그리고 제대로 평가되어야 한다.

그러므로 도가의 정체를 밝히는 작업은 중국고대역사왜곡의 실상을 밝히는 작업과 결코 분리될 수 없다.

제1부 도가는 왜 유가를 공격 해야만 했는가?

논구초점 : 인·의·예·지(仁義禮智)의 도덕적 노선을 표방하는 유가의 왕도정치노선은 구체적이고 현실적인데 반해, 유가의 도덕노선을 극렬하게 비난하면서 등장한 도가의 무위(無爲)사상의 정치노선은 대단히 신비하였기 때문에, 일반백성들은 그들이 내세우는 통치방식이 도대체 구체적으로 어떤 것인지를 도무지 알 수 없었다. 그러므로 도가의 의도와 목적을 정확히 파악해야만 도가의 신비한 정체를 직시할 수 있게 된다. 왜냐하면 신비스럽게 보이도록 위장한 겉모습은 자신들의 의도에 경계심을 풀게 하면서 어느덧 자신들의 생각에 빠져들도록 만들기 위한 철저히 계산된 전략적 행동이었기 때문이다.

그런즉 주나라의 왕통을 단절하고 새로운 통일왕조를 수립하기 위해 각자 활약한 역할을 엄밀한 비판적 자세로 주목하기만 하면, 곧 그들의 계획된 전략이 무엇을 지향하고 있었는지를 여실히 깨달을 수 있게 된다. 다시 말해 그들이 의도한 목적을 실현하기 위해 형성된 황로학의 폭넓은 선비집단의 테두리를 눈여겨 바라보면, 그들이 대단히 짜임새 있는 정치노선을 치밀하게 추구하였음을 파악할 수 있게 된다.

어쨌든 황로학에는 크게 음양가, 도가, 법가 세 가지 학파의 이론이 응집되어 있고, 그리고 그 모든 사상이 압축되어 결집되어 있는 곳이 다름 아닌 도가이다. 그런데 도가의 사상에는 그것과 전혀 어울리지도 않는 또한 어울릴 수도 없는 특이한 사고방식이 도사리고 있는데, 그것이 곧 양주의 이기적인 사고방식이다. 그리하여 무위자연의 덮개에 가린 도가의 사고방식은 힘을 가졌을 적에는 철권통치를 추구하고, 힘이 없을 적에는 양주가 말한 바처럼 이기적인 보신책을 추구하면서 그러면서 세상 사람들 앞에서는 마치 속세를 달관한 태도를 취하는 이중성을 추구하였다. 소위 겉 다르고 속 다른 이중적인 사고방식 속에서 강할 적에는 억압적이고 냉혹한 방식으로, 약할 적에는 이기적이고 기회주의적인 방식으로 위기상황을 대처하였다. 그리고서 그들은 마치 세속의 이해관계를 달관한 듯이 처세하는 이중적인 사고방식을 두고서 대륙적인 기풍이라고 자화자찬하였다.

그런즉 오늘날의 현대인이 그런 중국역사를 바라보게 되면, 과연 그와 같은 태도를 일러 대륙적이라고 말해도 무방할까? 하는 의구심을 가지지 않을 수 없게 된다. 그리하여 그렇게 하지 않았으면 좋을 역사를 왜 굳이 그렇게 만들지 않으면 안 되었을까? 그리고 더 나아가 그런 역사왜곡의 발상은 도대체 누구의 작품인가? 하는 의문점을 마땅히 떠올리지 않을 수 없게 된다.

결론적으로 말하자면 도가가 추구한 역사왜곡의 결과는 외면적으로는 일단 성공하였다고 말할 수 있겠지만, 그러나 내면적으로는 가장 나쁜 후유증을 낳은 실패한 결과라고 말할 수 있다. 그 이유는 주나라 이후의 중국왕조 및 왕조의 백성들은 언제나 외세에 시달려야만 했었고 그리고 외부의 정복자들로부터 오히려 지배와 차별을 당하는 역사를 스스로 초래했었기 때문이다.

따라서 고대통치노선을 추구하려다 그들에게 배척당한 고대의 뭇 성현들이 바라본다면, 시대에 영합하기 위해 곡학아세한 선비들이 초래한 역사가 마냥 가소롭기 짝이 없을 것이다.

노자의 도덕경에서 말한 무위자연의 이론의 정체 즉 본모습 내지 본질을 가장 잘 보여 주고 있는 서책이 바로 열자와 장자 학도들이 엮은 '열자'와 '장자'이다. 그 곳에서 열자와 장자는 무위자연의 이론을 설명하기 위해 자신들이 정의한 태역(太易), 태초(太初) 태시(太始), 태소(太素) 및 태청(太淸), 무궁(無窮), 무위(無爲), 무시(無始) 등의 각종 현학적인 용어를 사용하여 일반대중들의 주의를 어리둥절하게 만들어 놓고 그리고서 노자의 도덕경에 내재한 도가의 은밀한 의도를 상선(上善)의 물과 같은 전략으로 유포시켜 나갔다.

그런데 노자와 장자의 중간에 놓인 열자의 사상은 그들의 사상이 기존의 고대통치사상을 새롭게 각색한 것임을 여실히 보여주는데, 그 점은 열자의 첫머리에 서술된 글에 확연히 드러나 있다. 특히 이 글은 황로학의 시발점이 된 음양가의 이론을 답습한 것임을 단번에 직시하게끔 해 준다. 더욱이 이 글은 이 논구의 앞에서 인용한 장자의 글과 부합하는 것으로서, 도가의 무위의 이론이 음양가와 밀접하게 연관되어 있는 점을 보여 주기 때문에 이 글은 도가의 진면목을 파악하는 논구에 길잡이의 역할을 할 수 있게 된다.

"열자가 말했다(子列子曰). 「옛날에(昔者) 성인은 음양에 의거하여(聖人因陰陽) 천지만물을 다스렸다(以統天地). 무릇 유형의 것이 무형한 것에서 나왔다고 한다면(夫有形者生於無形), 즉 천지는 어디서 나왔다고 해야 할 것인가(則天地安從生)? 그런 고로 말한다(故曰). 태역이 있고(有太易), 태초가 있고(有太初), 태시가 있고(有太始), 태소가 있다(有太素)

태역은(太易者) 보이지 않은 기운이다(未見氣也). 태초는(太初者) 기운이 생기는 시작이다(氣之始也). 태시는(太始者) 형태의 시작이다(形之始也). 태소는(太素者) 성질의 시작이다(質之始也) 」[17]

이와 같이 배열된 용어들은 도가가 처음으로 사용하여 등장하는 용어들이 아니라 고대왕조가 출범한 이래로 여러 왕조가 구축한 문명사회의 이론으로서, 그런즉 열자가 속한 주나라 초기의 경전인 주역의 내용이 그 점을 여실히 입증한다. 그리고 기(氣)이론도 추연에 앞선 맹자도 호연지기를 말한 정도로 널리 세상에 알려진 사고방식이었을 뿐이다. 그런즉 열자의 기는 다름 아닌 세상에 충만하여 만물이 생성하는 힘의 원천이었던 것이다.

17) 열자 p29~30

"기와 형과 질의 세 가지가 갖추어져 있지만(氣形質具, 그러나 서로 분열되지 않은 상황은(而未相離) 그러므로 혼돈이라고 말한다(故曰渾淪). 혼돈은(渾淪者) 만물이 서로 뒤섞어 흘러 다니면서 서로 분열되지 않은 상황을 말한다(言萬物相渾淪而未相離也). 시각으로 보지 못하고(시지불견視之不見), 청각으로 듣지 못하고(청지불문聽之不聞), 어루만짐으로는 깨닫지 못한다(循之不得). 그런고로 역이라 말한다(故曰易也)"[18)]

그리고서 열자는 만물의 변화를 아우른 역(易)을 수리(數理)로서 그 변화의 과정을 설명하였는데, 그것이 노자가 말한 도(道)와 일(一)의 관계를 설명한 구체적인 경우가 된다. 그런데 이 점에서 눈길을 주지 않을 수 없는 것이 있는데, 곧 그것이 바로 역(易)이란 용어이다. 그 이유는 역은 이미 주역(周易)을 가리키는 용어로서 고대왕조 때부터 나라가 치는 점을 일러 역이라고 하였기 때문이다. 그러면 앞의 음양론과 합쳐 생각하면 도가의 이론이 어디에서 연유하였는지를 충분히 판단할 수 있게 된다.

---

18) ibid 同

"<만상의 변화>역에는 형체와 경계가 없다(易無形埒). 역이 변하여서 일이 되고(易變而爲一), 일이 변하여서 칠이 되고(一變而爲七), 칠이 변하여서 구가 된다(七變而爲九). 구로 변한 것은 궁극에 이른 것이므로(九變者究也), 이에 다시 변하여서 일이 된다(乃復變而爲一). 일은 형체가 변화하는 시초이다(一者形變之始也)."[19]

그러므로 열자가 내린 결론은 특별한 것이 아니라 기존의 경서에서 보여 주는 사고방식이었기 때문에 굳이 새삼스러울 리가 없게 된다. 왜냐하면 열자의 사상이 천지인(天地人)의 사고방식이었고 그리고 이미 천명(天命)을 부여받은 왕조가 민본주의의 정치를 해야 하는 당위성을 밝힌 이론에 정립되어 있었기 때문이다. 그런즉 열자의 설명이 특별한 사상이 되려면 마땅히 다음의 단계를 착실히 거쳐야 한다. 곧 그것은 우선적으로 도가의 선비들이 서경을 포함하여 여러 고대경전을 배우는 여타의 다른 선비들과 마찬가지로 고대왕조의 통치이념이 하늘에서 부여한 천명에 있음을 인정하고, 그리고 그 다음으로 그들과 달리 천명에 의한 통치방식에서 드러난 부실함과 부적절성과 불합리성을 명백히 지적하고, 그리고 마지막에 이르러 그것을 대신할 구체적인 통치이념과 통치노선을 제시하여 객관적 타당성을 확

19) ibid 同

보하는 방식이다. 물론 도가의 선비들은 열자가 무위자연의 도의 이치로서 그렇게 주장하였다고 해명하겠지만, 그러나 열자가 주장한 바의 내용에는 현실성이 결여되어 있고 그리고 일방적이었을 뿐이기 때문에 여전히 위의 절차대로 비판받아야 한다. 특히 그 지적은 노자, 열자, 장자를 비롯한 도가의 선비들은 자신들의 사상이 정당하다고 입증할 객관적 근거를 자진해서 세상에 떳떳하게 나서 공공연하게 공개적으로 주장하지 않았기 때문에 결코 피할 수 없는 문제가 된다.

그런데 여하튼 열자의 도가사상은 우주의 기로서 만물의 생성과 인간의 탄생을 설명하였다.

"맑고 가벼운 것은 위로 올라가 하늘이 되고(淸輕者上爲天), 탁하고 무거운 것은 밑으로 내려와 땅이 된다(濁重者下爲地). 천지의 조화된 기운이 사람을 이룬다(沖和氣爲人). 그러므로 천지가 정기를 포함하고 있어서(故天地含精) 만물이 변화하고 생겨난다(萬物化生)."[20]

그리고 더 나아가 도가상가들에게서 주목해야할 특별한 관점은 열자와 더불어 도가의 주축을 이룬 장자학파가 신비로움을 가장하여 자신의 정체를 은폐시키고서 그리고 자신의 그런 모습과 어울리게 그들의 서책을 통해 유가들에게 시대의 흐름에

---

20) ibid 同

거역하지 말도록 일관되게 권유 내지 충고 혹은 경고를 보내었다는 점이다. 그러면서 동시에 장자는 대중의 뇌리에 자신들이 각본을 짠 가공의 역사인 황제의 사관을 진실한 역사로서 각인시켰던 전략적 방식이다. 그러면 당연히 서경에 수록된 요·순임금의 역사와 그로부터 면면히 이어진 통치이념의 정통성은 자연히 부정되어지게 된다. 그런즉 장자학도가 수많은 많은 말들을 현란하게 펼쳐 놓았지만, 그러나 그들이 지닌 전략적 의도의 핵심은 오로지 한 곳으로만 초점이 맞추어지게 되는데, 곧 그것은 바로 자신들이 의도한 바의 황제사관으로 세상의 가치관을 전도시키겠다는 목적이다.

그러므로 전국시대의 상황과 맞물려 등장한 도가사상가 중에서 위의 의도를 가장 노골적으로 그리고 가장 명확하게 드려낸 인물이 장자였고 그리고 그의 글이었으므로, 따라서 도가의 진정한 의도를 제대로 살피기 위해서는 장자의 대표적인 글은 반드시 검토되어야 한다. 그런데 장자의 진정한 의도가 표출된 내용이 곧바로 순자의 성인(聖人)성왕(聖王)론에 대적하는 성인(聖人)제왕(帝王)론이기 때문에 반드시 역사왜곡의 시발점은 반드시 이 내용으로부터 시작되어야 한다. 곧 아래 문장은 장자의 성인(聖人)론이다.

> "성인은(彼聖人者) 천하의 보배다(天下之 利器也). 그러기에 드러내서는 안 되는 것이다(非所以明天下也). 그러므로(故) 성스

러운 행위를 끊고 지혜를 일체 포기 한다면(絶聖棄知), 큰 도둑이 곧 없어질 것이다(大盜乃止). 보옥을 버리고 진주를 깨뜨려 버린다면(擿玉毁珠)), 좀도둑은 생기지 않을 것이다(小盜不起). 부절을 태우고 인장을 파괴한다면(焚符破璽), 그러면 백성은 질박한 마음으로 돌아갈 것이다(而民朴鄙). <용량의 단위>말을 깨고 저울을 분질러 버린다면(掊斗折衡), 그러면 백성들은 이익을 위해 다투지 않게 될 것이다(而民不爭). 천하의 성스러운 법을 모두 파기하면(殫殘天下之聖法), 그러면 민중은 비로소 같이 도에 대해 말할 수 있게 될 것이다(而民始可與論議)."[21]

하지만 윗글에서 단번에 의심이 가는 점은 드러내지 않아야 할 성인이 도대체 누구인가? 하는 의문점이다. 곧 도가사상가들이 그 인물이 황제(黃帝)가 아니라고 부인하게 되면 바로 자기 자신들 이외에 다른 인물이 있을 수 없게 되기 때문이다. 더 나아가 그런 성인이 자신들이 아니라고 부인하게 되면, 그 성인은 마땅히 자신들에게 무위의 도를 전수해 준 인물이 아닐 수 없게 되기 때문이다. 그런데도 불구하고 만약 그들도 아니라고 하게 되면 자신도 모르는 성인을 어떻게 거론하며 그리고 자신도 모르는 성인의 도를 어떻게 알고서 말할 수 있게 되었는가? 하

21) 장자 p265

는 의혹이 마땅히 성립하게 된다. 그러면 그들의 주장은 그 즉시 자가당착에 빠지게 된다. 곧 자신의 정체를 밝히지 않으면 안 되는 점 때문이다. 다시 말해 이미 밝힌 황제의 인물을 제외하면 당연히 드러나지 않아야 할 성인은 바로 자기 자신들이 아닐 수 없게 되기 때문이다. 이로써 장자는 스스로 자신들의 정체를 세상에서 은폐시키고 있음을 자신의 글로서 입증하는 셈이 된다.

그러면 장자가 의도한 바의 목적이 무엇인가? 하는 의문점이 논구의 중심에 서게 된다. 그 이유는 위의 문장의 내용이 장자가 전통의 사상방식을 버리고 자신들이 내세우는 사고방식을 받아들이라고 주장한 것이 아닐 수 없었기 때문이다. 곧 유가로 하여금 자신들이 견지하는 고대통치이념을 포기하라는 뜻이 아닐 수 없었기 때문이다.

그런즉 장자는 자신의 그 의도를 뒷받침하는 내용으로 삼대이래의 역사가 잘못되었다고 말하였다.

> "심하도다(甚矣夫)! 지혜를 좋아함이 천하를 혼란에 빠뜨렸으니(好知之亂天下也). <하 은 주> 삼대부터 밑으로 이와 같다(自三代以下者是已)."[22]

물론 이것만으로는 지금까지의 모든 역사가 잘못되었기에 이제부터 새로운 역사를 만들어가자는 것인지 아니면 좋은 역사

---

22) 장자 p 267

가 있었는데 불구하고 삼대 때부터 잘못되었으니 그 때로 되돌아가자는 것인지가 분명치 않다. 그런데 장자가 황제사관을 주장하는 인물이니까, 당연히 후자가 장자를 비롯한 도가사상가들의 입장이 아닐 수 없게 된다. 그러므로 그들이 지향한 바의 정확한 목적이 이로부터 논구될 수 있다.

그러면 당연히 도가사상가들이 어떤 사상을 발판으로 삼아 황제사관을 만들어 세상에 내놓을 수 있었는지의 관점이 의문의 대상이 아니 될 수 없다. 그런데 그들이 최우선적으로 주목한 통치이념의 관점은 고대통치이념에서의 천명사상인데, 그 이유는 당연히 천(天)에 대한 사고방식을 새롭게 구성하지 않고서는 고대통치이념을 무력화시킬 수 없음을 너무도 그들이 잘 깨닫고 있었기 때문이다.

여하간 중국고대왕조 뿐만 아니라 세상의 모든 고대왕조에서 초월적 사고방식의 출발이 하늘이었음은 인류의 모든 문명사가 입증한다. 곧 고대인들에게는 지구를 감싸고 있는 하늘의 영역인 우주가 실로 무한한 것이었고, 그 반대로 인간이 사는 세상은 유한한 것이었다. 그리하여 고대인들이 세상의 원리를 추구할 적에 가장 먼저 내린 결론이 바로 그 무한성과 초월성이었다. 그리고 더 나아가 사람을 비롯한 모든 생명체가 죽으면 해체되어 물질로 되돌아가는 현상을 두고서 만물의 근원이 따로 있다고 생각하였다. 그러므로 도가의 이론이 이로부터 출발한 입장은 지극히 상식적이고 당연한 수순이었다.

그런 측면에서 보면 장자의 내편 제물론은 도가사상가들이 당시의 위정자와 선비들을 미혹시킨 무위자연의 사상의 본질을 제대로 보여 주고 있다. 그러면 곧장 도가사상가들이 결코 민중들을 현혹시키지 않았다는 것인가? 하는 물음이 제기될 수 있다.

물론 결과적으로 바라보면, 도가사상가들이 일반 민중들을 현혹시켰다고 평가해도 무방할 수 있다. 그러나 사실적인 측면에서 접근하면 도가의 설명방식은 어리석은 민중들이 쉽게 다가갈 수 있는 내용도 아닐 뿐더러, 더 나아가 어리석은 백성을 염두에 두고서 이론을 전개한 것도 아니었기 때문에, 따라서 그들의 사상자체가 처음부터 순수하게 민중을 위해 착상한 발상이라고 평가하는 입장은 심히 부적절하고 그리하여 엄밀한 의미에서는 도가가 민중을 현혹시켰다고 말하는 것은 문제가 될 수 있다. 오히려 도가사상에서는 민중이 철저히 소외되어 있었다고 평가하는 편이 더 적절할 것이다. 왜냐하면 일반백성은 단지 황제사관(黃帝史觀)으로 다스려져야할 통치의 대상이었을 뿐이었기 때문이다. 그런즉 아래의 장자의 글이 보여 주는 바처럼, 도가사상가들의 모든 글들은 당시에 글도 제대로 모르고 또한 심오한 사상을 접해보지도 못한 어리석은 대중들을 위한 계몽의 글이라고 결코 말할 수 없게 된다. 그러므로 이 글이 의도하는 바의 의도는 따로 있는 것이 되며 따라서 다른 곳에서 도가가 의도하는 바의 목적이 논구되어야 한다.

"………<희로애락의 근원>그것이 없다면 나도 존재할 수 없을 것이며(非彼無我), 내가 존재하지 않는다면 <아무도 그 근원으로

부터 희로애락의 정을>그것을 이끌어 내지 못할 것이다(非我無所取).

<그렇다면 그 근원과 나는>이것은 역시 가까운 거리에 있을 것임에 틀림없다(是亦近矣).

그럼에도 불구하고 <희로애락의 정을> 그것을 생기게 하는 것이 무엇인지 알 수 없다(而不知其所爲使).

거기에는 필시 진정한 주재자가 있을 것이라는 심증이 가나(若有眞宰), 그러나 다만 그 조짐을 발견할 수가 없다(而特不得其眹).

그것이 어떤 작용을 하고 있다는 점에는 의심이 가지 않으나(可行已信) 그러나 그 형체는 볼 수가 없다(而不見其形).

그런 사실은 엄연히 존재하나 그러나 그 모습은 볼 수가 없는 것이다(有情而無形).……”[23]

그런즉 이와 같은 내용은 글도 모르는 일반백성들을 상대로 하여 만든 평범한 계몽의 글이 결코 될 수 없는 바이다. 적어도 도가가 일반백성들의 평안을 위해 고심한 박애인(博愛人)들이었다면, 당연히 유가처럼 백성들의 일상생활에 도움이 되는 예법을 실천방법으로 내세워 구체적으로 일반백성들을 인도해야 하는데, 그러나 도가사상가들이 자신들의 도를 말로써 설명할

23) ibid p168

수 없는 도라고 하였기 때문에, 따라서 그 도는 지식인들 사이에서 지적 논쟁만 유발할 학문적 이론만 될 뿐이게 된다. 그러므로 도가는 일반백성들에게 다가가기 위한 방편으로 유가의 예법사상과 달리 그 예법사상을 우습게 여길 수 있도록 만들 우화를 전략적으로 개발하였던 것이다. 그리고 그 점 때문에 도가가 일반백성들을 현혹하였다고 평가받을 여지를 지니게 된다.

그러므로 아래의 장자의 글은 일반백성들이 도저히 접근할 수 없는 도가의 현학적인 모습을 극단적으로 보여주는 대표적인 범례가 된다.

"………그러므로(故) <도는 억지로> 분석하고자 하면(分也者) <반드시> 분석할 수 없는 부분에 봉착하고 만다(有不分也). <도를 억지로> 분별하고자 하면(辯也者) <반드시> 분별할 수 없는 부분에 봉착하게 마련이다(有不辯也).

말하건 데(曰), 그것은 어떤 사실을 가리키는가(何也)?

성인은 도를 자기 몸에 안아 그것과 일체가 되나(聖人懷之), 속인은 그것을 분별하여 논함으로써(衆人辯之) 남에게 보이려 한다(以相示也).

그러기에 <나는> 말한다(故曰). 「아무리 <분석하여> 논해 보아도(辯也者) <남에게 진리를 남김없이> 이해시킬 수는 없다(有

不見也)」”[24]

그러면서 장자는 자신의 논리를 전개하는 사이에 슬며시 도가가 목적하는 바의 진정한 의도를 끼어 놓았다. 즉 자신들이 의도한 배척의 대상인 유가의 이름을 직접적으로 거론한 점이다. 그런데 그 점에서조차 도가는 자신들과 유가 사이에 직접적인 시비가 생겼다고 하지 않고, 우회적으로 유가와 묵가 사이에 시비가 발생하였다고 말하면서 치고 빠지는 도가의 전형적인 전략을 구사하였다.

“………그러므로(故) 유가와 묵가의 시비가 생겨나(儒墨之是非) 남이 그르다고 하는 것을 옳다고 하고(以是其所非), 그리고 옳다고 하는 것을 그르다고 한다(而非其所是).

남이 그르다고 하는 것을 옳다고 하고 남이 옳다고 하는 것을 그르다고 하려 하면(欲是其所非而非其所是), 곧<시비의 대립을 넘어선> 밝은 지혜로 비추어 보는 것만 같은 것이 없다(莫若以明).”[25]

더 나아가 장자는 공자가 편찬한 춘추 기록의 도덕적 의의조차 역사의 가장자리로 제치면서, 사실의 기록과 전혀 상관없는 자신들의 역사관을 역사의 전면에 내세우려는 의도를 사실상

24) ibid p179
25) ibid p170

내비쳤다.

"춘추는 세상을 경륜하기 위해(春秋經世) 선왕의 사적을 기록한 책이니(先王之志) 성인은 <거기에 기록된 사실에 대해 따지고 들어> 논의는 해도 <시비·선악의 판단에 대해> 답하지 않는다(聖人議而不答)."[26]

하지만 춘추사관에 깃든 공자의 도덕적 판단 때문에 도가와 유가의 상반된 입장은 그대로 충돌하지 않을 수 없게 된다. 왜냐하면 그 까닭은 고대왕조의 통치이념에 근거하여 위정자의 잘못을 따지는 유가의 태도와 달리 새로운 통일왕조에 대해 불리할 수 있는 정통성의 문제점에 대해서는 결코 언급하지 않으려는 도가의 태도 때문이다. 만약 당대의 현실적 정국에 독재가 채이면 결코 황제사관을 그들이 결코 내놓을 수 없기 때문이다.

그리하여 도가들은 자신들에게 다가올 비판의 칼날을 천균(天鈞), 천부(天府), 보광(葆光), 천예(天倪)의 말로서 방어막을 치면서, 역으로 '무지(無知)의 오류(誤謬)'를 적극 활용하여 자신의 의도를 철저히 관철시키려고 하였다. 곧 그 의도는 장자의 다음 글에 잘 드러나 있다.

………그러므로(故) 지혜도 <인간으로서 이 이상은> 알 수 없

---

26) ibid 同

다는 한계에서 멈출 줄을 알아야(知止其所不知) 최고의 지혜가 된다(至矣). 누가 언어로서 표현할 수 없는 언어와 도로서 포착될 수 없는 도를 알 것인가(孰和不言之辯 不道之道)?

만약 그를 아는 이가 있다고 하면(若有能知) 그 경지는 <자연의 보고인> 천부로 일컬어야 한다(此之謂天府). <그것은> 아무리 부어도 넘칠 염려가 없고(注焉而不滿) 아무리 퍼내도 마르는 법이 없다(酌焉而不竭).

그리고 그 근원이 어디에 있는지 알 도리가 없다(而不知其所由來). 이 경지는 <숨겨져 있는 빛이라는> 보광으로 일컬어야 한다(此之謂葆光)."[27]

그러면 유가는 전국시대의 이런 도가들의 활약에 대해 자신들이 전혀 대응을 하지 않았거나 아니면 못했다고 평가되어야 하는가? 하는 의문점에 직면하게 된다. 그런데 이런 의문을 객관적이고 공정하게 해결하려는 논구의 입장은 도가의 견해에 편향되어 유가를 결코 소극적이거나 무능했다고 판단해서는 안 된다. 왜냐하면 그 점에 대해서는 전국시대에 활약한 순자의 해폐(解蔽) 편을 눈여겨보면, 누구라도 유가의 학문적 입장을 확실히 파악할 수 있기 때문이다. 그곳에서 순자는 모든 제자백가

27) ibid p180

들의 입장을 두루 비판하고서 유가의 정통성을 명백히 밝혔다.

“옛날 여러 나라를 유세하며 마음이 가려졌던 사람으로서는(昔賓孟之蔽者) 다음의 어지러운 학파들이 있었다(亂家是也).

묵자는 실용에 가려서(墨子蔽於用) 그래서 문식을 하지 못하였고(而不知文), 송자는 욕망에 가려서(宋子蔽於欲) 그래서 만족함을 알지 못하였고(而不知得), 신자는 법에 가려서(愼子蔽於法) 그래서 현명한 것을 알지 못하였고(而不知賢), 신자는 권세에 가려서(申子蔽於埶) 그래서 지혜를 알지 못하였고(而不知知) 혜자는 말에 가려서(惠子蔽於辭) 그래서 실속을 알지 못하였고(而不知實), 장자는 자연에 가려서(莊子蔽於天) 그래서 사람을 알지 못하였다(而不知人).

그러므로(故) 실용을 좇는 것을 도라고 한다면(由用謂之道) 실리만을 다하면 될 것이고(盡利矣), 자연을 좇는 것을 도라고 한다면(由俗謂之道) 되어 가는대로 다하면 될 것이고(盡嗛矣), 법을 좇는 것을 도라고 한다면(由法謂之道) 술수만을 다하게 될 것이고(盡數矣), 권세를 좇는 것을 도라고 한다면(由埶謂之道), 편의만을 다하게 될 것이고(盡便矣), 말을 좇는 것을 도라고 한다면(由辭謂之道) 논의만을 다하게 될 것이고(盡論矣) 자연을 좇는 것을 도라고 한다면(由天謂之道) 되어가는 대로 맡겨두면 될 것이다(盡因矣).

이 몇 가지의 것은(此數具者) 모두 도의 한 모퉁이인 것이다(皆道之一隅也).

그리고서 순자는 도가의 무위자연의 도와 전혀 다른 유가의 도의 본질을 밝히면서, 동시에 이 도를 체득하여 실현한 옛 성인들의 뒤를 이어 공자가 그 도를 계승했었다는 역사의 정통성을 온 세상에 두루 천명하였다. 다시 말해 순자에 의해 유가가 고대왕조의 통치이념을 견지하고 있었던 이유가 재차 분명하게 세상에 알려지게 된 것이다. 그래서 순자는 아래와 같은 글들을 통해 자신이 밝힌 도의 본질을 명확히 보여 주었다.

"무릇 도라는 것은(夫道者) 일정함을 본체로 해 능히 변화를 다하는 것이니(體常而盡變), 한 모퉁이로는 그것을 다 드러낼 수가 없다(一隅不足而擧之). 일부분만을 아는 사람은(曲知之人) 도의 한 모퉁이만을 보는 것이어서(觀於道之一隅) 능히 그것을 알 수가 없다(而未之能識也). 그러므로(故) 자신은 충분하다고 생각하고 이론을 꾸미면(以爲足而飾之) 안으로는 스스로를 어지럽히고(內以自亂) 밖으로는 남을 미혹시키며(外以或人), 위에서는 아랫사람들을 막히게 하고(上以蔽下), 아래에서는 윗사람들을 막히게 한다(下以蔽上). 이것이 마음이 가려지고 막혀진 재난이다(此蔽塞之禍也)."

그리고서 순자는 다음의 아래 글로서 공자가 지닌 학문의 정통성과 유가가 앞으로 처신해야할 바를 명백히 밝혔다. 그리고 이글에서 주목되는 바는 공자의 덕을 주공의 덕과 비견하고, 명성은 <우왕, 탕왕, 문왕>삼왕에 비견한 점이다. 더 나아가 그 중에서도 특히 눈길을 끄는 점은 순자가 여타의 다른 인물들을 제쳐 두고 주공을 선택하여 공자와 비견한 사실인데, 곧 그 점이 다름 아닌 순자가 주나라의 초기의 혼란에는 주공의 수습방식이 적절했다고 판단한 객관적 증거가 된다. 다시 말해 순자가 주공이 시행한 강력한 통치방식이 전국시대와 같은 난세의 수습방안으로 타당하다고 여긴 사실이 유가가 전국시대에 나아가야할 방향을 표명한 입장이 된다.

"공자는 어질고 지혜로우며(孔子仁知) 또한 가려지지 않았다(且不蔽). 그런 고로(故) 다스리는 술법을 배워서(學亂術) 족히 옛 임금과 같게 될 만한 분이었다(足以爲先王者也). 그 분은 한 학파로써 주나라를 다스리는 도를 터득하셨으니(一家得周道), 드러내어 능히 그것을 쓴다면(擧而用之) 도를 실행함에 막힘이 없을 것이다(不蔽於成積也).…. 그런고로(故) <그 분의>덕은 주공과 같았고(德與周公齊) 명성은 <우왕, 탕왕, 문왕>삼왕과 나란히 하게 되었다(名與三王竝). 이것은 마음이 가려지지 않은 복이다(此不蔽之福也)."[28)]

그런즉 바로 이와 같이 문장들이 도가사상가들이 공자와 유가를 배척해야만 했던 이유와 근거를 보여 주는 사실적이고 객관적인 자료가 아닐 수 없게 된다. 왜냐하면 이런 말투의 글들이 공자가 주나라를 다스리는 도를 터득하고 있고 더 나아가 그 명성이 삼왕과 주공과 비견된다고 믿는 유생들이 주나라를 대신할 새로운 왕조를 건국하려는 의도를 지닌 도가의 선비들에게 적극적으로 배척되어야할 정치세력임을 단적으로 입증하기 때문이다.

그 뿐만 아니라 위의 순자의 글들에서 주목하지 않을 수 없는 또 다른 특이점은 순자가 장자에 대한 언급을 간단히 구절인데, 하여간 그 점은 두 가지 관점으로 해석될 수 있다. 하나는 순자가 장자를 두고서 그가 인간세상을 잘 모르면서 무위자연설을 내세워 세속의 일을 비판했다고 여길 수 있는 관점과 다른 하나는 순자를 비롯한 유가들이 도가사상가들의 위장(僞裝) 때문에 황로학으로 나아간 도가사상가들의 정체를 제대로 파악하고 있지 못했다고 여길 수 있는 관점이다.

28) 순자B p605

그런데 순자의 '비십이자(非十二子)'편은 당시까지의 주요 인물이었던 타효(它囂), 위모(魏牟), 진중(陣仲), 사추(史鰌), 묵적(墨翟), 송형(宋鈃), 신도(愼到), 전병(田駢), 혜시(惠施), 등석(鄧析)을 비롯하여 심지어 유가인 자사(子思)와 맹자(孟子)[29]를 거론해도, 그러나 도가들이 종주로 떠받드는 노자 및 열자와 장자에 대한 언급을 전혀 싣지 않았기 때문에, 당연히 그것을 참조하면 후자 쪽이 올바른 판단이 아닐 수 없게 된다.

다시 말해 위모, 전중은 후대에 도가로 치부되는 인물들인데, 그와 견주어 노자와 열자는 자신들의 서책은 존재하는데 비해, 실재한 자신의 모습이 당당하게 존재하지 않는 신비로운 인물들이었기 때문이다. 따라서 전국시대의 특성을 감안해서 살펴보더라도, 그 특이한 점은 다른 각도에서 명백히 논구되어야만 적절하게 될 것이다. 왜냐하면 결국 그들은 자진해서 스스로 선비로서의 자신의 정체를 은폐하였다고 보아야 하기 때문이다.

그러므로 노자, 열자, 장자의 경우를 제외해 놓고 판단하게 되면, 순자가 그들 이외의 도가사상가들을 잘 알고 있는 점에서 당연히 순자가 도가의 주장을 잘 알고 있었다고 단정 지을 수 있게 된다.

왜냐하면 그 이유는 순자가 천론(天論)이라는 글을 지었는데, 그 속에 있는 대부분의 글처럼 마찬가지로 다음의 내용이 순자

29) 순자B p141~144

가 도가를 염두에 두고서 쓴 글이라고 능히 짐작할 수 있도록 해 주기 때문이다.

"하늘의 운행에는 일정한 법도가 있다(天行有常). 요<임금>때문에 존재하는 것도 아니고(不爲堯存) 걸<왕>때문에 없어지는 것도 아니다(不爲桀亡). 거기에 다스림에 호응하면(應之以治) 곧 길하고(則吉), 거기에 어지러움으로 호응하면(應之以亂) 곧 흉하다(則凶). 농사에 힘쓰고 능히 쓰는 것을 절약하면(彊本而節用) 곧 하늘도 가난하게 할 수 없고(則天下能貧), 잘 보양하고 그리고 제 때에 움직이면(養備而動時) 곧 하늘도 병들게 할 수 없으며(則不能病), 올바른 도를 닦아(脩道) 그리고 도리에 어긋나지 않으면(而不貳) 곧 하늘도 재난을 당하게 할 수 없다(則天下不禍). 그러므로(故) 장마와 가뭄도 그런 사람을 굶주리게 할 수 없고(水旱不能使之飢渴), 추위와 더위도 그런 사람을 병들게 할 수 없으며(寒暑不能使之疾), 요괴도 그런 사람을 불행하게 할 수 없다(祆怪凶)."[30]

그러므로 유가와 도가의 극심한 마찰은 전국시대의 난국 속

30) ibid p476

에서 도가가 등장하여 유가를 격렬히 공격했기 때문인데, 따라서 마땅히 춘추의 공자와 전국의 순자를 염두에 두고서 전국의 황로학의 도가를 논구해야만 역사왜곡의 실상이 제대로 드러나게 될 것이다.

§1. 도가의 궁극 목적

논구초점 : 실행할 의도가 전혀 없는데 세속을 떠난 인물이 세속의 일을 거론한다는 것 자체가 이중적인 처세관을 지닌 인물의 전형적인 모습이다. 왜냐하면 자신들이 나서서 추구하지도 않을 일을 타인에게 누누이 설명하는 일은 마음을 텅 비운 허정한 상태에서 할 수 있는 일이 아니기 때문이다.

그런즉 그들이 바라는 세상이 도대체 어떤 세상인가? 장자가 말한 어법의 가치관이 옳다면 왜 세상은 그렇게 변하지 않았는가? 그런데 그렇지 않았기 때문에 역설적으로 정작 그들의 참 의도는 다른 곳에 있고 이것은 단지 눈속임에 불과한 것인가? 하는 의문이 가능하며 따라서 그 점은 당연히 논구되어야 한다. 곧 사마천이 말한 아래의 관점들이 장자가 속한 황로학의 입장과 무관하게 과연 순수하고 공정한 판단인가 하는 의문점이다.

"백이는 명분 때문에 수양산 밑에서 죽었고(伯夷死名於首陽山之下), 도척은 이익 때문에 동릉 위에서 죽었다(盜跖死利於東陵之上). 이 두 사람이(二人者) 죽게 된 원인은 각기 다르다 해도

(所死不同) 자기 생명을 해치고 본성을 손상시킨 점에서는(其於殘生傷性) 마찬가지이다(均也).

반드시 백이는 옳고(奚必伯夷之是) 그러나 도척은 그른 것인가(而盜跖之非乎)? 천하 사람들은 누구나가 다른 무엇을 위해 자기 몸을 희생하고 있다(天下盡殉也).

그것이 인위를 위해 희생하면(彼其所殉仁義也) 곧 세상 사람들은 군자라 부르고(則俗謂之君子), 이것이 재물을 위해 일신을 버리면(其所殉貨財也) 곧 세상 사람들은 소인이라고 부른다(則俗謂之小人). 자기를 상실한 점에서는 같은 데(其殉一也) 곧 한쪽은 군자고(則有君子焉) 다른 쪽은 소인이다(有小人焉).

이에 생명을 해치고 본성을 손상한 점은(若其殘生損性) 곧 도척도 백이와 다를 바 없다(則盜跖亦伯夷已). 또한 어찌 그 사이에 군자·소인을 취할 수가 있겠는가(又惡取君子小人於其閒哉)?"[31]

그런즉 도가의 궁극목적은 유가의 선비들과 가르침을 철저히 배척하려는 것에 머무르지 않는다. 곧 도가의 진정한 목적은 전국시대를 종결할 수 있는 새로운 왕조를 여는 것이었다. 따라서 주나라를 대신할 왕조가 가능해지려면 더 나아가 그렇게 실현

31) 장자p255

하기 위해서는 그 방법을 주나라가 계승하고 있는 고대왕조의 통치이념과 통치노선을 전면적으로 무너뜨리는 것이다. 그러나 어연 1500년 이상을 지속한 고대왕조의 통치노선을 한 순간에 무너뜨리는 일은 결코 말처럼 쉬운 만만한 작업이 아니었다.

왜냐하면 혁명을 달성하기에는 주왕조의 통치이념을 획기적으로 바꾸어야할 명분이 마땅치 않았기 때문이었다. 즉 당대의 주나라 임금이 걸·주와 같은 폭군이 아니었기에 아무리 춘추전국시대라고 하더라도 탕왕과 무왕이 걸·주를 타도한 그런 타당한 명분을 충분히 갖추기가 여의치 않았다는 점 때문이다. 그럼에도 불구하고 그런 작업을 시도해야만 했기 때문에, 따라서 그들의 작업은 세부적인 세세한 내용을 변경하는 그런 수준을 넘어서 근본적인 역사의 틀을 대대적으로 바꾸는 엄청난 역사왜곡의 작업이 아닐 수 없게 되었다.

따라서 그런 관점과 맥락에서 보면, 장자 내편 소요유의 첫 구절은 지극히 심상한 의미를 지니고 있는 글이 아닐 수 없다. 특히 이점은 두 가지 점에서 각별한 주의를 기울여야 하는데, 첫째는 이 글이 신선사상에 관한 이야기가 아니라는 점이다. 둘째는 단지 일반백성의 어려움을 위로하는 정서적 이야기가 아니라는 점이다.

만일 그렇지 않다면 신선의 길을 걸어가는 자신을 붕새로 그리고 그렇지 않은 일반백성을 안새로 비유한 그 글은 지극히 오만방자한 글로써 심히 무례한 내용이 된다. 더 나아가 신선의 길을 걷는 인물이 정치의 근본을 비난하는 일은 도저히 있을 수 없는 사건이 된다. 왜냐하면 현세의 고난을 탈피하기 위해 신선의 되려고 작정했으면, 조용히 신선이 되어야할 근본이유 및 신선이 지닌 좋은 장점만 부각하면 될 것이지 굳이 정치 자체를 비난하면서 새로운 노선을 제시할 이유가 만무하기 때문이다. 하물며 세상을 등지겠다는 이유가 개인이 세상에 염증을 느낀 경우라면, 두말할 나위도 없이 고대왕조의 통치이념과 역사를 들먹이면서 주나라 왕조를 비난할 정당한 이유가 도대체 성립할 수 없기 때문이다. 다시 말해 신선이 되려고 한 이유가 속세의 잘못이라면, 그 잘못만 지적하면 될 뿐이지, 그것을 극복할 방안으로 통치자인 왕의 치세를 설파할 이유가 전혀 없기 때문이다. 즉 올바른 통치자인 왕이 등장하여 세상을 바로잡으면 굳이 그들이 신선이 되어야할 이유가 필요가 없어지기 때문이다. 그러면 신선이 되어야할 것이 아니라 오히려 무능하고 잘못된 왕을 교체하고 잘못된 정치이념을 바로 잡기 위해 현실에서 투쟁을 해야 하기 때문이다.

“북극 바다에 고기가 있어서(北冥有魚) 그 이름을 곤이라 하는데(其名爲鯤), 곤의 크기가(鯤之大) 몇 천리인지 헤아릴 수 없다(不知其幾千里也). <곤이>변하여서 새가 되어(化而爲鳥), 이름을 붕이라 하는데(其名爲鵬), 붕의 등이(鵬之背) 또한 몇 천리가 되는지 아무도 짐작하지 못한다(不和其幾千里也). <이 붕새가>떨쳐 일어나서 그리고 <하늘을> 날게 되면(怒而飛) 그 날개 벌린 모습은 마치 하늘에 드리운 구름과도 같다(其翼若垂天之雲). 이

새는(是鳥也) 바다가 뒤끓고 큰바람이 부는 것을 보면(海雲) 곧 남극바다로 옮아 가려든다(則將徙於南冥). 남극바다란(南冥者) 흔히 말하는 천지다(天地也)…………."[32]

그런즉 이 글을 두고서 세상의 다수의 사람들은 장자가 극적(劇的)으로 묘사한 탈세속적인 모습이라고 예찬하지만, 그러나 실재하는 글만 있고, 실재하는 자신의 모습을 보여 주지 않았던 장자가 도대체 신선사상에 관해 무슨 모범적인 모습을 보여 준 것인지가 도가사상을 객관적으로 바라보는 사람들을 의아스럽게 만들 뿐이다. 물론 그 이유는 노자와 열자를 비롯한 장자가 자기 자신들을 의도적으로 신비적인 인물로 가장한 것일 뿐, 그들이 신선이 된 흔적은 그들의 행적에서 도대체 어디에서도 찾아볼 길이 없기 때문이다.

그런데도 불구하고 노자가 종교로서의 도교의 숭배대상이 되었으니 참으로 해괴할 뿐이다. 더욱이 그 일이 거대한 정치적인 음모가 없이는 도저히 불가능한 일이었기 때문에 특히 그러하다. 따라서 아래 글을 찬찬히 살펴보면, 그 내용이 장자가 세상 사람들에게 자신들의 웅장한 야심을 선포하는 것임을 단번에 느낄 수 있게 된다. "쓰르라미와 발의 새는 <붕새의 이런 모습을 보고서> 비웃으며 말했다(蜩與學鳩笑之曰). 「나는 재빠르게 일어나서 날아(我決起而飛) 느릅나무나 박달나무 있는 데까지

32) ibid p153

이르러 해도(搶楡枋) 때로는 이르지 못하고(時則不至) 땅에 떨어지는 수가 있다(而控於地而已矣). 그러하거늘 구만리 상공에 올라 남쪽바다까지 난다는 것은 터무니없는 것이 아닌가(奚以之九萬里而南爲).

그러나 근교에 가는 사람은(適莽蒼者) 세 번 밥을 먹고 그리고 돌아온대도(三飡而反) 배고픈 일은 없으려니와(腹猶果然) 백리를 여행하는 사람은(適百里者) 전날 밤에 양식을 찧어 준비해야 하고(宿舂糧), 천리를 가려는 사람은(適千里者) 석달 전부터 식량을 모아들이지 않으면 안 된다(三月聚糧).

그렇다면 말매미나 발의 새로서 어찌 붕새의 심정을 이해할 수 있겠는가(二蟲又何知)." [33]

따라서 흔히 장자의 소요유(逍遙遊)을 두고서, 일찍이 도가의 문인들은 도가는 그가 세속을 초월한 유유자적한 정신적 경지를 서술한 글이라고 평가하였지만 그러나 그 글은 결코 그렇게 해석 되어서는 그리고 될 수도 없는 글이다. 왜냐하면 위의 글에 연이은 아래의 글에서 하나라를 대신하여 은나라를 건국한 탕왕(湯王)이 거론될 이유가 만무한데도 불구하고 굳이 등장인

33) ibid 同

물로 내세웠기 때문이다.

"탕왕이 그에게 물었을 때도(湯之問) 극은 같은 대답을 했다(棘也是已).

궁발의 북쪽에(窮髮之北) 명해라고 불리는 바다가 있는데(有冥海者) 명해는 바로 천지를 말함이다(天地也).

거기는 고기가 사는 바(有魚焉) 그 넓이는 몇 천리나 되며(其廣數千里) 길이에 이르러는 아는 사람이 없으니(未有知其修者) 그 이름이 곤이다(其名其鯤).

또 여기에 새가 있는데(有鳥焉) 그 이름을 붕이라고(其名爲鵬) 하며 등은 태산 같고(背若泰山) 날개는 하늘에 그리운 구름처럼 보인다(翼若垂天之雲).

일어나는 폭풍에 날개를 치고 선회하면서(搏扶搖羊角) 상공에 오르기 구만리(而上者九萬里) 구름도 이르지 못하는 고도에서(絶雲氣) 창공을 등에 업고(負靑天) 장차 남녘을 행해(然後圖南) 남극의 바다로 날아가려 했다(且適南冥也)."[34)]

그러므로 이런 표현의 내용들은 세속을 떠난 인물들이 나열

---

34) ibid p156

할 말들이 도저히 될 수가 없게 된다. 그렇다면 가장 세속적인 입장에서 정치적인 의도로 해석해야 마땅하게 되는데, 곧 그 말은 결코 주나라의 체제로 되돌아가는 일은 없다는 뜻이 된다. 그런즉 장자는 유가와 도가가 나아가는 방향을 두고서 극적인 묘사로서 갈림길이라고 표현하였다.

"이것을 본 안세가 비웃었다(斥鴳笑之曰). 저 녀석은 대체 어디로 가려는 것일까(彼且奚適也). 나는 뛰어 올라 날아도(我騰躍而上) 몇 길도 못 올라가 땅으로 내려와서(不過數仞而下) 쑥대 사이로 돌아다니는 것이 고작이다(翱翔蓬蒿之間 此亦飛之至也). 그런데 저 녀석은 어디로 가려는 것일까(而彼且奚適也) 여기에 소와 대의 갈림길이 있다(此小大之辯也)."

따라서 이 글에서 하나라를 멸망시킨 상나라의 탕왕을 등장시킨 이유를 별다른 의미를 담고 있지 않은 평범한 비유의 경우로서 해석할 수가 없게 된다. 왜냐하면 탕왕이 묻고 가공의 인물이 답한 대화의 내용들이 기껏 기성 정치에 대한 반감과 혐오감을 불려 일으키기 위한 단순한 내용일 수가 결코 없기 때문이다. 더욱이 장자가 다시 중복된 내용을 다시 꾸며, 곤과 붕새에 안새를 비유하고서 비슷한 취지의 말을 하면서 곧 그 뒤를 이어 똑같은 정치적인 입장을 확실히 밝혔기 때문이다.

"그런고로(故) 기껏 한 관직을 담당할 만한 지혜밖에 없든가

(未知效一官), 한 지방 사람들에게 칭찬받을 행동 밖에 되지 못하든가(行比一鄕), 한 군주를 섬길 덕 밖에 없어서(德合一君) 한 나라의 신하로써 소명을 받은 사람 따위가(而徵一國也) 우쭐해 있는 것은(其自視也) 이 <안 새>와 다를 바가 없을 것이다(亦若此矣)."

그런즉 이 점에 이르러서도 여전히 장자를 세속을 초월한 신선의 도를 추구한 인물로 설명하게 되면, 그 내용은 정말 어처구니없는 해석이 될 것이다. 왜냐하면 그러면 당연히 그 주장은 장자가 신선이 되려고 한 증거와 그에 상응하는 물증을 내놓아야 하기 때문이다.

그러므로 도가사상가들의 진면목을 밝히려는 작업에서는 '도대체 그 작업을 누가 주도한 것인가?' 하는 의문점이 우선적으로 논구되어야 한다. 그 다음으로는 '그 작업이 도가의 사상가들의 저서에 명확히 드려나 있는가?' 하는 의문점이 논구되어야 한다.

그런데 이 의문점을 논구하는 과정에서 각별히 유념해야할 관점이 있는데, 그것은 도가사상가들이 유가의 조종(祖宗)인 공자처럼 공개적으로 천하를 주유하면서 자신의 사상을 내세우지 않았기 때문에 그들의 정체를 알 수 있는 객관적 자료는 그들의 작품이라고 인정된 저서를 빼 놓고서는 실로 오리무중이라는 점이다. 더 나아가 특히 교통과 통신이 오늘날처럼 원활하지 않는 시대에 살았던 그들이 도리어 유가의 사상에 의외로 정통했고, 그러면서 자신들의 정체는 철저히 드러내지 않고 교묘하게 은폐시킨 점이다. 게다가 더욱이 그들이 기존의 정치세력 중에서 도대체 누가 그런 사람인지를 어느 누구도 손쉽게 파악할 수 없도록 만든 점이다.

다시 말해 그들이 현실의 정국에서 권력을 지닌 위정자들일 수도 있고, 아니면 재야의 선비일 수도 있겠지만, 그러나 공개적으로 도가의 문호를 세상에 내걸고서 자신들의 사상을 가르치기 위해 사람들이 모여 사는 시중(市中)에 학당을 개설하고서 떳떳하게 활동하는 방식을 선택하지 않았기 때문이다. 그런즉 여하간 그들의 신분은폐 전략은 일단 성공적이었다고 평가하지 않을 수 없게 된다.

그럼에도 불구하고 도가사상가의 이름은 있고, 또한 그들의 도가서적도 있는 반면에 역설적으로 그들의 모습과 족적만 세상 사람들에 의해 확인되지 않았던 역사적 의문점은 반드시 밝혀져야 하는 중대한 논구과제이다. 그러므로 그들은 세속을 완전히 떠난 지식인들이 아니라 세속에서 자신의 신분을 은폐하거나 또는 위장하고서 활동하는 지식인이 아닐 수 없는 점은 반드시 검토되어야 한다.

그런즉 그들이 유가를 심하게 배척하려는 움직임만 눈여겨보면, 그들은 유가의 무리 속에 자신의 정체를 감추고 있는 지식인이 아닐 수 없게 된다. 곧 전통사상을 가르치는 유가의 집단에서 그 가르침에 불만을 느끼고서, 새 시대와 새 왕조를 위한 통치이념과 노선을 제창한 반골의 선비집단이 아닐 수 없게 되는 점이다. 왜냐하면 만약 그렇지 않다고 부정하게 하면, 자신의 정체를 그렇게 숨길 이유가 도대체 있을 리 만무하게 되고, 또한 전통사상과 논어의 내용을 바탕으로 하여 자신들의 주장을 펼칠 까닭도 도저히 있을 수 없게 되기 때문이다. 다시 말해 그들도 묵가처럼 유가를 공개적으로 비난하고서 자신들의 주장을 떳떳하게 펼칠 수 있었기 때문이고, 또한 더 나아가 선비의 신분으로 공자처럼 학당을 열고 공개적으로 제자들을 받아들어 자신들의 새로운 정치적 관점을 올바르게 가르치고 널리 전파하는 일에 어떠한 불편한 장애가 없었기 때문이다. 그러나 그런 상식적인 관점과 전혀 다르게 도가의 인물들은 자신들의 정체를 끝내 드려내지 않았고, 그 대신 자기의 이름으로 된 저술을 통해서 너무도 집요하게 전통사상과 공자 및 유가의 집단을 전면적으로 매도하고 선동적으로 배척만 하였다.

그리고 더 나아가 이와 같은 부정적 판단의 근거는 도가사상가들의 저술에서 뿐만 아니라 법가사상가를 대표하는 한비자와 이사의 태도에서도 쉽게 찾을 수 있다. 왜냐하면 역사에 기록된 바처럼 법가인 한비자와 이사가 유가인 순자에게서 유학을 배운 동문인 점을 감안해서 바라보면, 그들의 법가사상은 순자의 왕도정치사상과 정치노선을 당시의 열 왕들의 입맛에 맞게 법가사상으로 가지치기한 것으로 충분히 판단할 수 있기 때문이다.

그 뿐만 아니라 더욱이 2권의 유가 편에서 이미 논구하였던 바대로, 법가인 한비자의 저서가 황로학의 저서라고 말해도 무방한 서책이기 때문에, 그런 판단이 충분히 가능해지게 된다.

그런즉 비록 순자의 제자인 한비자가 그의 저서에서 자신보다 앞선 법가의 인물로 간주되는 상앙과 신불해의 인물을 언급했을지라도, 그가 순자의 제자인 한에서는 분명히 그의 사상의 출처와 뿌리는 유가가 아닐 수 없게 된다. 그럼에도 불구하고 그의 주저인「한비자」가 노자의 무위자연의 주장을 우선시하고 있기 때문에 한비자가 거론한 노자의 정체는 더욱 의아해지지 않을 수 없게 된다. 그리고 그 점은 진나라를 대신하여 통일왕조로 등장한 한나라 시대의 초기인물인 사마천이 춘추좌씨전(春秋左氏傳)에 정통하면서도 도가노선을 따랐던 사실과 비교된다.

그러면 도가의 인물들이 그들의 정체를 분명히 드려내지 않는 이상, 그들의 저서도 한사람의 작품이라고 말하기가 용이하지 않게 된다. 더욱이 유가의 기본노선을 배격하려는 선비들로밖에 볼 수밖에 없는 도가사상가들이 곧바로 자신들의 궁극목적을 자신들의 도가서책에서 확연히 드려내지 않고 있기 때문에 특히 그러하다.

그러므로 그들과 같은 생각을 가지고 있는 또 다른 유가의 이탈자인 법가사상가들을 참조하지 않을 수 없게 되는데, 그러면 그런 우회로를 통해 그들의 진면목이 유가사상가들임을 단적으로 짐작할 수 있게 된다.

그 이유는 첫째 그들이 스스로 도가사상가들이라면 자신들의 정체를 감출 이유가 전혀 없기 때문이다.

둘째 그들이 유가사상가가 아니라면, 법가사상가들의 정체도 명확하게 밝혀진 상황에서, 굳이 정체를 감추어야할 다른 정당한 이유가 없기 때문이다.

셋째 그들이 세속을 초월한 재야의 선비들이기에 정체를 감추고 있었다고 한다면, 오히려 가장 세속적인 일인 주나라의 정세를 굳이 비난할 이유가 결코 있을 리 만무하기 때문이다.

넷째, 그들이 진정한 자유인이라면 설사 세속의 일을 비판하더라도 떳떳하고 자신을 공개하고 할 것이지 그렇게 음흉하게 숨어서 비난할 이유가 전혀 없기 때문이다.

따라서 그런 점들을 유념하게 되면, 누구라도 주나라를 전복하고 새로운 왕조를 열려는 그들의 의도를 즉각적으로 파악할 수 있게 된다. 즉 도가의 저서와 법가의 저서를 통틀어 황로학이라는 영역으로 묶어 놓고서, 그리고 그 속의 연결고리를 직시하면, 누구라도 곧장 그 속을 들여다 볼 수 있게 되는 점이다.[35)]

그리하여 그들이 유가처럼 집단을 이루고서 사상운동을 공동으로 펼친 정황은 그들이 가공한 익명의 인물들의 다양성과 그리고 그 인물들이 주고받는 대화의 내용에서 확연하게 추측할 수 있게 되고, 그리하여 논어가 여러 사람의 참여로 이루어졌듯이 그들의 저서도 여러 인물이 참여한 가운데 이루어졌다고 단정지울 수 있게 된다. 그리고 그 정황의 객관적 증거가 되는 범례는 장자의 여러 글에서 확인되어진다. 물론 도가는 그런 문장을 두고서 도가를 위장한 인물에 의해 위조된 것이라고 우길

35) 물론 도가의 사상가들이 자신의 정체를 드러내놓기 어려워했건 아니면 싫어했건 간에 상관없이 익명이나 가명을 사용할 수밖에 없었다면, 유가가 아닌 여러 다른 유파의 사상가들 중에서도 그런 인물들이 있을 것으로 사료된다. 그러나 그런 여지는 논외의 의문점이기 때문에 더 이상 거론하지 않겠다.

수 있다. 하지만 그런 주장은 결코 정당화될 수 없다. 왜냐하면 장자를 비롯한 도가의 글들이 도가사상가가 아니고서는 도저히 그렇게 진술 할 수 없는 내용들이기 때문이다. 따라서 위조라고 말하기 보다는 오히려 여러 인물이 전국시대의 상황 속에서 서로 협력하여 구성한 것으로 보아야 정당한 판단이 될 것이다.

따라서 도가의 정체성을 파악하는 과정에서 우선적으로 주목해야 할 의혹은 도가와 법가의 사상가들이 새로운 왕조의 등장을 위해 마치 각자가 역할을 분담하여 치밀하게 공동의 연합작전을 펼치면서 고대왕조의 역사를 왜곡하고 또 전통사상을 수호하려는 유가를 배척하려고 한 것이 아닌가 하는 의문점이다. 그러므로 그 의문점이 지닌 조목은 차례로 검토되어야 한다.

§2. 도가의 기본 전략

논구초점 : 현대적 입장에서 보면 장자와 열자의 글은 도저히 용납이 될 수 없는 글들이다. 왜냐하면 자신들의 의도를 관철하기 위해 남의 학파의 조종과 제자들의 이야기를 도저히 용납할 수 없는 내용으로 날조하여 폄하하고, 우롱하고. 매도하는 일은 있을 수 없는 경우이기 때문이다. 그러므로 이와 같은 일들은 참으로 무례하기 짝이 없는 일이 아닐 수 없는 일인 것이다. 그런데도 그것을 세속에 구애받지 않은 자유인의 모습이라고 강변하면, 이미 그런 부도덕한 태도는 검토되어야 할 내용의 사실여부와 상관없이 사상을 전개하는 시작부터 그 내용이 갖추고 있어야할 신뢰성을 상실하게 된다.

어쨌든 도가사상가들이 자신의 정체를 은폐하고서 발표한 글의 내용은 자신들의 의도를 관철하기 위해 몇 가지 특이한 전술을 구사하고 있는 점 때문에 주목받지 않을 수 없게 된다. 그것은 크게 세 가지로 요약될 수 있다.

첫째는 공자와 유가를 배척하기 위해 없는 사실을 있는 사실처럼 날조하여 믿게 하는 권모술수에 의한 선전술이고,

둘째는 유가의 입장을 무력화하기 위한 운명론이고,

셋째는 정치에 무관하고 무욕한 인물로 치장하기 위한 기만술과 위장술이다.

정치론은 사회를 다스리는 통치술을 바탕으로 사회질서를 확립하고 유지하고 더 나아가 사회를 발전시키는 이론이기에 당연히 위정자의 관리능력에 따라 사회모습이 달라지는 예상을 목표로 삼아 구성된다. 또한 그 이론은 위정자의 도덕적 사고방식과 무관하게 구성될 수 없으므로, 정치철학은 도덕철학을 근본바탕으로 삼는다.

그런즉 도가사상이 철저한 정치이론이기 때문에 그들의 이론의 바탕이 되는 무위자연설을 무조건 현학적인 형이상학적 존재론의 관점에서 이해하려고 해서는 안 된다. 더 나아가 도가사상을 종교이론으로 이해하려고 시도해서도 안 된다. 그 이유는 도가의 기본전략이 유가를 몰락시켜 배척하는 것을 최우선적 과제로 삼았는데도 불구하고 오히려 종교적으로 해석하게 되면, 세속의 일에 초월하려는 도가의 인물들이 왜 그렇게 집요하게 유가에 대한 공격의 글을 써야만 했는지를 도저히 설명할 길이 없어지기 때문이다. 설사 도가의 인물들이 우매한 세상 사람들

에게 진실을 알려주기 위해 유가를 공격했다는 억지주장을 하여 자신들의 행위를 극구 변명하였더라도 그러나 자신들에게 직접 향한 더 큰 문제를 도저히 해명할 길이 없어지기 때문이다. 곧 그 일은 거짓된 이야기에 공자를 비롯한 고대현인들을 직접 등장시켜 세상 사람들의 인식을 바꾸어 그리하여 그들에게 배척받도록 만들려 획책한 작업인데, 따라서 그런 부도덕한 경우는 속세를 벗어나 자유로운 경지를 추구하겠다는 선비라면 도저히 어떤 경우에서도 해서는 안 되는 일일 뿐더러 또한 용납될 수도 없는 일이기 때문이다.

따라서 장자의 글에는 그런 도가들이 의도한 목적이 적나라하게 드러나 있다. 즉 다름 아닌 그 의도는 유가를 정치노선에서 철저히 배제시키려는 일이다. 그런즉 장자의 다음의 글은 표면적으로는 공자를 철저히 매도한 내용이지만, 그러나 그 이면이 보여 주는 것은 공자뿐만 아니라 유가 전체를 배척하고 있는 점이다.

“노나라 애공이 안합에게 묻고자 말했다(魯哀公問顔闔曰). 「나는 공자를 재상으로 임명하려 하는데(吾以仲尼爲貞幹), 어떻겠는가? 그것으로 나라의 폐단이 고쳐지겠는가(國其有瘳乎)?」

<안합이> 말했다(曰). 「위험천만한 일입니다(殆哉 圾乎). 공자는 자연그대로 두어야 할 새의 날개에 능히 다시 색칠을 하는 사람입니다(仲尼方且飾羽而畫). 그는 자신이 맡아서 하는 일을

말로서 요란하게 꾸미고(從事華辭) 지엽적인 일을 가르침의 근본으로 삼으며(以支爲旨) 자연의 본성에 잔인한 짓을 하여(忍性) 인위적 규범을 백성들에게 과시하면서도(以視民), 그러나 그 점을 알지도 못하고 믿지도 않습니다(而不知不信).

그는 무엇이나 분별하는 마음으로 받아들이고(受乎心) 자기의 총명으로 처단해 나가는 사람이니(宰乎神) 어찌 백성들의 위에 설 수 있겠습니까(夫何足以上民)?

그가 마음에 드신다면 그에게 녹을 주어서 먹어 살리는 것은 무방할 것입니다(彼宜汝與 予頤與)). 그 정도의 일이라면 잘못 준 것이라고 해도 별일이 안 됩니다(誤而可矣). <그러나 그에게 국정을 맡겨서> 지금 백성들이 진실한 것을 떠나 <인위적인> 거짓된 것을 배우게 방임한다면(今使民離實學僞), 그것은 백성을 바르게 돌보는 일이 될 수 없습니다(非所以視民也).

나중에 세상 사람들이 근심하도록 하려면(爲後世慮) (그의 기용을) 중지하지 않아도 좋습니다(不若休之). <그로서는> 도저히 나라를 다스리지 못할 것이기 때문입니다(難治也)」"[36]

그리고서 장자는 일반 민중들을 어리둥절하게 만들 수밖에 없

36) 장자 p546 - 정관이란 근본이라는 뜻으로서 재상을 임명한다는 의미로 사용된 것임.

는 이율배반적인 자신들의 처세관을 내세워서 그들의 상식과 가치관을 지극히 혼란스럽게 만들었다. 곧 자신이 전혀 벼슬에 관심이 없는 이유를 아래와 같이 말한 내용인데, 곧 그것은 유가를 이용하여 유가를 비아냥거리려고 한 의도의 산물이기도 하다.

왜냐하면 그 까닭은 장자가 공자가 도가 없는 곳(無道)에서는 벼슬할 생각을 버리고 물려나라고 한 점을 바탕으로 삼아, 맹자는 양혜왕을 찾아가 거부당했지만 자신은 그와 반대로 초빙을 받았어도 오히려 자진해서 먼저 거절한 입장으로 이야기를 구성한 점 때문이다. 그러면 무슨 근거로 이 내용이 도가의 전략적인 의도를 가진 가공의 이야기라고 말할 수 있는가? 하는 의문점이 문제가 될 것이다.

그런데 그 이유는 너무도 간단명료하다. 즉 하나는 장자가 노자처럼 은거하여 거처가 불명했다면 도저히 초빙을 할 수도 그리고 받을 수도 없었다는 점과 또 다른 하나는 은거를 하지 않고 세속에서 활동 중이라면 당연히 그의 탁월한 정견(政見)이 세상에 널리 알려져 있었어야만 왕이 초빙할 수 있었다는 관점 때문이다.

"<어떤 왕이 장자를 재상으로 초빙했다>. 장자가 그 사자를 응접하고서 말했다(莊子應其使曰). 「당신은 제물로 끌려가는 그 소를 보았는가(子見夫犧牛乎)? 아름답게 수놓은 옷을 입고(衣以文繡) 맛있는 꿀과 콩을 먹어 대우가 극진하지만(食以芻叔), 막상 끌려서 종묘로 들어갈 때(及其見而入於大廟), 버려진 송아지가 되겠다고 한들(雖欲爲孤犢) 그 소망이 이루어지겠는가(其可得乎)?」”[37]

그리고 더 나아가 장자는 유가를 배제하는 의도를 은폐시키기 위해, 유가인 증자(증참)을 필두로 하여 양주와 묵가의 유파를 모두 배제해 버린 점도 검토되어야 한다. 곧 필요에 따라서 활용하거나 폐기하는 냉혹한 전략이다.

“……증참, 사어 같은 사람의 행위를 없애고(削曾史之行), 양주·묵적과 같은 자의 입을 다물게 하고(鉗楊墨之口), 인의를 물리치고 그만둔다면(攘棄仁義), 그러면 천하 사람들의 덕은 비로소 무위의 도와 일치하기 시작할 것이다(而天下之德始玄同矣).

저 사람들이 그런 시각을 지니게 된다면(彼人含其明) 그러면 천하는 현혹되는 일이 없고(則天下不鑠矣), 그런 청각을 지닌다면(人含其聰) 그러면 천하는 괴로움이 없고(則天下不累矣), 그런 지혜를 지닌다면(人含其知) 그러면 천하는 미혹함이 없고(則天下不惑矣), 그런 덕을 지닌다면(人含其德) 그러면 천하는 사심이 없게 될 것이다(則天下不僻矣則天下不僻矣).

37) ibid p550

저 증참·사어·양주·묵적·사광·공수·이주들은(彼曾史楊墨師曠工倕離朱者). 모두 지녀야 할 덕을 겉으로 드러냄으로서(皆外立其德) 그리하여 천하를 미혹하여 혼란에 빠뜨린 무리들이다(而以爚亂天下者也). 그들의 방식은 쓸모가 없는 것이다(法之所無用也). …….”[38]

그렇다면 도가의 주장은 두 가지 점을 명확히 해야 하는데, 그 점은 다음과 같다.

1. 도가의 사상가들이 모두다 정치의 전면에 나서지 않겠다면 누가 어떻게 천하를 다스릴 수가 있다는 것인가? 즉 자신들이 숨어 있는 성인들로서 무위의 정치를 하겠다는 것인지, 아니면 자신들 이외에 그런 성인의 무리가 있다는 것인지, 그도 아니면 하늘이 그런 인물을 내세우겠다는 것인지를 분명히 해야 하는 점이다. 곧 스스로 제기한 자신들의 질문을 스스로 대답해야 하는 점이다.

“최구가 노담에게 묻고자 말했다(崔瞿問於老聃曰). 「<선생님께서> 천하를 다스리려 안하시는데(不治天下), <그렇다면 어떻게> 인심을 선도하신단 말씀입니까(安臧人心)?」[39]

2. 유가의 노선이 잘못된 것이고, 자신들의 방식으로 천하를

38) ibid p265
39) ibid 270

통일시켜 유가의 노선보다도 더 나은 통치시대로 나아가야 하는 것이 자신들의 주장이라면, 당연히 전국시대의 혼란을 수습하고 시행할 새로운 통치체제는 어떤 것인가? 하는 점이다. 물론 드러난 결과는 중앙집권적 전제군주제도이기 때문에 도가가 과연 이 제도를 진정으로 추구하였는가? 하는 의문점이 한 걸음 더 나아간 정확한 질문이 될 것이다. 그런데 이 두 가지 물음은 도가가 고대통치이념을 비난한 관점이 정확히 드러나야만 제대로 된 해명이 가능할 수 있게 된다. 그리고 도가가 고대통치이념을 견지한 유가를 배척한 이유도 명쾌히 드러날 수 있게 된다. 더 나아가 이 의혹도 유가와 도가의 차이점이 들어나면 자연스럽게 해소될 것이다.

그러면 논어 제 4장 이인(里仁) 편에 「아침에 도를 들으면(朝聞道), 저녁에 죽어도 괜찮다(夕死可矣矣)」[40]라고 수록된 공자의 도와 '도덕경'에서 「도를 도라고 할 수 있는 도는 영구한 도가 아니다(道可道非常道)」라고 수록된 노자의 도 사이에 과연 어떤 차이점이 있는지를 살펴보는 논구 과정이야말로 곧바로 도가가 유가를 공박한 이유를 파악하는 명확한 방법이 아닐 수 없게 된다. 그 이유는 도가가 유가의 도에는 항상 상(常)자를 적용할 수 없다고 말한 점 때문인데, 다시 말해 도가가 상(常)의 문자를 사용함으로서 세상 사람들에게 마치 진정한 해결방

40) 논어 p75

법이 따로 있는 것처럼 여길 수 있게 한 점 때문이다. 그러므로 도가는 반드시 공자가 「참<曾子)>아(參乎)! 우리 도는(吾道) 한 가지 이치가 만 가지 일을 꿰뚫고 있다(一以貫之)」라고 말한 바의 일(一)을 부정하고 그 일(一)의 자리에 자신들의 무위(無爲)의 도를 내세워 자신들이 거부한 상(常)의 의미를 충족시켜야만 했던 것이다.

그러면 유가나 도가나 모두 자신들이 내세운 도(道)는 여타 종교에서처럼 누군가가 신은 전지전능한 권능으로 만물을 창조하고 만물을 다스리고 있는 창조주와 다를 바 없게 된다. 물론 그 창조의 주체가 인격신이건 범신론적인 신이건 유물론에서 물질의 궁극원리로서의 작용인이건 상관없이 초월적인 존재가 된다. 왜냐하면 절대적인 인격신이 실재하건 아니건 간에 어쨌든 생성·소멸하는 모든 현상은 변화의 원인을 지니기 때문이다. 따라서 창조주는 일단 모든 현상에 대한 원인의 원인이 해당하는 최고의 원인에 대한 표현이 된다.

그렇다면 노자가 말한 무위자연의 도(道)도 실상 따지고 보면, 그와 같은 종교적 영역에서의 창조주처럼 최고원인에 대한 표현일 뿐 결코 누군가가 경험에서 확인할 수 있는 실증적 존재가 아니게 된다. 만약 실증적 존재라고 주장하려면, 도가는 유가를 부정하는 수준을 넘어서 우선적으로 자신이 그런 예지적 능력을 발휘하여 난국을 수습할 수 있는 객관적인 해결방책을 내놓은 증거가 있어야 한다. 곧 현재의 곤란한 사태의 원인과 그리고 그 사태가 야기할 불행한 결과를 설명하고 그런 연후에 선견지명의 통찰력을 발휘하여 그 결과를 방지할 구체적 방법을 제시했던 정황이다. 그러면 그들의 방법은 그 당시에 공인(公認)되었을 것이고 그리하여 무위자연의 도를 내세운 도가의 이론은 새로운 통치이념으로서 자리매김했을 것이다.

그런데 도가는 그런 방법을 적극적으로 제시하지 않았다. 오히려 그들이 세상에 보여 준 해결방식은 통상적인 방식이 아닐뿐더러, 오히려 도덕적으로 심히 비난받아 마땅한 방법이었다.

첫째는 유가의 인명을 사용하고서 유가를 철저히 부정하고 그리고 유가를 도가보다도 하위에 둔 방식이다.

둘째는 유가의 실명과 달리 그들의 주의·주장을 내세우는 인물들은 모두다 가공의 실재하지 않았던 인물들을 내세워 자신들의 실체를 감춘 방식이다.

세 번째는 한층 더 교묘한 방식으로서 자신들의 내세우는 주의·주장의 도(道)를 시원적인 것으로 만들고 그리고서 요·순사관을 잘못된 역사로 만든 방식이다.

곧 황제사관과 요·순사관의 정체성 문제를 유발시킨 역사 논쟁의 방식이다. 다시 말해 그들은 자기 자신의 주장의 권위를 고대통치이념을 견지하고 있는 유가보다도 한층 더 상위에 있고 그리하여 자신들의 사고방식이 제대로 된 근본이념이라는 점을 내세우기 위해 무위자연의 도를 내세웠고 그리고 실존도 하지 않았고 그리하여 실체도 없는 황제의 역사관을 가공하여 세상에 유포한 방식이다. 그런즉 그런 점은 아래의 장자의 글에서 명백해 진다.

"만물의 근본인 형태 없는 도를 정미하다고 보고(以本爲精), 이 현상계의 모든 존재를 잡스러운 것으로 생각하며(以物爲粗), 물질을 아무리 쌓아 올려도 도의 입장에서 볼 때에는 불충분하다고 달관하여(以有積爲不足) 무욕염담, 오직 영묘한 예지와 일체가 되는 것(澹然獨與神明居), <이런 무위자연의 가르침은> 고래의 도의 가르침 속에도 이와 같이 존재해 있었다(古之道術 有在於是者).

관윤과 노담은 이 가르침을 듣고 심복하고서(關尹老聃聞其風而悅之) 만물과 도라는 이원적 학설을 근본으로 세우고(建之以常無有), 태일로서 가장 기본적인 것 즉 궁극개념으로 삼았고(主之以太一), 유약과 겸허를 겉으로 표방하고(以濡弱謙下爲表), 일체 만물을 손상함이 없이 포용하는 공허한 보편자를 근본의 실재로서 내세웠다(以空虛不毁萬物爲實)."[41]

하지만 이 문장에서 도가는 스스로 자신의 정체에 관한 허점을 드려내었는데, 그것은 사마천의 기록과 달리 노자가 관령 윤희와 동격의 인물이고 그리고 노자에게 글을 전해 준 인물이

41) 장자 p562

따로 있었다고 기록한 점이다. 그리고 더 나아가 장자 자신도 노자와 상관없이 요·순시대보다 앞선 시대에 존재했던 도술을 계승받았다고 이야기하여 요·순사관을 부정하고 배척하려고 시도하였다.

그러나 그 이야기는 넘어서는 안 될 선을 넘었기 때문에 오히려 자신들의 의도를 노출하는 역효과만 유발할 뿐이다. 왜냐하면 그들이 정체를 감추고 그리고 그들의 사상이 유가보다 더 근원적인 것임을 내세우기 위해 그와 같은 이야기를 전파하였지만, 역으로 생각하면 일관성이 없어 보이는 그 점들이 곧 그들이 내면적으로는 서로 깊게 연결되어 있음을 보여 주는 결정적 증거가 되기 때문이다. 다시 말해 그들이 서로 결속되어 있지 않다는 점을 보여 주려고 그와 같이 가장해도, 이미 그들 모두는 그들에게 도술을 가르쳐 준 하나의 집단에 의해 하나로 결속되어 있는 꼴이 되기 때문이다. 만약 끝까지 그 점을 부정하려고 하면, 그들은 자신들이 어떻게 도가의 사상을 공유하게 되었는지를 명쾌하게 해명해야 한다. 곧 아래의 글에서 드러나는 의문점이다.

> "……중국고래의 도술이 이처럼 존재하고 있었다(古之道術有在於是者). 장자는 그 가르침을 듣고 심복하였다(莊周聞其風)……"[42]

그런즉 도가의 주장은 이미 존재하는 있는 기존의 사상을 새

42) ibid p564

롭게 각색하여 재구성한 이론일 수밖에 없게 된다. 그 이유는 황제사관이 진실한 것이라면 새로운 이론의 창출이 될 수 있겠지만, 그러나 그것이 허구인 만큼 전혀 새로울 진리의 창출이 될 수 없기 때문이다.

더욱이 장자가 그 가르침을 들었다고 말했지만, 그러나 그가 누구인지를 분명히 밝히지 아니했기 때문에 그 말이 결코 진실이 될 수 없다. 그런즉 억지로나마 굳이 추측하고자 하면, 그 인물은 노담 또는 관윤이거나, 아니면 그들의 제자이거나, 그도 아니면 노담과 관윤에게 도가의 도를 가르침을 준 인물이어야 한다. 그러나 그런 인물이 없거니와 또한 장자 자신도 그 정체가 모호한 인물이긴 마찬가지이므로 장자의 이야기는 전부 거짓의 베일에 감추어져 있을 뿐이다

어쨌든 도가와 법가가 황로학에서 일체감을 형성하고 있다는 사실은 전국시대의 대표적인 법가사상가인 한비자가 노자사상을 그의 저술의 근본원리로 삼고 있는 점에서 확연해진다. 곧 그가 한비자 5장 주도(主道) 첫머리에서 도(道)를 설명하고 있는데, 그것이 도덕경(道德經)의 도의 입장을 따르고 있기 때문이다.

먼저 한비자가 거론한 것은 군주가 명군이 되기 위해서는 반드시 무위의 허정한 마음을 갖추지 않으면 안 되는 이유였다.

"도는 만물의 근원이며(道者萬物之始) 시비의 기준이다(是非之紀也). 이로써(是以) 명군은 시작을 지켜서(明君守始以) 만물

의 근원을 터득하게 되며(知萬物之源), 이 실마리를 다스림으로서(治紀以) 좋은 것과 썩은 것의 단서를 알게 된다(知善敗之端).

그러므로(故) <군주는 무심부동한 마음으로> 텅비고 고요한 태도로 신하를 대하고(虛靜以待令) 신하가 명분을 스스로 말하게 하며(令名自命也), 신하가 일을 스스로 정하게 한다(令事自定也). 마음을 비우면 곧 실정을 알게 되고(虛則知實之情), 고요하면 곧 움직임의 정체를 알게 된다(靜則知動者正). 말하려고 하는 자에게 스스로 명분을 말하게 하고(有言者自爲名), 일을 하려는 자에게 스스로 실적을 이루게 하여(有事者自爲形), 명분과 실적이 살펴서 같으면(形名參同), 이에 군주는 아무 일도 하지 않아도, 진실에 맞게 돌아갈 것이다(君乃無事焉 歸之其情).……… ……그런 고로 일컫다(故曰) 「제위에 없는 듯이 고요한 채로 하여 거처하여(寂乎其無位而處), 적막하여 아무도 그 소재를 파악할 수 없도록 한다(漻乎莫得其所).」 ”[43]

그리고서 한비자는 더 나아가 무위의 정치가 추구한 근본목적을 명확히 하였는데, 그 목적은 백성의 이익을 위한 것이 아니라 오로지 군주의 이익을 위한 것이었기 때문에 당연히 그

43) 한비자 B88~89 - 한비자전역 p50~51

점은 도가와 법가를 포괄한 황로학의 정치적 의도를 확연히 드러나지 않을 수 없도록 만들었다. 왜냐하면 그 주장이 고대통치 노선이 수립한 협치(協治) 노선과는 전혀 부합되지 않은 내용이었기 때문이다. 다시 말해 현명한 왕이 현명한 신하를 등용하여 함께 정사를 꾸려가는 곳에서는 아래와 같은 일이 결코 있을 수 없는 일이었기 때문이다. 곧 그의 발상은 춘추·전국시대를 거치면서 발생한 무도한 반란 때문에 생긴 비상사태 때의 사고방식에 불과했던 것이었다. 그러므로 한비자가 협치 노선을 거부하고서 아래의 글에서처럼 공공연하게 임금이 신하의 허물을 살피는 내용을 주장할 수 있었던 것이다.

"도는 볼 수 없는 곳에 존재하며(道在不可見) 그 작용은 알 수 없는 곳에 있다(用在不可知). 생각을 비우고 고요한 채로 아무 일도 없는 듯하고서(虛靜无事) 남몰래 <신하의> 허물을 살핀다(以暗見疵)."[44]

그런즉 그런 한비자가 노자의 도덕경을 분명히 읽었다는 사실은 자신의 서책 한비자 20장 해노(解老)에서 노자 도덕경 38장의 내용풀이를 삽입함으로서 확인되는데, 따라서 한비자가 그렇게 해설한 진정한 의도를 파악하게 되면 황로학의 정체도 분명해 질 것이다. 곧 노자의 무위사상이 한비자의 법가사상의 근본이 되는 모습이다.

---

44) ibid p90 - 한비자전역 p56

“덕이란 내면적인 것이지만(德者 內也) 득이란 외면적인 것이다(得者 外也). <노자에> 「최상의 덕은 덕이 아니다(上德不德)」라는 말은 그 정신이 외부사물에 의해 어지럽혀지지 않는 것을 말한다(言其神不淫于外也).

정신이 물질에 유혹되어도 흔들리지 않을 때는(身不淫于外) 곧 그 몸은 상처를 입지 않고 완전히 보지할 수 있다(則 身全). 그 몸이 완전히 보지된 상태를(身全之) 덕이라고 한다(謂德).

덕이란 그 몸을 완성하는 길이다(德者 得身也).

무릇 덕은(凡德者) 우리가 무위하는 경우에 집성되고(以无爲集), 무욕하여 성취되며(以无欲成), 무실하여 안정될 수 있으며(以不思安), 동요하지 않으므로 견고한 것이다(以不用固).

만일 무슨 일을 하고자 생각하고 욕심을 일으키면(爲之欲之) 덕은 안정될 수가 없다(則德无舍). 덕이 안정되지 못하면(德无舍) 완전할 수가 없다(則不全).

무엇인가 움직여 보려고 하거나 무슨 생각이 있으면(爲之欲之) 덕은 견고할 수 없다(則德無舍). 견고하지 않으면(德無舍) 덕은 그 공을 잃게 된다(則不全). 덕이 그 공을 잃게 되는 것은 획득하겠다는 생각 때문이다(用之思之 則不固 不固 則无功 无功 則生于德). 따라서 득을 원하면 덕이 생기지 않고(德則无德), 득의 움직임이 없으면 덕이 나타난다(不得則在有德).

그런 고로(故) <노자는>말한다. 「최상의 덕은 덕이 아니다(德不德) 이리하여 덕이 되는 것이다(是以有德)」.”[45]

그러면 마땅히 위의 이 글에서 두 가지 의문점이 고려되어야 한다. 즉 하나는 노자의 도가와 한비자의 법가는 별다른 내적 관계가 없는 상황에서 우연히 한비자가 노자의 무위사상을 자기 이론에 차용하고서 자기 방식으로 해석한 것인지의 의문이다. 그런데 법가와 도가가 전혀 연관성이 없는 상태에서 한비자가 개인적으로 노자의 말을 인용하였다면 곧바로 황로학이라는 실체가 허상이 되기 때문에 도가와 법가는 내적으로 깊게 결속되어 있다고 밖에 여길 수 없게 된다.

또 다른 하나는 두 학파가 깊게 연관되어 있었다면 무위자연사상의 진면목이 곧 법가의 모습이라고 말할 수 있는지의 의문이다. 곧 도가의 무위설이 무엇을 지향한 것인지에 대한 해명이다. 그 이유는 도가의 인물들이 자신들의 이론을 경청하는 세속인들에게 속세를 떠난 출가인의 신분의 인간이 되라고 주장한 것인지 아니면 유가처럼 유생이 되었다가 관직으로 나가라고 주장한 것인지가 분명히 해명되어야 하기 때문이다. 그런데 도

45) 한비자B p279 - 한비자전역 p270

가는 전자와 후자 모두를 애매하게 처리했기 때문에 당연히 세속인에게 보여 줄 범례는 법가의 모습이 아닐 수 없게 된다. 즉 아래의 글처럼 법가가 무위의 방식을 권모술수의 근본원리로 활용한 사고방식이다.

"……하지도 않고, 생각하지도 않으며, 마음을 비우게 되는 것을 소중히 여기는 것은(所以貴无爲无思爲虛者) 자기 뜻이 남에게 제약되지 않는 것을 일컫는다(謂其意无所制也).

무릇 도술을 모르는 자는(夫无術者) 거짓으로 하지도 않고 생각하지도 않고 마음을 비운 척할 뿐이다(故以无爲无思爲虛也).

무릇 일부러 하지도 않고 생각지도 않고 마음을 비운척하는 자는(夫故以无爲无思爲虛者) 그 뜻이 항상 마음을 비운 상태를 잊지 못한다(其意常不忘虛). 이것은 마음을 비운 상태에서 제약을 받고 있는 것이다(是制于爲虛也).

마음을 비운다는 것은 그 뜻이 다른 존재에 의해서 제약받지 않는 것을 일컫는다(虛者 謂其意无所制也). 지금 마음을 비우는 것을 이루겠다는 것에 제약되는 것은 마음을 비운 것이 아니다(今制于爲虛 是不虛也). 마음을 비운 것이 무위인 것은(虛者之无爲也) 무위 때문에 일정불변하지 않게 되기 때문이다(不以无爲爲有常).

무위 때문에 일정불변하지 않게 되면(不以无爲爲有常) 무가 되는 것이다(則虛). 마음을 비우면 곧 덕이 번성한다(虛則德盛). 덕이 반성하는 것을 일러 상덕이라고 한다(德盛之謂上德).

그런 고로 <노자는> 말한다(故曰). 「최상의 덕은 무위이므로(上德无爲) 능히 무엇이나 할 수 있다(而无不爲也) 」"[46]

그런데 이 글이 보여 주는 바처럼 도가의 무위(無爲)사상의 전체짜임새도 여타의 다른 사상처럼 세상과 인간으로 구성되어 있다. 왜냐하면 노자가 말한 도가 만물의 근원이므로 인간이 그 도를 파악하기 이전에 먼저 만물이 존재하는 세상이 있어야 하고 그리고 그 다음으로 도를 깨치지 못한 인간이 그 속에 생존하고 있어야 마땅하기 때문이다. 그러면 존재하는 인간의 욕망을 어떻게 해결해야만 문제가 발생하지 않는 것일까? 하는 선결문제가 그 주장에 앞서 성립한다.

그리고 그 의문점에 대한 답변은 너무도 상식적인 것이어서 단지 두 가지 방법으로 다가갈 수 있을 뿐이다. 하나는 앞서 지적한 바처럼 적극적인 방법으로서 인간이 욕망의 대상의 성질을 미리 알고 그리고 그 욕망을 해결할 방식까지 미리 알고 있는 경우와 다른 하나는 그와 달리 소극적인 방법으로서 그렇게 욕망을 해결할 수 없다면 아예 욕망 자체를 없애 버리는 경우이다.

---

46) ibid p104 - 한비자전역 p272

그런데 언뜻 보면, 후자가 전자보다 더 쉬운 경우인 것처럼 보일 수 있겠지만, 그러나 내면에 존재하는 세속의 욕망을 없애는 방법을 근본적으로 제시하지 못한다면 오히려 더한 고통을 야기할 수 있기 때문에 결코 쉬운 경우가 아니게 된다. 왜냐하면 마음에서 그 욕망을 없애는 까닭은 자신이 당면한 고뇌를 해결하기 위한 진정한 방법을 제대로 찾기 위한 첫출발인데, 따라서 그 해결방법을 찾기 이전에 감성적으로 해결을 바라는 욕망에 사로잡혀서는 그런 진정한 방법을 찾을 수 없고 더 나아가 오직 그런 의도만 가지고서는 지독한 경지의 무욕의 상태로 나아가는 것이 도저히 불가능하기 때문이다.

따라서 결국 무욕의 인간이 되기 위해서는 선결적으로 그 의도를 실행하려는 마음의 요건부터 먼저 갖추어야 한다. 곧 아무나 그렇게 되는 것이 아니라 그렇게 되고자 하는 분명한 이유와 동기 그리고 그로부터 발생하는 강렬한 실천의지와 목적의식이 마음에서 진정으로 우러나와야만 스스로 그런 욕망을 극복할 무욕의 마음의 여지를 만들 수 있게 된다. 그러므로 세속의 욕망에 강하게 집착하는 인간들이 존재원리에 입각한 그런 마음의 선결요건을 먼저 해결하지 않으면 일체의 구속을 벗어난 자유로운 경지의 마음상태 곧 무위의 마음상태를 결코 이룰 수 없다.

그렇다면 과연 그런 자가 누구인가? 하는 점부터 해명되지 않으면 노자의 말은 단지 말로서만 그치게 될 뿐이다. 그런데 그 점에 있어서는 도가도 어느 사상과 마찬가지로 그런 경지에 도달하여 그 본질을 터득한 인물로 세속인들이 우러러보는 성현인 성인을 내세웠다.

따라서 도가에서 일컫는 성현 내지 성인이 어떤 모습의 인물인지가 중요해지는데, 그 모습은 장자의 서책에 명쾌하게 묘사되어 있다.

> "…… <성인은> 사람으로서의 형태는 지니고 있으면서도(有人之形) 사람으로서의 욕정은 없다(無人之情). 그러므로 옳고 그름이 신체에서 이루어지지 않는다(故是非不得於身).
>
> 애꾸눈은 아주 작은 까닭에 인간의 몸에 속하는 것이지만(眇乎小哉 所以屬於人也), 어리석음이 너무 커서(謷乎大哉) 홀로 그 하늘의 도를 이룬다(獨成其天).」"[47]

곧 장자는 성인을 이런 표현으로서 설명했지만, 그러나 이 말은 성인을 현학적인 말로서 설명했지만, 도대체 그들이 말하는 성인이 현존하는 인물인가? 하는 의문점은 여전히 오리무중이기 때문에 반드시 해명되지 않으면 안 된다. 왜냐하면 현존하지 않으면, 그들의 말자체가 말의 유희가 되어 무의미해지기 때문이다. 즉 그들이 성인이거나 아니면 그들이 염두에 둔 성인이 별도로 존재하고 있어야만 그들의 주장이 객관적 타당성을 지니게 될 것이기 때문이다. 그러므로 도가의 인물은 그런 점 때문에 자신들의 신분을 철저히 은폐하려고 했다.

47) 장자 p221~222에서의 자연을 논구해야 한다.

"그런 고로 말이 있다(故曰). 「고기는 물에서 벗어나면 안 되며(魚不可脫於淵), 나라의 보물은 사람에게 보여서는 안 된다(國之利器 不可以示人)」 성인들은(彼聖人者) 천하의 보배이다(天下之利器也). 천하 사람들에게 드러내서는 안 되는 것이다(非所以明天下也)."[48]

그리고서 장자는 오히려 역공을 취한다. 그것은 아래의 글처럼 기존의 가치관을 포기하면 그렇게 될 수 있다는 반격이다. 그러나 그의 주장은 실로 어처구니없는 태도이다. 왜냐하면 그들은 유가가 내세운 위정자의 책임론 대신에 위정자를 그렇게 만든 통치이념과 제도, 문물에 모든 책임을 돌렸기 때문이다.

그러므로(故) 성스러운 행위를 끊고 지혜를 일체 포기 한다면(絶聖棄知) 큰 도둑이 이에 없어질 것이다(大盜乃止). 보옥을 버리고 진주를 깨뜨려 버린다면(擿玉毁珠) 좀도둑은 생기지 않을 것이다(小盜不起). 부절을 태우고 인장을 파괴한다면(焚符破璽) 백성은 질박한 마음으로 돌아갈 것이다(以民朴鄙). <무게>말을 깨고 저울을 분질러 버린다면(掊斗折衡) 그러면 백성들은 이익을 다투지 않을 것이다(以民不爭). 천하의 성스러운 법을 모두 파기

48) ibid p265

하면(殫殘天下之聖法) 그러면 민중은 비로소 같이 도에 대해 말할 수 있는 상대가 될 것이다(以民始可與論議)."[49]

그러나 전국시대를 놓고 정황적으로 판단하면, 이 말은 패자들인 열 왕들의 입장을 지극히 옹호하는 글일 뿐이다. 그리고서 도가의 인물들은 유가사상을 격하하고 배척하기 위해 우선적으로 공자를 공격한다. 그리고 그러한 도가의 작업은 장자의 서책에 명확히 수록되어 있다.

"……무지가 노담(노자)에게 이 이야기를 했다(無趾語老聃曰). 「저 공구라는 사람은 지인의 경지에서는(孔丘之於至人) 아직 요원한 사람으로 보였습니다(其未邪). 그는 왜 열심히 선생님을 따라 배우려 하는 것일까요(彼何賓賓以學子爲). 필시 그는 남의 이목을 속이는 괴상한 명성을 듣고자 하는 것일 겁니다(彼且蘄以諔詭幻怪之名聞). 그런 명성이야 말로 지인을 더 없는 구속하는 사악한 것이라는 사실을 모르는 모양이지요(不知至人之以是爲己桎梏邪).」

노담(노자)께서 말씀하셨다(老聃曰). 「어찌 똑바르지 못하게 생사를 하나로 보고(胡不直使彼以死生爲一條) 가·불가를 같다고

49) ibid 同

치는 그로 하여금(以可不可爲一貫者), 그 구속을 풀어 주도록 하면(解其桎梏) 어떻겠는가(其可乎)?」

무지가 대답하였다(無趾曰). 「하늘이 주신 형벌이거니(天刑之) 어찌 풀 수 있겠습니까(安可解?」"[50]

그리고서 장자는 공자의 문제점을 일깨워 주듯이 다음의 내용을 만들었다. 그것은 공자가 자신의 가르침을 포기하면 될 터인데, 그렇게 하지 않고 끝까지 그 마음을 포기하지 않고 고집을 부리고 있기 때문에 세상을 어지럽히는 원흉이 되었으니 따라서 당연히 정상적인 인물이 되려면 좌망(坐忘)을 해야 한다는 것이었다. 곧 장자는 이로써 마치 도가는 유가가 도저히 따라갈 수 없는 특별한 정신적 경지를 터득하고 있는 것처럼 여기도록 만들었다. 하지만 좌망(坐忘)이란 조용히 앉아서 잡념을 버리고 명상에 잠겨 무념(無念)무상(無想)무아(無我)의 경지에 들어가는 것을 의미하는 것이므로, '하고 싶은 대로 마음이 좇아서 해도 법도를 어기지 않는다(從心所欲不踰矩)'는 말을 한 공자에게는 심히 어울리지 않는 말일 뿐이다.

왜냐하면 절차탁마(切嗟琢磨)의 수양의 이론을 내세우고 있는 유가의 입장에서는 좌망이란 것은 일종의 수양의 이론에 속

50) ibid p217

하는 하나의 방법일 수밖에 없기 때문이다. 그런즉 도가가 말하는 좌망을 통해 위정자가 얻는 행동의 결과 무엇인가? 하는 현실적인 물음이 제기된다면, 당연히 그것은 從心所欲不踰矩의 경지보다 더 나은 답변이 나올 수 없기 때문이다. 다시 말해 만약 그렇지 않다고 하게 되면, 곧 나라를 다스리는 위정자가 그들이 내세우는 신선이 되어야한다 주장을 내세워야 하기 때문이다. 그러므로 공자의 입장에서는 좌망이 목적을 위한 수양의 방법일 수는 있어도 그 자체로 목적일 수가 없으므로 심히 어울리지 않는다는 것이다. 그럼에도 불구하고 공자를 잘 모르는 일반백성들에게 장자의 이야기는 공자를 충분히 격하시키는 효과를 유발하였다.

"안회가 말했다(顔回曰). 「저에게 성취가 있었음을 말씀드립니다(回益矣)」

공자가 말했다(仲尼曰). 「어떤 것인가(何謂也)」

<안회가> 말했다(曰). 「인의를 잊을 수가 있게 되었음을 말씀드립니다(回忘仁義矣)」

<공자가> 말했다(曰). 「그것도 좋지(可矣), 하나 아직 모자란다(猶未也)」

다른 날(它日) 다시 <공자를> 만나(復見) <안회가> 말했다(曰). 「저에게 성취가 있었음을 말씀드립니다(回益矣)」

<공자가>말했다(曰). 「무슨 소리냐(何謂也), 어디 말해 보려무나(曰)」

<안회가> 말했다(曰). 「좌망을 할 수 있게 되었음을 말씀드립니다(回坐忘矣)」

공자가 부지불식중에 말했다(仲尼蹴然曰). 「좌망은 무엇을 말하는 것인가(何謂坐忘)? 」

안회가 말했다(曰). 「몸이 탈락하고(墮枝體) 이목의 활동을 물리치고(黜聰明) 육체를 떠나서 지혜를 버려서(離形去知) 대도와 하나가 되는 것(同於大通), 이것을 좌망이라고 합니다(此謂坐忘)」

망연자실한 공자가 말했다(忘尼曰). 「도와 하나가 되면 좋고 싫은 것이 없어지고(同則無好也) 변화대로 따른다면 일정한 것에 얽매이지 않게 된다(化則無常也). 그런즉 <너는> 과연 현명한 인물이구나(而果其賢乎). <나>(丘也) 너에게 가르침을 받아야 하겠다(請從而後也)」”[51]

그러면 도가의 입장에서는 성인(聖人)의 모습도 성인이 처한 상황에 따라 또 다시 구분하지 않을 수 없게 된다. 즉 평상시의

---

51) ibid p241

성인의 모습과 난세의 성인의 모습의 구별이다. 왜냐하면 혼란이 없이 평온한 상태에서 자신의 마음을 정화하고서 사회를 다스리는 방식과 난세에 처한 상태에서 자신의 마음을 정화하고서 사회를 다스리는 방식이 결코 같은 조건이 될 수 없기 때문이다.

그러면 그 물음은 춘추시대를 지나 전국시대까지 치달은 난세에서 도가는 도대체 자신들이 일컫는 성현이 무슨 방법으로 전국시대의 난세를 수습하려고 했는가? 하는 물음으로 내닫지 않을 수 없게 되는데, 역시 그 물음의 답변은 그들의 주의·주장에 의해 해명되어야 한다.

여하간 노자를 비롯한 도가들이 내세우는 무욕의 무위자연의 사상은 결국 왕도정치를 주장하는 유가의 집착을 비난하기 위한 것이고, 그리고 유가가 고수하려는 왕도정치 노선이 전국시대의 수습책으로 전혀 부적당하다는 주장을 정당화하기 위한 것이었을 뿐이었다. 그런즉 그들이 내세운 무위자연의 이론은 유가가 고수하려는 왕도정치 노선과 주나라가 시행한 봉건제도가 실로 춘추전국시대의 흐름을 역행하는 제도로 비판하기 위한 수단으로 간주해야 마땅하다. 왜냐하면 그들은 주나라를 대신하여 새로운 왕조가 들어서는 것이 자연스러운 시대의 흐름이요 대세라고 주장했고, 그리하여 그 연장선상에서 유가가 이 흐름을 정면으로 거스르고 있다고 주장했고, 그러므로 결론적으로 유가가 새로운 시대를 여는 걸림돌이라고 줄곧 주장했기 때문이다. 그리고서 도가는 유가가 시대에 역행하는 낡은 전통에 억지에 가까운 집착을 하여 난세를 더욱 악화시키고 있다는 역공을 맹렬하게 펼쳤다. 즉 그들이 유가의 견지하는 요·순 사관을 여지없이 격하시킬 교묘한 전략적 방법을 구사한 것이었다.

> "……요를 칭찬하고 그리고 걸을 비난하는 것은(與其譽堯而非桀也) <인과 불인의 대립을 인정하는 것이며> 둘을 다 잊어버린 채 그리고서 도 자체와 하나가 됨만은 못하다(不如兩忘而化其道). ……"[52]

그리고서 장자를 포함하여 도가사상가들은 자신들의 궁극의 도를 무위자연의 이론으로 포장하여 자연스럽게 대중의 뇌리에 이식시켰다. 곧 도가가 난세를 어지럽힌 위정자에게 책임을 묻지 않고 유가에게 책임을 돌린 것이다. 그 근거는 아래의 장자의 글의 마지막에 있는데, 언뜻 보면 그 글이 모든 책임이 위정자에게 있는 것처럼 말하는 것 같지만, 그러나 찬찬히 들여다보면 결코 그렇지 않음을 느낄 수 있다. 왜냐하면 우선은 이 글에서의 무명인이 왜 천하를 다스리는 법(爲天下)을 알고 있는가? 하는 의문점 때문이고, 그 다음으로는 천하를 다스리는 방법이 왜 사물의 자연스러운 본성을 따르라고(順物自然) 한 것인가? 하는 의문점 때문이다. 그러면 당연히 도가는 인위의 규범에 얽매인 위정자의 마음 때문이라고 답변할 것이므로, 결국 그 결론은 유가의 노선을 따르는 위정자가 그 책임을 떠맡아야 하는

52) ibid p228

것이 된다. 하지만 전국시대에는 유가의 노선을 따르는 열 왕들이 전혀 없었기 때문에 결국 모든 책임이 유가에게로 쏠리게 된다.

"천근이 은양에 놀았을 때(天根遊於殷陽), 요수가에 이르러(至蓼水之上) 때마침 무명인을 만났으므로(適遭無名人) 그래서 그에게 묻고자 말했다(問焉曰).「감히 천하를 다스리는 방법을 질문하겠습니다(請問爲天下)」

무명인이 말했다(無名人曰). 「물러가라(去), 이 못난 녀석(汝鄙人也)! 어찌 그리도 불쾌한 질문을 한단 말이냐(何問之不豫也). 나는 지금이나 앞으로나 조물주와 더불어 행동하는 사람이다(予方將與造物者爲人). 이 세상이 싫증이 나면 곧 다시 먼 하늘을 날아가는 새를 타고(厭則又乘夫莽眇之鳥) 이 세상 밖으로 날아가서(以出六極之外), 그리고서 <아무도 없는 곳인> 무하유향에 노닐고(而遊無何有之鄕), <끝없는 들판인> 광랑에서 쉬겠다(以處壙埌之野). 너는 또 무슨 속셈으로 정치문제 같은 것을 꺼내서 내 조용한 마음을 어지럽게 하느냐(汝又何帠以治天下感予之心爲)」

그래도 <천근이> 되풀이해 또 묻자(又復問), 무명인이 말했다

(無名人曰).

「너는 마음을 무욕담박한 경지에서 노닐게 하고(汝遊心於淡), 기를 <무엇에도 매이지 않는> 고요한 세계와 합치하도록 하라(合氣於漠). 사물의 자연스러움에 따르고(順物自然) 그리고 사심을 버려라(而無容私焉). 그렇게 하면 천하가 다스려질 것이다(而天下治矣)」 "[53]

그런데 전반적으로 장자가 이미 유가의 책임론에 앞서 자신들이 정치를 하면 모든 일을 말끔히 해결할 수 있음을 표명하였기 때문에, 그러면 당연히 새로운 체제에 대한 도가의 생각이 규명되어야 한다. 왜냐하면 장자가 그동안의 왕조의 위정자들이 유가가 견지하고 있는 고대통치이념에 따라 정치를 하여서 지금의 혼란이 발생하였다고 비판하였기 때문인데, 그러면 당연히 도가가 그 당시 이미 새로운 대안을 마련하고 있었던 입장이었는지 아니면 앞으로 준비를 하겠다는 입장이었는지의 의문점이 해명되어야하기 때문이다. 하지만 도가가 보여 준 태도는 단지 도가의 성현이 무위의 정치를 하였다면 결코 그렇게 되지 않았다는 말뿐이었다. 따라서 도가사상가들이 말한 중대한 정치의 말을 배제하고서 도가사상의 본질을 이해하려고 하게 되면, 당연히 도가사상가들이 마치 정치에 무관심한 인물들인 것처럼 보일 수 있겠지만 그러나 그들이 말한 정치적인 의도를 주목하

53) ibid p244~245

게 되면, 곧바로 도가의 인물이야말로 진정으로 현실정치에 적극 참여하려는 뜻을 가진 인물들이었던 점을 직시할 수 있게 된다. 그리고 후자의 입장이 도가의 진정한 모습이 되는 이유는 아래의 글이 보여 주는 바대로 진인의 모습을 위정자의 모습으로 바꾸어 말할 이유가 전혀 없었기 때문이다.

"옛날의 진인은(古之眞人) 그 모습이 지극히 높건만(其狀義) 그러나 무너지는 일이 없이(而不朋) 어딘가 모자란 듯이 하건만(若不足) 그러나 첨가할 것이 없었다(而不承). 엄연하여 고고한 듯이 하건만(與乎其觚) 그러나 완고한 데가 없고(而不堅也) 그 마음은 공허하고 크건만(張乎其虛) 그러나 화려함을 자랑하는 것은 아니었다(而不華也). ....

<이런 진인이 가령 군주에의 지위에 앉게 되었다고 가정하자. 그 경우에도 그는>

형벌을 <자연히 부여한> 자기 몸처럼 여기고(以刑爲體), 예의는 <자기 몸에 저절로 생긴> 날개처럼 여기고(以禮有翼), <지혜>앎은 <시대의 흐름>때를 맞추는 것으로 여기고(以知爲時) 덕은 <자연 그대로를 따르는> 질서정연한 것으로 여긴다(以德爲循)."[54)]

---

54) ibid p226

그런 연후에 장자는 민중의 마음을 휘어잡기 위해 아래의 글에서처럼 도가의 탁월한 전략을 발휘한 교묘한 어법을 구사하였다. 곧 눈높이에 맞춘 선동적 어법으로써, 도가의 위정자는 일반백성들에게 관대한 정치를 할 뿐만 아니라 더 나아가 일반백성들이 감당할 수 없는 무리한 정치를 결코 하지 않는다는 주장이다. 그러므로 이와 같은 말은 지나친 부역, 세금 등에 시달리고 있는 일반백성들에게는 너무도 달가운 소리가 아닐 수 없었다. 물론 이 내용은 이미 고대통치이념이 수립해 놓은 것이기 때문에 별다른 내용이 아니긴 하더라도, 그러나 도가가 우화를 만들어 일반백성들의 눈높이에 맞추어 그들의 마음을 휘어잡는 기술적 방법은 유가들이 속수무책으로 당할 수밖에 없었던 탁월한 전략적 방법이 아닐 수 없었다.

"형벌을 자연이 부여한 내 몸처럼 안다는 것은(以刑爲體者) <자연 그대로 형벌을 운영하는 것이기에> 사형을 집행해도 <그 죄의 무게에 비기면> 항상 관대하게 된다는 것이다(綽乎其殺也). 예의를 내 몸에 저절로 생긴 날개처럼 안다는 것은((以禮有翼者) <이것에 의해 구속받는다는 것이 아니라 이것을 자기 것으로 해서> 세상을 자유로이 살아가게 된다는 것이다(所以行於世也). 지혜는 오직 시대의 흐름을 따르도록 힘쓴다는 것은(以知爲時者) <필연의 움직임에 응해서>어쩔 수 없이 <國家大事>일에 따른다는 것이다(不得已於事也). 덕은 자연 그대로를 따르는 것으로서 받아들인다는 것은(以德爲循者) 요컨대 예사 사람들의 발로 이를 수 있는 높이를 지향할 뿐 그 이상의 경지를 바라지 않는다는 것이다(言其與有足者至於丘也).……."[55]

그런즉 주 왕조를 대신할 새로운 왕조의 등장이 시대의 순리라고 주장하는 도가의 입장은 설사 왕조가 바뀌 새로운 왕조가 등장하더라도 그 왕조도 역시 여전히 주나라의 정통성을 계승해야 한다는 유가의 주장과 결코 양립할 수 없었다. 곧 장자의 입장은 순자의 후왕사상(後王思想)과 정면으로 대치될 수밖에 없었던 것이었다.

물론 도가가 난세를 수습할 방책을 내놓기 위해 유가의 노선을 조목조목 따져 비판한 점은 어느 누구도 나무랄 수 없는 일이었다. 그러나 그 방식과 내용이 사실이 아닌 모함을 한 것이라면 사정이 전혀 달라진다. 왜냐하면 유생이 곡학아세하는 인물이 아닌데도 불구하고 그들이 마치 곡학아세하고 있는 것처럼 거짓된 이야기를 날조하여 세상에 전파시키고서 그리하여 세상 사람들이 선입견을 가지고서 그들을 당연히 곡학아세하는 인물로 인식하게 만드는 경우는 모함이란 범죄에 해당하기 때문이다.

따라서 황로학으로 탈바꿈한 도가사상을 당대의 정치이론으로서 공정하게 비판하려면, 그 비판의 초점을 도가가 추구한 바의 통치방식이 어떤 모습인가에 맞추고서 유가의 사상과 대조

55) ibid p227

해야만 한다. 그러면 비로소 유가와 도가가 추구한 정치노선에 대한 차이점이 분명히 드러나게 될 것이다.

더욱이 전국시대의 어지러운 분열의 정국이 도가가 유가의 왕도정치의 노선을 전면적으로 부정하고서 돌이킬 수 없는 상황으로 내몰고 간 전략과 맞물려 수습되었고 그리하여 더 이상 진나라 이후의 통일왕조가 고대왕조가 수립한 왕도정치 노선으로 되돌아가는 일이 일단 있을 수 없게 되었기 때문에, 따라서 그 비교의 작업은 그 점을 각별히 주목하고서 논구되어야 한다. 곧 통일왕조로 우뚝 선 진나라가 전국시대를 마감하면서 내놓은 통치체제가 중앙집권적 전제군주제도였고, 그리고 그 사실은 도가의 정치노선이 왕도정치의 노선을 이탈한 법가 노선이었음을 명백히 보여 주는 결정적인 증거가 되기 때문이다. 다시 말해 도가가 주도한 황로학의 길을 따라간 법가가 보여 준 통치방식이 목적을 위해 수단을 가리지 않는 패도정치의 노선이었기 때문이다. 그러므로 이점을 유의하고서 도가의 의도를 직시해야만 그들이 유가를 공략하기 위해 양주와 같은 이기적 입장조차 자신의 사상 속에 포함시킨 이유를 파악할 수 있게 된다. 그런즉 제3권 2부는 그 점을 철저히 논구할 것이다.

제1장 도가사상가들은 도대체 누구인가?

논구초점 : 도가의 현학적인 글들은 그들이 고도의 지적 수준을 교육을 받은 선비들임을 단번에 알아 챌 수 있게 한다. 그리고 더 나아가 그들의 글 속에 인용된 갖가지 정보와 지식들은 권력을 가지고서 세상의 정보를 기록하고서 보관하고 있는 조정에 전혀 출사하지 않았든 인물들이 알기에는 도저히 불가능한 것들이었다.

따라서 글을 모르는 일반백성이 어떻게 그것도 광대한 지역에 걸쳐 있는 세상정보를 알아야만 가능한 책을 더구나 고도의 현학적인 형이상학적 근본원리를 논구하면서 정치노선을 밝힌 책을 저술하는 일은 상식적으로 도저히 있을 수 없는 일이 아닐 수 없게 된다.

그럼에도 불구하고 그들의 책은 있는데, 그 글을 저술한 저술가의 정체는 오리무중이니, 실로 그 사실은 가관이 아닐 수 없다. 따라서 그들의 서책에서 그들이 지향한 바의 의도를 정확히 파악해야만 거꾸로 그들의 정체도 미루어 짐작할 수 있게 될 것이다.

도가사상가들이 황로학자인 점은 2권에서 사마천의 사기를 통해 논구하였다. 그런데 그들이 유가에 뿌리를 두고 있는 선비임은 그들이 보여 주는 행적이 논어에 근거하고 있기 때문인데, 그러면 논어가 오히려 거꾸로 그들의 주장을 부정할 논거가 된다. 곧 노자가 공자보다 연장자라는 도가의 주장을 부정할 근거가 되는 것인데, 그 이유는 논어가 공자의 제자들이 공자 사후에 엮은 점을 감안하면 당연히 이 기록은 노자가 공자시대의 인물이 아님을 입증하는 것이기 때문이다. 만약 노자가 공자시대에 널리 세상에 알려진 인물이었다면 당연히 아래의 기록 속에 그의 이름이 들어 있어야 마땅하다. 하지만 그의 이름은 보이지 않는다. 그럼에도 불구하고 공자의 제자들이 노자의 이름을 고의적으로 빠뜨렸다고 의심을 하게 되면, 당연히 그 이유는 두 가지 관점이 되어야 마땅하다. 하나는 그의 가르침이 도무지 유가와 맞지 않았기 때문에 유가가 그를 애초부터 몰랐을 경우와 다른 하나는 노자의 학식을 시기하였기 때문에 의도적으로 그를 무시하려고 작정한 경우이다. 그러나 당시에는 그런 정황과 그럴 이유가 도무지 없었기 때문에 노자는 그런 인물이 아니었고 따라서 노자는 공자시대의 인물이 될 수 없는 것이다.

여하간 아래의 인물은 논어에 기록된 인물들이기 때문에 공자와 동시대의 인물이거나 더 나아가 앞선 시대의 인물들이다. 특히 장자 도척 편에서 공자와 함께 동시대의 인물로 등장한 유하혜는 생존시기가 BC720~621(?)인 노나라 태생의 대부인데, 공자의 생존시기가 BC551~479년인 점과 비교하면 결코 동시대의 인물이 될 수 없기 때문에, 더 더욱 장자가 꾸민 의도를 미루어 짐작할 수 있게 된다.

"<학문과 덕행이 있으면서 초야에 묻혀 벼슬하지 않은 사람> 일민은(逸民) 백이(伯夷), 숙제(叔齊), 우중(虞仲), 이일(夷逸), 주장(朱張), 유하혜(柳下惠), 소연(少連)이다."[56]

이와 마찬가지로 노자가 위의 일곱 명의 명단에 없었더라도 아래의 여덟 명의 명단에는 속해 있어야 공자와 동시대의 인물이 될 수 있는데 그러나 그렇지 않았기 때문에 결코 노자는 춘추시대의 인물이 아닌 것이다. 그 이유는 두말할 필요도 없이 논어의 내용이 공자 생존 시기에 공자와 제자들이 주고받은 대화들 때문인데, 그 때에 거론된 인물에 노자가 존재하지 않았다는 객관적인 사실은 노자가 공자시대의 인물이 결코 될 수 없는 정황을 명백히 보여준다.

"주나라에는 여덟 명의 선비가 있었으니(周有八士) 백달, 백괄, 중돌, 중홀, 숙야, 숙하, 계수, 계와(伯達, 伯适, 仲突, 仲忽, 叔夜, 叔夏, 季隨, 季騧)다."[57]

그리고서 논어는 학자가 아닌 악관의 인물들이 은거한 경우도 상세히 기록해 두었다. 그런데 논어의 이 기록이 주목되는 이유는 음악이 지니는 비정치적인 측면 때문이다. 곧 그런 악관이 여러 지역으로 흩뜨려지는 점까지도 기술한 논어가 당대의 탁월한 현인이면서 지성인인 노자를 기록하지 않을 리 만무하기 때문이다.

"<魯나라 樂官의 우두머리>대사(太師) 격은 제나라로 가고(大師摯適齊), <아반은 음식을 들 때에 음악을 연주하여 흥을 돋는

56) 논어 p366
57) ibid p370

관직>아반간은 초나라로 가고(亞飯干適楚), 삼반료는 채나라로 가고(三飯潦適蔡), 사반결은 주나라로 갔다(四飯缺適秦). 북을 치는 방숙은 하내로 들어가고(鼓方叔入於河), 소고를 흔드는 무인은 한중으로 들어가고(播鼗武入於漢), 소사 양과 경쇠를 치는 양은 해도로 들어갔다(少師陽擊磬襄入於海)."[58]

그러면 논어에 수록된 이런 내용들이 과연 객관적인 진실인가? 하는 의문을 도가의 입장에서는 물론 당연히 제기할 수 있다. 왜냐하면 그 이유는 논어의 편집시기가 불투명하기 때문이다. 하지만 이 점에 대해서는 더 이상 의문을 제기할 수 없는 명백한 사실들이 논어의 객관성을 여실히 뒷받침해 준다.

첫째는 공자는 실존인물이라는 점이다. 논어가 공자의 실존을 증명하기 이전에 춘추와 주역의 서경의 글들이 그의 존재를 확실히 입증해 준다. 더욱이 공자가 죽은 해에 태어난 것으로 기록된 묵자가 공자를 공격한 이유는 그 만큼 공자가 유명했기 때문인데, 만약 공자에 관한 기록이 없는 상황에서 그의 제자들만 존재한다면 묵자가 공자를 비난하지 않고 그의 제자들을 공격했을 것이다. 그런즉 그 이유는 상식적으로 너무도 자명해진다. 곧 공자에 대한 물증은 없고 그리고 그의 제자는 공자보다 뛰어나지 못하다면 묵자가 공자뿐만 아니라 그의 제자조차 굳이 거론할 이유가 없기 때문이다. 또한 공자에 대한 물증은 없

---

58) ibid p368~369

고 그의 제자들이 똑똑하다면, 묵자가 자신이 도대체 제대로 알 수 없는 공자대신에 그의 제자들을 직접 공격했을 것이기 때문이다. 그러면 결과적으로 공자에 대한 물증도 없고 그의 제자들도 무능했다면 결과적으로 유가라는 학파가 도저히 존재할 수 없게 된다. 다시 말해 공자를 제대로 알지도 못하고 그리고 제대로 가르치지도 못한 제자들이 공자를 받들어 유가를 존속시켰다는 것은 어불성설이 될 뿐이다. 그러므로 반드시 공자가 가르친 내용을 확인할 수 있는 직접적 증거로서의 서책이 있어야 마땅하게 된다. 그렇지 않으면 묵자가 공자를 공격하지 않고 그의 뛰어난 제자를 직접 공격했을 것이고 그리고 공자 대신에 그의 제자가 공자의 자리에 있어야 하고 그리하여 공자의 이름은 그의 제자의 말 속에서 간접적으로 언급되어야 정상적인 일이 된다. 그런데 공자의 제자들 중에는 그런 뛰어난 인물이 당시에는 전혀 없었다. 게다가 공자 당시에 서책을 충분히 만들 수 있음에도 불구하고 제자들이 기록으로 남기지 않고 다시 제자들에게 암송으로 전달하였다가 훗날 그 제자들이 모여서 논어인 서책을 만들었다고 가정하는 경우는 도저히 있을 수 없는 일이 될 뿐이다. 왜냐하면 적어도 훗날 편집되었더라도 공자가 생존한 시기에 그의 행적을 제자들에 의해 문자로 기록되어 그 자료가 보관되어 있어야만 논어의 탄생이 가능해지기 때문이다.

둘째는 묵자와 맹자의 서책이 등장한 시기를 감안하면 당연히 논어의 서책이 등장한 시기를 미루어 짐작할 수 있게 되는 점이다. 왜냐하면 논어의 내용은 공자와 제자들이 직접 나눈 대화들이기 때문에, 다시 말해 대화의 당사자들인 제자들이 직접 기록해 두지 않으면 훗날 제삼자가 도저히 기록할 수 없는 일들이기 때문이다. 그런즉 공자와 제자들이 나눈 이야기는 당대의 제자들이 그들의 제자들에게 문서로서 가르쳐 주지 않았으면, 공자의 가르침이 결코 전승될 수 없는 일이었던 것이다. 만약 그렇지 않다고 주장하게 되면, 그것은 당대의 직접 제자들이 아니라 제자의 제자들이 공자의 이야기를 암송된 내용을 배운 것이 되기 때문에 그들이 서로 한 곳에 모여 논어를 편집할 수 없게 된다. 만약 그들이 한 곳에 모여 편집하였다면 당연히 그의 스승들이 말로서 전해 준 기록들을 한데 모아 편집한 작업 이상이 될 수 없다. 그러면 더 확실하게 논어가 편집된 시기가 명확하게 밝혀져 있어야만 정상적인 경우가 된다. 왜냐하면 암송한 내용을 암송으로 전달하였다가 훗날 유가의 문도들이 책으로 기록한 것이라면 반드시 모인 장소와 모인 인물들이 정확히 알려지지 않을 수 없기 때문이다. 그럼에도 불구하고 그것조차 불투명하다고 얼버무리게 되면, 도대체 누가 어떻게 자료를 모아 편집했는지가 오리무중이 되어 당연히 논어의 실체가 부정될 수밖에 없게 된다. 그런데 실제로 논어는 존재했고, 공자도 실제로 존재했고, 제자도 실제로 존재했고, 학파도 존재했다. 그러므로 논어의 실체가 불명하다는 주장은 결코 있을 수 없게 된다. 그런즉 이로부터 도달할 수 있는 분명한 결론은 논어의 탄생은 공자가 가르친 당대의 제자들이 기록된 자료를 모아 편집하지 않고서는 불가능한 일이라는 점이다.

셋째는 논어의 서책이 국학의 교과서로 채택되기 이전에는 오로지 유가들만이 학습한 서책이었기 때문에, 도가의 인물들이 논어의 내용에 정통한 사실은 곧 그들이 한때 유생으로서 그 책을 배웠다는 것을 간접적으로 입증하는 증거가 되는 점이다. 그리고 그 시기가 논어가 등장한 이후가 되어야 하고 더 나아가 그들이 논어를 직접 읽고서 그 내용을 알게 되었다는 점이다. 왜냐하면 그 이유는 첫째 논어 이외에는 그들이 공자의 가르침을 알 길이 전혀 없었다는 점 때문이고, 둘째 그들이 유생이 되어 논어를 직접 읽지 않았더라도 그들을 직접 가르친 스승이 유생이었거나 아니면 그들이 유생이었던 스승에게서 논어의 서책을 물려받은 반(反)유가의 선비에게서 논어의 글을 배우고서 논어를 알게 되었다는 점 때문이다. 다시 말해 한지(漢紙)가 발명되지 않았던 춘추·전국시대는 오늘날과 같이 서책을 쉽게 구할 수 없었던 시대였고 그리하여 유가가 가르친 서책을 어느 곳에서도 쉽게 배울 수 있었던 시대가 아니었기 때문에 도가의 인물들이 논어에 정통한 사실에 대해서는 이와 달리 설명할 여지가 도저히 없게 된다.

그러므로 이런 점을 유념하고서 유가를 공격하고 배척한 도가의 정체를 논구해야 한다. 물론 그 이유는 당연히 앞서 지적한 바대로 도가들이 논어의 내용을 너무도 잘 알고 있었기 때문이다.

여하튼 이런 맥락을 바탕으로 하여 파생하는 의문점들이 곧 왕도정치의 길을 거역한 자들의 빛나는 전략은 어디에서 비롯된 것인가? 그렇다면 그들의 빛나는 전략은 무슨 일을 추진했는가? 하는 물음의 해명에 있어서는 단연 주목되어야할 도가의 입장은 명백하다. 곧 그것은 그들이 요·순 이전의 시대로 거슬러 올라가 황제의 인물을 내세워 요·순임금의 왕도정치를 부정한 역사왜곡의 사실이다. 다시 말해 그들이 내세운 황제가 요·순임금에 앞서 무위자연의 도를 터득하여 무위자연의 정치를 시행하여 당시의 백성들을 편안하게 하고서 태평성대를 이룬 역사의 인물이 되게 만들었던 역사왜곡의 사실이다. 그리하여 황제와 같은 인물이 등장하여 주나라를 전복하고 새로운 왕조를 만들어 백성들을 괴롭히지 않고 편안하게 해 줄 것이라는 기대감이 세상에 널리 확산되었고 또한 그런 인물이 난세를 수습할 구세주의 표본이 되었다.

그러면 장자가 황제의 전설을 가공했다면, 도대체 그 야기의 소재는 어디에서 유래했는지가 의문의 대상이 아니 될 수 없다. 그런데 일단 분명한 점은 은나라 왕조 때에 유래한 것은 아니라는 사실이다. 그리고 그 다음으로 고려해 봄직한 가정은 그 유래가 오히려 동방의 동이족에게서 비롯된 것이라고 볼 여지이다. 왜냐하면 장자는 황제(黃帝)를 거론하면서 다른 경서에서는 도대체 거론되지 않던 동이족의 치우(蚩尤)의 인물을 함께 거론하였기 때문이다.

그런데 치우에 관한 흔적이 서경(書經) 주서(周書) 여형(呂刑)에 기록되어 있어서 주목된다. 왜냐하면 치우의 존재가 하나라와 은나라 때의 문서에 기록되어 있는 것이 아니라, 주나라 5

대왕인 목(穆)왕이 사구로 임명한 여후에게 형벌을 만들어 사방을 다스리라고 명한 글에 딱 한번 기록되어 있기 때문이다. 더욱이 목(穆)왕은 대략 BC10세기의 인물로 간주되는데, 그 시기의 문서에 치우의 이름이 기록되어 있기 때문에, 그래서 각별히 주목하지 않을 수 없게 된다.

"왕이 말씀하셨다(王曰). 「옛날에(若古) 가르침이 있었으니(有訓), 치우가 처음 난을 일으키자(蚩尤惟始作亂) 평민들에게 미쳐서(延及于平民), 도적이 되지 않은 자가 없어(罔不寇賊), 사나움을 옳은 것으로 여겨(鴟義) 간악하며 도적질하며(姦宄), 빼앗으며 거짓말을 하고 사람을 죽였다(奪攘矯虔)」.[59]

그러면 치우의 존재를 규명하려는 입장은 이 글이 보여 주는 바를 정확히 직시해야 하는데, 첫째는 왜 치우의 이름이 BC10세기의 기록에 등장했는가? 하는 의문점이다. 둘째는 그것도 '옛날에 가르침이 있다(若古有訓)'라고 하여 치우의 존재를 기정사실화하였는가? 하는 의문점이다. 셋째는 그가 난을 일으켰다고 한 기록이 그가 단순한 인물이 아님을 시사(示唆)하는가? 하는 의문점이다. 여하튼 그 점은 목(穆)왕이 말한 다음의 글에

59) 서경 p861

의해 분명해진다.

"묘민이 선한 도로(苗民弗用靈) 형벌을 제정하지 않고(制以刑), 다섯 가지 사나운 형벌을 만들어서 법이라고 하여(惟作五虐之刑曰法) 무고한 자들을 살육하였다(殺戮無辜). 이에 처음으로 지나치게 코 베고 귀 베고 얼굴에 문자를 새겨(爰始淫爲劓刵椓黥), 이 죄에 걸린 자들을 형벌하고 아울러 죄가 없는 자까지(越玆麗刑) 일괄적으로 처벌했다(幷制). 죄 없는 사람에 대해서도 차이를 두지 않았다(罔差有辭)."[60)]

그런면 이 글에서의 치우는 고대왕조가 영토를 확장하는 가운데 복속을 제대로 하지 않고 반란을 일으킨 부족의 주모자에 해당하는 묘족의 인물이 된다. 그런데 서경에서의 이 글이 각별히 주목되는 까닭은 바로 이 점을 이용하여 시기를 훨씬 더 앞으로 끌고 가서 황제의 시기로 둔갑시킨 발상이다. 물론 치우가 남방의 묘족이 아니라 북방의 이족의 인물일 수도 있기 때문에 그런 발상을 착안할 수 있겠지만, 그러나 동아시아 전체의 정황을 놓고 보면 황하유역의 이족과 북방의 이족이 이전투구의 전투를 할 여지가 전혀 없었기 때문에 치우가 황제와 결부될 여지는 거의 없다. 그럼에도 불구하고 이 기록은 기자조선의 이야기와 더불어 주목받지 않을 수 없는 기록임에는 틀림없다.

60) ibid p862

그런즉 도가가 이런 기록이 지닌 허점을 이용하여 황제사관을 만들 때에 치우를 활용한 것이라고 추정할 수 있게 된다. 곧 그 점에 대한 언급은 아래의 장자의 글에 있다.

"…<도척은 다시 말을 계속했다>. 「또 나는 이런 말을 들었다(且吾聞之). ………그래서 이름을 붙이는 것은 이때의 사람들을 유소씨의 백성이라고 말한다(故命之曰有巢氏之民). …………. <그 후> 신농씨가 다스릴 때에는(神農氏之世), ………. <그러므로> 이때는 지극한 덕이 융성한 시대였다(此至德之隆也).

그러나(然而) 황제는 <자연의> 덕을 실현할 수가 없었다(黃帝不能致德). <황제는> 치우와 탁록의 벌판에서 싸웠고(與蚩尤戰於涿鹿之野), 피가 흘러 백리를 물들이기에 이르렀다(流血百里)."[61]

그러므로 장자가 언급한 황제와 치우에 관한 신화의 성격은 역사왜곡을 논구하는 과정에서 반드시 엄격하게 검토되어야 할 사항이다. 그런데 치우의 존재는 여기에서는 더 이상 거론할 논구의 대상이 아니기 때문에 더 이상의 언급은 진행될 이유가 없다. 그럼에도 불구하고 분명히 짚고 넘어가야할 논구의 초점은 도가가 어떠한 신화를 가공하여 역사를 날조하더라도 요·순·우 3대 임금에 의해 이루어진 황하의 치수사업이 고대중국왕조

61) 장자 p518

의 시발점인 객관적 사실만은 여하간 부정될 수 없다는 것이다. 그리고 치우도 그런 맥락 속에서 이해되어야 한다는 것이다. 만약 그렇지 않다고 주장을 하려고 하면, 우선 목(穆)왕의 글이 황제사관을 전제하고서 기록된 글인지 부터 먼저 밝혀야 한다.

그 뿐만 아니라 이런 역사적 기록을 바탕으로 하여 신화를 적절히 가공하여 활용한 도가는 공자의 가르침을 배척하기 위한 방편으로 양수의 이기설조차 역설적인 비유의 경우로 삼아 적절히 활용하였다. 곧 도가가 보편의 입장으로부터 연속적으로 파생된 상황논리를 전혀 무시한 채 극히 부정적인 단편적인 사례를 모아서 곧바로 형식논리로서 부정적인 측면을 부각시키고 그리고 그로부터 모순을 지적한 점이다. 다시 말해 그들의 의도가 유가의 인·의·예·지(仁義禮智)의 가르침을 무력화시키려고 한 것이었기 때문에 그들이 그와 같은 비정상적인 편법을 사용한 점들이다. 즉 유가의 가르침이 수미일관성이 없는 이론으로서 전국시대에는 결코 적합하지 않다는 사상을 펼치기 위해 그들이 그와 같은 역발상적 사고방식을 적극 개진한 점이다. 물론 도가의 이와 같은 전략이 성공할 수 있었던 근거는 역사적인 상황논리에서는 변수가 갖추어야할 시간과 공간의 변화조건이 결정적인 중요한 요건이 되는 점을 적극 활용한 방식이었는데, 만약 누구라도 그 조건을 무시하게 되면 곧바로 그와 같은 모순에 직면하게 되는 점이다. 다시 말해 도가가 펼친 전략의 요체는 전체의 숲 대신에 구성요소인 개개의 나무들이 지닌 불량한 상태를 문제로 삼아 전체의 숲을 불필요한 것으로 배격한 논법이었다. 곧 개개의 나무로 이루어진 숲의 목적은 숲을 이루는 구성요소인 개개의 나무가 존립하는 생존의 목적을 수렴하면서 더 나아가 주변의 다른 개체들과의 상관성을 아우르는 초월적 이념을 지닌 목적을 해체시키는 방식을 전개한 것이었다. 그러므로 도가는 바로 이 점을 적절히 활용하여 상대를 곤경을 빠뜨리는 전략을 마음껏 구사하였던 것이었다. 그런즉 도가의 발상은 양수의 내용을 가공하여, 전국시대의 열 왕들에게 혹사당하는 백성들에게 자기 목숨을 중히 여기게 하여, 그 결과로서 영토분쟁과 같은 전쟁을 백성들이 염증을 느끼고서 심정적으로 거부하기를 기대했었다고 추측할 수 있게 한다. 또한 병사로 차출되는 일반백성들로 하여금 위정자의 사리사욕 때문에 자신의 목숨을 희생당한다는 피해의식을 고양시켜 자신의 생존과 이익을 우선순위에 두도록 유도하였다고 추측할 수 있게 한다.

따라서 그런 부추김 이면에 도가가 무위자연의 이론을 내세워 한편으로는 유가를 철저히 비난하고 오도시키고, 다른 편으로는 난세가 흘려가는 대로 따라가 그 결과를 순순히 받아들이도록 유도하는 운명론을 세상에 널리 확산시키려고 하였던 도가의 치밀한 의도가 도사리고 있었음이 명확히 규명되어야만, 비로소 그들의 진면목도 확연히 드러날 수 있게 된다.

그런데 이 과정에서 정작 문제가 되는 것은 도가사상가들이 추구한 진정한 궁극목적이 주나라를 대신할 새로운 왕조를 도모하기 위한 것이었으므로, 따라서 그들에게는 역사적 사실을 날조하고 왜곡시킨 이야기조차 그들이 지닌 숭고한 목적을 달성하기 위한 합리적 수단이었고 그리하여 그들에게는 결코 그런 일이 비양심적이고 잘못된 것일 수 없었다는 점이다.

따라서 이런 도가의 태도와 방법이 추후에 중화민족관의 허위의식을 태동시켜 중국민족으로 하여금 주변민족들에 대해 오만한 태도를 취하면서 이민족으로 매도된 배척하게 만든 진원지가 되었기 때문에 그 진상은 철저히 규명되어야 한다. 곧 무위자연을 추구해야만 평화로운 시대가 다가올 수 있다고 설파한 도가가 가장 패권적이고 패도적인 중화주의의 사고방식을 추구하였다는 사실이다.

그런즉 이런 점을 무시하고 오로지 도가를 순수한 학문으로 취급하여 그 말뜻을 이해하려고만 하게 되면 하면, 그 언어의 요체를 이해하는 일은 심히 어려울 수밖에 없게 된다. 그 이유는 널리 회자된 무위자연이란 용어를 학문적으로만 바라보면 정작 그 용어가 무엇을 겨냥하고 있는지가 그런 순수한 입장에서는 오리무중일 수밖에 없기 때문이다. 다시 말해 정치적으로 이해해야만 그 진면목을 드려다 볼 수 있는데, 오히려 그것을 거부하게 되면 그 용어가 가리키는 구체적인 내용이 사라지기 때문이다. 즉 정치색을 배제하고서 그 말을 순수하게 해석하려고 시도하게 되면, 그것은 단지 일반대중으로 하여금 오로지 탐욕을 버리고 눈앞의 이익에 집착하지 말라고 가르치는 도덕적이고 종교적이고 심리적인 의미 이외에 달리 다른 의미가 될 수 없기 때문이다. 그렇지만 어쨌든 무위자연의 경지에 올라 세상을 다스릴 능력이 전혀 없는 일반대중들이 그 말을 교훈으로 삼을 경우에는 그 의미는 오로지 마음을 비우고 집착하지 않는 수양의 방법으로 여길 수 있게 된다. 왜냐하면 이 말은 일반대중에게 오르지 못할 나무를 오르려고 아등바등할 필요가 없는 점을 일깨워 주었기 때문이다.

따라서 노자와 열자를 포함한 도가의 근본입장은 오히려 장자의 다음의 말을 발판으로 하여 조망해 보는 방식이 보다 더 적절해진다. 곧 다음의 내용은 도가가 인과성을 원리를 근본으로 하되 그러나 그 결론을 불가지론으로 귀결시키고 그리고 성인만이 파악할 수 있는 신비적인 도가 곧바로 자신들이 주장하는 도임을 천명한 글이다.

"기쁨, 노여움, 슬픔, 즐거움(喜怒哀樂) 그리고 근심, 개탄, 변덕, 집착(慮歎變慹) 및 요염, 방탕, 깨우침, 허세는(姚佚啓態), 음악이 빈 곳에서 나오듯이(樂出虛), 땅의 습기가 버섯을 성숙시키는 듯이(蒸成菌), 밤으로 낮으로 내 앞에 서로가 교대하여 나타나건만(日夜相代乎前), 그러나 <어디에서 생기는지 연유를>그 시작되는 바를 알지 못하겠으니(而莫知其所萌), 아 정말 안타까운 일이어라(已乎已乎). 아침으로 저녁으로 이것을 경험하게 됨은(旦暮得此) 그것이 어떤 근원이 있어서 생긴다는 증거가 아닌가(其所由以生乎)?………. 그런데 <희로애락의 정을>이것을 생기게 하는 것이 무엇인지를 알 수가 없다(而不知其所爲使). 이에 진정한 주재자가 있을 것이나(若有眞宰), 그러나 특별히 그 조짐을 깨달을 수 없다(而特不得其眹). 그것이 어떤 작용을 하고 있다는 점에서 의심이 가지 않으나(可行已信), 그러나 그 형상을 볼 수 없다(而不見其形). 그 사실은 <엄연히> 존재하나 그러나 그 형상은 <볼 수가> 없다(有情而無形)..........”[62]

그런즉 장자가 설명하는 도의 의미도 초월적인 불변의 원리이면서 동시에 내적 작용 원인이기 때문에 인간이 하나의 사물처럼 인식할 수 없는 것은 당연하다. 따라서 장자는 그 점을 자신들이 의도하는 주장의 전면에 내세우고서 자신들의 약점을 교묘히 은폐하였던 것이다. 다시 말해 자신들은 자신들 앞에 드러난 상대방의 약점을 철저히 공격하면서도 반대로 자신들의 약점들은 상대방 앞에서 감추어버림으로써 효율적으로 방어하였던 것이다. 그리하여 그들은 위의 글의 결론을 다음과 같이 정리했다. 곧 자신들의 말이 진실하기 때문에 그에 대한 증명을 아예 요구하지 말라는 것이다.

“그 진정한 임금이 존재한다(其有眞君存焉). 가령 그 사정을 아는 것과 알지 못하는 것을 가리는 것은(如求得其情與不得) 그 진실과는 관계가 없다(無益損乎其眞).”[63]

그러므로 도가의 이론이 탄생한 배경이 이와 같이 정치적이

62) ibid p168

63) ibid 同

었기 때문에 따라서 도가의 사상은 주나라의 붕괴 과정과 더불어 이해해야만 정확하게 파악할 수 있게 된다. 곧 도가의 이론은 크게 두 가지로 이루어져 있는데, 위로는 왕도정치의 천명사상을 무위자연의 사상으로 대체시킨 점이고 아래로는 양주의 이기적인 방식을 백성들이 바라는 처세술로 내세운 점이다. 그리하여 전자는 일반백성들이 이해하기가 심히 어렵고 후자는 일반백성들이 쉽게 동조할 수 있는 점에서 도가의 기묘한 전략은 감탄의 대상이 아니 될 수 없다.

그런데 도가의 무위자연의 사상은 그 출발이 유가의 천명사상을 부정하는 것을 목적으로 삼았기 때문에 딱히 실천해야할 행위의 규범 같은 구체적 내용을 세부적으로 갖추고 있지 않다. 즉 도가는 현상을 이루게 한 오묘한 원리가 현상의 배후에 존재하고 있음을 설명하긴 하였지만, 그러나 그것이 무엇이며, 그리고 그것을 구체적으로 어떻게 가르치고, 더 나아가 그것을 어떻게 배우면 인간이 그런 궁극의 경지에 도달할 수 있는지를 설명하고 있지 않다. 그러므로 도가의 사상은 선생이 학당에서 제자들에게 그 무엇을 절차에 따라 체계적으로 교육할 수 있는 그런 성격을 지닌 학문의 이론이 결코 아닌 것이었다. 따라서 배우고자 하는 사람은 단지 그들이 지시하는 바를 그대로 수용해야만 했을 뿐이다.

더욱이 노자의 도덕경에서 드러난 그의 주장은 기존의 유가가 가르치는 왕도정치의 노선을 결코 넘어서 있지 않았기 때문에 더 더욱 그러하다. 즉 노자의 도덕경은 왕조를 유지하는 근본토대인 선비와 군자 그리고 군주와 신하의 역할에 대해 전혀 언급을 하지 않았으며, 더 나아가 사물의 궁극원리를 설명하면서도 그것에 상응하여 위정자가 구체적으로 때에 따라 백성들이 일할 수 있도록 백성들에게 때에 관한 절기를 알려주는 공적인 일들을 전혀 언급하고 있지 않았기 때문이다.

그러므로 무위자연의 이론을 내세운 도가사상의 취약점은 총론에서는 성현의 역할을 제대로 제시하지 못했고, 그리고 각론에서는 그들의 백성들에게 제시한 처세의 이론이 기껏해야 양주의 이기설을 바탕으로 한 개인의 보신책에 불과하였을 뿐이었던 것이다. 그리하여 도가의 이론은 차후에 중국의 왕조를 이끌고 갈 정치노선으로는 역부족이 아닐 수 없게 된다. 물론 그들의 행동양식이 차후에 도교에 이르러 신비한 신선사상으로 비약하였지만, 그러나 종교 사상으로 내몰린 지경에 이른 정국에서는 도가가 내세운 통치이념은 더 이상의 정치적 의의를 발휘할 수 없게 되었다. 왜냐하면 그들이 내세운 성현이 무위자연의 입장에서 다스리는 세상이 어떤 세상인지를 구체적으로 제시하지 않았기 때문이다. 즉 세상에 자신의 정체를 결코 드러내려고도 하지 않은 성인이 굳이 정치 전면에 나서 정치를 해야 할 명분과 그리고 그가 추구하려는 세상의 모습과 그리고 또한 그것을 달성할 수 있는 실행 방법이 오리무중이었기 때문이다. 더욱이 설령 자신의 정체를 은폐시킨 그런 성격과 기질의 소유자인 성인일지라도 그가 적극적으로 나서서 당면한 문제를 해결하려고 서둘러 대책을 마련하지 않은 정국이 도대체 어떻게 무위자연의 정치가 될 수 있는지조차 불분명하였기 때문이다.

그 뿐만 아니라 도가는 무위자연의 도를 실행한 임금을 황제(黃帝)라고 했기 때문에, 당연히 전국시대에 열 왕들 중에서 황제의 도를 터득하여 무위자연의 마음가짐으로 난국을 자연스럽게 수습할 수 있는 인물이 도대체 누구인지, 더 나아가 장차 그런 인물이 언제쯤 등장할 것인지를 반드시 언급했어야 함에도 불구하고 전혀 그렇게 하지 않았기 때문이다.

그런즉 노자의 도덕경은 유가의 입장을 공격하기 위해 제1장과 2장에서 서술한 기본원리를 추상적인 말로서 심오하게 만들었지만, 그러나 그 글은 기존의 천명사상을 더 현학적으로 가공한 것에 지나지 않을 뿐, 결코 다른 계통에서 나온 사상이라고 말할 수 없게 된다. 왜냐하면 도가가 유가를 배척하기 위해 무위자연의 관점에서 불인(不仁)이란 용어를 사용했지만, 그러나 무위의 도를 추구하는 바의 목적의 대상이 불인(不仁)의 세상에서 살고 있는 백성인 점을 분명히 밝혔기 때문이다. 따라서 그들의 의도가 세속을 떠나 신선이 되겠다는 개인적인 목적이 아니라, 오히려 그 반대로 세상을 다스리겠다는 정치적인 목적이었음이 분명해진다. 노자는 그 점을 도덕경 제5장이 명백히 보여 주고 있다.

"천지는 어질지 않는지라(天地不仁), 만물로서 추구를 삼는다(以萬物爲芻狗). 성인은 어질지 않는지라(聖人不仁), 백성으로서 추구를 삼는다(以百姓爲芻狗).

천지 사이는(天地之間) 그 탁약과 같다고 할까(其猶橐籥乎). 비웠어도 다함이 없고(虛而不屈) 움직일수록 더욱 나온다(動而愈出).

말을 많이 하면 자주 막히나니(多言數窮), 중을 지키는 것만 같지 못하다(不如守中)."[64]

그리고 이 글이 근본적으로 고대통치이념에서의 천명사상과 민본사상의 범위를 결코 벗어나지 못한 점은 서경의 글을 참조해 보면 단번에 알 수 있다. 곧 서경의 군석(君奭)은 소공이 늙어서 물려나려고 하자 주공이 말릴 때에 소공이 주공에게 아뢴 말을 기록한 글인데, 여기에 노자 도덕경의 첫 문장의 의미가 고스란히 담겨져 있다. 즉 주나라가 하나라, 은나라를 뒤이어 왕도정치를 계승하였다는 점이다.

"천명은 보전하기 쉽지 않고(天命不易) 하늘은 믿기 어렵다(天難諶). 이에 천명을 떨어뜨리는 것은(乃其墜命) 앞 사람이 공경히 하고 밝게 한 덕을 두루 겪고 있지 못하기 때문이다(弗克經歷嗣 前人恭明德)."[65]

---

64) 노자 p53
65) 서경 p675

다시 말해 이 글은 군주가 하늘의 명을 따르지 않으면, 하늘은 냉정하게 언제든지 그 명을 거두기 때문에 지금 천명을 부여 받았다고 하여도 이후에 천명을 거역하게 되면, 하늘은 인간처럼 인정에 얽매어 천명을 보전해 주지 않는다는 뜻이므로 따라서 이 글은 노자의 도덕경이 말한 취지를 전적으로 담고 있는 글이 아닐 수 없게 된다. 그러므로 노자의 말은 군석에게 응답한 주공의 말의 근본취지를 결코 벗어날 수가 없다. 왜냐하면 문왕과 무왕이 하늘로 받은 천명의 정치적 의의는 백성을 위해 민본주의 정치를 제대로 실행하라는 당위성이므로, 따라서 추상적인 개념으로서의 천명은 반드시 성왕에 의해 백성의 삶을 평안하게 해주는 구체적인 정책으로 실현되어야만 하기 때문이다. 그러면 그로부터 곧 하늘이 백성의 마음이라는 도식이 성립하게 된다. 그리고 더 나아가 그 의미는 곧 왕도정치의 본질이고 혁명사상의 뿌리가 된다.

"또 말하였다(又曰). 「하늘은 믿을 수 없다(天不可信). 우리의 도는(我道) 나라를 편안하게 한 <무>왕의 덕을(惟寧王德) 연장하여(延), 하늘이 문왕께서 받으신 명을 놓아 버리지 않게 하는 것이다(天不庸釋于文王受命)."[66]

그러므로 윗글 첫 부분의 「하늘은 믿을 수 없다(天不可信)」는 말을 유념하고서 다음의 뒷말을 이해하면, 「백성으로서 추구

66) ibid p677

를 삼는다(以百姓爲芻狗)」는 도덕경의 내용은 이 뜻과 결코 다른 취지의 뜻으로 설명될 수 없게 된다.

그런즉 노자이래로 도가가 주공이 은나라를 멸망시키고 그 대신에 주나라로 하여금 백성을 다스리게 한 천명에 부합하도록 정치를 잘해야 함을 밝힌 이 글과 배치되는 또 다른 의도의 글을 감히 내놓을 수 없었던 것이다.

> "공이 말하였다(公曰). 「군석이여(君奭)! 하늘은 공평하여 하늘에 이르는 자를 장수하게 한다(天壽平格). 하늘은 은나라를 보존하고 다스리게 하였는데(保乂有殷), 은나라는(有殷) 하늘이 멸망시키려는 형벌을 이어 받았으니(嗣天滅威), 이제 네가 깊이 생각한 바대로(今汝永念) 한결같은 천명이 재앙을 다하게 하면(則有固命厥亂) 확실하게 우리는 고을들을 새롭게 지을 것이다(明我新造坊)."[67)]

그러므로 도가도 자신들이 마땅히 수긍해야할 바를 이미 주공이 말했기 때문에, 더 이상 달리 언급할 말이 없었던 것이다. 오히려 그들이 다른 취지의 또 다른 말을 하게 되면, 천명을 바탕으로 한 민본주의를 전면적으로 부정하는 꼴만 될 뿐이었다. 더욱이 아래의 서경의 글은 도가가 답변해야 할 말을 대신해

67) ibid p681

주고 있기 때문에 그러하다.

"공이 말하였다(公曰). 「그대여(君)! 내가 이치를 따르지 않으면서(予不惠) 이같이 자주 고하겠는가(若茲多誥)? 나는 하늘과 백성을 근심한다(予惟用閔于天越民).」

공이 말하였다(公曰). 「아(嗚呼)! 그대여(君)! 네가 백성의 덕을 아니까(有乃知民德), 또한 시작을 잘 하지 않음이 없어야 하며(亦罔不能厥初), 끝을 생각하여야 할 것이다(惟其終). 이를 어기지 말고(祗若茲) 잘 따라서 삼가 다스리도록 하라(往敬用治)."[68]

그런데 이런 점을 덮어 두고 시종일관 도가는 하·은·주 삼대 왕조가 계승한 왕도정치의 이념과 그리고 이념을 견지하고 있는 유가에게 난세의 혼란을 초래한 책임을 떠안겼다. 그리고 그 점은 노자와 열자와 더불어 도가사상을 구성하고 있는 장자의 글에서 더욱 두드러지게 개진(開陳)되어 있다. 그런데 도가가 줄곧 개진하고 유가의 책임론은 대단히 중대한 의문점을 발생시킨다. 곧 그 점은 다름 아닌 춘추·전국의 시대의 혼란이 인의의 성품 때문에 야기되었다는 그들의 진단이다. 다시 말해 춘추 전국시대가 혼란한 것은 모든 사람들이 인의를 숭상하고 인의의 행동을 했기 때문이라는 것이다. 즉 도가의 입장은 전국시대

---

68) ibid p695

의 사회가 백성들이 인의를 행하고 있기 때문에 혼란스럽게 되었으므로 따라서 전국시대의 혼란이 수습되려면 당연히 백성들이 인의의 행동을 하지 말아야 한다는 것이었다. 그러므로 도가의 그와 같은 주장은 인의의 사고방식과 행동이 약해짐으로서 혼란이 발생하였다는 유가의 주장과 정면으로 배치된다.

그러면 곧바로 그로부터 두 가지 문제점이 발생하는데, 하나는 요·순임금 및 하·은·주 삼대의 왕조가 잘못된 인의의 정치를 했을 적에 왜 무위의 도를 행하는 도가의 성현이 일찍 나서서 잘못을 바로 잡지 않았는가? 하는 의문점이다. 다시 말해 도가의 주장대로 따르면 무위의 도가 없었던 시대에 처음으로 요·순임금시대의 잘못된 인의의 정치가 시작되었고 그리고서 잘못된 정치노선이 하·은·주 삼대까지 지속된 경우가 아니라, 요·순임금시대에 앞서 황제에 의한 무위의 정치시대가 있었기 때문에 당연히 도가의 성현이 어디로, 어떻게 사라진 것인가? 하는 의문점이 발생하는 경우이다. 즉 황제가 다스린 무위의 정치가 사라진 책임이 요·순임금 및 하·은·주 삼대의 왕조에게 있었다면, 당연히 잘못된 인의의 사고방식에서는 요·순임금, 탕왕, 문왕, 폭군인 걸, 주 및 전국시대의 열 왕들 사이에 무슨 대단한 차이점이 있을 수 있었겠는가? 하는 의문점이 성립한다는 것이다. 더 나아가 이와 같은 의문점들은 장자가 직접적으로 해명을 하지 않고 그 대신 죽고 나면 모두가 백골이 되는 삶에서 오로지 살아 있을 적에 자신의 쾌락을 추구해야 한다는 양주의 위아설(爲我說)을 간접적으로 내세우고서 슬쩍 비껴간 전략적 방식과 직결되어 있기 때문에 각별히 유념하고서 주목하지 않으면 안 되는 경우에 해당된다.

그리고 또 다른 하나는 인의의 잘못된 사고방식에 물든 백성들이 무의의 본성을 회복시킬 도가의 방법이 무엇인가? 하는 의문점이다. 그러므로 아래의 장자의 글이 그런 의문점을 제공하는 중요한 의의를 담고 있는 글이기 때문에 주목된다.

"…… 얼마 안 되는 미혹이라면 방향을 그르치는 정도에서 끝나겠지만(夫小惑易方), 큰 미혹인 경우에는 인간의 본성을 잃게 하고 만다(大惑易性).-------(何以知其然邪).

<순임금>우씨가 인의를 표방하여 천하의 인심을 교란시킨 이후(自虞氏招仁義撓天下也), 천하에 인의 쪽으로 달려가지 않는 사람은 없게 되었다(天下莫不奔名於仁義). 이것이야말로 인의에 의해 인간의 바른 양상을 상실케 한 것이 아니겠는가(是非以仁義易其性與)?

그런 고로 조금 더 논해 보자(故嘗試論之). <하·은·주> 3대 이래 사람치고(自三代以後者) 외물에 의해 자기 본성을 잃지 않은 사람은 하나도 없었다(天下莫不以物易其性矣). 서민은 곧 이익을 위하여 일신을 돌보지 않고(小人則以身殉利), 선비는 곧 명분을 위하여 일신을 돌보지 않고(士則而身殉名), 관직에 있는 자는 곧

자기 가문을 위해 일신을 돌보지 않고(大夫則而身殉家), 성인이라는 사람은 천하를 위해 일신을 돌보지 않았다(聖人則而身殉天下). 그러므로(故) 이 많은 사람들은(此數子者) 한 일은 같지 않고(事業不同) 그 명칭도 각각 달랐으나(名聲異號) 자기의 본성을 상실하고(其於傷性) 그 몸을 희생한 점에서는(以身爲殉) 공통적이다(一也)."[69]

그런즉 이 글은 장자가 지극히 반유가적인 입장에서 유가를 공격한 것이긴 하지만, 오히려 역설적으로 장자 자신이 자기가 주장한 내용에 대해 스스로 해명하지 않으면 안 되게 만든다. 곧 그 이유는 자신들이 문제 삼고 있는 그런 희생의 일을 유가의 가치관을 가진 인물들이 하지 않았다면 세상이 어떻게 존재할 수 있었는지를 밝혀야 하기 때문이다. 그리고 더 나아가 자신들이 다스릴 미래의 세상의 모습을 밝혀야 하기 때문이다. 곧 아무도 희생하지 않는 그리고 희생하려고 하지 않는 또한 희생할 필요도 없는 세상을 상세히 묘사하고서 제대로 설명해야 하기 때문이다. 하지만 그들은 그런 책임 있는 일을 하지 않았다. 오히려 장자는 그와 정반대로 유가를 공격하는 작업에만 더욱 치중했다.

그런데 도가가 유가에게 떠넘긴 정국의 책임론에 대해서는 이미 공자가 도가에 앞서 진단하였다. 곧 춘추시대로 진입하면

69) 장자 p255

서 정국이 문란해진 책임을 군주와 군자와 선비가 공동으로 져야 하는 상황에서, 유가의 조종인 공자가 그 책임을 당대의 위정자들에게 끊임없이 물었고 그리고 그 내용들은 논어에 수록되어 있다. 그러므로 위의 노자의 글에 대한 유가의 근본입장은 예기에 수록된 아래의 글에서 확인해 보면, 더욱더 객관적이게 된다.

“<노나라 애공>공이 말했다(公曰). 「지금의 군자는(今之君子) 어찌 이를 행하지 못합니까(胡莫之行也)?」

공자가 말했다(孔子曰). 「지금의 군자는(今之君子) 재화를 좋아하여 싫증내지 않고 (好實無厭), 음덕이 있어 싫증내지 않고(淫德不倦), 게으르고 교만하며(荒怠敖慢), 백성의 재산을 바닥나게 합니다(固民是盡).

그 대중의 뜻에 거스르고(午其衆) 도리 있는 사람을 해칠 뿐만 아니라(以伐有道), 자기가 탐하는 것을 얻으려고(求得當欲) 그 도를 행하지 않습니다(不以其所).

옛날의 백성을 다스리는 인물은(昔之用民者) 앞서 말한 도에 따랐지만(由前), 지금의 백성을 다스리는 인물은(今之用民者) 뒤의 경우이어서(由後), 지금의 군자는(今之君子) 예를 행하지 않기 때문입니다(莫爲禮也)」[70]

그런데 노자는 자신이 저술한 도덕경에서 이와 같은 문제점을 진단함에 있어서 군주의 책임론을 도외시하고, 도가방식으로 해결방향을 제시하였는데, 곧 그것이 무위자연론이었던 것이다. 즉 모든 정치현상은 자연스럽게 그와 같이 될 수 있기 때문에 당연히 성인인 군주가 무위자연의 도에 입각하여 정치를 행하면 충분히 극복할 수 있다는 취지이다. 그리고 그 방식은 도가가 마치 문제해결사로서 미래지향적인 입장을 취하고 있는 것처럼 보이게 한다.

"천지는 어질지 않은지라(天地不人) 만물로써 추구를 삼는다(以萬物爲芻狗). 성인은 어질지 않은지라(聖人不仁) 백성으로써 추구를 삼는다(以百姓爲芻狗). 천지 사이에(天地之間) 탁약이 같다고나 할까(其猶橐籥乎)? 비었어도 다함이 없고(虛而不屈) 움직일수록 더욱 나온다(動而愈出). 말을 많이 하면 자주 막히나니(多言數窮) 중을 지키는 것만 같지 못하다(不如守中)."[71]

그리고 그의 도덕경은 슬쩍 두 번째 단락을 글을 삽입하여, 전자의 글을 마치 현묘한 것처럼 포장을 했다. 그러나 그 뜻은 만물은 끊임없이 생성소멸하고, 기(氣)가 강하면 강할수록 더 많은 사물을 만들어 낸다는 것이므로, 앞글과 별로 상관이 없는 것이어서

70) 예기 p273~274

71) 도덕경 p53

묵과해도 크게 문제될 리가 별로 없다.

그런 연후에 마지막으로 노자는 말과 행동에 있어서 중용을 주장하였는데, 이것은 이미 서경의 글이 가르치고 있는 바의 내용과 대동소이하다. 하지만 오히려 노자의 도덕경의 제6장이 그런 점을 더욱 잘 보여 주고 있으므로 주목할 필요가 있다.

> "곡신은 죽지 않는다(谷神不死). 이것을 현빈이라 이른다(是謂玄牝).
>
> 현빈의 문(玄牝之門), 이것을 천지의 뿌리라고 이른다(是謂天地根).
>
> 면면히 있는 것 같아(綿綿若存), 써도 지치지 않는다(用之不勤)."[72]

그런데 이 글에서 보이는 곡신(谷神), 현빈(玄牝)과 같은 비실재적 용어는 일방적인 노자의 표현일 뿐 결코 객관적인 근거를 지니고 있는 것은 아니다. 다시 말해 이 글에는 실천을 위한 방법론을 전혀 갖추고 있지 않기 때문에 단지 세상 이치를 그와 같이 묘사한 것에 지나지 않은 글이 될 뿐이다. 즉 그 의미는 우주가 있는데 어찌 인간이 우주를 없앴을 수 있겠는가! 하는 말 이상이 될 수 없고, 그리하여 우주는 만물을 끊임없이 생성·소멸한다는 의미이상이 될 수 없다. 그리고 그 말은 언뜻 보

---

72) ibid p58

면 현대자연과학의 원리인 질량불변의 법칙과 맥을 같이 하는 것으로 해석할 여지를 충분히 지닌 듯하지만, 그러나 딱히 그렇다고 단정하기도 어렵다.

그러므로 이 글은 표피적인 뜻 이상의 또 다른 의도를 함축하고 있는 글인지를 살펴보아야할 학적 논구의 당위성을 지니게 된다.

왜냐하면 누구든지 노자에게 다음처럼 되물을 수 있기 때문이다. 곧 '그래서 어쨌다는 말인가?' 하는 반문이다. 다시 말해 '그래서 우주의 근원으로부터 지금의 부족한 것을 내가 어떻게 채울 수 있다는 것인가?' 하는 반문이다. 더 나아가 '우주의 근원으로부터 뿐만 아니라 바로 당사자인 나로부터도 지금의 부족한 것을 채울 수 있는 방법이 나올 수 있다는 것인가?'하는 반문이다. 그리고 그 방법이 가능하다면, 그리하여 그것을 구체적으로 말해 보라고 요구한다면 '노자는 과연 어떻게 말할 것인가?' 하는 반문이다.

그런데 그 점에 대한 해명을 노자의 도덕경에서 살펴보면, 도덕경은 모든 것에 대해 부정적인 화법으로 일관하고 있음을 알아챌 수 있게 된다. 즉 무엇이 어떻게 해서 그렇게 되었다고 말을 하는 것이 아니라, 그와 달리 무엇이 그렇지 않기 때문에 이렇게 말할 수 있다고 부정적이고 현실적으로 말을 하는 방법이다. 그 점은 노자 도덕경의 주된 용어인 성인에 관한 개념과 유가가 설명하는 성인의 개념을 비교하면 단적으로 느낄 수 있다.

따라서 유가의 핵심 서책인 논어에서 그 문제점을 살펴보면, 논어는 공자를 성인으로 간주하되 그의 인품에 대해서 다음과 같이 구체적으로 기록하여 성인의 표상으로 삼았다. 특히 「집착하지 않으셨다(毋固)」는 말은 무위의 관점에서 보면 대단히 중요한 의의를 지닌 기록이 된다.

> "공자는 네 가지의 마음이 전혀 없으셨으니(子絶四), 사사로운 뜻이 없으셨으며(毋意), 기필코 되기를 기약하는 마음이 없으셨으며(毋必), 집착하는 마음이 없으셨으며(毋固), 이기심이 없으셨다(毋我)."[73)]

하지만 이에 반해 노자의 도덕경은 무의의 도가 지향하는 바를 구체적으로 제시하지 않았고 그리하여 무의의 경지를 터득한 성인의 모습도 구체적으로 제시하지 않았다.

그러므로 도덕경은 일반대중들에게 성인이 되려는 방법을 제대로 제시하지 않았기 때문에 일반교육이 불가능한 학문이론이 아닐 수 없게 된다. 게다가 그 점은 도가사상이 나중에 법가사상을 수용하여 황로학으로 변신하게 된 이유까지도 단적으로 도가가 대중들에게 실행할 교육의 방법으로 특별한 것을 내세울 수 없었기 때문이었다는 추측성 판단을 불러일으키지 않을 수 없게 만든다. 왜냐하면 도가의 설명은 단지 오묘한 이치를 나열만 할 뿐[74)]이었기 때문이다. 곧 도가의 대표서인 노자의 도

73) 논어 p167

74) 그 점에 대한 비판은 중국인의 시각보다는 오히려 근세의 칸트가 저술한 비판철학에서의 선험적 변증론에서 개진된 시각을 참조해 볼 필요가 있다.

덕경 제 3장의 글이 바로 그러하다.

"어진 것을 숭상하지 않으면(不尙賢), 백성들을 다투지 않게 할 수 있고(使民不爭),

얻기 어려운 물건을 귀히 여기지 않으면(不貴難得之貨), 백성을 도둑질하지 않게 할 수 있고(使民不爲盜),

하고자 하는 것을 보이지 않으면(不見可欲), 마음을 어지럽히지 않는다(使心不亂).

이로써(是以) 성인의 다스림은(聖人之治) 그 마음을 비게 하고(虛其心), 그 배를 가득하게 하고(實其腹), 그 뜻을 약하게 하고(弱其志), 그 뼈를 강하게 하여(强其骨),

항상 백성으로 하여금 앎도 없고 욕심도 없게 하여(常使民無知無慾), 아는 자로 하여금 감히 하지 못하게 한다(使夫知者不敢爲也).

무위로 하면, 곧 다스려지지 않는 것이 없다(爲無爲則無不治)."[75]

그런즉 무위에 관한 노자의 언급은 논리적으로 너무 비약이

---

75) 도덕경 p43

심한 문제점을 드려낸다. 왜냐하면 그의 글의 구성은 주로 가언적인 논법으로 구성된 조건적인 문장인데, 곧 전건의 진술과 후건의 진술이 논리적으로 타당하게 연결되어 있지 않기 때문이다. 따라서 다음과 같은 이유 때문에 그의 주장이 논리적으로 비약된 것일 수밖에 없게 된다는 것이다.

1. 어진 것을 숭상하기 때문에 백성들이 다투게 되는 것이라면, 그리하여 그와 반대로 백성들이 다투지 않게 되는 것은 어진 것을 숭상하지 않았기 때문이라면, 당연히 도가는 그렇게 구분할 수 있도록 만든 역사적 사실을 판단근거로서 명확히 제시해야만 했다. 그런데 오히려 그에 대한 증거가 뚜렷하지 않게 되면, 그 입장은 너무도 자의적이고 일방적인 주장만 될 뿐이다.

그리하여 두 번째의 도둑질에 관한 말과 세 번째의 욕심에 관한 말도 논리적인 비약에 있어서는 마찬가지의 결론에 도달하게 된다.

2. 성인의 통치방법이 백성들의 배는 부르게는 하되 그러나 그 밖의 다른 물욕은 없애고 그리하여 그들로 하여금 어떤 다른 유혹에도 현혹되지 못하도록 여타의 불필요한 지식을 갖지 않게 만드는 것이라고 하면, 어찌 그런 일이 인간의 지적 본성에서 가능하고 그리고 인간사회에서 타당하겠는가? 하는 의문점이다. 다시 말해 인간이 살아가는 사회가 가르치지도 않고 가르침을 받지도 못하는 상황이라면 그리하여 도덕적 행동양식이 전혀 존재하지 않는 상황이라면 도대체 어떤 모습이 인간의 진정한 행동양식인가? 하는 점 때문이다.

그런데 도가는 이점의 답변에 해당하는 성인(聖人)에 대한 인식에 있어서 유가와 전혀 다른 입장을 내 세운다. 즉 도가는 황제의 도를 체계적인 교육의 방식으로서는 불가능하다고 주장한 반면에 유가는 요·순임금의 통치이념을 체계적인 수양의 방법으로서 깨닫고 실현할 수 있다고 주장하였다. 그러므로 유가와 도가가 성현에 대해 취한 입장이 서로 다른데, 어쨌든 양 진영의 사상의 근원이 되는 서책으로서 고대왕조의 정사를 기록한 서경은 유가가 내세우는 주장의 근거를 잘 보여 준다.

> "성인이라도(有聖) 생각하지 않으면(罔念) 미친 사람이 되고(作狂),
>
> 미친 사람이라도(有狂) 생각할 수 있으면(克念) 성인이 되니(作聖),
>
> 하늘이 오년간(天有五年) 자손들을 기다리고 여유를 주어(須暇之子孫) 크게 백성의 주인이 되게 하였지만(誕作民主), 생각하지도 듣지도 않았다(罔可念聽)."[76]

그런데 서경의 이런 사고방식에 반해 도가는 인간의 본성이 자연적인 상태에서는 절로 선하다는 가정을 전제하고서 무위의 정치를 그들의 모든 정치적 주장의 전면에 내세운다. 즉 무위의

---

76) 서경 p721

정치는 작위적인 정치가 아니기 때문에 일반백성들이 성현이 다스리는 곳에서는 저절로 욕심이 없어지고 또한 만사가 형통하여 그리하여 문제가 해결되고 또한 그에 앞서 그런 문제가 아예 발생하지 않게 된다는 것이다.

하지만 무위의 바람직한 정치가 성립하려면 선결적으로 먼저 자연부터 인간이 행한 노동에 상응하여 좋은 결과를 반드시 산출해 주어야 한다. 그리고 그 다음으로 설사 자연의 결과가 나쁘더라도 무위의 정치를 하는 곳에서는 이미 물질을 소비하는 인간의 마음속에서 물욕이 사라짐으로서 어떤 어려운 상황에 직면하더라도 각자가 서로 다투지 않아야 한다. 그런즉 어떤 도가의 이론에서도 이와 같은 확실한 조건이 대전제로서 확정되어 있어야만 한다. 만약 그렇지 않다면, 물자가 부족하더라도 서로 사이좋게 나누기만 하면 곧 모두가 행복하게 잘 살 수 있게 된다는 주장은 허구의 말이 될 수밖에 없다.

그러므로 도가의 성현이 다스리는 무위의 세상이 도래하려면, 당연히 누구든지 무위의 정치는 어떤 것이며 그리고 그에 상응하는 인간의 본성은 또한 어떤 것인지를 누구든지 묻지 않을 수 없게 된다. 왜냐하면 도가의 성현이 기적을 일으킬 수 있는 초능력을 지니고서, 그리하여 당연한 현실의 어려움을 탁월한 초능력을 발휘하여 해결하는 비범한 인물이 아닌 한에서는 그도 평범한 능력 지닌 개인에 불과할 뿐이기 때문에, 그러면 그도 여타의 다른 위정자와 마찬가지로 뭇 백성들의 고민과 고통을 해소할 수 있는 직접적인 해결방법을 백성들에게 구체적으로 제시해야 하기 때문이다. 그런즉 유가의 성현이건 도가의 성현이건 상관없이 성현은 그와 같은 구체적 실천방법을 통치의 수단으로 제시하지 않고서는 어떤 경우에서도 생업에 종사하는 일반백성들을 평화롭게 다스릴 수 없고, 그리하여 결코 그들의 진실한 통치자가 될 수 없기 때문이다. 다시 말해 농사꾼에게 농사를 질 짓게 하는 여건과 방법을, 장사꾼에게는 장사를 잘 하게 하는 여건과 방법을, 장인에게는 물건을 잘 만들게 하는 여건과 방법을 제때에 제대로 조성하여 제공하지 않으면, 자신이 다스리는 사회를 순조롭게 통제해 나갈 수 없기 때문이다.

만약 그렇지 않고 모든 해결방법을 백성으로 하여금 스스로 알아서 처리하라고 방임하게 되면, 당연히 그 경우에 성인이 필요치 않게 되는 꼴이기 때문에 역설적으로 도가의 이론이 아예 성립조차 할 수 없게 된다. 더 나아가 그와 다른 반대의 경우로서 백성들이 스스로 알아서 잘 처리하고 있다면, 당연히 그런 능력을 갖춘 백성들이 난국을 방임하는 그런 위정자를 지도자로 받들 리가 만무하기 때문에 마찬가지로 성인이 필요치 않게 될 것이다. 왜냐하면 그 경우에는 모든 백성들이 절로 무위를 행하는 성인과 같은 존재가 되어서, 따라서 그런 사회에서는 더 이상 군계일학의 성인이 필요치 않게 될 것이기 때문이다.

하지만 백성들은 그렇지 않기 때문에 난국에 처할수록 자신들의 어려움을 해결해 줄 성인을 항상 기대한다. 그리고 더 나아가 그들은 탁월한 지도력을 발휘하지 않는 그런 인물이 오로지 마음의 탐욕을 비우는 그런 정도의 일만으로는 당면한 자신들의 어려운 현실적 문제를 쉽게 해결해 주리라고 믿지 않는다. 당연히 그들은 성현이 놀라운 통찰력으로 즉 예견력으로 미래를 투시하고 그리고서 미리 해결방책을 만들어 장차 발생할 문제의 소지를 해소해 줄 것을 기대한다. 그러므로 무위자연의 정치가 보여 주어야할 위정자의 본연의 임무는 결국 무위의 경지에 오른 성현이 백성들의 고통을 야기하는 문제점을 미리 해결하여 일반 백성들이 세상에 대한 욕심이 발생하지 않도록 만드는 것이어야 한다. 물론 이 경우의 백성들은 무위의 정치를 행하는 성현 덕택으로 순박함을 회복하게 되어 그리하여 굳이 백성들 사이에는 서로 간의 능력 차이를 따질 필요가 없어지기 때문에 만약 결과가 그렇게 되기만 하면, 당연히 도가의 이론은 타의 추종을 불허할 전대미문의 타당한 이론이 될 것이다.

그런즉 이러한 당위론은 노자가 말한 바의 내용을 토대로 하여 구성된 것이므로, 도가는 자신들의 성현이 지닌 탁월한 통찰력과 해결능력을 구체적 예로서 입증해야 한다. 그 이유는 무위자연의 정치상황에 놓인 일반백성들은 정치에 무관심하고 또한 무지한 상태이므로, 그러므로 도가의 성현이 자기보다 열등한 아래 신하들로부터 별다른 조언을 받을 필요도 없이 독자적으로 무위자연의 정치를 해야 하기 때문이다. 곧 무위에 의한 정치 상황에서는 성현을 보필하는 신하들이 할 수 있는 역할은 성현이 시키는 대로 그 일을 시행하는 정도일 뿐이지 성현에게 자신이 생각하는 구체적 방법을 제시하여 성현에게 조언하는 그런 역할이 아니기 때문이다. 만약 그렇지 않고 아래의 신하가 무위의 정치를 하는 임금인 성현에게 임금이 모르는 방법을 제시할 정도라면, 당연히 그 경우는 역설적으로 그 신하도 무위의 정치를 터득한 성현이 아닐 수 없게 된다. 그러면 도가가 말한 무위의 정치는 법가가 말한 바대로 권모술수에 능한 군주가 탁월한 능력을 갖춘 신하를 등용하여 자신의 욕망을 달성하는 작업에 있어서 그들을 잘 이용하는 것 이상이 될 수 없게 된다.

그러므로 당연히 이런 도가의 논점에 대해서는 누구도 수긍할 수 있는 반론이 제기될 수밖에 없는데, 곧 그 지적은 도가사상가가 인간의 문화적 삶의 동기와 인간이 빠진 순수 자연 상태의 속성을 확연히 구별하고서 인간사회의 특성을 제대로 고려하지 않았다는 점이다. 왜냐하면 곧 도가가 제기하고 있는 비판의 모든 내용이 정치적인 것들이어서, 그러면 당연히 도가사상가는 가장 인위적인 인간의 행동양식인 정치현상과 자연현상을 수평적인 눈높이로 결코 비교해서는 안 되는데, 그럼에도 불구하고 도가사상가들이 그 점을 무시하였기 때문이다. 즉 정치의 모든 현상은 문명사회를 이룬 인간이 전개한 행동의 양식이기 때문인데, 그러면 인간의 문화적·문명적 삶의 욕구를 전면적으로 부정하는 정치이론은 논리를 전개하는 첫 출발부터 잘못될 수밖에 없었기 때문이다. 다시 말해 자연의 어려운 상태를 극복하면서 인류가 일군 정신적 가치의 문명사회의 모습을 극단적으로 부정하거나 또는 배제하는 그런 주장은 인간의 본성을 제대로 설명하고 있는 경우가 결코 아니게 되어 그리하여 도의 본성을 해명하는 논구에서 논쟁거리가 될 수밖에 없었던 점이다. 하여간 비정상적인 정치가 초래한 난국은 정치를 담당한 위정자가 정치의 본분을 망각하고서 진정한 정치가 나아가야할 노선을 이탈하였기 때문인데도 불구하고, 도가가 그 원인에 대해 내놓은 해결방책은 아예 인간으로 하여금 문명사회로부터 격리시키는 극단적인 가설이었기 때문에 당연히 그들의 주장은 전제부터 잘못되지 않을 수 없었다.

만약 이런 진단이 잘못된 것이라고 반박하려면, 당연히 그 반론은 노자의 도덕경의 내용이 다음의 두 가지 의문점에 대한 정당하고 충분한 해명을 갖추고 있음을 명확히 보여 주어야 한다.

1. 무위에 대하여 유가가 계승하여 가르치려는 왕도정치가 무위가 아닌 정치가 되고 그리고 그것이 무슨 문제를 야기했는지의 문제점을 분명히 제시해야 하는 점이다. 곧 정치인이 부패하고 타락하고 탐욕스러움이 유가가 가르치는 왕도정치의 근본에서 비롯된 것이라는 점을 분명히 논증할 수 있어야 하는 점이다.

2. 고대왕조의 통치방식이 당연히 자연의 법칙을 이해하고서 그에 맞추어 민본적 정치를 한 것인데, 그 방식이 무위의 정치방식과 어떻게 다른 것인지를 분명히 설명해야 하는 점이다. 더욱이 그 입장이 후대에 이르러 격물치지로 표현된 유가의 지혜의 바탕인데, 그러면 도가사상가는 과연 어떤 시대, 어떤 위정자들이 자연법칙을 어긋나게 되면 좋은 결실을 맺을 수 없게 되는 필연의 자연이치를 거역하고 무시하였는지의 구체적 범례를 내세우고서 밝혀야 하는 점이다. 왜냐하면 위정자는 계절의 시기에 맞추어 백성들이 적절히 대응할 수 있도록 하기 위해, 변화하는 자연현상의 지식을 탐구하여 그 원인과 대응방식에 관한 지식을 백성들에게 제공하려고 노력하였기 때문이다. 곧 위정자는 무지한 백성을 자연의 상태에 그대로 방치하게 되면, 당연히 좋은 환경에 처한 행운의 백성들은 좋은 결과를 맞이할 수 있게 되는데, 나쁜 환경에 처한 불운의 백성들은 나쁜 결과

를 맞이할 수밖에 없음을 잘 알고 있었기 때문에 불운한 환경에 처한 백성들을 구제하고자 그들에게 올바른 지식을 가르쳐 주려고 노력하지 않을 수 없었든 것이다. 그러므로 위정자는 나라의 안녕과 번영을 기하기 위해 나쁜 환경을 개선하여 골고루 잘 살 수 있는 여건을 마련하는데 진력하였고, 그리고 그런 방법 중에서 으뜸이 되는 것이 바로 자연현상의 법칙을 파악하여 그 지식을 널리 일반백성들에게 제공하는 것이었다. 따라서 도가가 자연법칙에 의해 진행되는 자연 상태에서 나쁜 상황에 처한 백성들에게 좋은 조건의 상태로 살아 갈 방법을 제시하지 않고 그대신, 오히려 그런 척박한 자연의 환경을 무시하고 원시적인 자연 상태를 무위의 표본으로서 내세우고 무위의 도를 설명하게 되면, 그런 그들의 무위의 통치 방식은 상식을 지닌 지성인이라면 도저히 수용할 수 없게 된다.

그런데 이와 같은 종류의 의문점에 대해서는 노자는 서로 상치되는 두 가지의 입장을 펼쳤다. 하나는 노자가 자연은 만물에 공평하기 때문에 어느 누구를 위해 또한 어느 누구에게 불공평하게 편애하지 않는다고 말한 점이다. 그런데 그 말에는 나쁜 여건에 놓인 인간의 삶이 무위자연의 논의에 무시되어 있기 때문에 그 관점이 주목되어지는 바이다. 그러나 정작 무시된 그 점이야말로 인간을 다스리는 정치를 논함에 있어서 가장 중요한 요인이 된다. 왜냐하면 모든 인간이 좋은 곳을 서로 찾아가게 되면, 결국 그 곳에 과도하게 모인 인간들 사이에는 많은 사회문제가 발생하지 않을 수 없기 때문이다.

또 다른 하나는 노자가 인간이 그런 좋은 조건을 찾아서 서로 이주하는 것을 허용하지 않은 점이다. 만약 공간적 이동을 허용한다면 당연히 물물교환과 더불어 인간의 이주도 허용해야 마땅할 터인데, 노자는 공간적 이동을 허용하지 않았기 때문에 당연히 물물교환과 더불어 인간의 이주도 불가능하게 된 점이다. 그 대신 노자는 인간에게 그런 욕심을 없애는 방향으로 무위의 이론을 전개하였다. 물론 그의 주장은 백성들이 소박한 삶을 살아가는 조건을 전제로 삼고 있지만, 그러나 그런 선결조건은 재차 논구되어야 할 논리적인 문제만 야기할 뿐이다.

더군다나 노자 도덕경의 제 8장은 상선(上善)은 물과 같다고 하였기 때문에 더욱더 논란의 여지가 발생하게 된다. 왜냐하면 물로서 비유한 그 말은 무지하고 고루한 생각을 지닌 인간이 변화하는 환경에 적응하여, 적절히 대처하고 또한 제대로 적응하지 못하는 경우에서의 어리석음을 일깨워주기 위한 처세의 교훈으로서는 적절할 수 있겠지만, 그러나 그것이 무위자연설의 근본토대가 되면 커다란 문제점을 야기하기 때문이다.

> "상선은 물과 같다(上善若水). 물은 만물을 잘 이롭게 하여 다투지 않으며(水善利 萬物而不爭), 뭇 사람이 싫어하는 곳에 처한다(衆人之所惡). ……오직 다투지 않는지라 허물이 없다(未唯不爭 故無尤)."[77]

곧 물은 단지 물일뿐이고, 그것이 사물을 활용하는 인간정신

77) 도덕경 p64

의 본성과 같을 수가 없는데도 불구하고 노자가 목적 지향적인 인간의 타고난 본성을 계몽하는 도덕적 원리로 삼았기 때문이다. 즉 이 점에서 노자가 간과한 것은 액체인 물이 위에서 아래로 내려오는 것은 만유인력의 법칙인데, 비록 노자가 흐르는 물의 성질을 이용하여 고대통치사상을 굳건히 견지하려는 유가를 공격하려고 표현한 것일지라도 그 비유가 지나쳤다는 것이다. 즉 흐르는 물도 사물이므로, 사물은 인간이 자신의 필요에 따라 탐내는 대상일 뿐이므로, 물은 결코 상선(上善)의 비유대상이 될 수 없는 것이다. 다시 말해 흐르는 물이 탐심을 내는 인격적 주체가 아니라, 물은 단지 다툼의 원인을 제공하는 객체가 되어 자기를 두고서 인간끼리 서로 다투게 하는 소재가 될 뿐이므로, 상선의 비유대상이 될 수 없는 것이다. 가령 가뭄이 도래하여 물이 부족해지면, 곧바로 서로 자기 논에 물을 먼저 대기 위해 다투는 경우와 같다.

그런데 이런 현상을 두고서 노자는 욕심을 버리면 곧바로 다툼의 문제가 해결된다고 말을 하였지만, 그러나 인간사에 있어서 발생하는 분쟁의 해결은 결코 말처럼 쉽게 이루어지지 않는다. 그런즉 노자로부터 나올 수 있는 무위의 방법은 부족한 물을 우선적으로 공급해야하는 논과 밭을 결정한 후 충분히 공급하고 그리고 그 논밭의의 결실을 모두가 공평하게 나누는 공산(共産)적 발상 이외의 다른 방법일 수 없게 된다.

따라서 노자의 도덕경에서 주장된 자연의 설명과 자연 속에서 살아가는 인간의 본성의 설명이 제대로 수미일관되는지의 여부가 당연히 논구되어야 한다. 즉 그것은 홉스처럼 자연 상태에서의 인간의 모습이 만인 대 만인의 투쟁 상태인지 아니면 종교적인 측면처럼 인간이 놓인 자연의 상태를 에덴의 낙원인지를 분명히 구분하는 일이다.

그런데 노자는 도덕경에서 분명하게 인간이 살아가는 문명사회 이전의 모습을 후자인 것처럼 말하였고 그리고 그와 반대로 그 속에서 살아가는 인간에 대해서는 거꾸로 말함으로서 스스로 한계를 드러낸다.

그러므로 도가의 무위자연의 논리는 결코 전국시대의 혼란을 수습할 여지를 전혀 가지고 있지 않았기 때문에, 따라서 그 공백을 다른 사상을 끌어들여 접목시켜야만 했고 그리하여 그곳에는 크게 네 갈래의 조류가 유입되었다.

하나는 음양가 및 의술 등에 관한 이론이다.

둘째는 법가의 이론이다.

셋째는 양주의 이기설이다.

넷째는 유가의 왕도정치의 통치이념 중에서 일부이다.

그렇기 때문에 노자가 무위(無爲)와 무지(無知)가 극단적으로는 서로 일맥상통한다고 주장하게 되면, 일반백성들이 적극적으로 실천해야할 바의 도덕적 목적이 전무(全無)해진다. 즉 노자조차 알 수 없는 인간의 존재성에 대해 감히 일반인이 어떻게 언급하고 비판하고 행동할 수 있겠는가? 하는 의문점 때문이다. 그런데 노자는 도덕경 제 4장에서 일반백성들이 도저히 접근할 수 없는 생각의 여지를 분명히 해 두었다.

"도는 비어 있어 그러므로 이를 써도 항상 차지 않고(道沖而用之或不盈), 깊어서 만물의 종인 것 같다(淵兮似萬物之宗).

그 날카로운 것을 꺾고(挫其銳), 그 어지러운 것을 풀며(解其紛), 그 빛을 부드럽게 하여(和其光), 티끌을 함께 한다(同其塵). 깊으니 항상 있는 것 같다(湛兮似或存).

나는 누구의 아들인지를 알지 못한다(吾不知誰之子). 임금보다는 먼저인 것 같다(象帝之先)."[78]

그런즉 이런 모든 관점을 감안하게 되면, 도가사상은 유가를 그렇게 집요하게 공격하게 된 배경을 추적하지 않고서는 도저히 그가 주장하는 바의 진실한 모습을 제대로 파악할 수 없게 되는 현학적인 정치사상이 아닐 수 없게 된다.

따라서 그런 정치적인 측면에서 도가와 비교되는 묵자는 명백히 처음부터 공자가 차지하고 있는 정치적 위상을 대신하고자 하였기 때문에 오히려 역설적인 측면에서 도가의 본질을 밝히는 작업에 있어서 중요한 참고가 될 수 있다. 왜냐하면 묵가는 자신의 정체를 분명히 하였고 그리고 그의 입장이 뚜렷하여, 묵자에 의해 공격당한 유생들이 묵자의 비난에 대해 확실한 반격을 취할 수 있었기 때문이다. 즉 묵가는 인애(仁愛)의 개념을 자기중심적으로 해석하고서 그에 걸맞은 실천적 방법론을 전개

78) ibid p49

하였고 그리고 곧장 유가가 묵자의 주장에 대해 공박할 수 있었기 때문이다.

그런데 그에 비해 도가는 전혀 그렇지 않았다. 왜냐하면 도가의 선비들이 저자거리에 학당을 짓고 글을 모르는 무식한 일반 대중들을 문하생으로 받아들어 새로운 행동양식을 가르친 것이 아니었기 때문이다. 곧 그들의 사상에는 새로운 세상의 인간들이 갖추어야할 구체적인 예법에 관한 행동양식이 전혀 없었기 때문이다. 다시 말해 민중의 실제 생활방식을 지도할 행동양식이 거의 전무했기 때문이다. 즉 단지 기존의 예법사상을 조소하거나 냉소하고서 기피하게 만들 이야기뿐이었기 때문이다. 따라서 그들의 가르침은 단지 세상을 보는 시각과 안목만 바꾸어 놓았을 뿐이고, 의식주를 해결하려고 생업에 종사하는 일반 민중들의 생활태도와 행동양식 및 더 나아가 그들이 함께 살아가는 사회구조와 사회질서까지 바꾸는 내용이 전혀 없었던 것이었다.

그런즉 도가의 저술을 찬찬히 들어다보면, 그로부터 크게 세 가지 점이 뚜렷해진다.

첫째는 도가의 저술가들이 추상적 언어를 구사할 수 있는 최상의 지식인들이었다는 점,

둘째는 그들이 정치사상의 주류인 유가의 사상을 익히 잘 알고 있는 정치권력의 주변부의 인물들로서 자기신분의 노출을 극히 꺼려하였다는 점,

셋째는 그들이 세상에 관한 많은 이야기를 수집하여 가공할 수 있기 위해서는 정보수집능력이 있는 지위의 사람들이었다는

점이다. 즉 정보수집기관에 직접 종사하거나 아니면 어떤 연유에서든 간에 그 정보에 접근할 수 있는 지위의 인물이 아닐 수 없는 점이다.

그렇다면 도대체 도가의 저술가들은 무슨 정치적 목적을 추구하고 있었던 것일까? 하는 의문점이 성립한다. 그런데 이 의문점에 대해서는 노자의 추상적인 말 대신에 장자의 말을 주시하게 되면 단번에 직시할 수 있게 된다. 그 이유는 장자의 글은 비록 본인이 추호도 그럴 의사를 담고 있는 것이 아닐지라도 그러나 공교롭게도 일반 민중을 우롱하는 꼴이 될 수 있기 때문이다. 곧 역설적으로 장자 첫머리에 나오는 곤(鯤)과 봉(鳳)의 이야기가 직접 비난의 화살을 겨눈 군자나 유생들보다도 오히려 글을 모르는 일반 민중들부터 먼저 불편하게 만들 여지를 충분히 지니고 있기 때문이다. 다시 말해 유가의 지식인들은 유식자들이니까, 장자의 이야기를 듣고서 그리하여 그 내용이 납득이 되면 곧바로 도가의 선비가 될 수 있겠지만, 그러나 그런 고도의 사고를 할 능력이 결여된 일반 민중들에게는 결코 그렇게 될 수가 없기 때문이다. 따라서 일반민중은 곤과 봉과 대비되는 참새에 해당될 수밖에 없기 때문에 결과적으로는 그 비유는 일반 민중들을 비하하는 글이 되는 셈이다.

따라서 도가사상을 그렇게 해서는 안 된다고 말하려면, 당연히 전혀 다른 각도의 해석의 여지를 제시해야 한다. 만약 그렇지 않고 오로지 그런 글귀만 떼어 달리 해석하려고 시도하게 되면, 언제나 그런 해석의 태도는 도가가 지향하는 바의 속셈을 은폐하려는 것만 될 뿐이다.

어쨌든 간에 도가의 사상은 서책의 표면을 장식한 그 많은 잡다한 글 속에 내재된 핵심적 주장을 간추려 보면, 대체로 다음의 몇 가지 점이 분명해진다.

그 하나는 자신들의 목적을 현학적인 추상적 용어로 감추고 있을 뿐 지극히 비학문적이라는 점이다. 만약 그들의 사고방식이 지극히 비판적이고 합리적이면서 또한 학문적으로 체계화 되어 있었다면, 서구의 철학처럼 비판을 통해 거듭나서 새롭게 등장한 여러 사상의 밑거름이 되어야 했는데, 결코 그렇지 않고 주변의 다른 계통의 지식을 잡다하게 수용하고서(법가, 음양가, 병가, 의술 그리고 심지어 유가의 사상조차 포함하여) 그런 연후에 나중에 종교적인 방향(도교)으로 나아간 점 때문에 그러하다.

또 다른 하나는 유가가 가르치고 있는 예법을 대신할 다른 제도와 문물을 제시하지 않는 한, 유가를 비난한 이유가 설득력을 갖출 수 없게 되고 또한 마찬가지로 기존의 체제를 대신할 새로운 혁명적인 왕조체제를 내세우지 않는 한 굳이 그렇게 유가를 공격할 이유조차 성립하지 않는다는 점이다. 즉 그들이 세상의 정치적인 일에 대해 달관하여 관여할 생각이 전혀 없었거나 또는 세상을 불신하여 세속을 등지려고 하였다면 당연히 말없이 떠나면 될 터인데, 왜 그렇게까지 유가를 비난하고 매도하면서 세상을 떠들썩하게 만들려고 하였는가? 하는 의문점 때문이다. 다시 말해 기존의 삶의 방식을 부정한 그들의 속셈이 바로 주나라를 전복하고 새로운 왕조를 세울 특별한 의도가 아니었다면, 결코 정치적인 그런 특별한 의도가 그들이 표현한 추상적이고 현학적인 용어 속에 결코 내포될 수도 없고 또한 드러날 수도 없어야 마땅하기 때문이다. 그러므로 도가의 사상은 반드시 강력한 정치적 저의를 가지고서 유가를 공격한 만큼 그 저의를 정확하게 직시해야만 이해될 수 있는 사상이 아닐 수 없게 되는 것이다. 그리하여 눈앞에 보이는 글자를 넘어서 행간에 숨어 있는 왕조의 통치이념에 대한 그들의 비판적 의도를 직시하게 되면, 비로소 그들이 추구하는 비판의 목적을 명확하게 드려다 볼 수 있게 되며 그리고 무위자연의 용어도 때를 기다리는 음흉한 속셈을 담은 그들의 전문용어로서 손색이 없었다고 평가할 수 있게 될 것이다.

그러므로 그들이 의도한 바의 궁극적이고 핵심적인 목적이 드러나려면, 반드시 노자의 도덕경의 내용을 시발로 하여 황제사상을 담고 그 이후에 등장한 모든 도가의 문헌이 철저히 검토되어야 한다. 그리고 그 중에서도 특히 주목되어야할 점은 노자의 도덕경의 전반적인 내용이 그 서책의 명칭이 가리키는 바대로 도(道)와 덕(德)에 관한 사상으로 구성되어있으므로, 논리적으로나 사실적으로 이미 자신들에 앞서 도와 덕을 가르치고 있었던 유가의 사상적 출발점과 결코 무관할 수 없다는 점이다. 그러므로 도가의 출발이 바로 유가를 겨냥한 의도에서 비롯되었다고 말할 수 있게 된다.

그런즉 만약 도가사상의 도가 먼저 세상에 알려져 민중들이 그 사상을 일찍이 배우고 있었다면 오히려 정반대의 현상이 발생했었다고 말해도 무방할 것이다. 또한 마찬가지로 실제로 노자가 공자와 달리 자신의 재능을 세상에 드러내지 않고 있었던 인물로서 공자의 선배에 해당하는 현자였다면, 굳이 후배인 공자사상을 그렇게 지독하게 부정하지 않았을 것이라고 가정하는 것이 상식에 부합하는 것이 될 것이다. 왜냐하면 공자는 위정자인 제후이거나 또는 제후를 보필하는 권력자가 아니었고, 더구나 공자의 가르침의 거의 대부분도 전혀 새롭다고 하기보다는 도리어 전래되어 온 고대의 사상을 자기 시대에 맞추어 가르쳤다고 말할 정도의 수준이었기 때문이다. 그 뿐만 아니라 사마천이 사기에서 기록한 바대로 공자가 노나라의 대부의 위치에 놓여 있었던 상황인데 비해, 노자는 주나라의 왕실에 근무하는 관리였으므로 따라서 그가 주나라의 진정한 충신이었다면 당연히 주 왕조의 권위를 옹호하는 공자를 그렇게 심하게 공격해야할 필요성조차 전혀 생길 수 없었기 때문이다.

그럼에도 불구하고 노자의 도덕경이 공자의 도의 사상을 비난하면서 거부해야만 했었다면, 도대체 그 이유가 어디에 있는지가 의아스럽지 않을 수 없게 된다. 왜냐하면 노자의 주된 비판의 의도가 공자를 넘어서 전통적인 가치관의 어떤 특정한 부분을 공격할 목적이 전혀 아니었다면, 굳이 의도적으로 유가를 공격할 이유를 찾을 길이 전무해지기 때문이다. 다시 말해 노자가 주나라 왕실에 봉직한 인물로서 주나라를 전복하려는 혁명적 사고방식을 가진 자로서 주나라가 계승한 홍범구주의 문물을 전면적으로 거부하려고 의도한 그런 부류의 인물이 아니라면, 성현인 그가 유가를 직접 겨냥하고 진술한 그의 혹독한 비판들이 특정한 의도를 지니고서, 어떤 특정한 부분을 특별히 겨냥하였다고 판단해야할 각별한 이유를 도저히 달리 찾을 길이 없기 때문이다.

그러므로 마땅히 도덕경의 저자를 전국시대의 인물로 간주하고서 그 내용의 진의를 제대로 논구해야만 비로소 도덕경의 진의도 명확히 논구될 수 있게 된다. 그러면 우선적으로 노자의 학문적 특성을 물이 낮은 곳으로 임한다는 맥락에서 발견할 수 있게 된다. 그러나 물에 대한 비유는 그것이 상반된 양면성을 동시에 지니고 있기 때문에 그 특성을 이해하는데 각별한 주의가 필요해진다. 곧 하나는 유가와 마찬가지로 일반백성들의 눈높이에 맞추어 정치를 해야 한다는 마음가짐을 표현한 경우로서의 이해이다. 왜냐하면 노자가 비유한 물의 성향이 일정한 형태를 띠지 않는다는 점에서는 그렇게 말할 수 있기 때문이다.

그리고 다른 경우는 그런 물의 비유가 임시적이고 즉흥적이고, 편의적이고, 기회적인 처세관을 표현한 경우로서의 해석이다. 왜냐하면 물이 변형하는 모습을 두고서는 충분히 그렇게 판단할 수 있기 때문이다.

그런즉 물의 속성이 보여 주는 형상의 부재는 한 편으로는 지성인이 자신이 처한 상황에 구속받지 않고 도의 본질에 따라 당면한 문제를 적절히 해결해 나가겠다는 자유로운 의지를 연상하게 하고, 또 다른 편으로는 시류에 편승하여 자신의 안일을 추구하는 지성인 약삭빠른 모습을 연상하게 해 준다.

더 나아가 그 비유는 종국적으로 뒤늦게 출발한 도가가 고대 통치이념을 견지하고 있는 앞선 시대의 유가에게 정치이론과 도덕이론의 요체를 선점당한 상황에서 특별한 새로운 통치이론을 제시하지 못하고 물이 침투하는 모습처럼 모든 틈새로 스며들어 유가를 비판하는 모습을 연상시키게 해준다. 그러니 그 밑바닥의 정서는 전통적인 통치이념을 계승하고 있는 유가의 사고와 별반 다를 바 없다.

그러므로 앞선 노자의 글도 뒤이어 등장한 열자와 장자의 글과 어떤 연관성이 있는 것인가를 살펴보아야만, 맨 처음 등장한 노자사상의 생성에 대한 실마리도 마땅히 풀릴 수 있게 된다. 왜냐하면 도가사상이 오히려 민간에 은거한 뭇 선비들에 의해 자연스럽게 형성된 각종 사상들이 정치결사의 목적에 맞추어 인위적으로 변형된 산물일 수 있기 때문이다. 그러므로 만약 장자가 노자의 문인들에게서 직접 배우지 않았다면 그런 맥락을 주의 깊게 살펴보아야 할 필요가 생긴다.

그리하여 만약 노자를 비롯한 도가사상가들의 근원이 재야의 뭇 선비들의 비판적 안목에서 형성된 사고방식에 기인하였다고 간주하지 않을 수 없게 되면, 곧바로 그 결론은 역설적으로 도가사상의 원천이 고대통치이념에서 비롯되었음을 입증하는 역사적인 증거가 된다.

그러므로 당연히 노자의 도덕경을 비롯하여 도가사상가들의 저술들이 이구동성으로 유가에 대해 극단적인 비판을 가하였기 때문에 우선적으로 그들이 왜 유가의 사상을 비판하게 되었는지를 철저히 밝혀야 한다. 곧 그 이유는 먼저 공자가 노자의 주장을 비판하기 시작한 것이 아니라 후대에 이르러 노자가 공자의 사상을 비판하기 시작한 것이었기 때문이다.

그러면 도가의 태두인 노자의 사상의 뿌리가 유가와 전혀 무관한 새로운 시각의 사상인가 아니면 유가의 사상을 더욱 심오하게 만든 또 다른 유가의 한 형태인가? 하는 의문점이 그런 관점에서 우선적으로 검토되어야 한다. 그런데 그 의문점의 근원은 도덕경의 첫머리인 제 1장에서 찾아 볼 수 있다.

"도가 도라고 할 수 있는 것은 영구불변한 도가 아니고(道可道非常道), 이름이 이름이라고 할 수 있는 것은 영구불변한 이름이 아니다(名可名非常名). 이름이 없는 것은 천지의 처음이요(無名天地始初), 이름이 있는 것은 만물의 어머니이다(有名萬物之母). 그러므로(故) 항상 욕심이 없는 것으로써 그 묘를 보고(常無欲以觀其妙) 항상 욕심이 있는 것으로써 그 교를 본다(常有欲以觀其徼). 이 둘이 같이 나와 그리고 이름을 달리하며(此兩者 同出而異名) 똑같이 현이라 이르나니(同謂之玄) 현하고 또 현한 것이(玄之又玄) 중묘의 문이다(衆妙之門)."[79)]

따라서 이와 같은 현학적인 생각을 펼친 도가는 참으로 교묘하게 무위(無爲) 용어를 적절히 사용하면서 자신들의 주장을 과감하게 펼쳤다. 그리하여 그들이 구사하는 어법도 그리하고 또 그들이 주장하는 사상도 모두 다 교묘했다. 곧 그들이 무위란 말 속에서 정치사상을 펼치면서도 정치사상이 아닌 듯이 하고

79) ibid p25 - 徼는 돌 요가 아니라 교로 읽는다.

또한 무위자연이란 말 속에서 정치사상이 아닌 듯이 하면서 정치사상을 펼친 전략적인 방식이다. 그런즉 도가가 자신들의 위상을 드높이기 위해 채택한 용어가 무위자연의 용어이기 때문에 순서상 그것이 제일 먼저 언급되어야 할 뿐만 아니라 더 나아가 그들이 사용한 그런 용어와 어법도 당연히 검토되어야 한다.

그런데 도가에서의 무위자연은 그들이 표현한 바처럼 일반백성들이 일상적 생활공간에서 행동하는 그런 자연스러운 모습이 전혀 아니다. 왜냐하면 자연을 태하는 그들의 방식이 다음의 경우 중 전자에 해당하는 가장 인위적인 행동양식이었기 때문이다. 곧 인간이 자연법칙에 따라 변화하는 자연환경을 따르게 되면 크게 두 가지 길에 이르게 되는데, 그 중의 하나가 그들의 말처럼 마음을 비우고 공평하기 위해 자연처럼 냉정해져야 하는 태도인 점이고, 또 다른 하나는 그렇게 하려면 보이지 않는 손에 의한 결과를 그대로 수용해야 하는 운명론적 사고방식의 태도인 점이다. 그러므로 도가는 이 점이 지닌 문제점을 의식하여 슬며시 다시 제자리로 되돌아와 무위이면서도 무위가 아니라는 어법을 구사하여 그 말의 해석을 신비의 장막 뒤로 넘겨버렸다. 물론 그 이유는 무위의 표본인 자연이 보여 주는 현상의 모습이 지극히 편파적이었기 때문이다. 즉 좋고 아름다운 곳과 좋지 않고 아름답지 않은 곳이 너무나 극명하게 다르기 때문이다. 다시 말해 공정한 판단을 하기 위해 자연처럼 냉정해야 한다는 취지는 이해되지만, 그러나 인간이 그 속에서 생존하고 있는 자연세계를 그대로 수용하고 따라가기에는 눈앞에 펼쳐진 약육강식의 자연의 생존방식이 너무도 불공평한 모습을 보여 주고 있기 때문이다. 따라서 자연의 법칙에 따라 이루어진 자연의 질서가 너무도 차별적이어서 인간은 그 자체로 수용할 수 없게 된다.

그런즉 도가사상가들이 인간을 자신들이 말한 자연의 상태에 별 탈 없이 그대로 두려면, 자연이 만든 갖가지 환경에서 가장 이상적인 장소만을 골라서 인간에게 제공해야 한다. 그렇게 하지 못한다면 인간들끼리 자연환경에 처한 불공평함 때문에 오히려 더 심한 불만을 가지게 될 것이다.

그러나 노자는 도덕경 제 3장에서 그런 의문점을 도외시하고, 주관적인 관점에서 자신의 행동철학인 무위자연의 행동양식을 백성들의 일상생활을 지탱하는 도덕의 전면에 내세웠다.

> "어진 것을 숭상하지 않으면(不尙賢), 백성을 다투지 않게 할 수가 있고(使民不爭), 얻기 어려운 물건을 귀히 여기지 않으면(不貴難得之貨), 백성을 도둑질 하지 않게 할 수 있고(使民不爲盜), 하고자 하는 것을 보이지 않으면(不見可欲), 마음을 어지럽히지 않는다(使心不亂).
>
> 이로써 성인의 다스림은(是以聖人之治) 그 마음을 비게 하고(虛其心) 그 배를 채우게 하며(實其腹), 그 뜻을 약하게 하고(弱其志) 그 뼈를 강하게 하며(强其骨), 항상 백성으로 하여금 앎도 없고 욕심도 없게 하여(常使民無知無欲), 지식인으로 하여금 감

히 행하지 못하게 한다(使夫知者不敢爲也).

무위를 하면(爲無爲爲無爲), 곧 다스려지지 않는 것이 없다(則無不治則無不治)."[80]

그런데 이와 같이 노자의 말처럼 되려면, 상식적으로 도저히 납득할 수 없는 내용이지만, 여하튼 노자가 설명하는 자연과 인간의 모든 행동양식은 천편일률적으로 획일적이어야 한다. 즉 자연이 마땅히 맛있는 과일과 맛없는 과일을 생산하는 그런 차별적인 현상을 낳는 자연이어서는 안 된다. 만약 그렇게 되지 않으면, 우선적으로 위정자는 엇비슷한 과일을 제외하고서 모두 폐기처분해야 한다. 그리고 그런 맥락에서 인간의 행위도 불공평한 사회질서를 조성할 정도로 뛰어나서는 안 된다. 곧 모두가 엇비슷해야 한다. 그런데 인간의 능력은 결코 같을 수가 없기 때문에 뛰어난 정도의 차별현상은 인위적으로 제거할 수 있지만 못난 정도의 차별현상은 인위적으로 제거할 수 없다. 그러므로 도가의 주장을 실현하려면 당연히 위정자는 잘난 정도의 인물들을 먼저 못난 정도의 인간으로 낮추어야 한다. 더 나아가 그것조차 시행하기 어렵거나 불편하면, 곧바로 뛰어난 정도의 인물과 마찬가지로 못난 정도의 인간도 마찬가지로 제거해야 한다. 왜냐하면 그렇게 하지 않으면, 역설적으로 도가의 말처럼 그런 사회에서의 인간들은 서로 다투게 될 것이기 때문이다. 그러면 어떤 사회도 도가의 말이 이상한 것이 되는 사회가 되든

80) ibid p43

지 아니면 도가의 말을 따르지 못하는 사회가 이상한 사회가 되든지 간에, 여하간 세상은 평준화된 모습의 사회가 되어야만 도가가 지향하는 이상적인 정국을 형성할 수 있게 된다.

그런데 도가의 이와 같은 주장은 양도논법을 구사한 전략적 방식으로서 지극히 정략적이다. 왜냐하면 도가의 말처럼 되어야 한다고 위정자와 대중이 믿고 따르게 되면 당연히 도가는 정국을 장악할 수 있게 될 것이고, 반대로 그렇지 않을 경우에는 여전히 도가는 끝없이 투쟁할 명분을 가지게 될 것이기 때문이다.

그리하여 노자는 아래의 글 속에서 자신의 본심을 곧 다름 아닌 도가의 의도를 만천하에 밝혔다. 즉 그것은 전국시대의 혼탁한 세상을 도가의 세상으로 만드는 것이다. 그 점은 마지막 구절에 확연히 드러나 있다. 다시 말해 자신과 왕(王)과 하늘(天)과 도(道)가 하나로 일체화된 모습이다. 그러므로 이 점을 염두에 두고서 도가의 본질을 주도면밀하게 주시해야 한다.

"허를 이루기를 극진히 하고(致虛極) 고요함을 지키기를 참하게 하면(守靜篤,) 만물이 함께 일어나도(萬物竝作) 나는 그로써 돌아가는 것을 본다(吾以觀復). 대저 만물이 운운해도(夫物芸芸) 각각 그 뿌리로 돌아간다(各歸其根).

뿌리로 돌아가는 것을 정이라 하며(歸根曰靜) 이를 일러 명에 돌아간다고 한다(是謂復命). 명에 돌아가는 것을 떳떳함이라 하고(復命曰常) 떳떳함을 아는 것을 밝음이라 한다(知常曰明). 떳떳함을 알지 못하면(不知常) 망령되이 움직여 흉하다(妄作凶). 떳떳함을 알면 용납하고(知常容) 용납하면 곧 공평하다(容乃公).

공평하면 곧 왕이요(公乃王), 왕이면 곧 하늘이다(王乃天). 하늘이면 곧 도요(天乃道) 도면 곧 변하지 않는다(道乃久). 몸을 바치도록 위태롭지 않다(沒身不殆)."[81]

제1절 그들을 속세를 떠나 은거한 현자로 볼 근거가 무엇인가?

논구초점 : 현학적인 용어를 사용하여 신비롭게 설명한 무위자연의 통치방식은 오직 성현을 제외하고는 그 어느 누구도 파악할 수 없고, 따라서 그 어느 누구에게도 가르칠 수 없고 또한 그 어느 누구에게서 배울 수도 없으니, 당연히 도가의 사상은 일반백성에게는 그림의 떡이요, 빛 좋은 개살구일 뿐이다.

따라서 그 어느 누구도 제대로 알 수 없는 무위자연의 방법은 오로지 무위의 도를 통달한 통치자만이 실행할 수 있다고 설명한 도가의 통치방식은 독선적이고, 독단적이고, 오만하고, 배타적인 정치노선이어서 민본주의 사상을 수호하려는 유가의 가르침을 실로 어처구니가 없도록 만든다.

81) ibid p106

공자의 행장기록을 담은 논어의 글은 도가사상가의 정체를 두 가지 점에서 논리적으로 추론할 수 있게 해준다.

하나는 앞에서 누누이 지적하였듯이 그들이 유가에 대해 정통한 인물들이기에 가히 높은 수준의 당대의 지식인들이라는 사실이다. 그런데 떳떳이 자기의 정체를 밝히지 않는 점에서 보면, 역설적으로 전국시대의 왕을 참칭하고 있는 제후들을 보필하는 인물들이라고 능히 추측할 수 있게 된다.

또 다른 하나는 그들에 관한 행장은 유가의 글에서 도저히 나타나지 않았지만, 그러나 그와 반대로 공자의 행장이 그들의 글에서 심히 왜곡되게 가공된 거짓된 내용으로 기록되어 있는 점을 비추어보면, 오히려 논어의 글이 그들의 사상형성에 기본 바탕이 되었다는 사실이다. 곧 그들이 공자의 제자들에 관한 정보를 자세히 알고 있다는 정황이 단연코 그들이 논어의 내용에 해박하다는 점을 능히 짐작할 수 있게 해 준다.

그런데 공자와 노자를 동시에 기록한 사마천의 사기에는 노자는 초나라 사람으로 기록되어 있다. 따라서 공자의 행장을 기록한 유가의 기록물에는 노자에 관한 것이 전혀 없을 뿐더러 또한 공자의 언행에도 노자의 인물과 사고방식이 전혀 언급되어 있지 않기 때문에 당연히 두 기록이 상호비교가 되는 것이다. 만일 노자에게서 공자가 직접 예법의 예에 관해 가르침을 받았다면 당연히 그 훌륭한 가르침을 언급하지 않았을 리가 만무하다. 곧 그 점은 공자가 자기 시대에 앞선 관중을 언급한 점과 대비해 보면 당연한 일이 아닐 수 없게 된다. 왜냐하면 공자는 자기 시대에 앞선 인물인 관중을 비록 자기 견해일지라도 객관적이면서 공정하게 좋은 점과 나쁜 점을 함께 평가하고 있기 때문이다.

그럼에도 불구하고 후대에 이르러 도가가 노자를 공자의 선배로 가공하고서 그럴 듯하게 유포하였기 때문에 우선적으로 유가의 기록이 그런 빌미를 제공하였는지를 찾아보아야 하는데, 여하튼 그 점에 대한 논거는 논어에서 확인된다.

곧 논어 제 16계씨(季氏) 편 11장에 기록한 공자의 말과 그 밖의 다수의 글들인데, 바로 11장에 기록된 바처럼 공자는 선을 추구하는 사람들을 주위에서 보기도 하고 누구인지 듣기도 하였으나, 이와 달리 속세에 모습을 드러내지 않는 사람 중에서 도를 통달하고서 올바른 일을 행하는 자는 소문으로만 들었을 뿐 자신은 결코 그런 자를 직접 본 적도, 만난 적도 없다고 말한 그런 내용들이다.

"공자께서 말씀하셨다(孔子曰). 「선함을 보고는 미치지 못할 듯이 하며(見善如不及), 불선을 보고는 끓는 물을 더듬는 것처럼 한다(見不見不善如探湯). 나는 그러한 사람을 보았고(吾見其人矣), 그러한 말을 들었다(吾聞其語矣).

숨어 살면서 그 뜻을 구하고(隱居以求其志), 의를 행하고 그 도를 이르렀다(行義以達其道).

나는 그러한 말만 들었고(吾聞其語矣), 그러한 사람은 보지 못했노라(未見其人也)」.”[82]

그런즉 이 말은 다음의 몇 가지 사실을 유추할 수 있게 해준다. 다시 말해 도가가 탄생할 여지를 살필 수 있게 해주는 점이다.

첫째는 도가의 인물이 역사 속에 은거한 사람 중에서 도를 통달한 사람이 있다고 말한 점이다. 그런데 공자가 말한 도는 도가의 도가 아니라 유가의 도이기 때문에 이 말에는 별다른 문제가 있을 리 없다. 그러나 도가가 이 문장을 읽고 역발상을 한다면 충분히 자신들이 정체를 은폐하는 일에 적절히 활용할 수 있게 되는 점이다.

둘째는 듣기는 들었는데 만난 적은 없다고 말한 점이다. 곧 이 대목은 곧바로 공자가 노자를 만난 적이 없다는 것을 입증하는 말이 되는데, 그러나 노자가 그 당시의 실존한 인물이 아니기 때문에 별다른 문제가 있을 리 없다. 그러나 도가의 인물이 역발상을 하여 노자가 공자를 만나고 나서 은거한 것으로서 만들고서 공자를 거짓말쟁이라고 몰아 부칠 수 있는 점에서는 논어의 그 말이 도가의 인물이 적극적으로 활용할 여지를 충분히 제공할 수 있게 되는 점이다. 그런즉 도가의 인물들이 새로운 발상을 착안한 사실을 염두에 두고서 공자의 말씀 중의 은거(隱居)란 말에 주목하게 되면 자연스럽게 도가의 인물들이 자신들의 진면목을 감춘 사실을 연상할 수 있게 된다. 왜냐하면

82) 논어 p336

공자는 그런 사람들이 있다고 하는 말을 듣기는 했지만, 그러나 결코 그런 사람을 직접 본 적은 없다고 말했음에도 불구하고, 그러나 역으로 도가의 인물들이 이런 표현에 주목하고서 자신들의 신분위장을 얼마든지 착안할 수 있기 때문이다.

그러므로 그런 여지는 논어의 곳곳에 기록되어 있는데, 제 18 편 미자(微子) 5장에 기록된 내용을 두고서도 그와 같이 볼 수 있게 된다.

> "초나라 광인인 접여가 노래를 부르면서 공자를 지나가다가 말했다(楚狂接輿歌而過孔子曰). 「봉이여(鳳兮), 봉이여(鳳兮)! 어찌 덕이 쇠하였는가(何德之衰)? 지나간 것은(往者) 간할 수 없지만(不可諫), 올 것은(내자) 오히려 따를 수 있으니(猶可追), 그만 둘지어다(已而). 그만 둘지어다(已而)! 오늘날 정사에 종사하는 자는 위태롭다(今之從政者殆而)」.
>
> 공자께서 <수레에서> 내리시어(孔子下) 더불어 말하려고 하셨는데(欲與之言), 빨리 걸어 피하므로(趨而辟之) 함께 말씀하시지 못하였다(不得與之言)."

그 뿐만 아니라 공자의 제자들은 논어에서 그런 부류의 인물들의 특성과 그리고 자신들과의 입장차이점을 분명히 기록으로 남겨 두었다. 그런데 이와 같은 논어의 내용들은 대단히 역설적으로 후대의 도가의 인물들이 논어의 내용을 몰랐다면 결코 유가의 가르침을 공박할 수 없었다는 점을 확신할 수 있게 해 준다. 왜냐하면 도가의 인물들이 논어의 내용을 자세히 모르고서는 당시의 시대적 상황과 제약으로 보아 도저히 유가를 공격할 여지를 마련할 수 없었기 때문이다.

「"장저와 걸닉이 함께 밭을 가는데(長沮桀溺 耦而耕)) 공자께서 지나가시다가(孔子過之) 자로를 시켜(使子路) 나루를 묻게 하시었다(問津焉).

장저가 말했다(長沮曰). 「수레고삐를 잡고 있는 분이 누구인가(夫執輿者爲誰)?」

<자로가> 말했다(子路曰). 「공구이십니다(爲孔丘)」

<장저가> 말했다(曰). 「이분이 노나라의 공구인가(是魯孔丘)?」

<자로가> 말했다(曰). 「그렇습니다(是也)」

<장저가> 말했다(曰). 「이 분은 나루를 알 것이요(是知津矣)」

걸닉에게 묻으니(問於桀溺), 걸닉이 말했다(桀溺曰). 「당신은 누구인가(子爲誰)?」

「중유라고 하오(爲仲由)」

<걸닉이> 말했다(曰). 「그대가 노나라 공구의 무리인가(是魯孔丘之徒與)?」

<중유가> 대답해 말했다(對曰). 「그렇소(然)」

<걸닉이> 말했다(曰). 「도도한 것이 천하가 모두 이러하니(滔滔者天下皆是也), 능히 누구와 더불어 바꿀 수가 있겠는가(而誰以易之)? 또 그리고 (且而) <그대는> 사람을 피하는 선비를 따를 것보다는(與其從辟人之士也) 세상을 피하는 선비를 따르는 것만 하겠는가(豈若從辟世之士哉)? 」

씨앗 덮는 일을 그치지 않았다(耰而不輟)."[83]

즉 논어에 기록된 장저와 걸닉이 공자와 그 제자들을 세상을 피하는 선비로 그리고 자신들을 사람을 피하는 선비로 간주한 점이다.

그리고 논어는 솔직하게 사실 그대로 사람을 피하는 그런 인물 즉 자신들을 책망하는 그런 인물들을 은자(隱者)라고 기록한 내용에 뒤이어 곧바로 자로가 후대에 발생할 수도 있는 논란의 여지를 염려하여 그들에 대한 공자의 부정적 입장을 명확히 대신 피력하였는데 논어는 그 내용까지 자세히 기록해 두었다.

"자로가 따라 가다가 뒤에 처졌는데(子路從而後), 지팡이로 대

83) ibid p363

바구니를 멘 장인(遇丈人以杖荷蓧)을 만나, 자로가 물어 말했다(子路問曰). 「노인께서는 우리 <공자>부자를 보았습니까(子見夫子乎)?」

장인이 말했기를(丈人曰), 「사지를 부지런히 하지 않고(四體不勤) 오곡을 분별하지 못하니(五穀不分), 누구를 <공자>부자라 하는가(孰爲夫子)?」 라고 하고서, 지팡이를 꽂아 놓고 그리고 김을 매었다(植其杖而芸).

자로가 손을 마주 잡고 서 있으니(子路拱而立), 자로를 머물러 자게 하고는(止子路宿) 닭을 잡고 기장밥을 지어 먹이고(殺鷄爲黍而食之) 그의 두 아들을 만나 보게 하였다(見其二子焉). 다음날(明日) 자로가 떠나와서 아뢰니(子路行以告), 공자께서 「은자이다」라고 하시고(子曰 隱者), 자로로 하여금 돌아가 만나보게 하시었는데(使子路反見之), 도착해 보니 그러나 떠나가고 없었다(至則行矣).

자로가 말하였다(子路曰). 「벼슬을 하지 않은 것은 의가 없어서이지만(不仕無義), 장유의 예절을 폐할 수 없거늘(長幼之節 不可廢也), 어찌 군신의 의를 폐할 수 있겠는가(君臣之義 如之何其

廢之)? 자기 몸을 깨끗하게 하고자 하여 대륜을 어지럽히는 것이다(浴潔其身而亂大倫). 군자가 벼슬을 하는 것은(君子之仕也) 그 의를 행하는 것이니(行其義也), 도가 행하여지지 못할 것은(道之不行) 이미 알고 계시다(已知之矣).」"[84)]

그런데 이 기록을 두고서 유가에 대한 도가의 관계를 유추하게 되면, 공자 생존당시에 이미 세태를 부정적으로 바라보고 비판하는 은자들이 있었던 사실은 분명한 일이지만, 그러나 당시의 그런 은자들이 노자의 도덕경과 같은 저서를 쓸 발상의 정도에는 이르지 못했다고 판단할 수 있게 된다. 그 뿐만 아니라 이 기록이 공자의 말을 통해 도가 희박해진 세상에서도 은거하지 않고 도리어 출사해야 하는 선비의 명분을 명백히 밝혀두었기 때문에 마땅히 주목하지 않을 수 없게 된다.

그리고 그 출사의 의미가 부귀공명을 추구하기 위해 곡학아세하는 선비의 자세가 아니라 어지럽혀진 세상의 의리를 회복하겠다는 선비의 지조에 따른 것이기 때문에 도가 없는 곳에서 물러나지 않고 거꾸로 앞으로 나아간 유가의 선비다운 입장을 파악하는 작업에 결정적 근거를 제공하는 점에서 마땅히 주목하지 않을 수 없게 된다. 여하간 그런 유형의 은자에 대해서는 제 14편 헌문 42장에서도 언급되어 있다.

"공자께서 위나라에서 경쇠를 두들기셨는데(子擊磬於衛), 삼태

84) ibid p364~366 - 植는 '심을 식'이 아니라 '둘 치'로 읽어야 한다.

기를 메고 공씨의 문 앞을 지나가는 자가 듣고 말하였다(有荷蕢而過孔氏之門者 曰). 「마음이 천하에 있구나(有心哉. 경쇠를 두들김이여(擊磬乎)!」

조금 있다가 말하였다(旣而曰). 「비루하다(鄙哉). 너무도 단단하구나(硜硜乎)! 나를 알아주지 못하면(莫己知也) 그만 두어야 할 것이니(斯已而已矣), 물이 깊으면 곧 옷을 벗고 건너고(深則厲), 얕으면 곧 옷을 걷고 건너야 하는 것이다(淺則揭).」

공자께서 말씀하셨다(子曰). 「과감하구나(果哉)! 어려울 것이 없겠구나(末之難矣)!」"

하지만 그럼에도 불구하고 전반적으로 논어에는 도가의 사상을 직접 연결할 수 있는 언급은 전혀 없다. 왜냐하면 춘추시대는 공자가 관직에 있는 인물들 중에서 자기 이익을 쫓아서 예가 아닌 행동을 서슴지 않고 그리고서 그런 비열한 행동을 아전인수 격으로 변명하는 인물들에 대해 "말을 꾸미고 얼굴빛을 곱게 하는 자에게는 인한 것이 적다(巧言令色鮮矣仁)." 고 비난할 정도의 정국이긴 했지만, 그러나 전국시대처럼 새로운 발상에 의한 도전적 가치관을 지닌 도가의 선비들이 등장하여 유가사상을 전면적으로 부정하는 돌발적인 상황이 아니었기 때문이다. 그러므로 논어에는 예를 벗어난 위정자들을 비판하면서 군자와 선비가 나아가야할 바를 가르치는 내용만 담겨 있을 뿐이지, 전국시대에 등장한 그런 사상에 대한 언급이 결코 있을 리 만무했다.

그런데 논어는 매우 이례적으로 일상생활에서 무례한 행동을 보인 일반인의 경우를 기록하고 있어서, 그 의도가 주목된다. 왜냐하면 그는 어머니가 죽었을 때 곡이 아니라 노래를 불렀다는 공자의 친구인데, 그 점이 장자의 태도와 비견되기 때문이다. 여하튼 그가 공자에게 무례한 태도를 보이자, 그것을 꾸짖는 공자의 말씀인데, 헌문 46장은 그것을 기록하고 있다.

> "<공자의 오랜 친구>원양이 걸터앉아 맞이하니(原壤夷俟), 공자께서 말씀하시길(子曰) 「어려서는 능히 공손하지 못하고(幼而不孫弟, 장성해서는 능히 칭찬할 만한 일이 없고(長而無述焉), 늙어서는 능히 죽지 않는 것이 도적이다(老而不死爲賊).」 라고 하시고, 지팡이로서 그의 정강이를 두드리셨다(以杖叩其脛)."[85]

또한 그와 같은 기록과 더불어 논어는 "이단을 전공하면 해가 될 뿐이다(攻乎異端 斯害也已)."[86]라는 공자의 말을 수록해 두었는데, 그 기록은 마치 앞으로 도래할 상황을 예시한 것처럼 보이기 때문에 눈길을 끈다.

그런데 논어의 문헌에는 도가에 관한 언급이 전혀 없었지만,

---

85) ibid p303
86) ibid p43

정작 도가인 장자의 문헌에는 앞서 인용한 접여(接與)에 대한 논어의 글이 수록되어 있기 때문에, 결국 도가의 인물들은 유가가 언급한 은자의 이름을 빌어 자신들의 정체를 숨기고서 유가의 도덕노선을 비판했다고 판단하지 않을 수 없게 된다.

"공자가 초에 갔을 때(孔子適楚), 초나라의 광인인 접여가 그 대문 앞을 배회하면서 말했다(楚狂人接與其門曰).

「봉황새야 봉황새야(鳳兮鳳兮) 하여튼 덕이 쇠하였구나(何如德之衰也).

오는 세상 나 못 기다리고(來世不可待) 가는 세상 나 못 쫓네(往世不可追也).

도 있을 때에는(天下有道) 성인께서 이루어시다가(成人成焉)

도 없을 때에는(天下無道) 성인께서 몸을 숨겨 보신하네(成人生焉).

지금이야(方今之時) 형벌이나 면하는 게 고작이리(僅免刑焉).

새 깃보다 가벼운 복(福輕乎羽) 아무도 올라탈 줄 알지 못하고(莫之知載), 땅보다 무거운 화(禍重乎地) 아무도 피할 줄 알지 못하네(莫之知避).

그만 두라(已乎) 그만두라(已乎) 도덕으로 남에게 대하는 일을

(臨人以德).

위태롭네(殆乎) 위태롭네(殆乎), 예의로서 남을 꽁꽁 묶는 일(畫地而趨). 가시나무(迷陽), 가시나무(迷陽) 내 가는 일에 상처를 입힐 수 없네(無傷吾行).

내가 틈 벌어지고 구부린 길을 가도(吾行郤曲) 내 발에 상처를 입힐 수 없네(無傷吾足). ……… "[87]

그러므로 이런 맥락을 살펴 자신의 정체를 숨기고서 부정적 시각으로 세상을 바라보는 그런 은자 아닌 은자들의 생각들이 점차 모여서 하나의 사상으로 형태화하여 세상에 문헌으로 공표된 것이 노자와 같은 종류의 도가서적이라고 간주한다면, 당연히 노자와 같은 부류의 사상은 기존의 질서를 변혁시키려고 시도하는 정치사상이라고 보아도 당연히 무방하다. 더욱이 그들이 불교와 같은 새로운 외래사상을 도입하려는 그런 부류가 아니었기 때문에 당연히 그들은 당대의 정치상황을 자신들이 의도한 바대로 변혁시키려는 야심가들이 아닐 수 없게 된다.

그리하여 그들은 자신들의 정체를 숨기고서 공자를 비롯한 유가들을 냉소적으로 비판했는데, 그런 도가의 태도는 장자의 어보(漁父) 속에 잘 드러나 있다. 특히 어보는 속세를 떠난 인

87) 장자 p210~211 - 왕응린(王應麟)은 호명중(胡明仲)의 설을 인용하였는데, '미양'이란 '초나라에 나는 풀로 촘촘하고 줄기가 길며, 그 거죽에는 가시가 많다'라고 했음.

물로 등장시킨 어부(漁夫)가 공자를 충고하는 문장인데, 결국 그 내용은 공자를 빗대어 당대의 유생들이 주제넘은 짓을 하지 말라는 충고 내지 경고의 말인 것이다. 여하튼 아래의 내용은 그들이 공자를 매개로 삼아 유가들에게 충고한 글이다.

"<노인이> 또 <자로와 자공에게> 물었다(又問曰). 「…공자는 다시 두 번 절하고 일어나 말했다(孔子又再拜而起曰). 「이제야 말로(今者) 저는 위대한 스승을 만날 수 있었습니다(丘得遇也). 이 해후는 천행인 것 같습니다(若天幸然). 선생님께서는 저를 창피해 하지 말고서 <제자>동아리 속에 끼어 부려주시고(先生不羞而比之服役), 몸소 가르쳐 주시기 바랍니다(而身敎之). 선생님 댁은 어디입니까(敗問舍所在). 청컨대 가르침을 계속 받고서(請因受業) 마침내 대도를 배워 깨닫고자 합니다(而卒學大道).」

나는 이런 말을 들었다(客曰 吾聞之). 「함께 갈 수 있는 상대라면(可與往者) 오묘한 진리에 이르기도 하려니와(與之至於妙道), 함께 갈 수 없는 상대면(不可與往者) <아무리 말한대도> 진리는 모르고 말 것이니(不知其道), 그런 자는 상대하지 않는 것이 안전하다(愼勿與之)」

열심히 공부해 보게(身乃無咎 子勉之). 나는 가네(吾去子矣).

<이렇게 말한 노인은> 배를 저어 <갈대 사이를 누비면서 어디론지> 사라졌다(乃刺船而去).…"[88]

그런데 이 글은 크게 두 가지 점에서 그들이 결코 은거한 현인일 수 없었다는 점을 명백히 보여 준다. 곧 이 글의 내용은 늙은 어보는 혼자가 아니라 그 뒤에는 같이 생각을 하는 무리가 있음을 말하고 있고 그리고 더 나아가 그들이 공자와 결코 어울릴 수 없음을 암시한 바대로 장자는 도가가 유가와 결코 어울릴 수 없는 새로운 집단이었음을 밝히고 있기 때문이다.

그리고 더 나아가 장자는 다른 문장에서도 그들의 정체를 감추기 위해 도가의 인물을 세속을 초월한 인물로 묘사하였지만 그러나 그것을 역으로 따져 보면, 그 상태가 세속을 초월한 모습이 전혀 아니었기 때문에 오히려 정체를 은폐하려는 그 내용이 그들이 세속의 초월을 가장한 정치적 인물임을 여실히 그대로 증명만 할 뿐이다.

그 중의 한 경우가 공자와 노자의 대화를 구성하여 기록한 점인데, 그 내용이 세속을 초월한 인물이 세속의 인물인 공자를 충고하고 있기 때문에 그러하다. 더더욱 그 내용이 음양가의 사고를 그대로 옮겨 놓은 것이어서, 따라서 그로부터 도가의 사상이 음양가의 사상에 접목되어 있음을 확인할 수 있게 된다.

"공자가 노자를 찾아 갔더니(孔子見老聃) 노자는 머리를 새로

---

88) ibid p538~540 - 漁父에서 父는 아버지 부가 경칭어인 보로 읽어야 한다.

감고(老聃新沐) 머리를 풀어 헤친 채 말리고 있는 참이었다(方將被髮而乾). 그런데 그 모습은 움쭉도 하는 기색이 안 보여(慹然) 마치 사람이 아닌 것 같았다(似非人). 공자는 그것이 끝나기를 기다리고 있다가(孔子便而待之) 이윽고 노자를 만나 말했다(少焉見曰)................

노자가 말했다(老聃曰). 「나는 만물의 근원인 도의 세계에 노닐고 있었다(吾游於物之初)」.

공자가 말했다(孔子曰). 「무슨 뜻입니까(何謂邪)?」.

<노자가>말했다(曰). 「.........순수한 음의 기운은 차갑고 엄하며(至陰肅肅), 순수한 양의 기운은 뜨겁고 빛나는 법인데(至陽赫赫), 차갑고 엄한 음의 기운은 하늘에서 생기고(肅肅出乎天) 뜨겁고 빛나는 양의 기운은 땅에서 일어난다(赫赫發乎地). 이 두 가지가 막힘없이 오가면서 조화를 이루어 만물이 생긴다(兩者交通成和而物生焉). 어쩌면 무엇인가가 <거기에 있어서> 근원이 되고 있는 듯하나(或爲之紀), 능히 형태는 보이지 않는다(而莫見其形)."[89]

---

89) ibid p399~400

그런데 이글에서 주목되는 바는 장자가 음양가의 이론을 펼치면서 내놓은 결론이 그 참 근원과 참 원인을 모른다는 것이다. 즉 그들의 주장은 무수히 많은 현상을 끄집어 내놓고서 기존의 이론의 약점을 파고들어 부정을 하여 의혹을 일게 하고서, 정작 결론에 이르러서는 일반인들은 그 해답을 알 수 없기 때문에 따라서 깨달은 성인이 하는 바를 그대로 따르면 된다는 사고방식이다. 즉 장자는 지인(至人)이란 용어로서 그렇게 말하였다.

"…「생명은 이런 조화의 작용에 의해 싹트고 죽어서는 이 조화의 작용 속으로 돌아가는 것이다. 그래서 <처음과 끝은 무한한 순환을 되풀이하여서 언제 작용이> 다할지는 아무도 모른다(而莫知乎其所窮). 이런 무한한 작용이 아닌들(非是也) 그 무엇이 만물의 근원이 될 수 있겠는가(且孰爲之宗)?」

공자가 말했다(孔子曰). 「이런 도의 세계에 노닐면 어떻게 되겠습니까(請聞游是)」.

노자가 말했다(老聃曰). 무릇 이런 경지에 이르면(夫得是) 더 없는 아름다움과 더 없는 즐거움을 맛보게 된다(至美至樂也). 이렇게 최고의 아름다움을 얻은 위에 최고의 즐거움 속에서 노니는 사람(得之美而游乎至樂), <이런 사람을> 지인이라 일컫는다(謂之至人).

공자가 말했다(願聞其方). 「<그런 경지에 이르는> 방법을 듣기를 원합니다…………….”[90]

그리고 더 나아가 그는 자신의 주장이 대단한 효과를 거둘 수 있도록 고통을 겪는 민중의 억압된 심리에 부합하는 가치관을 전략적으로 대중 앞에 내세웠는데, 당연히 그 의도는 무지한 일반인들이 아래의 설명에 현혹되어 도가사상에 귀를 기울이게 만들려고 한 것이었다. 즉 죽으면 똑같아지는데 어찌 현세에서의 차별이 올바른 것이 될 수 있겠는가? 하는 평등사상의 관점인데, 그러면 그런 발상은 일반 백성들에게 현실 사회의 위계질서에 대한 거부감과 반발심을 크게 불러 일으키게 하고서 그리하여 유가가 주장하는 예법사상을 무력화시킬 수 있었기 때문이다.

“<노자가>말했다. 「…… 무릇 천하는(夫天下也者) 만물이 귀일하는 장소다(萬物之所一也). 결국은 하나로 돌아감을 이해하고 만물제동의 입장에 선다면(得其所一而同焉), 이 육체도 먼지나 때와 다를 것이 없음을 알게 되고, 그래서 죽음과 삶, 끝과 처음이(而死生終始) 주야와 다름없는 것이 되어(將爲晝夜) 그래서 아무 것도 그 마음을 어지럽게는 못할 것이다(而莫之能滑). 그리하여 하물며 득과 상, 화와 복 같은 것이 마음에 걸릴 줄이 있겠는

90) ibid 同

가(而況得喪禍福之所介乎).…………………」"[91]

그리고서 장자는 그들의 전략대로 공자를 폄하하면서 유가를 격하시켰다. 즉 사마천이 노자가 공자의 스승이라고 말한 바의 기록의 근거가 되는 말을 장자가 그의 서책에 기록한 내용들이다.

어쨌든 간에 장자가 이와 같은 부도덕한 전략을 구사하였던 이유는 이미 기존의 사회의식인 유가의 예법사상을 무너뜨리기 위해서는 일단 공자가 도가의 조종인 노자에 굴복했었다는 과거의 역사적 정황이 필요했었기 때문이다. 그러므로 장자는 공자가 노자에게 복종하는 모습을 다음과 같이 꾸며서 묘사하였다.

"공자가 노자의 집에서 나와(孔子出) 이 사실을 알리면서 안회에게 말했다(以告顔回曰). 「내가 도를 닦은 정도란(丘之於道也), 식초 속에 생기는 벌레정도 밖에 되지 않는다(其猶醯雞與). 선생님이 밝혀 주시지 않았던들(微夫子之發) 나는 <천지의 위대한 전모를 이해하지 못하고> 엎어져 있었을 것이다(吾覆也)」."[92]

그리고 또 다른 경우는 아래의 글에서처럼 장자가 왕을 만난 것을 가공하여 기록한 점인데, 그들이 세속의 정치적 인물이 아니라면 구태여 왕을 만날 이유가 도저히 없기 때문에, 따라서 아래의 문장은 부지불식간에 자신의 정체를 있는 그대로 드려

---

91) ibid 同

92) ibid 同

낸 문장이 아닐 수 없게 된다. 특히 이 문장은 대단히 의미심장한 관점을 지니고 있는데, 곧 그것은 위나라 혜왕 곧 양혜왕이 맹자의 첫머리에서 맹자와 대화를 나누었던 임금이었기 때문이다. 다시 말해 양혜왕이 맹자를 만난 것은 사실이었지만 그러나 그와 달리 양혜왕이 장자를 만난 적이 없었기 때문에, 당연히 장자가 맹자의 글을 읽고서 구성하지 않으면 안 되는 경우에 해당하기 때문이다. 그래서 이 문장은 장자가 맹자보다 선인(先人)이 될 수 없음을 명백히 보여주는 증거가 된다. 더 나아가 결국 도가사상가들이 비록 자신의 정체를 교묘히 은폐했더라도 어쨌든 권력에 밀착한 선비가 아니라면 도저히 이런 글들의 작성이 불가능한 것이기 때문에 오히려 이런 글들은 도가의 정체를 간접적으로 보여 주는 글이 아닐 수 없게 된다. 다시 말해 그들이 세속을 떠나 정치와 무관한 인물들이라면 아래의 글에서처럼 장자가 임금 앞을 지나가면서 임금을 충고하는 그런 이야기를 결코 꾸밀 수 없는데, 그러나 전혀 그렇지 않고 오히려 정반대로 이글은 일반 민중들이 도저히 생각할 수 없는 그런 정치적인 이야기를 말하는 글이기 때문에, 따라서 그 내용은 장자 자신이 스스로 가장 세속적인 인물이라는 점을 입증하는 근거가 아닐 수 없게 된다.

"장자가 좋지 않은 옷을 누덕누덕 기어 입고(莊子衣大布而補之), 띠를 두르고, 해진 신을 끈으로 동여맨 채 위 왕 앞을 지나갔다(正縻係履而過魏王).

위 왕이 <그것을 보고> 말했다(魏王曰). 「선생께서 무슨 나쁜 병이라도 났습니까(何先生之憊邪) ?」

장자가 말했다(莊子曰莊子曰). 「저는 가난해서 이런 꼴을 하고 있을 뿐(貧也) 병이 걸린 것은 아닙니다(非憊也). 선비가 도와 덕을 지니고도 실행하지 못하는 것을 병이라 합니다(士有道德不能行 憊也). 옷이 해지고 신이 뚫어진 것은(衣敝履穿) 가난일망정 병이 아닙니다(貧也 非憊也). 제 처지는 때를 못 만난 것에 해당할 것입니다(此所謂非遭時也). ……………이제 어둔 임금과 어지러운 재상이 통치하는 세상에 살면서(今處昏上亂相之閒), 능히 병들지 않으려 해도 여간해서는 어려울 것입니다(而欲無憊 奚可得邪). <이 난세에서 이상을 고집하는 사람이 더듬을 운명은> 비간이 간하다가 가슴을 쪼개는 형을 받은 것으로 상징될 뿐입니다(此比干之見剖心徵也夫).”[93]

그러므로 도가사상가들의 이와 같은 내용들을 전반적으로 살펴보면 당연히 그들이 결코 속세를 벗어나 은거하는 인물들이 아닐뿐더러 그리하여 그들이 세속의 일에 결코 무심한 적이 없었다는 것을 명확히 인식할 수 있게 된다.

93) ibid p389 -閒은 한이 아니라 간으로 읽어야 한다.

제2절 그들은 익명으로 세상을 뒤엎으려는 선비들인가?

논구초점 : 도가상가들의 정체가 오리무중이라고 하더라도, 그들의 서책에 나타난 정치성향은 그들이 권력지향적인 인물임을 보여 준다. 왜냐하면 기존의 통치사상을 부정하고, 새로운 세상을 위한 사상을 설파했으니 어찌 그들이 평범한 인물들이며, 또한 세상을 등지고 사는 현자들일 수 있겠는가? 하는 의문점 때문이다. 즉 거꾸로 그들은 권력에 가장 가까운 곳에서 새로운 왕조를 옹립하려는 지식인들이기에, 그리하여 결코 정체를 드려내어서는 안 되는 처지이기에, 철저히 익명으로 자신들의 신분을 숨긴 것 이외의 결코 다른 이유가 도대체 있을 수 없다는 지적에 대해 결코 도가들이 자신 있게 전혀 그렇지 않다고 반박할 수 있겠는가? 하는 의문점 때문이다. 다시 말해 도가가 자신들이 세속을 등진 진정한 은둔자라는 점을 명확히 입증할 수 있겠는가? 하는 의문점 때문이다.

더욱이 도가사상가들이 주나라의 지나친 예법과 유생 아닌 유생들의 볼썽사나운 작태들을 공자의 유가들을 공격하는 명분으로 삼았는데, 오히려 이런 선비들의 모습을 가장 잘 알 수 있는 곳이 바로 권력의 중추기관인 군주의 조정이었기 때문에 그러하다. 더 나아가 그 조정은 공자가 살고 있는 힘없는 노나라의 조정일 수가 없기 때문에 그러하다. 그렇다면 당연히 주나라를 대신하려고 하는 강력한 전국의 열 왕의 조정이 주목 대상이 될 수밖에 없고 그리고 그 곳에 종사하는 인물들 중에서 그들의 정체를 파악해야 할 것이다.

도가가 지닌 무위(無爲)의 의미는 유가의 교과서인 예기의 애공문(哀公問)에서 잘 표현되어 있다. 그런데 그 곳의 글을 자세히 살펴보면 서경의 첫머리에 기록된 월령을 내용을 바탕으로 하고 있음을 단번에 직시할 수 있게 된다. 그러면 예기의 글도 도가의 무위의 글과 더불어 서경의 글에서 비롯되었다고 말해도 무방할 수 있게 된다. 그래서 아래의 글은 애공과 공자가 나눈 문답의 경우만 빼고 나면 마치 도가의 글처럼 여겨진다. 곧 무위(無爲)가 천도(天道)라고 한 점 때문에 그러하다.

"<노나라 애공>공이 말했다(公曰). 「감히 묻겠는데(敢問), 군자는 어찌하여 천도를 귀하게 여기는 것입니까?(何貴乎天道也)」.

공자가 대답해 말했다(孔子曰). 「그 운행을 귀하게 여기는 것입니다(貴其不已). 마치 해와 달이(如日月) 동서로 서로 이어져서 움직이는 것과 같습니다(東西相從而不已也). 이것이 천도입니다(是天道也). 끝남이 없이 영구히 계속되는 것이(不閉其久) 천도입니다(是天道也). 무위이면서 만물이 저절로 이루어짐이(無爲而物成) 천도입니다(是天道也). 이미 이루어지면 밝게 드러나는 것이 천도입니다(是天道也)」"

그러면 당연히 이 글을 두고서 도가가 거꾸로 유가가 자신들의 사상을 흉내 내어 만든 위작의 글이라고 반박하는 경우로 기능해진다. 물론 그 이유는 의례, 주례, 예기를 통틀어서 지칭하는 3례 중에서 예기는 전한(前漢) 9대 선제(宣帝) 때에 유향(劉向)이 편찬한 것이었기 때문이다. 그러나 이 글이 위작이라면 당연히 도가들이 이 글을 작성한 것이어야 하는데, 그러나 굳이 도가들이 자신의 이론을 유가의 글로 만들 이유가 전혀 없었기 때문에 위작일 수가 결코 없다.

그럼에도 불구하고 도가는 여전히 유가의 선비들이 자신들을 의식해서 날조했다는 주장을 고수할 수 있다. 그러면 곧바로 날조했다고 추정할 수 있는 시기가 의문의 대상이 될 것이다. 그리고 그 시기는 단연코 전국시대가 될 것이고 또한 도가의 사상을 익히 잘 아는 유생이 그런 내용을 위작했어야만 당연하게 된다. 그런데 정작 의혹의 대상이 되는 점은 도가의 선비에게는 유가를 공박하기 위해 유가의 가르침을 흡수하여 철저히 자기들의 주장으로 전환시켜야할 이유가 있었지만, 그에 반해 유가가 굳이 그렇게 해야 할 필요가 없었다는 점이다. 왜냐하면 서경에 이미 천도(天道)의 용어가 있었기 때문이다. 곧 우<후에 임금>가 순임금의 명령을 받고 묘족의 난을 진압할 적에 익이 우에게 말한 천도이다.

"삼십일 동안을 묘의 백성이 명을 거역하자(三旬 苗民 逆命),

익이 우를 거들며 말했다(益贊于禹曰). 「오직 덕만이 하늘을 움직여(惟德 動天) 먼 곳으로도 이르지 않음이 없습니다(無遠弗屆). 자만하면 손해를 부르고(滿招損) 겸손하면 유익을 얻으니(謙受益) 이것이 천도입니다(時乃天道)」. …….”

그리고 이와 마찬가지로 무위(無爲)사상의 용어와 본보기도 노자의 도덕경보다 훨씬 앞선 시대의 문헌인 서경을 필두로 하여 육도 및 논어에서도 발견된다. 특히 무위의 정치가 겸손의 극치에서 비롯된 발상일 수밖에 없기 때문에, 따라서 무위의 사상을 검토하려면 필히 순임금이 우에게 제위를 물려주면서 말한 내용을 수록한 아래의 서경의 글이 반드시 검토되어야 한다. 왜냐하면 이 기록은 우<임금>의 겸양의 미덕에 대해 순임금이 화답하여 왕조의 공과를 신하의 공으로 돌린 협치(協治)정치의 결과를 보여줄 뿐만 아니라, 곧 우<임금>이 보인 겸양의 태도가 도가들이 말한 무위에 의한 정치의 표본이 되기 때문이다.

“제<순>이 말씀하셨다(帝曰). 「이리 오너라(來)! 우야(禹)! 홍수가 나를 주의시켰거늘(洚水儆予), 믿음을 이루고 공을 이룬 것은(成允成功) 너의 현명함 때문이며(惟汝賢), 나라에서 근면하게 하고(克勤于邦), 집안에서 검소하게 하여(克儉于家) 스스로 가득찼다고 하거나 큰 체하지 않는 것도(不自滿假) 너의 현명함 때문이다(惟汝賢). 네가 자랑하지 않지만(汝惟不矜) 천하에 누구도 너와 더불어 능력을 다투지 못하며(天下莫與汝 爭能) 네가 자랑하지 않지만(汝惟不伐) 천하에 누구도 너와 더불어 공을 다투지 못한다(天下莫與汝 爭功). 내가 그대의 덕을 성대하게 여기며(予懋乃德) 그대의 큰 공을 아름답게 여기노라(嘉乃丕績)……」."[94]

더욱이 서경의 아래 기록이 논어 위정(爲政)에 실린 공자의 「하고자 하는 대로 하여도 법도에 넘지 않았다(從心所欲不踰矩)」[95]는 말의 근원을 보여 주고 더 나아가 사방이 바람에 쏠리듯 하였다는(四方風動) 말의 속뜻이 무위에 의한 정치의 극치를 보여 주고 있기 때문에 서경의 기록들은 유가사상과 별개로 도가사상에 있어서도 단연코 주목대상이 된다. 물론 그 이유는 무위의 정치를 행하기 위해 선행되어야할 무위의 마음가짐도 수양의 결과가 결코 아닐 수 없기 때문이다. 다시 말해 무위의 마음가짐이 인간의 본성이라고 해도 여하튼 그 본성을 제대로 회복하려면 수양의 방법론이 필요하기 때문이다. 비록 그 수양의 방법이 유가의 방식이 아니라 할지라도 그들만의 수양의 방법이 있어야 하는데, 만약에 도가가 자신들의 추구하는 수양의 방법이 없다고 부정하게 되면, 그 경우는 도대체 어떻게 무위자연의

94) ibid p66
95) 논어 p35

본성을 회복할 것인지의 근원적인 문제를 야기할 수밖에 없게 된다. 또한 그렇게 되면 무위자연의 인간성 회복의 여부는 인간의 의지의 문제가 아니라 자연의 뜻에 의한 문제가 되게 된다.

“제<순>이 말씀하셨다(帝曰). 「나로 하여금(俾予) 하고자 하는 바대로 다스리게 하여(從欲之治) 사방이 바람에 쏠리듯 하였으니(四方風動) 오로지 그대의 훌륭함 덕분이다(惟乃之休).」”[96]

그런즉 이와 같은 서경의 글과 취지가 같은 내용의 글이 주나라 초기의 저서인 육도에서도 보이는데, 곧 그 글도 요임금의 정치에 대해 다음과 같이 기술하고 있기 때문에 주목된다.

“부역을 시킴으로써(不以役作之故) 백성의 밭 갈고 베 짜는 시간을 해하지 않았습니다(害民耕織之時). 마음을 다듬으며 뜻을 제약하여 백성의 일에 일절 간섭하지 않고(削心約志), 천하가 저절로 다스려지는 무위(無爲)로 정치를 하셨습니다(從事乎無爲).”[97]

그리고서 태공망은 더 나아가 문왕과의 대화에서 아래와 같이 말하였는데, 역시 이 글도 도가의 글과 흡사하다. 그러면 당연히 도가가 이 글을 읽고서 착상을 하였는지 아니면 태공망을 기리는 인물들이 도가의 글을 읽고서 삽입하여 위조했는지가

96) ibid 65
97) 육도 p46

문제될 것이다.

"문왕이 물었다(文王曰). 「(천하를) 고요케 하려면 어떻게 해야 합니까(靜之奈何)?」

태공이 대답하였다(太公曰). 「하늘에는 일상 형체가 있으며(天有常形), 백성에게는 일상 삶이 있습니다(民有常生). 천하와 더불어(與天下) 그 삶을 함께 하면(共其生) 능히 천하는 고요하게 됩니다(而天下靜矣). 가장 으뜸은 이를 말미암으며(太上因之), 그 다음은 이를 교화합니다(其次化之). 백성을 교화하여(夫民化) 능히 정치에 따르게 합니다(而從政).

그러므로(是以) 하늘은 하지 않아도(天無爲) 능히 일을 이루며(而成事) 백성은 주지 않아도(民無與) 능히 절로 넉넉해지는 것입니다(而自富). 이것이 성인의 덕입니다(此聖人之道也)」"[98]

그러면 역설적으로 육도에 나오는 무위의 글을 두고서 이미 도가의 무위자연의 사상이 은나라 말기와 주나라 초기에서도 이와 같이 존재했었다고 주장할 수 있게 된다. 하지만 그런 관점이 도대체 어불성설이 되는 이유는 그 경우가 육도의 모든 사상이 요·순임금이 세운 고대왕조의 통치노선을 전면 부정하는 경우에서만 가능한 주장이 되기 때문이다.

98) p138

곧「백성을 교화하여 정치에 따르게 한다.」는 사고방식은 도덕경의 사고방식과 정면으로 배치되기 때문이다. 따라서 오히려 육도는 도가와 같은 입장을 전혀 취하지 않았기 때문에, 그러므로 거꾸로 도가의 선비들이 육도에서의 이런 용어와 사상을 채용했다고 주장해야만 마땅하게 된다. 그리고 그런 무위의 용어가 논어의 위영공(衛靈公) 제 4장에서 다음과 같이 언급되어 있기 때문에 도가가 유가의 이와 같은 입장을 실제로 참고대상으로 삼았는지도 면밀히 살펴보아야 한다.

> "공자께서 말씀하셨다(子曰). 「무위로 능히 다스리는 자는(無爲而治者) 순임금이실 것이다(其舜也與). 무엇을 하였겠는가(夫何爲哉)? 몸을 공손히 하고 바르게 남면<임금이 앉던 자리의 방향>을 하였을 뿐이셨다(恭己正南面而已矣)」"[99]

더 나아가 즉 무위의 정치를 언급한 공자의 말을 수록한 논어 태백(泰伯) 18장의 아래의 글이 요·순임금과 도가와 말하는 성인의 모습이 크게 다를 바 없는 모습을 보여 주고 있는데, 따라서 그런 내용들이 도가의 정체를 더더욱 의심스럽게 만든다. 곧 백성을 다스리는 왕이면서 백성의 일에 관여하지 않는다는 말은 모든 일이 절로 잘 돌아간다는 것을 의미하는 것이므로, 당연히 그 말의 뜻이 무위의 정치를 의미하게 되는 점이다.

99) ibid p

"공자께서 말씀하셨다(子曰). 「위대하시다(巍巍乎)! 순임금과 우임금은 천하를 소유하시고도(舜禹之有天下也) 능히 그것을 관여치 않으셨으니(而不與焉)」."[100)]

그렇다면 당연히 도가의 내력이 고대통치사상과 무관할 수 없게 되고 또한 유가의 사상과 무관할 수 없게 되기 때문에 그에 관한 의문점은 당연히 도가의 정체를 밝히는 논구에서 주된 논제가 아닐 수 없게 된다. 그런데 도가와 유가의 접점을 찾는 작업은 사마천의 사기에서 보여 주는 노자의 기록이 아니라 맹자의 서책의 기록이 올바른 논구의 근거가 되어야 하는데, 왜 그렇게 되어야 하는가? 하는 이유는 맹자가 전국시대의 인물이면서도 그의 서책에 도가의 언급이 전혀 없었기 때문이다. 즉 맹자 이전의 유가에서는 도가의 언급이 전혀 없을 뿐만 아니라, 또한 초기 유가의 선비들이 활동한 춘추시대는 도가가 등장할 전국시대의 정황이 전혀 아니었기 때문이다.

따라서 춘추시대의 공자의 사상을 공자의 손자인 자사를 통해 계승한 전국시대의 맹자(BC 372?~289? 또는 BC 385?~304?)가 공자사상을 더욱 확연하게 설명한 그의 저서에 유가를 폄하한 도가를 전혀 언급하지 않고 있는 사실은 도가의 등장시기를 가늠할 수 있는 결정적인 기준이 아니 될 수 없다. 왜냐하면 장자와 사마천의 글이 노자를 공자보다 나이가 많은 연장자로 기록하고 있는 반면에 정작 지독한 모욕을 당한 유가 쪽에서는

---

100) ibid p160

논어뿐만 아니라 맹자에서도 노자와 도가에 관한 기록을 전혀 하지 않고 있기 때문이다. 곧 그 점은 도가들이 유가의 사상을 신랄하게 비난하고 있는 점과 대비해서 보면 너무도 이상한 양상이 되는 것이다.

물론 일각에서는 논어에 도가의 사상이 기록되어 있지 않는 까닭을 두고서 그 당시에는 도가의 사상이 아직 출현하지 않았기 때문이라는 변명을 할 수 있겠지만, 그러나 시대가 바뀌어 전국시대의 맹자에서도 언급되지 않은 점에 대해서는 단지 그런 정도의 해명만으로 넘어 갈 수 없다. 왜냐하면 전국시대에 탄생하여 공자의 사상을 가르치기 위해 헌신적이었던 맹자에게는 자기 시대에 온 세상에 널리 유포되어 자신이 배우고 있는 공자의 가르침을 지독하게 비난한 도가의 사상을 눈앞에 두고서 조목조목 비판하여 반박하지 않을 사정과 이유가 전혀 없었기 때문이다. 그런데도 불구하고 맹자의 글에는 도가에 관한 언급이 전혀 없다. 하지만 그 점과 달리 맹자는 도가의 글에 직접 거론된 묵자와 양주에 대해서는 직접 언급하고 있다. 그 뿐만 아니라 맹자는 묵자의 제자라고 알려진 고자를 직접 비판한 내용을 자신의 저서에 고자(告子)의 장을 할애하여 상세히 기록해 두었다.

그렇다면 왜 맹자에서 노자와 도가의 사상이 전혀 언급되어 있지 않은 것일까? 하는 의문이 즉각적으로 제기되지 않을 수 없게 된다. 그리고 그 점에 대한 해명의 여지는 크게 두 가지로 압축될 수 있다. 하나는 도가사상이 세상에 널리 알려지긴 했지만, 맹자 자신이 도가의 실체를 몰랐을 경우와 또 다른 하나는 맹자가 활동하고 있었던 그 당시에는 도가사상가들의 문헌이 아직 세상에 등장하지 않았을 경우이다.

물론 후자의 경우에 굳이 사족(蛇足)을 더 달자면, 그것은 도가사상이 이미 세상에 널리 알려지긴 했지만 그러나 도가의 선비들이 학당을 만들어 제자들에게 공개적으로 가르친 것은 아니라는 점일 것이다. 왜냐하면 맹자가 이미 시중에 널리 알려진 도가사상에 전혀 무지했다고 말하게 되면, 오히려 그 점이 더 이상해질 뿐이기 때문이다. 또한 반대로 도가가 유가를 그렇게 매도하고 있었는데도 불구하고, 묵자와 양주를 비판한 맹자가 자기 자신처럼 묵자와 양주를 똑같이 매도하는 도가를 전혀 몰랐었다는 것은 참으로 어처구니가 없는 일만 될 뿐이기 때문이다.

그러면 도가의 선비들이 말한 무위(無爲)의 경지는 도대체 어떻게 이루어진 것인가? 하는 의문점이 곧바로 제기될 수 있는데, 그 점에 대한 해명은 장자가 말한 아래의 글에서 간접적으로 엿볼 수 있다.

"뜻의 어지러움을 버리고(徹志之勃) 마음의 속박을 풀라(解心之謬). 덕의 번거로움을 제거하고(去德之累) 도의 장애를 통달하도록 해라(達道之塞)

귀·부·현·엄·명·리의 여섯은(貴富顯嚴名利) 뜻을 어지럽게 하는 것들이다(勃志也).

용모·거동·안색·말씨·기력·의지의 여섯은(容動色理氣意六者) 마음을 속박하는 것들이다(謬心也).

증오·애욕·희·노·애·락의 여섯은(惡欲喜怒哀樂六者) 덕을 교란시킨다(累德也).

거·취·취·여·지·능의 여섯은(去就取與知能六者) 도를 가로막는다(색도야塞道也).

이 4종류의 각 6가지가(此四六者) 가슴 속을 교란시키지 않으면(不盪胸中), 그러면 <마음은>바른 상태를 유지할 수 있고(則正), 마음이 바르게 유지되면 곧 마음은 고요할 수 있고(正則靜), 마음이 고요해지면 곧 마음이 밝아지고(靜則明), 마음이 밝아지면 곧 마음이 무념무상의 공허가 되고(明明虛), 무심한 공허에 이르면 곧 무위가 되고(虛則無爲) 그러면 못함이 없게 된다(而無不爲也)”[101]

그런데 이 글은 별다른 해석을 가하지 않는 한 유가의 가르침과 매우 흡사하면서도 그 마지막 말만 달리 하여 유가와의 차별을 꾀하고 있다고 말할 수 있게 된다. 왜냐하면 유가가 지

101) 장자 p439

향하는 수양의 정도가 그런 마음의 평정상태에 도달하는 것이기 때문이다. 즉 굳이 그렇게 설명하지 않아도 유가의 글 속에는 그런 내용이 다 포함되어 있기 때문이다. 다시 말해 유가의 가르침을 두고서 도가가 마지막 부분에 「무심한 공허에 이르면 곧 무위가 되고 그러면 못함이 없게 된다(虛則無爲而無不爲也)」 말로 덧칠하여 유가의 글을 마치 독창적인 이론인 양 둔갑시켰다고 말할 수 있기 때문이다. 곧 이유제유(以儒制儒)처럼 유가의 가르침으로 유가를 치는 방법을 구사한 것으로 볼 수 있기 때문이다. 그러므로 이 경우는 도가의 학자들이 유가의 글을 읽고서 마치 독창적인 것처럼 가공했다는 정황만 보여 주는 꼴이 된다. 그렇게 되면 당연히 도가의 인물들은 도저히 평범한 일반백성일 수가 전혀 없게 되고, 또한 힘없고 초라한 재야의 운둔자일 수가 전혀 없게 된다.

더 나아가 그들은 심지어 권력의 자리에서 낙마한 비운의 선비들조차 결코 될 수 없게 된다. 왜냐하면 만약 그들은 정말 그런 존재였다면 오히려 자신을 배척한 전국시대의 열 왕을 비난했을 것이기 때문이다. 그러면 열 왕들에게 좋지 않은 감정을 지닌 그들은 마땅히 주나라의 정통성을 부정하는 그런 무도한 글을 작성할 발상을 가질리 만무하게 된다. 또한 그런 인물들은 결코 주나라의 정통성을 부정하고 유가를 배격하는 도가의 선비들이 될 리가 만무하게 된다.

따라서 그들의 정체는 일단 그들이 작성한 글이 보여 주는 바를 근거로 삼아 유추해 나갈 수밖에 없다. 곧 열자에 실린 열자의 글과 장자의 서책에 실린 열자의 글과 장자에 실린 장자 자신에 관한 글이다. 곧 아래에서 첫 번째로 인용된 열자에 실린 열자의 글이고, 두 번째로 인용된 장자에 실린 열자의 글이고, 그리고 세 번째와 네 번째로 인용된 장자에 실린 장자의 글들이다. 그런데 아래의 글에서 드러난 공통된 점은 자신들을 가난한 인물로 묘사하고 그에 반해 당시의 권력을 쥔 위정자들을 비웃고 있는 점이다.

그러므로 우선 첫 번째로 인용한 글에서 주목되는 바는 열자가 속세를 떠나 자연에 거처한 것이 아니라 정나라의 보전에 살았고, 그리고 대단히 궁핍했을 뿐만 아니라 사람들이 글을 평범한 인물로 여겼지만, 그러나 그를 도인으로 보는 사람들이 있었다는 내용이다. 그러면 당연히 그 기록으로부터 열자가 40년 동안 한쪽에서는 그의 정체를 전혀 모르고 그와 달리 다른 쪽에서 그의 진면목을 알고 있었고 마지막으로 열자의 정체를 익히 알고 있었던 인물들은 도대체 누구인가? 하는 의문점이 발생하게 된다.

"열자는 정나라의 보전에 살았는데(子列子居鄭圃), 사십년이 지나도록 알아보는 사람이 없었다(四十年人無識者). 군주나 경, 대부들도 그를 예사 백성들과 같이 여겼을 뿐이다(國君卿大夫視之 猶衆庶也). 나라가 크게 흉년이 들어(國不足) <열자는> 위나라로 가려고 했다(將嫁於衛)."[102]

그리고 두 번째로 인용한 글에서 주목되는 바는 열자가 궁핍하게 살고 있었고 그리고 그의 궁핍함을 아는 어떤 사람이 재상에게 말하여 도움을 주라고 권유했다는 이야기이다. 그러면 당연히 이런 일이 어찌 일반서민인 열자의 경우에 가능한 일이었겠는가? 하는 의문점이 발생한다. 즉 어떤 인물이 당대의 재상을 직접 만나 열자의 궁핍함을 이야기할 정도였다면 그 인물은 단연코 신분이 대단한 인물이어야 하고 그리고 더 나아가 그런 인물이 열자의 진면목을 익히 잘 알고 있었다면 도대체 그런 엄청난 일이 어찌 시중에 은폐될 수 있었겠는가? 하는 의문점이 제기될 수밖에 없게 된다.

다시 말해 열자에게 그런 도가의 뛰어난 학식이 있었다면, 그에게 그런 학식을 전해 준 또 다른 인물이 있어야 했고 그리고 더 나아가 열자가 그런 인물이었다는 사실을 누군가가 알았다면 당연히 열자가 자신의 학식을 누군가에게 보여 주어야만 가능하게 되는데, 그러면 왜 그런 일들을 도가의 역사는 정확히 기록해 두지 않았는가? 하는 의문점이 곧장 제기될 수밖에 없게 된다.

"열자선생은 집이 가난하여(子列子窮) 보기에 굶주린 얼굴을 하고 있었다(容貌有飢色)). 어느 사람이 그것을 보고 정의 재상인 자양에게 말했다(客有言之於鄭子陽者 曰). 「열자는 아마 도를

102) 열자 p24~25 視는 볼 시임.

체득한 인물입니다(列禦寇蓋有道之士也). <그런데> 대감이 지배하는 이 나라에 살면서 <저렇게> 궁해야 하니(居君之國而窮), 이렇다면 대감이 인재를 사랑할 모른다는 말을 들어서도 어쩔 수 없을 것입니다(君無乃爲不好士乎)」.

정자양은 곧 관리에게 명령하여 쌀을 가져다주도록 했다(鄭子陽則令官遺之粟). 열자 선생은 사자를 만나자(子列子見使者) 두 번 절하고 사양했다(再拜而辭)."[103]

그리고 세 번째로 인용한 글에서 주목되는 바는 장자가 궁핍한 인물임에도 불구하고, 위왕(魏王)의 앞을 거리낌 없이 활보하면서 자신의 초라한 행색을 무위자연의 사고방식으로 해명한 인물로 묘사한 이야기이다. 그러면 당연히 장자가 그렇게 궁핍한 인물이었음에도 불구하고 위왕 앞을 지나갈 정도라면, 도대체 그의 정체가 무엇인지에 대한 의혹이 발생하지 않을 수 없게 된다. 왜냐하면 장자 자신의 말한 이야기는 자신이 신분이 높은 인물이었지만 그러나 청빈하게 살았다는 내용이 아니고서는 곧바로 앞뒤가 맞지 않은 모순을 일으키기 때문이다. 다시 말해 신분이 낮은 인물이 감히 임금의 앞을 지나간다는 사건부터 천부당만부당한 경우의 사건이고 그리고 더 나아가 그가 배움이 높은 학식의 인물이 결코 아니고서는 도저히 당당하게 임금에게 그렇게 말할 수 없기 때문이다.

---

103) 장자 p504

"장자가 좋지 않은 옷을 누덕누덕 기어 입고(莊子衣大布而補之) 띠를 띠고 해진 신을 끈으로 동여맨 채 위왕 앞을 지나갔다(正緳係履而過魏王).

위왕이 말했다(魏王曰). 「선생은 어찌 고달프게 살고 있오(何先生之憊邪)」.

장자가 대답했다(莊子曰). 「<저는> 가난할 뿐 고달프지 않습니다(貧也 非憊也). 선비에게 도와 덕을 행할 수 없는 것은(士有道德不能行) 고달픈 일입니다(憊也). <그러나> 옷이 해지고 신발이 터진 것은(衣弊履穿) 가난할 것일 뿐(貧也) 고달픈 게 아닙니다(非憊也)」."[104]

그리고 네 번째로 인용한 글에서 주목되는 바는 자신을 초빙한 왕의 사자에게 잘못된 권력에 영합하게 되면 일신의 파멸을 초래하게 된다는 이야기이다. 하지만 이 글은 해석의 방향에 따라 전혀 다른 의미를 띠게 되는데, 곧 그 차이점은 다음과 같다. 하나는 이 글을 순수하게 이해하여 권세를 무상하고 부질없는 것으로 부정한 입장으로 파악하는 것과 다른 하나는 전국시대를 전제로 하여 도가사상이 아닌 유가사상의 권력자에게 영합하는 것이 나중에 극단적 파멸을 초래할 것이라고 경고한 입

104) 장자 p389, 장자B p712~713

장으로 파악하는 것이다. 그런데 도가사상의 출현한 시기와 배경을 감안하면 후자에 가깝기 때문에 따라서 도가사상의 정체가 철저히 논구되지 않으면 안 되는 것이다.

> “어느 <왕이> 장자를 초빙했다(或聘於莊子). 장자가 그 사자에게 대답하여 말했다(莊子應其使曰). 「그대는 제물로 끌려가는 소를 보았는가(子見夫犧牛乎)? 아름답게 수놓은 옷을 입고(依以文繡), 풀과 콩을 먹었지만(食以芻叔) 막상 끌려 종묘에 들어갈 때(及其牽而入於大廟), 어찌 예사 송아지가 되겠다고 한들(雖欲爲孤犢), 그것이 이루어질 수 있겠는가(其可得乎)?」.”[105]

그런즉 도가의 인물들이 속세를 떠난 순수한 도인이라고 간주할 근거가 명확하지 않다면, 당연히 도가사상가들은 권력의 언저리를 맴돌면서 그들이 원하는 바를 추구하는 현재진행형의 인재들이거나 아니면 이미 권력의 핵심부에 진입하여 상당한 지위를 차지한 지식인들이 아닐 수 없게 된다. 왜냐하면, 우선적으로 그들이 속세를 떠난 은자들이었다면, 굳이 세속적인 정치적 발언을 해야 할 이유가 도대체 그들에게 있을 수 없었기 때문이다. 더 나아가 그런 경우와 달리 그들이 권력을 상실하여 재야에서 재기를 노리면서 천하를 주유하는 지식인들이었다면 굳이 자신들의 신분을 숨겨야할 이유가 도대체 그들에게 있을

---

105) ibid p550

수 없었기 때문이다. 오히려 만약 그들이 재야에서 정치혁신을 주장하겠다고 작심한 공명정대한 인물이었다면, 당연히 떳떳하게 묵자의 문도처럼 자신들의 정치적 그리고 사상적 입장을 충분히 그리고 명백히 밝히고서 시중에서 유세를 했을 것이다.

하지만 그들은 전혀 그렇게 하지 않고 가면 뒤로 얼굴을 숨기고서 글로써만 공자와 유가들을 공박하면서도 결코 유가들 앞에 자신들의 정체를 드러내지 않았다. 그러므로 그런 점 때문에 그들이 관직에 등용된 지식인들이라고 규정해도 잘못될 리가 결코 없게 된다. 즉 그들은 한때는 유가의 집단에서 유생과 행동을 같이 했기 때문에 자신의 신분을 철저히 숨겨야 할 필요가 있는 인물들로서 그리하여 그들이 익명으로 유가를 공박하고서 배척해야 했기 때문이라고 판단하게 되면, 당연히 그들은 한때나마 유가에 근거를 둔 그런 인물일 수밖에 없게 된다. 다시 말해 그들이 정치적인 야심이 극히 빈약한 재야의 인물들이었다면, 황제를 내세우고, 공자와 유가를 폄훼하고, 민중으로 하여금 조정을 불신하게 하여 민심을 이반시키는 그런 일을 결코 추진하지 않았을 것이기 때문이다. 만약 그들이 그런 부류의 인물이 결코 아니었다면, 당연히 그들이 떳떳하게 직접 자신들의 서적과 이론들은 세상에 공개적으로 발표하고 그리고 세상 사람들에게 가르쳤을 것이다. 그런데 그들은 전혀 그렇게 하지 않았기 때문에 그들의 사상 형성과정의 계통이 결코 명확하게 드러나질 않았다.

그런데도 불구하고 유가를 공박한 새로운 혁명적 발상의 저서가 역사의 무대에 전면적으로 등장했기 때문에 도가의 의도가 음흉한 것일 수밖에 없게 된다. 즉 인물에 대해서는 실체가 없으면서 그러나 그 반면에 서적에 대해서는 실체가 있기 때문에, 곧 그들이 자신의 신분의 노출을 꺼려하는 집단이라는 의심을 받지 않을 수 없게 된다는 점과 아울러 그리고 더 나아가 그들의 지식의 원천이 유가라는 것 이외에 달리 생각할 여지가 아예 없게 된다는 점이다.

그렇다면 당연히 그런 맥락은 단연코 그들이 유가와 밀접한 관계를 맺고 있는 인물이라는 것을 확신할 수 있게 만든다. 게다가 그들이 논어에서 거론한 은자의 존재를 잘 파악하고서 그리고 은자를 자신의 정체를 익명(匿名)의 존재자로 은폐하는 방법과 수단으로 잘 활용했기 때문에 더더욱 그러하다.

그런데 그 점이 역설적으로 도리어 도가 인물들의 비열하고 이중적인 처세술을 단적으로 보여 주는 꼴이 된다. 왜냐하면 글자를 잘 모르고 지혜도 부족한 어리석은 일반서민들이 감히 현학적인 형이상학적 책을 저술할 수가 없는데도 불구하고, 도가는 마치 자신들이 그런 가난하고 우매한 민중인 것처럼 위장했기 때문이다. 따라서 그들은 누구보다도 권력의 중심부에 진입해 있는 유생의 부류들이 아닐 수 없으며 그리고 고대통치노선의 양축인 덕치와 법치를 잘 알고 있는 유생의 부류가 아닐 수 없게 된다. 그래야만 그들이 형명학의 선비가 되고 법가의 선비가 되고 마침내 유가의 글귀로 유가를 쉽게 공박하면서도 자신을 은폐할 수 있는 도가의 선비도 될 수 있다. 만약 그들이 속세를 떠난 진정한 은자들이었다면 결코 정치에 관한 이야기를 하지 않았을 것이며 더 나아가 그들이 조정의 정치에 관한 일들을 그렇게 잘 알 리 만무한 일이며 따라서 세상에 자신들의 정치적 견해를 기록한 글을 남기지도 않았을 것이다.

따라서 도가와 도가의 사상을 제대로 꿰뚫어 보려면, 당연히 그들이 염세주의를 주장하는 허무주의자도 아니고 또 자유분방한 무정부주의자도 아니라는 점을 직시해야 한다. 또한 그들이 철저히 정치적인 인물이고 계산된 행동을 하는 인물이라는 점을 염두에 두어야 한다. 즉 그들이 어리석은 민중에게 다가가 그들의 지지를 획득하려는 고도의 계산된 전략에 의해 은자로서 행세했었다는 것이다. 다시 말해 가난하지만 절개가 꿋꿋하고 그러면서 대중을 위하는 인물로서 가장했었다는 것이다. 그러므로 그들이 내세우는 무위자연의 이론은 한편으로는 전국시대의 혼란에 염증을 내는 백성들의 심리에 교묘하게 파고 들어가서 그들이 가공한 가상의 인물인 황제(黃帝)가 백성들을 간섭하지 않고 그리고 백성을 편하게 해 주었던 참된 위정자라고 믿게 만들려는 도구이고, 또 다른 편으로는 주나라의 정통성과 유가의 노선을 부정하는 도구라고 말할 수 있게 된다. 그러면 우선적으로 그들이 결코 은자가 아니라는 점이 명백해져야 한다.

그런데 사마천의 사기열전에 나오는 노자는 결코 대중과 유리된 은자가 아니었다. 그렇다면 도가사상의 태두로 손꼽는 노자는 도대체 어떤 존재인가? 하는 의문점이 절로 가능해진다. 그 이유는 어느 누구도 노자의 인물을 제대로 알지 못했지만 그런데도 불구하고 도덕경의 서책이 세상에 객체로서 존재하였기 때문인데, 그러면 마땅히 그 책의 저자가 반드시 있어야만하기 때문이다. 하지만 저자가 누구인지는 세상 사람들에게 도무지 오리무중이었다. 그러기에 몇 가지 이야기가 그럴 듯하게 노자의 존재를 실존한 인물로서 설명하면서 세상에 유포되었지만, 그러나 그 설명들은 이리저리 따지고 들면 도저히 상식적으로 납득이 가질 않는 내용뿐이었다. 그 이유는 그렇게 유명한 저서가 그 저자와 문도의 정체가 도대체 전혀 드러나 있지 않은 채로 세상에 나돌고 있었기 때문이다. 그러므로 노자의 서책은 어떤 특별한 그들만의 이유 때문에 처음부터 신비를 가장하고서 세상에 등장했었다고 단연코 말할 수 있게 된다. 그리고 노자의 정체가 확실히 은폐되었다는 증거는 오히려 역설적으로 사마천의 사기에 실린 노자의 기록이 여실히 입증한다. 곧 실증적이어야 할 역사서책이 거꾸로 앞장서서 비실제적인 내용을 역사적 사실인양 오도한 점 때문이다.

그런즉 사마천의 사기의 기록은 아래의 의문점을 발생할 정도로 논리의 일관성을 갖추고 있지 않은 취약점 때문에 액면 그대로 수용될 수가 결코 없다.

곧 그 이유는 사마천의 설명대로 하면, 우선적으로 노자가 주나라 왕실에 근무한 철저한 기득권자로서의 지식인이 아닐 수 없었던 점 때문이다. 그러면 그는 다른 누구보다도 정보를 많이 가질 수 있었고 정치의 요체와 시대의 문제점도 제대로 직시할 수 있었을 것이다. 하지만 그는 시대를 바로 잡을 엄두조차 내지 않고 도망가 버렸다. 그러면서 그는 자기가 직접 적은 서책의 내용을 통해 공개적으로 난국의 시대상을 통렬히 비판했다.

그러면 도대체 누가 자기를 대신하여 무위의 도로서 세상의 어지러움을 수습해야 한다는 것인가? 하는 근본문제가 고스란히 그대로 도가의 행동양식에 남는다. 따라서 도대체 노자의 속셈이 무엇인지가 아리송하지 않을 수 없게 된다.

둘째는 사마천의 설명대로 하면, 노자가 당시의 주나라 사관 이외의 다른 자신의 신분을 끝까지 철저히 은폐시키고서 자신의 정체를 제대로 밝히지 않았다고 볼 수밖에 없는 점 때문이다. 즉 서책은 유포하되, 누구라도 그 책의 저자를 추적하지 못하도록 자신을 은폐시켰다는 점이다. 하지만 성문을 지키는 관령 윤희가 단번에 그를 알아보고 노자에게 도가사상을 청했다면 이미 그의 정체와 그의 사상이 세상에 널리 알려져 있는 것이어서 따라서 마땅히 감출 것이 없게 되는데, 그럼에도 불구하고 굳이 그렇게 감추어야 했다면 도대체 그 이유가 무엇인지가 의아스럽게 된다.

셋째는 사마천의 설명대로 하면, 노자는 자신의 사상을 간접적인 방식을 통해 시중의 대중들에게 자연스럽게 유포되도록 만든 게릴라식 전략을 구사했다는 점 때문이다. 곧 그가 관령 윤희를 정식제자로 삼지 않았다면, 당연히 관령 윤희는 한갓 도덕경을 전달한 역할만 수행한 인물일 수밖에 없게 되는데, 그러면 그가 도대체 그 심오한 사상을 세상에 전파할 적임자가 누구인지를 정확히 알고서 제대로 전달할 수 있었는지가 의아스럽게 된다. 더 나아가 그 경우에 있어서는 오히려 관령 윤희로부터 도덕경의 기록을 전달받은 인물이 누구인지가 분명히 알려질 수밖에 없게 되는데, 하지만 그렇지 않았기 때문에 모든 것이 의심스럽게 된다.

더욱이 더 이상스러운 의문점은 단적으로 도대체 그 심오한 문장을 어떻게 일개 수문장 정도가 단번에 그 문장의 요체를 깨닫고서 널리 전파시킬 수 있었겠는가? 하는 관점이다. 왜냐하면 그렇게 되려면 첫째는 노자의 명성이 세상에 널리 알려져 있어야 하고, 둘째는 관령 윤희의 지식이 탁월한 수준에 도달했어야 하고, 셋째는 그가 근무하는 장소에 노자의 글을 새길 수 있는 많은 목간이나 죽간이 준비되어 있어야 하기 때문이다.

만약 그렇지 않고 노자가 미리 준비한 것을 그에게 넘겨만 주었다면, 그리고 그렇게 했더라도 어쨌든 그는 노자가 인정할 정도의 우수한 지식인이어야 한다. 왜냐하면 그가 대단한 수준의 지식인이 아니었다면, 만남의 그 자리에서 노자에게 가르침을 청할 수 없었을 것이고 또한 그가 노자가 써준 문장을 곧장 읽고 곧바로 이해하는 경우가 결코 있을 리 만무했기 때문이다. 만약 관령 윤희가 그런 정도의 지식인이 아니었다면, 그는 반드시 그 목간을 들고서 시중에 돌아가 그 심오한 글의 뜻을 풀어줄 다른 지식인을 찾아갔어야만 했을 것이다. 그러면 노자가 목간을 들고 가서 지식인을 찾지 않으면 안 되는 그런 무식한 인물인 관령 윤희에게 도덕경을 써주어야만 했던 이유부터가 참으로 의아스럽게 된다.

더 나아가 그렇게 되면, 비록 노자는 사라졌지만 그러나 그 글을 전수받은 관령 윤희가 그의 최초의 제자가 되는 것이 마땅하고 그리고 그가 노자의 가르침을 유포한 당사자가 되는 것이 정당하다. 물론 그에게서 글의 해석을 부탁받은 그 선비도 관령 윤희와 더불어 노자의 제자가 된다는 결론조차 가능해진다. 하지만 역사적으로 그 당시 관령 윤희가 살고 있는 주나라 직할지의 어느 곳에서도 그런 징후가 전혀 없었기 때문에 의문만 쌓일 뿐이다.

더욱이 노자가 처음으로 그런 글을 남긴 것이라면, 노자에 대한 의문은 더욱 증폭되어지게 된다. 왜냐하면 만약 누군가가 이런 의문점을 반박하기 위해 노자가 이미 그런 자기 사상을 유포했다고 주장하게 되면, 당연히 노자가 살던 주나라에 이미 도가사상의 흔적이 남아 있어야 하기 때문이다. 곧 공자를 만나 한 수 지도한 성인이면서 또한 대학자인 노자의 흔적이 주나라 곳곳에 남아 있어야 하기 때문이다.

그 이외에도 또 다른 의문이 성립하는데, 그것은 공자는 노자의 사상처럼 새로운 경향의 사상을 담은 책을 써낸 저술가가 아니라 전래의 이념을 수호하려는 인물이었기 때문에 따라서 사마천의 기록대로 노자가 공자보다 나이가 많은 선배였다면 당연히 노자가 공자를 굳이 그처럼 심하게 공박할 이유가 만무하였다는 점이다. 그러면 마땅히 노자와 그의 사상은 춘추시대에 공자가 가르친 개별적 가르침과 상관없이 고대왕조의 통치이념을 직접 공박한 인물이고 또한 사상이어야 정당하게 되는데, 그러나 춘추시대의 어느 기록에도 그런 정황이 전혀 없다는 점이다. 그러므로 도가사상가들은 공자가 고대왕조사상을 명확히 재정비하여 제자들에게 가르친 이후에야 그리고 주나라를 전복할 분위기가 무르익은 이후에야 비로소 전국시대에 이르러 등장한 인물들이 아닐 수 없게 된다.

그 다음으로 열자는 어떤 존재인가? 하는 의문도 의아스럽기가 마찬가지이다. 곧 아래의 글은 통상적으로 알려진 열자의 소개인데, 물론 이 내용도 열자와 장자에 나오는 이야기에서 유래된 것일 뿐이다.

「열자(列子)는 노자(老子), 장자(莊子) 등과 함께 도가사상(道家思想)을 담고 있는 중국의 고전으로 전국시대(戰國時代) 열어구(列)禦寇가 지었다고 전해지는 책이다. ≪열자≫를 지었다는 열자(列子)는 열어구를 존중하여 부른 호칭으로 성(姓)은 열(列)이고 이름은 어구(禦寇 또는 圉寇, 圄寇)라고 불리었던 인물이다. 춘추시대(春秋時代) 사람이라는 설도 있지만 대체로 전국시대 정(鄭)나라 사람으로 정나라의 재상인 자양(子陽)과 같은 시대, 즉 기원전 389년경에 살았으며 장자(莊子) 이전의 사람으로 알려져 있다」.

그런데 열자의 명칭으로 기술된 서적의 첫머리에는 도가의 정체를 여실히 보여 주는 4가지 중요한 점이 기술되어 있다.

첫째는 자신의 존재를 스스로 기술하고 있는 점이다. 그런데 아래의 문장에서 자열자(子列子)에서의 자(子)의 글자 때문에 이 글이 오히려 열자의 제자가 쓴 글이 아닌가 하는 추측을 가능케 하지만, 어쨌든 열자의 존재는 앞에서 인용한 바대로 정나라 보전에 살았다는 것이다. 그런데 이것이 다른 곳도 아닌 열자 자신의 서책에 수록되어 있기 때문에 곧 이 기록이 열자의 정체를 살필 수 있는 주된 근거가 아닐 수 없게 된다.

둘째는 열자에게도 호구자림이란 스승이 있었고 그리고 열자의 지식도 이미 이전부터 시중에 유포되어 있었든 것으로서 기술하고 있는 점이다.

"…제자가 말했다(弟子曰弟子曰). 「선생님께서 이번에 가시면 언제 돌아오실지 모르오니(先生往無反期先生往無反期) 제자는 감히 뵙고자 합니다(弟子敢有所謁). 선생님께서는 무엇을 가르쳐 주시렵니까(先生將何以教). 선생님께서는 호구자림의 말씀을 듣지 않으셨습니까(先生不聞壺丘子林之言乎).」

열자는 웃으면서 말했다(子列子笑曰). 「호구자림께서 무슨 말씀을 하였겠느냐(壺子何言哉). 그러나 언젠가(雖然雖然) 백혼무인에게 이야기하시는 것을(夫子嘗語伯昏瞀人) 나는 옆에서 들은 적이 있다(吾側聞之). 그것을 말해 보마(其言曰)」.

셋째는 도가이론의 요체를 명확히 기술한 점이다. 곧 그의 서책의 전반부가 음양론에 의거하여 도가사상의 요체를 잘 설명한 점이다.

넷째는 이 모든 이론이 황제서(黃帝書)에서 비롯되었다고 기술하여 도가가 곧 황로학임을 밝히고 있는 점이다. 왜냐하면 열자가 노자의 도덕경 6장의 문장[106] 앞에 '황제서가 말한다(黃帝書曰)'는 말을 덧붙이고 그리고 그에 대한 해설을 하였기 때문이다.

"황제서가 말한다(黃帝書曰), 「곡신[107]은 죽는 법이 없으며(谷神不死) 현빈[108]이다(是謂玄牝). 현빈의 문은(玄牝之門) 천지만물의 근원으로 일컫는다(是謂天地之根). 면면히 있는 것 같아(綿綿若存) 써도 지치지 않는다(用之不勤)」.

그러므로 사물의 생성은 생성이 아니고(故生物者不生) 사물의 변화는 변화가 아니다(化物者不化). <만물은> 저절로 생성·변화하고(自生自化) 저절로 형태와 빛깔을 지니며(自形自色) 저절로 지각과 힘을 지니고(自智自力) 저절로 없어지고 생기고 있을 뿐이다(自消自息). 이것을 생성·변화·형태·빛깔·지각·힘·소멸·생기라고 말하는 것은(謂之生化形色智力消息子) 잘못이다(非也)."[109]

그러므로 열자가 노자 제 6장에서의 내용 그대로 기록하면서

---

106) 노자 p58
107) 텅 비워 아무 것도 없는 상태
108) 현묘(玄妙)한 암컷
109) 열자 p26

그 첫머리에서 황제서(黃帝書)라고 기록한 이 말이 곧바로 도가가 황로학이라는 중요한 사실을 밝히는 확실한 증거가 아닐 수 없게 된다. 더 나아가 도가가 곧 황로학이라는 것이 분명히 드러남으로서 그들의 의도마저도 또한 분명해진다.

그리고 노자의 도덕경이 황제서인지 아니면 노자의 도덕경의 내용조차 열자처럼 황제서(黃帝書)에서 인용한 것인지를 분별해보면, 그로부터 도가의 정체가 더불어 드러나게 된다.

더 나아가 '열자'서적에서 열자를 지극히 가난하면서도 저명인사로서 설명한 점도 주목된다. 왜냐하면 이 점으로부터 어떻게 그들이 호구지책을 해결했는가? 하는 의문점이 발생하기 때문이다. 즉 그가 진정으로 가난했다면 어떻게 학문을 익힐 수 있었으며 그리고 그 나라의 고관들이 그가 지닌 선비로서의 가치를 어떻게 미루어 알 수 있었겠는가? 하는 의문점이 발생하기 때문이다. 곧 앞에서 인용한 아래 글은 열자뿐만 아니라 장자에도 실린 글인데, 그러면 도가의 정체가 분명해지게 된다. 곧 그들끼리는 서로의 정체를 잘 알고 있었다는 점이다.

"열자가 살림이 궁한 나머지(子列子窮) 외모에까지 굶주린 빛이 나타나기에 이르렀다(容貌有飢色). 외부의 제삼자가 이것을 정의 재상인 자양에게 말했다(客有言之鄭子陽者 曰). 「열자는 아마도 도가 있는 선비인데(列禦寇 蓋有道之士也), 재상인 당신이 있는 나라에서 궁핍하다면(居君之國而窮) 재상인 당신이 선비를 소중히 여기지 않는 것이 되지 않겠습니까(君無乃爲不好士乎).

정자양이 즉시 관리에게 명하여 좁쌀을 전했다(鄭子陽卽令官遺之粟) 열자가 나와서 사자를 보고서는(子列子出見使者) 절을 두 번하고 나서 사양했다(再拜而辭). 사자가 돌아가고 열자가 안으로 들어오자(使者去 子列子入) 그 부인은 그것을 원망하면서 그리고 가슴을 두드리면서 말했다(其妻望之而拊心曰).「첩은 도가 있는 사람의 처자는 모두 안일을 얻는다고 들었습니다(妾聞有道者之妻子 皆得佚樂). 지금 굶주린 기색을 하고서도(今有饑色), 재상이 미안한 마음으로 그래서 선생에게 식량을 전달한 것을 선생은 받지 않았는데(君遇而遺先生食 先生不受) 어째서 재상의 명을 따르지 않았습니까(豈不命也哉)?」.

열자가 웃으면서 그것에 대해 말했다(列子笑 謂之曰). 「재상은 스스로 나를 모르면서(君非自知我也) 남의 말만 듣고서 나에게 좁쌀을 전달했으니(以人之言), 장차 남의 말만 듣고서, 그 죄가 나에게 미칠 수 있다(至其罪我也 又且以人之言). 이것이 내가 받지 않은 까닭이요(此吾所以不受也)」.

그 끝에 가서(其卒), 백성들이 과연 난을 일으켜서(民果作難) 자양을 살해했다(而殺子陽).”[110]

그런데 이런 문장들이 도가사상가들이 스스로 자신의 신분을 드러내지 않고 자신들의 사상만 익명으로 세상에 알리고 싶어 한 인물들이었다고 판단할 수 있게 해주는 결정적인 근거가 된다는 점에서 대단히 역설적이다. 왜냐하면 노가를 따르는 문도들이 공개적으로 노자를 공식적 스승으로 삼고 당당하게 출발했었더라면, 당연히 열자도 노자를 황제의 정신을 계승한 스승이나 또는 선배로서 인용했을 것이기 때문이다.

그런데 그들은 서로 그렇게 하질 않았다. 그러므로 열자가 노자의 내용은 그대로 인용하면서도 그 내용이 노자가 아니라 황제서(黃帝書)에 있는 것이라고 기록하였고 그리하여 그 점은 당연히 대단히 중요한 의미를 담게 된다. 왜냐하면 그 점은 한편으로는 노자가 황제사상을 무관한 서적이었는데도 불구하고 후인들이 노자의 내용을 자기 멋대로 이용했거나 아니면 또 다른 편으로는 노자의 책도 이전의 형성된 황제의 사상에서 무위자연의 이론만 고스란히 별도로 담아 누군가가 시중에 유포하였던 것이 아닌가? 하는 의문점을 갖게 해주기 때문이다.

그렇다면 노자와 열자에 비해 장자는 어떤 존재인가? 하는 점도 마찬가지의 의혹을 지니게 된다. 그런데 역시 장자도 그 정체가 애매한 인물로서 실존여부조차 심히 가늠하기 어려운

---

110) 열자 p243 및 장자 p504

인물이었다.

어쨌든 열자는 노자를 거론하였어도 장자를 거론하지 않았지만, 장자는 도가사상가의 삶을 열자의 모습으로 묘사했다. 하지만 그런 설명은 오히려 도가의 그 진정한 면모가 은폐되어 있음을 명확히 보여 주는 객관적 증거가 될 뿐이다. 왜냐하면 장자가 열자를 어떻게 그렇게 잘 알 수 있었겠는가? 하는 의문점 때문이다. 단지 이 글이 암시하는 바는 열자가 장자보다 앞선 인물일 수밖에 없었다는 점뿐이다.

> "…이런 일이 있은 후(然後) 열자는 자기가 아직 도의 초입에도 이르지 못했음을 느낀 나머지(列子自以爲未始學) 그래서 집에 돌아와(而歸) 3년이나 문밖에 나가지 않았다(三年不出). 아내를 대신하여 밥을 짓고(爲其妻爨) 사람이 먹는 것처럼 돼지를 먹였다(食豕如食人). 그리고 모든 세속적인 일에 손을 떼고 허식을 버려 자연 그대로인 소박함으로 돌아갔다(於事無與親). 그리하여 마침내 고요히 홀로 속세를 떠나 고목 같은 형태로 살았고(塊然獨以其形立) 모든 것을 혼돈에 능히 일임한 채(紛而封戎) 그대로 생애를 마쳤다(一以是終)."[111]

그러므로 이 문장의 기록은 도가가 정치노선의 전면에 결코

111) 장자 p248

나서지 않고 그대로 세상을 떠났다는 것을 세상 사람들에게 믿게 하려고 은폐공작을 펼친 명확한 증거가 아닐 수 없게 된다. 또한 그렇기 때문에 역설적으로 도가의 위장전술은 더 더욱 비판의 대상이 될 수밖에 없다.

제2장 황로학으로 변신한 도가는 정치적으로 무엇을 추구했는가?

논구초점 : 왕조의 통치자는 하늘에서 빛과 열을 공급하는 태양처럼 일반백성들에게 생활에 필요한 정보를 제공해주고, 그리고 지구가 자전과 공전을 하면서 밤낮을 바꾸어 주고, 계절을 바꾸어 주고, 기후를 바꾸어 주듯이 일반백성들의 생활환경을 바꾸어주어야 한다.

그러면 도가의 성현도 태양이 빛과 열을 발산하듯이 일반백성들의 생활환경을 바꾸어 주어야 한다. 만약 그렇지 않다면, 도가의 사상은 참으로 자연형이상학과 도덕형이상학의 본질을 오도한 가르침이 된다.

정책(政策)제도(制度)는 그 정책과 제도를 관장하는 위정자(爲政者)와 구별된다. 따라서 위정자가 다스리는 정치를 잘된 경우와 잘못된 경우를 평가할 적에는 그 평가방식을 다음과 같이 나누어 진행해야 마땅하다.

①좋은 정책과 제도와 좋은 위정자

②좋은 정책과 제도와 나쁜 위정자

③나쁜 정책과 제도와 좋은 위정자

④나쁜 정책과 제도와 나쁜 위정자

그런데 춘추전국시대의 발생은 ①과 ④의 경우가 아니므로 당연히 ②와 ③의 경우에서 찾지 않으면 안 된다. 그리고 그 경우에서 유가의 입장은 ②의 입장인 반면에 도가의 입장은 ③의 경우에 해당된다. 즉 유가는 주나라의 예법은 나무랄 데가 없는데 비해, 위정자들이 무도하여 난국을 초해하였다고 보는 것이고, 그와 정반대로 도가는 위정자들을 나무라는 대신에 그 모든 원인이 제도에 있다고 비난하면서 동시에 난국의 책임도 주나라의 예법을 수호하는 공자와 유가에게 그 모든 책임을 전가하였던 것이다. 그리고서 도가는 요·순임금의 역사관 대신에 황제의 역사관을 내세우면서 새로운 왕조의 필요성을 역설하였다.

그러면 이로부터 발생하는 의문은 황제사관이 왜 새로운 왕조의 등장을 예고하는 근거인가? 하는 의문점이다. 그리고 이 점에 대해서는 줄기차게 본서는 무위자연의 이론이 곧 그 근거라고 논구하였다. 왜냐하면 도가가 무위자연의 이론은 요·순임금이 수립한 왕도정치의 이념을 전면적으로 배척하고 그 대신 황제를 역사의 전면에 내세운 무위자연론을 통치이념으로 자리매김하려고 하였기 때문이다. 다시 말해 그들은 난국의 모든 혼란의 원인이 황제의 노선을 이탈한 요·순임금의 통치노선에서 비롯된 것으로서 따라서 그 잘못이 누적되어 지금의 전국시대가 도래하였다고 주장하였기 때문이다. 그리하여 그들이 이와 같은 폐단을 청산하기 위해서는 당연히 무위자연의 도를 깨친 인물 곧 도가가 말하는 성현을 구심점으로 삼은 새로운 통치이념, 새로운 통치노선을 지향하는 새로운 왕조의 등장이 불가피하다는 주장을 폈기 때문이다. 그런즉 새로운 왕조의 출현은 전국시대의 관점에서 바라보면 마땅히 도래해야할 새 시대의 개

막이겠지만, 그러나 도가들의 주장대로라면 오히려 그 결과는 원래대로 황제의 노선으로 되돌아가는 경우에 해당될 뿐이다.

그리하여 유가의 선비들을 궁지로 내몰고간 도가의 선비들은 자신들의 의도대로 다른 어느 누구도 깨칠 수 없는 무위자연의 도를 지녀야만 차지할 수 있는 오직 하나 뿐인 유아독존의 자리인 황제(皇帝)의 관을 진나라 왕에게 씌웠다. 그러면 가장 원초적인 의문점이 발생하는데, 그것은 요·순임금 이래의 정치가 극히 잘못된 것이었다면 왜 그동안 황제의 정치노선을 계승한 도가의 성현이 세상에 나서서 잘못된 왕조들의 통치방식에 적극적으로 반격을 취하지 않았으며, 또한 걸과 주왕의 악행이 초래한 난국을 수습한 탕과 문·무왕이 왜 올바른 황제노선을 따라가지 않고 그 반대로 올바르지 않은 요·순임금의 통치노선을 따라갔는가? 하는 의문점이다. 그리고 왜 전국시대에 이르러서야 비로소 무위자연의 이론과 더불어 황제사관이 등장해야만 했는가? 하는 의문점이다.

그러므로 이런 의문을 교묘히 피해가면서 그들의 이론을 세상에 유포시킨 도가의 전략과 전술은 도덕적 측면에서 철저히 논구되어야 한다. 곧 그것은 자신의 의도를 교묘히 은폐하기 위한 전략과 전술에 따라 등장시킨 갖가지 심리적인 공격방식이다. 그런데 지금에 이르러서도 그런 심리적인 방책들이 아이러니컬하게도 오히려 도가를 더욱 신비스럽게 감싸고서 도가를 옹호하는 기능을 발휘하니, 학문적으로 보면 심히 안타까울 뿐이다. 따라서 그런 도가의 전략·전술을 간과하고서 도가사상의 본질을 따지게 되면, 결코 도가의 실체가 제대로 드러날 수 없게 된다.

그런즉 도가가 무지의 오류를 적절히 구사하면서 내세운 무위자연사상의 특색은 다음의 각별한 관점에 따라 면밀히 검토되어야 한다.

1. 무위자연의 도는일반인들에게 언감생심의 이론이므로, 일반인들은 도저히 그 허실을 전혀 따질 수 없는 사상이다.
2. 무위자연의 도는 평범한 인간이 체득할 수 없는 자연의 근본 원리를 전제하므로, 당연히 무위자연의 도를 깨친 위정자는 남달리 모든 미래를 예견하고서 시의 적절하게 대응하여 문제를 해결하는 신비한 능력을 지닌 인물이다.
3. 난세의 난국에 그렇게 신속하고 적절히 사태에 대응하는 도가의 성현은 당연히 자신의 주관적 생각과 욕심을 버리고 마음을 비운 상태에서 본질을 정확히 직시하고 문제해결의 방책을 제시할 수 있는 능력을 갖추고 있다.

제1절. 유가에게 정국혼란의 책임을 전가하는 일

논구초점 : 혼란이 발생하면 누군가가 책임을 져야 한다. 그런데 춘추전국시대의 혼란을 야기한 책임을 왜 하필 유가가 짊어져야만 하는가? 그리고 유가의 조종인 공자는 단지 소국인 노나라의 대부였을 뿐인데도 불구하고 책임소재의 한 복판에 유가가 우뚝 서야만 하는가? 그리하여 설령 공자가 노나라의 실력자라고 가정하여도, 노나라가 춘추오패의 강국도 아니었기 때문에 당시

의 혼란은 노나라가 짊어져야할 책임도 아니었는데도 불구하고, 왜 공자와 그의 추종자인 유가가 난국을 초래한 책임을 져야 하는가? 그 뿐만 아니라 오히려 공자가 춘추시대에 대체로 홀대받았고, 더 나아가 전국시대에 이르러서는 맹자마저 지극히 배척받았는데, 어떻게 그런 배척을 당한 유가가 그 혼란의 책임을 짊어져야 하는가? 하는 의문점에 대해 여전히 도가의 주장에 입각하여 누군가가 유가가 그 책임을 떠맡아야 한다고 주장하게 되면, 그 말은 참으로 해괴한 경우가 아닐 수 없게 된다.

그럼에도 불구하고 여하튼 도가는 춘추전국시대의 혼란의 책임을 공자와 유가의 유생들에게 돌렸다. 그러면 공자와 유가의 유생들에게 춘추전국시대가 야기한 난국의 책임을 떠넘기려는 그들의 의도는 대단히 중대한 역사적 의의를 지니지 않을 수 없게 된다. 왜냐하면 도가와 달리 유가가 통일왕조의 주인공이 되려는 뭇 제후들에게 주공 단(周公旦)의 역할을 주문하였을 적에, 뭇 제후들이 긍정적인 마음가짐으로 유가의 건의를 도저히 수용할 수 없었고 또한 하지 않았기 때문이다.

다시 말해 모든 책임소재가 주나라의 권위에 불복한 제후들의 야심, 과욕, 부도덕성에 있었음에도 불구하고 오히려 도가의 선비들이 왕도정치의 예법을 수습책으로 내세운 유생들을 사회갈등의 원인제공자로 내몰고간 세력들이었기 때문이다. 즉 그들이야말로 오히려 난국의 사태를 더 혼란스럽게 조성하고 드디어는 권모술수의 방법이 아니고서는 난세의 수습이 도저히 불가능한 상황으로까지 내 몰고 간 당사자들이었기 때문이다. 곧 그런 그들이 주나라의 번잡한 예법을 어지러운 정국의 전면에 내세우고 그리고 그로 인해 사회가 분열과 갈등에 휩싸인 것처럼 진상을 오도하면서, 그리고서 이 잘못을 바로 잡기 위해서는 필히 새로운 왕조가 등장하여 새로운 사회질서를 집행해야 한다는 당위성을 설파하면서 세상의 인심을 휘어잡으려고 행동하였던 점 때문이다.

그러므로 유가를 공박한 일의 단초를 제공한 인물이 비록 묵자라고 할지라도, 그러나 그런 묵자와 전혀 다른 의도를 가지고서 유가를 극구 배척하려고 나선 핵심세력과 주동자들이 바로 황로학의 주축인 도가사상가들이라고 말해야 마땅하게 된다.

그러면 당연히 그 당시의 유생들이 즉각 자신들에게 쏠린 혼란의 혐의를 적극적으로 해명했어야 했는데, 그럼에도 불구하고 맹자를 비롯한 몇 사람을 제외하고는 전혀 그렇게 행동하지 않았다. 그런즉 그나마 전국시대 말기에 순자가 그 혐의를 적극적으로 방어하지 않았다면, 하여간 유가는 장자가 의도한 바대로 '군주를 시해한 부도덕한 신하가 왕위를 차지하고 유지하도록 용인한 위선적 집단'이라는 오명과 불명예를 감수해야만 했을 것이다.

도가사상가들은 책임소재의 본질을 규명하기보다는 오히려 그 결과만 가지고서 거꾸로 책임을 전가하는 전략을 구사하면서, 춘추전국시대가 처한 난세의 책임을 유가에게 전적으로 뒤집어씌웠다. 그것은 극히 잘못된 논점이탈의 오류이지만, 그럼에도 불구하고 도가의 탁월한 전략에 휘말린 유가들은 그 점을 제대로 인지하지 못했고 그리하여 적극적으로 대체하지 못했기 때문에 마침내 전국시대의 말엽은 황로학이 득세하는 정세가 되었다. 하지만 역설적으로 그런 어처구니없는 정세를 성공시킨 도가의 논법이 얼마나 비상식적이었는지는 도가의 글이 스스로 확인시켜주기 때문에 철저히 그 점이 논구되어야 한다.

그런즉 도가는 우선적으로 유가의 가르침이 난세의 주범이라는 주장을 폈는데, 그 내용들이 언뜻 듣기로는 너무도 그럴싸하여 일반백성들이 현혹되지 않을 수 없었다. 그리고서 도가는 그 책임을 묻는 단계에 이르러서는 상식적으로는 도저히 용납될 수 없는 역리(逆理)의 주장을 폈었다. 그렇더라도 여하튼 그들은 역설적인 논법으로 혼란의 상황에 처해 고통을 겪고 있는 일반백성들의 가슴에 와 닿도록 만드는 이야기를 짜임새 있게 잘 구성하였기 때문에, 대단한 설득력을 지닌 그 말의 효력은 지극히 선동적이 아닐 수 없었다. 단적으로 열자 설부(說符)편의 글이 그 점을 확연히 보여 준다.

"양주가 말했다(楊朱曰). 「선을 행하는 것은 명예를 얻기 위해서는 아니지만(行先不以爲名) 그러나 <선을 행하면> 명예가 따른다(而名從之). 명예는 이익이 주어지기를 기대하는 것이 아니지만(名不與利期) 그러나 <명예가 있는 곳에는> 이익이 따르게 된다(而利歸之). 이익은 남과 다투기를 바라지 않지만(而不與爭期), 그러나 <이익을 추구하면> 남과 다투는 일에 이른다(而爭及之). 그러므로(故) 군자는 반드시 선을 행하는 것을 삼간다(君子必愼爲善)」."[112]

112) 열자 p259~260

그런데 그들이 전개한 이런 역발상의 주장은 그 이면을 주의 깊게 들여다보지 않으면, 결코 그 진위를 도저히 쉽게 알아챌 수 없는 다른 의도를 감추고 있었다. 곧 그것은 곧 새로운 역사관에 의한 새로운 체제의 수립, 다시 말해 새로운 통일왕조의 수립이었다. 그런 논법의 전개는 장자에게서 두드러지는데, 곧 장자는 직접적으로 자신의 의도를 곧바로 설명한 것이 아니라, 가공의 이야기를 구성하여 대중의 가슴과 뇌리에 파고 들어갔기 때문에 따라서 그 점이 전국시대의 전개과정과 맞물려 주목 대상이 되는 것이다.

곧 아래의 글처럼 장자가 지극히 역설적인 논법을 구사하여 기존의 가치관을 송두리째 뒤흔들기 위해 만든 가공의 이야기가 바로 그것이다. 그런데 이 글은 해석하기 나름에 따라 이렇게도 될 수 있고 저렇게도 될 수 있도록 만든 문장이다. 즉 이렇게 보면 지극히 부정적이고 저렇게 보면 지극히 긍정적인 의미로 해석될 수 있는 문장인 것이다. 다시 말해 권신 전성자(田成子)가 나쁘다는 말일 수도 있고, 아니면 세상이 그렇고 그런 것이니까 권신 전성자(田成子)가 나쁘지 않다는 말일 수도 있는 문장이다.

"……세상에서 말하는 지혜로운 사람이란(世俗所謂知者) 큰 도둑을 위해 물품을 모아 주는 자가 아닌가(有不爲大盜積者乎), 성인이란(所謂聖者) 큰 도둑을 위해 이것을 지켜 주는 자가 아

넌가(有不爲大盜守者乎)

무엇으로 그러함을 아는가(何以知其然邪)?…………

그런 차에(然而) <권신> 전성자가 갑자기 반란을 일으켜 제나라 임금을 죽이고(田成子一旦殺齊君) 그리고 그 나라를 도둑질해 버렸다(而盜其國). 훔친 것은(所盜者) 그 나라만이 아니었다(豈獨其國邪). 성인이나 지혜로운 이가 제정한 법도까지 아울러서 훔쳐버렸다(並與其聖知之法而盜之). 그러므로(故), 전성자는 도둑이란 이름은 붙였지만(田成子有乎盜賊之名) 능히 일신은 요순의 평안함에 처했고(而身處堯舜之安) 작은 나라들은 감히 비난하지 못했고(小國不敢非), 대국도 감히 그의 죄를 물을 수 없었다(大國不敢誅). <그의 자손은>12대에 걸쳐 제나라의 왕이었다 (十二世齊國). 곧 이것은 도리어 제나라와 성스러운 법을 아울러 훔쳐서 도적이나 다름없는 자의 일신을 수호한 것이 아니겠는가(則是不乃竊齊國 並與其聖知之法以 守其盜賊之身乎)"[113]

그런데 이와 같은 역설적 논법을 구사한 장자는 그 정도에서 말을 그치지 않고 더 나아가 느닷없이 4명의 현인의 비참한 죽음을 들먹이고 나서, 유명한 도척의 입을 빙자(憑藉)하여 유가의

---

113) ibid p262 - 殺는 죽일 살이 아니라 윗사람 죽일 시로 읽어야 한다.

가르침을 극단적으로 희화시킨다. 따라서 그런 도척의 이야기야말로 도가사상가들의 전략이 엿보이는 중요한 예증이라고 말할 수 있다. 왜냐하면 재미있게 구성된 그 이야기는 대중들에게는 너무도 큰 충격적인 것이어서, 곧바로 그들의 뇌리에 깊이 각인되어 시중의 무리에게 회자되는 일반상식인 것처럼 될 수 있었기 때문이다. 곧 규범에 의한 구속을 싫어하고 방자한 생활방식으로 살아가고 싶은 대중들에게는 기존의 사회규범을 다른 시각으로 바라볼 수 있게 한 도척의 이야기는 그들이 탄복하고서 매료되지 않을 수 없는 사상이었기 때문이다. 다시 말해 장자의 이야기는 그런 부류의 일반백성들에게는 지극히 잘못된 자신의 행위를 적극적으로 변론할 수 있는 근사한 이론이 될 수 있었기 때문이다.

"………그러기에 도척의 졸개가 도척에게 물었다(故跖之徒問於跖曰). 「도둑에게도 도가 있습니까(盜亦有道乎)?」

도척이 말했다(跖曰). 「어떤 일인들 도가 없을 수 있겠는가(何適而無有道邪)? 무릇 집안에 간직한 재물을 밖에서 추측하는 것은 성이다(夫妄意室中之藏 聖也). 선두에 서서 남의 집에 들어가는 것은 용이다(入先 勇也). 맨 나중에 나오는 것은 의다(出後義也). 성공여부를 판단하는 것은 지다(知可否 知也). 고르게 분배하는 것은 인이다(分均 仁也). 이 다섯 가지를 구비하지 못하고서(五者不備) 능히 큰 도둑이 된 자는 천하에 있지를 않았다

(而能成大盜者天下未之有也).……………………………성인이 나타났기에 그래서 큰 도둑이 생겼다(聖人生而大盜起). 성인을 없애고 도둑이 들끓도록 내버려 둔다면(掊擊聖人 縱舍盜賊), 능히 천하는 다스려지기 시작할 것이다(而天下始治矣).

무릇 개울물이 마르면서 골짜기가 삭막해지고(夫川竭而谷虛), 언덕을 평평히 하면서 못이 매몰되는 것처럼(丘夷而淵實), 성인이 죽어 버리면(聖人已死) 곧 큰 도둑도 생기지 않아서(則大盜不起) 천하는 태평하여 아무 일도 없어질 것이다(天下平而無故矣).

성인이 죽지 않는 한(聖人不死), 큰 도둑은 끊어지지 않을 것이니(大盜不止) 비록 성인이 계속 나타나서 그리고 세상을 다스린다고 해도(雖重聖人而治天下) 곧 그것은 결국 도척 같은 큰 도둑만 계속 이롭게 하는 결과가 될 것이다(則是重利盜跖也)."[114]

따라서 도가가 난세의 정국을 혼란하게 만든 모든 책임과 그 죄를 유가에게 전가한 극적인 전략을 이처럼 장자가 도척의 입을 빌어 공자를 도적과 같이 묘사한 부분에 이르러서 가히 절정을 이루었다고 말할 수 있게 된다. 곧 공구(孔丘)인 공자의 이름 대신에 도구(盜丘)라고 한 대목이다.

114) ibid p263

"천하는 무슨 까닭으로 너를 도구라 부르지 않고(天下何故不謂子爲盜丘), 오히려 나를 도척이라고 부르고 있다(而乃謂我爲盜跖)."[115]

그런즉 도가가 유가를 배척하기 위해 폄하하는 작업은 노자의 저서인 도덕경과 열자의 저서인 열자를 거쳐 장자의 저서인 장자 도척(盜跖)편에서 가히 절정을 이루었다고 말해도 결코 잘못일 수 없게 된다.

하지만 그런 가공의 이야기는 도리어 그런 비유 때문에 도가의 정체를 의심받지 않을 수 없게 만드는 전거가 된다. 왜냐하면 장자의 도척(盜跖) 편은 이미 앞에서 언급한 바처럼, 유가의 사정에 지극히 정통하지 않고서는 도저히 가공할 수 없는 글이기 때문이다.

그러므로 도척의 이야기의 착상은 단연코 논어 제 17장 양화(陽貨)에 기록된 글에서 비롯되었다고 말할 수 있게 되는데 그 이유는 다음과 같다. 우선 양화란 인물은 노나라 계(季)씨의 가신으로서 이름은 호(虎)이다. 그는 자신의 주군 계환자(季桓子)를 배신하고서 BC502년에 반란을 일으켰다가 실패하고서 도주했다가 마지막에는 진(晉)나라 조앙(趙鞅)의 가신이 되었는데, 그는 훗날 진나라가 한·위·조 세 나라로 삼분되는 모반에 일조

115) ibid p518

한 인물로서 전국시대 하극상의 전형적인 인물이었다. 따라서 그런 이력을 지닌 인물을 공자가 만난 사실을 기록한 논어 제17장에서 또 다른 사건인 양호의 가신인 공산불우(公山弗擾)가 주군을 모반하고서 공자를 초빙하였을 때 마땅히 그곳으로 가려한 공자의 입장을 기록해 두었는데, 바로 그 경우가 대단히 역설적일 수밖에 없기 때문에 도척의 범례가 될 수 있게 된다. 곧 도저히 장자가 도척에게 간 공자의 이야기를 어떤 계기도 없이 단독으로 착상했다고 볼 수 없기 때문인데, 그러면 이 글이 장자에게 도척의 발상을 착안할 수 있게 하는 동기를 충분히 지니고 있는 글로서 당연히 주목대상이 아니 될 수 없게 된다.

"공산불우가 비읍에서 반란을 일으키고(公山弗擾以費畔), <공자를>초청하자(召), 공자께서 가려고 했다(子欲往).

자로가 <그 일을>기뻐하지 않으며 말했다(子路不說曰). 「가실 곳이 없으면 그만이지(末之也已), 하필이면 공산씨에게 가시려고 하십니까(何必公山氏之之也)?」

공자께서 말했다(子曰). 「무릇 나를 부르는 자가(夫召我者) 어찌 하릴없이 하겠느냐(而豈徒哉)? 만약 나를 써 주는 자가 있다면(如有用我者), 나는 마땅히 동주를 만들 것이다(吾其爲東周乎)."[116]

116) ibid p343~344

더욱이 이 글은 논어에서 한 번으로 끝나지 않고 같은 장에서 아래의 글로서 두 번씩이나 경우를 달리하여 기록되었는데, 따라서 그런 경우가 대단히 이례적인 사실인 만큼 당연히 그 사실은 역설적으로 이 내용이 그만큼 중요한 의미를 지니고 있다는 점을 시사(示唆)하게 된다. 곧 그 이유는 다음의 두 가지 점 때문이다. 하나는 공자가 말로만 하는 단순한 학자가 아니라, 행동으로 실천하려는 지행합일의 학자인 점 때문이다. 또 다른 하나는 발생한 반란을 진압하는 것도 중요하지만, 반란을 수습하는 과정에서 공자는 그들에게 주나라의 정치이념을 일깨워 그것을 회복시키려고 의도한 점 때문이다. 그렇기 때문에 장자가 도척을 내세워 공자의 그 의도를 철저히 분쇄하려고 하였다고 유추해도 무방해진다.

"필힐이 초빙을 하니(佛肸召), 공자께서 가려고 하였다(子欲往).

자로가 말했다(子路曰). 「옛날에(昔者) <유>제가 선생님께 들었는데(由也聞諸夫子), <선생님께서>말했습니다(曰). 친히 그 몸에 좋지 않는 행동을 하는 자에게는 (親於其身爲不善者) 군자는 들어가지 않는다(君子不入也). 필힐이 중모읍을 가지고서 반란을 일으켰는데(佛肸以中牟畔), <공자>선생님께서 가시려고 하시니(子之往也) 어찌해서입니까(如之何)」.

(子曰). 「그렇다(然). 그렇게 말을 한 적이 있다(有是言也). 변하지 않는다고 말하지 않았느냐(不曰堅乎)! 갈아도 능히 얇아지지 않는다(磨而不磷). 희다고 말하지 않았느냐(不曰白乎)! 검은 물을 들어도 검어지지 않는다(涅而不緇). 내가 어찌 <박과의 한 해살이 덩굴 풀>박이 <주렁주렁>이어 달렸어도(吾豈匏瓜也哉), 매달린 채 먹을 수 없게 되어야만 하겠느냐(焉能繫而不食)"[117]

그런즉 유가에 정통하지 않은 이가 어떻게 유가가 가르치는 성(聖)용(勇)의(義)지(知)인(仁)의 내용을 알 것이며, 또한 그 가르침의 요체를 깨우치지 않았다면 어떻게 그런 역설적인 이야기를 가공할 수 있었겠는가? 하는 의문이 정당한 의문이 된다. 다시 말해 일개 필부의 선비라면 도저히 그런 착상을 할 수 없을 뿐더러, 더 나아가 그런 정도의 유가의 지식을 습득하려면 제대로 유가의 지식을 한 곳에서 접해야 하는데, 그렇다면 그는 유가 이론의 핵심에 다가설 수 있는 선비이어야 하기 때문이다.

그러므로 그 근거는 다음과 같이 정리될 수 있다.

1. 장자가 언급한 도척의 성명은 전설상의 황제시대의 도적인 도척과 비슷한 이름이지만 그러나 한자로는 문자가 서로 다르

117) ibid p345~346 - <肹 : 소리 울릴 힐> - 佛肹(필힐) : 진(晉)나라 대부 조간자(趙簡子)의 가신으로 당시 중모(中牟)의 수장이었다. 그는 진나라 정공(定公) 18년(494 B. C.) 중모를 근거지로 삼아 조간자에게 반란을 일으켰다<지식백과사전>.

다. 황제 때의 도적인 도척의 한자는 盜蹠이고, 장자에서의 도척의 한자는 盜跖이다. 그런데 황제 때의 도척의 이름은 맹자의 진심장구(盡心章句) 상(上)에서 언급되고 있지만, 하지만 그가 황제시대의 도적이라는 점은 전혀 언급되어 있지 않다. 따라서 그 점은 그런 사실을 익히 잘 알고 있는 인물이 교묘히 각색했다고 미루어 짐작할 수 있도록 해 준다.

"맹자께서 말씀하셨다(孟子曰). 「닭이 울면 능히 일어나서(鷄鳴而起) 부지런히 부지런하게 선행을 하는 자는(孶孶爲善者) 순임금의 무리이고(舜之徒也),

닭이 울면 능히 일어나서(鷄鳴而起) 부지런히 부지런하게 이익을 위한 행위를 하는 자는(孶孶爲利者) 도척의 무리이니(蹠之徒也),

순임금과 도척의 분별을 알고자 한다면(欲知舜與蹠之分), 다른 것은 없다(無也). 이익과 훌륭함의 차별인 것이다(利與善之間也)」"[118]

그런데 맹자가 거론한 도척의 존재를 순자도 "도척은 명성을 탐해(盜跖貪名) 순임금·우임금과 더불어 계속 전해졌다(與舜禹俱傳而不息). 그러나 군자들이 귀중히 여기지 않고 있는 것은

118) 맹자 p393~394

(然而 君子不貴者) 예의에 합당한 일이 아니기 때문이다(非禮義之中也)."라고[119] 거론하였는데, 하지만 두 사람이 활동한 시기가 서로 다르기 때문에 두 사람이 말한 의도를 구분해서 살펴야할 당위성이 생긴다. 그 까닭은 맹자에서의 도척이란 존재는 한낱 시중에 떠도는 이야기의 도둑이었을 뿐이었기 때문에 그의 언급은 사실상 도가가 등장하기 이전의 이야기가 되지만, 그러나 순자의 언급은 도가가 각색하여 만든 이야기를 바탕으로 한 말이었기 때문에 도가가 등장한 이후의 글이 되는 점이다. 그러면 도가가 맹자의 글을 알고서 도척의 이야기를 가공했다는 추측이 논리적으로 타당하게 된다.

2. 장자가 도척을 공자시대의 현인으로 평가받는 노나라 대부 유하혜(柳下惠)의 동생이라고 하였는데, 그 점은 여하튼 역사적 사실이 결코 될 수 없다. 그 이유는 논어가 분명히 유하혜의 이름을 두 곳에서 언급하고 있는데 비해, 도척에 관한 언급은 전혀 없고 그리고 공자가 편찬한 역사서인 춘추에서도 그에 관한 기록이 전혀 없기 때문이다. 하지만 장자와 사마천의 사기에는 그에 관한 이야기가 수록되어 있다.

그렇다면 당연히 장자의 의도가 명백해진다. 즉 그것은 도척과 유하혜를 하나로 묶어서 두 가지의 목적을 달성하려고 한 전략적 의도이다.

하나는 도덕과 현인의 차이를 없앰으로서 기존의 사회질서와

---

119) 순자B p73

가치관을 부정하려고 한 점이다. 다른 하나는 도척의 말을 통해 유가의 위상을 한 없이 추락시키려고 한 점이다.

따라서 장자가 숭고한 목적의식으로 위의 이야기를 꾸몄더라도 그 행위 자체는 결코 해서는 안 되는 부도덕한 방법이었으므로 당연히 비난받아 마땅한 것이었지만, 그러나 장자를 비롯한 도가의 인물들이 자신들의 목적을 위해 수단과 방법을 가리지 않는 인물들이었기 때문에 따라서 오로지 그들의 관점에서 그들의 행위를 주시하게 되면, 도척의 이야기는 장자가 공자를 폄하하려는 목적에 가장 걸맞게 구사한 사례 중 가장 탁월한 경우가 아닐 수 없게 된다.

그런즉 장자를 비롯한 도가사상가의 글에 실린 그들의 구체적인 의도를 파악하려면 무조건 그들이 유가를 폄하고 배척하려는 그들의 궁극목적을 일단 전제해야 한다. 곧 그들의 모든 글은 그런 궁극목적을 위해 가공된 글들이기 때문에 방법과 목적을 구별하고서 상황논리를 따져야만 혼란이 발생하지 않게 된다. 다시 말해 이 글들은 애초부터 위에서 말한 그 목적을 위해 가공된 글들이기 때문에 당연히 그 방법은 처음부터 비도덕적인 것이어서 따라서 그 방법의 도덕적 정당성에 대한 논구는 더 이상 따질 필요가 없는 것이지만, 그러나 유가를 폄하한 이야기의 비난의 내용들이 진실한 것인지의 여부는 논구되어야 하는 것이기 때문에 당연히 그들의 의도는 정치·도덕적 관점에서 당연히 논구되어야 한다. 다시 말해 그들이 거짓으로 이야기를 꾸민 행위는 도덕적 관점에서는 무조건 해서는 안 되는 극히 잘못된 방식이었기 때문에 더 이상 재론할 여지가 없게 되지만, 그러나 거짓된 이야기를 가공한 방식이 전개한 내용의 글은 도가의 입장에서는 그들이 의도한 전략적 목적을 달성하는데 가장 훌륭한 방법이었기 때문에 당연히 검토되어야 한다. 곧 그들이 진상을 왜곡하여 백성을 오도하였다면, 당연히 그 내용은 객관적 사실에 맞추어 옳고 그름이 비판되어야 하고 그리고 그 결론에 대해 정당한 평가가 내려져야 한다.

그러므로 이 글이 유가에 정통한 선비가 유가를 배척하기 위해 가공된 글이라는 근거는 유하혜가 언급된 아래의 논어의 글을 참조하면 단박에 직시할 수 있게 된다.

> "유하혜가 <옥관(獄官)인>사사가 되어(柳下惠爲士師) 세 번 파면을 당하자(三黜), 사람들이 말했다(人曰). 「그대는 앞으로도 떠나야 할 것인가(子未可以去乎)?」
>
> <유자혜가> 말했다(曰). 「도를 곧게 하여 능히 사람을 섬기면(直道而事人), 어디를 간들 세 번 내침을 당하지 않겠으며(焉往而不三黜), 도를 굽혀 능히 사람을 섬긴다면(枉道而事人) 어찌하여 부모의 나라를 떠날 필요가 있겠는가(何必去父母之邦)? "[120]

그런즉 도척의 이야기는 도가가 논어가[121] 학문과 덕행이 있으면서도 세상을 피해 숨어 지낸 사람인 일민(逸民)으로 백이

---

120) 논어 p360
121) ibid p366

(伯夷)와 숙제(叔齊)와 더불어 유하혜(柳下惠)를 기록해 둔 내용을 바탕으로 하여, 유하혜가 공자의 생존시기와 장소가 유사한 점과 위의 문장을 연결시켜 유가를 심히 격하시키려고 한 산물이며 따라서 유가의 학문에 정통한 인물이 아니고서는 불가능한 그 일을 도가가 서슴없이 하였다는 것은 곧바로 자신들의 정체가 한때나마 유가에 속해있었음을 스스로 밝힌 셈이다. 비록 그 당시에는 무심코 지나칠 수 있었을지라도, 그러나 그 일은 너무도 중대한 문제이기 때문에 역사는 그 점을 반드시 가려야 한다.

3. 장자는 유가에서 그렇게 칭송받는 유자혜의 동생으로 도척을 설정하고, 그리고 가공인물인 그의 입을 빌어 공자를 심하게 격하시켰는데, 여하튼 그 과정에서 장자는 도척을 단순한 도적이 아니라 한 나라의 왕이 충분히 될 정도의 큰 인물로까지 설정하여 자신의 의도를 충분히 전달하려고 했었다.

"공자가 말했다(孔子曰). 「<丘>저는 듣건대(丘聞之) 무릇 천하에는 세 가지 덕이 있다고 합니다(凡天下有三德). 태어나고서 몸이 장대하여(生而長大) 아름답기 비길 데 없어서(美好無雙) 어린애 늙은이 귀한이 천한 이들이(少長貴賤) <그를>보면 능히 모두가 좋아하는 것(見而皆說之) 그것이 상덕이요(此上德也), 지혜는 천지를 생각하고(知維天地) 능력은 모든 사물을 다스리는 것

(能辯諸物) 그것이 중덕이요(此中德也), 용기와 사나움이 과감해서(勇悍果敢) 여러 사람을 모으고 병졸을 지휘하는 것(聚衆率兵) 그것이 하덕입니다(此下德也). 무릇 사람으로서 이 중의 한 덕만 가진대도(凡人有此一德者) 족히 남면하여 왕을 칭할 수 있을 것입니다(足以南面稱孤矣).

지금 장군께서는 이 세 가지를 겸비하고 계십니다(今將軍兼此三者). 키는 팔 척 이 촌(身長八尺二寸), 얼굴에서는 광택이 있고(面目有光), 입술은 밝은 붉은 칠을 한 듯하며(脣如激丹), 이는 가지런하게 조가비를 늘어놓은 듯 하며(齒如齊貝) 목소리는 황종가락에 부합 합니다(音中黃鐘). 그런데도 이름은 도척이라고 불립니다(而名曰盜跖). <丘>저는 마음속으로 장군을 위하여 부끄러움을 가지지 않습니다(丘竊爲將軍恥不取焉).

장군께서 신의 말을 들을 뜻이 있다면(將軍有意聽臣), 신이 청컨대 남으로는 오와 월에 사신이 되어(臣請南使吳越), 북으로는 제와 노에 사신이 되어(北使齊魯), 동으로는 송과 위에 사신이 되어(東使宋衛) 서로는 진과 초에 사신이 되어(西使晉楚), 장군을 위해 수 백리의 큰 성을 쌓고(使爲將軍造大城數百里), 수십만

호의 고을을 세워(立數十萬戶之邑), 장군을 우러러 제후를 삼게 하겠습니다(尊將軍爲諸侯).

더불어 천하를 바꾸기 시작하여(與天下更始), 전쟁을 그만두어 병사를 쉬게 하고(罷兵休卒), 남의 자식을 맡아 형제로 키우고(收養昆弟), 다 함께 조상의 제사를 지내게 하면(共祭先祖), 이것이 성인과 재주 있는 선비의 행위로서(此聖人才士之行) 능히 천하가 바라는 바일 것입니다(而天下之願也).」 ”[122]

그런즉 이미 지적하였듯이 장자의 글은 옳고 그름을 따지기 이전에 그들의 전략적 의도를 먼저 이해하고 나서 그리고 그 정당성을 따지지 않을 수 없게 된다. 즉 그 진위를 파악하기 전에 먼저 정당성을 따지게 되면 오히려 도가의 전략에 빠지게 될 뿐이기 때문이다.

따라서 장자의 전략을 가장 잘 보여주는 위의 글에서 정작 자신들이 해야 할 말을 도덕을 중시하는 공자의 입을 대신 빌려서 토로한 특성과, 도척이라고 비난받을 수 있는 전국시대의 열 왕을 도척이 아니라 진정한 위정자가 될 인물이라는 선입감을 갖도록 일반백성들에게 각인시킨 특성과, 마치 공자가 도척에게 그렇게 말한 것으로 만들어 주나라를 대신할 왕조의 새로운 인물이 곧 등장할 것이라는 기대를 당연한 것으로 여기게

---

122) ibid 516~517

만든 특성이 내재되어 있는지가 제대로 검토되어야 한다.

그 뿐만 아니라 장자가 자신의 진정한 의도를 기가 막히게 교묘하게 은폐하고서 암시하고 있는데, 곧 그것은 공자가 사신이 되어가려는 동서남북의 열국(列國)에서 서쪽의 진(秦)나라를 빠뜨린 점이다. 다시 말해 장자가 비록 춘추시대의 서쪽에 위치한 나라를 거론하는 과정에서 진(秦)나라를 제쳐두고 전국시대에 이르려 한(韓)·위(魏)·조(趙)삼국으로 분열된 진(晉)나라를 대신 언급한 점이다. 그런즉 장자가 위의 글에서 도척을 제후가 될 인물로 묘사하였기 때문에 당연히 진(秦)나라가 바로 그 중심에 서 있는 국가가 아닐 수 없게 된다. 왜냐하면 첫째는 공자가 도척을 위해 사신으로 가서 그를 제후로 만들어 주겠다는 말뜻이 어떤 경우에서도 전국의 열 왕들을 제쳐두고 주나라를 부흥시키겠다는 의미일 수가 결코 없기 때문이다. 그리고 둘째는 장자의 말대로 초(楚)나라가 모든 제후를 거느려야 할 나라였다면 사신으로 갈 나라는 당연히 모든 열 왕들의 섬김을 받아야할 초나라가 아니라 오히려 훗날 초나라가 섬겨야 할 진나라이어야 마땅하기 때문이다. 그렇더라도 어쨌든 장자가 말한 섬김의 대상이 되어야할 나라는 장자가 의도한 통일왕조를 암시하고 있는 것만은 분명해진다.

그러면서 장자는 오히려 그 다음의 글에서 도척이 전혀 이런 일에 관심이 없는 것처럼 반전(反轉)의 장(場)을 만들어 도가의 의도를 슬그머니 은폐시킨다. 물론 이런 방식이 장자를 비롯한 도가사상가들이 취하는 상습적 전략이기 때문에 유가의 입장에서 보면 한없는 비도덕적이고 반사회적이겠지만, 그러나 도가의 입장에서는 기가 막힌 탁월한 전략이 아닐 수 없게 된다.

그런즉 아래의 글도 그런 맥락에 따라 도가가 치고 빠지는 전형적인 방식을 보여주는데, 그 방식에 담겨 있는 두 가지의 의미를 주목하고 그리고서 그것에 담긴 도가의 의도를 면밀히 주시해야 한다. 곧 그것은 첫째 왕관을 거절하는 사양의 모습을 보이려는 의도이다. 그 다음으로 둘째는 도가의 사상이 유가의 사상보다 한 수 위라는 점을 보여주려는 의도이다. 그리고 장자가 그렇게 하지 않으면 안 되었던 이유는 공자가 위 문장의 말미에서 도척에게 말한 바의 내용이 모든 백성이 바라는 바의 내용이었던 점에서 찾을 수 있는데, 즉 다름 아닌 도가가 왕도정치의 민본사상을 부정할 명분과 이유를 도저히 내세울 수 없었던 점이다. 만약 도가에게 그럴 의사가 있었다면 공자의 입을 통해 그것을 들먹이지도 않았을 것이다. 곧 전국시대에 이르러 일반백성들조차 마침내 통일왕조의 주인이 새롭게 등장할 수밖에 없다고 생각하였더라도 여전히 그들이 민본주의의 이념을 참 정치의 근본도리로 칭송하였기 때문에, 당연히 강력한 정치적인 의도와 욕구를 가진 도가가 그런 세파의 인심을 간과하거나 또는 하찮게 여길 수 없었던 것이다. 따라서 이미 지적한 바대로 새로운 왕조를 기정사실화하려는 목적을 달성한 도가는 자신들의 추진하는 그 일에 대한 역효과를 불러일으키지 않도록 겸손의 모양새를 취하고서 전략적으로 한발 물러서게 되는데, 바로 그런 입장이 위의 글 속에 드러나 있다.

그러면서 더 나아가 유가를 마치 정치에 맹신이 든 것처럼 만든 그들의 목적을 충족한 도가는 너스레를 떨면서 자신들은 그들과 성질이 전혀 다른 무욕의 인물로 각색하여 대중들의 호감과 지지를 얻으려고 하였는데, 바로 그 의도가 역시 아래의 글 속에 담겨 있다. 물론 그 근거는 당연히 도척이 굳이 도가의 사상을 이야기할 필요가 없는데도 불구하고 도척이 그렇게 말하고 있는 점에서 찾을 수 있다. 왜냐하면 가장 탐욕스러운 도척을 가장 무욕한 인물로 각색한 이유가 바로 도가의 인물들이 처한 이율배반적인 처지였기 때문이다.

> "………너의 도는(子之道) 한 곳에만 정신이 온통 쏠려(狂狂汲汲) 거짓되고 약삭빠르고 공허하고 작위적인 것이어서(詐巧虛僞事也), <그런 것으로> 인간의 진실을 가히 온전하게 할 수 없다(非可以全眞也). 어찌 논하고 말고 할 것이나 있겠는가(奚足論哉)?"[123]

따라서 장자가 특정한 의도가 없는 한에서는 적어도 선비로서의 장자가 굳이 그렇게까지 말할 이유와 명분이 달리 있을 수 없기 때문에, 장자가 이야기를 그와 같은 내용으로 가공한 의도가 근본적으로 의심받지 않을 수 없게 된다.

그런즉 장자에게 쏠릴 수 있는 의심의 배경은 첫째는 장자가

---

123) ibid p521

진정으로 도척과 같은 부류의 인물이었다면, 그런 무지막지한 인물이 그와 같이 세련된 역발상의 글을 창작할 수 있는 고도의 고등교육을 받을 기회를 도저히 그 당시에는 가질 수 없었기 때문이다.

둘째는 그런 도적의 처지에 놓인 인물이 최고도의 높은 지능과 지식을 필요로 하는 장자의 서책을 저술한다는 것이 도저히 불가능한 일이었기 때문이다.

셋째는 우수한 교육을 받은 탁월한 선비가 도척을 제후로까지 격상시켜야만 했다면, 그 까닭은 결국 다른 저의를 합리화하기 위한 사전포석으로 밖에 볼 수 없었기 때문이다. 곧 그 점은 곧 주나라를 전복하고서 등장할 새로운 왕조의 주인을 위한 장내정리와 같은 입장이다.

그 뿐만 아니라 도척이 제후가 될 수 있다는 말은 장래에 등장할 새로운 왕이 주나라 무왕이 갖춘 명분을 천하에 내걸고서 등장하지 않을 것임을 아울러 시사하는 글이 아닐 수 없게 된다. 그러므로 도가가 유가에게 혼란의 책임을 전가한 전략적 방식은 지극히 의도된 책략의 발상에서 비롯된 것으로 파악되어야 마땅하다.

그런데 그 점을 충실하게 논구하려면, 당연히 도가의 출발지인 노자의 도덕경부터 차근차근 따져보는 것이 올바르고 타당한 순서가 될 것이다. 그러나 도가의 서책에서 중복되고 반복되는 동일한 성격의 많은 문장들을 일일이 여기에 인용할 수 없는 논구의 한계 때문에 여기에서는 일단 천하(天下)를 상징하는 의미를 지닌 백성에 대한 장자의 글을 대체로 인용할 뿐이다. 곧 그 이유는 도가들이 말하는 민중이란 개념이 어떤 개념인가? 하는 점이 분명해져야만, 그들의 의도가 명확해질 수 있기 때문이다. 그런데 장자는 그 점을 마제(馬蹄)에서 너무도 상식적인 입장에서 설명하였다.

"………민중에게는 일정한 그들의 본성이 있다(彼民有常性). <그리하여 추우면> 천을 짜서 능히 입고(織而衣) <배고프면> 농사지어 능히 먹게 마련이다(耕而食). 이것은 <만인에게 공통하는 자연적인 성질로서> 누구에게나 똑같은 덕으로서 일컫는다(是謂同德).

하나이면서 한 무리가 아닌 것(一而不黨), 하늘이 부여한 운명은 <이것을 자연 그대로 방임하는 일> 천방이라고 말한다(命曰天放)."[124]

그러나 뒤이은 글에서 장자는 논점이탈의 오류를 범한 극단적인 결론으로서 민중들을 현혹시킨다. 장자의 이 글은 일반백성의 감성을 자극하는 글 중에서 대표적인 경우에 해당한다. 그리고 그 문장은 노자 도덕경(道德經) 80장을 연상케 하는데,

124) p258

"그러므로(故) 지극한 덕으로 다스려지는 세상에서는(至德之世) 사람들의 걸음걸이는 느릿느릿 하고(其行塡塡) 그 눈빛에는 침착성이 있었다(其視顚顚). 이런 시대에는(當是時也) <사람들은 자기가 사는 마을에서 벗어날 필요도 없었기에> 산에 작은 길을 만들어서 외부와 왕래하는 일도 없었으며(山無蹊隧), 배나 다리를 만들어서 물을 건너는 일도 없었다(澤無舟梁). 만물이 같이 살았고(萬物羣生) 마을은 이어져 있었다(連屬其鄕). <사람들은 과도한 욕심을 내지 않았으므로> 금수는 무리를 이루었고(禽獸成羣), 초목은 무성하게 자랐다(草木遂長). 이런 고로(是故) <사람들은> 금수들과 함께 놀았으며(禽獸可係羈而遊) 나무에 올라가 새둥지를 들어다 보아도 새가 놀래지 않았다(鳥鵲之巢 可攀援而闚).

무릇 지극한 덕이 행해지던 시대에는(夫至德之世) 사람들은 금수와 함께 살고(同與禽獸居) 만물과 생활을 같이 하고 있었다(族與萬物竝).

하물며 군자와 소인을 어찌 알기나 했을까(惡乎知君子小人哉). 똑같이 바보같이 알지 못했으며(同乎無知), 자기나 타고난 덕을 떠나지 않았고(其德不離), 똑같이 욕심이 없었으며(同乎無欲) 이를 일러 소박이라고 했다(是謂素樸). 이같이 소박했기에 능히 민중은 그 본성을 완전히 지켜갈 수 있었던 것이다(素樸而民性得矣)."[125]

그러므로 백성들의 감성을 자극할 수 있는 호소력을 갖춘 이와 같은 장자의 글은 곧바로 대중들에게 다가섰는데, 그 요체는 나라를 다스리는 위정자가 인위적으로 간섭하지 않으면 소박한 민중들이 자신의 의지대로 평화롭게 살게 된다는 주장이다. 곧 그 점은 아래의 문장에 잘 드러나 있다. 물론 아래의 글에서의 계철(季徹)은 가공의 인물이다.

"계철이 말했다(季徹曰). 「위대한 성인이 천하를 다스릴 때에는(大聖之治天下也) 백성의 마음을 풀어주고(搖蕩民心) 그들 자신으로 하여금 스스로 교화하게 하여 순박한 풍속으로 돌아오게 한다(使之成教易俗). <백성들은>나쁜 마음을 없애고(擧滅其賊心) 그리하여 모두가 독자적인 의지에 힘쓰게 된다(而皆進其獨志). 이에 본성이 저절로 작용하면서도(若性之自爲) 그런데 백성들은 왜 그렇게 되는지의 연유를 알지 못한다(而民不知其所由然). 무릇 이와 같다면(若然者) 어찌 요·순이 백성들을 가르치는 방식을 따를 만하다고 여겨(豈兄堯舜之教民) 그들과 뒤섞인 채 대등해지

125) ibid p259

려고 하겠는가(溟涬然弟之哉). <성인은> 덕과 하나가 되기를 바라기 때문에(欲同乎德) 그리하여 마음은 절로 편안해지게 된다(而心居矣)」"[126]

하지만 이 주장에는 두 가지 문제점을 선결적으로 해명해야 하는 문제점이 도사리고 있다. 즉 하나는 평화로운 세상이 왜 평화롭지 않게 되었다면 그 원인이 과연 위정자 때문인가? 하는 의문점이다. 곧 위정자의 탐욕 때문인가? 하는 의문점이다.

다시 말해 백성들의 본성은 언제나 소박하여 결코 탐욕의 문제를 야기할 이유조차 없기 때문에, 따라서 그 혼란에 별도의 원인이 있었다면 당연히 그것은 위정자의 탐욕뿐이게 되는데, 그러면 도가가 말한 바처럼 위정자의 탐욕이 인·의·예·지(仁義禮智)에서 비롯된 것인가? 하는 의문점이 발생하게 된다. 더 나아가 그 의문점은 성인이 어떻게 하여 탄생하는지의 의문점으로 나아가게 된다. 즉 성인이 일반백성과 별도로 탄생하는지 아니면 일반백성 중에서 탄생하는지의 의문점이다.

그리고 또 다른 하나는 소박한 삶의 생활여건이 과연 인간을 행복하게 만들 수 있는가? 하는 의문점이다. 왜냐하면 도가가 주장하는 바의 내용을 뒷받침하는 대전제인 자연에서의 생존상태가 인간들에게는 지상낙원과 다름없는 상황이었다는 설명에 대한 사실적 근거가 전혀 없음에도 불구하고 도가가 단정적으로

---

126) ibid p 288

그렇다고 규정하였는데, 그러면 그 내용이 곧바로 논리적인 오류를 범한 꼴이 되기 때문이다. 더욱이 도가가 그 이후에 나타난 모든 정세의 혼란을 곧바로 유가의 성인이 출현하여 잘못된 이론을 세상에 퍼뜨린 결과라고 유가가 존중하는 모든 성인들에게 그 책임을 귀착시켰기 때문이다. 즉 도가가 춘추전국시대의 책임을 전국의 열 왕들에게 돌리지 않고 오히려 유가의 성인들에게 돌리면서 유가를 일방적으로 매도하고 배척하였기 때문이다.

그런데 역시 이 점에서도 도가는 크게 잘못된 자가당착의 모순을 야기한 것일 수밖에 없게 되는데, 그 이유는 성인(聖人)에 대한 그들의 입장이 지극히 이율배반적이었기 때문이다.

> "성<인>이란 무엇인가(聖也者)? 만물의 진정한 모습을 알고 능히 자연이 부여한 운명에 순응하는 사람이다(達於情而遂於命也). 이런 성인이라면 정신적 기능에 마음을 쓰지 않는데도(天機不張) 능히 오관은 모두 각자의 작용을 완비할 수 있다(而五官皆備). 이것을 일러 <자연과 화합한>천락이라고 한다((此之謂天樂)."[127]

그러면 장자가 유가를 공격한 원천은 일단 도덕경에서 찾아야 하는데, 그 점은 노자의 도덕경의 곳곳에 유가를 전적으로 비난하는 글에서 발견된다. 곧 유가의 도를 대신하여 자신들의

---

127) 장자 p314~315

도를 설파한 여러 글과 그리고 특히 그 중에서도 덕에 관해 설파한 하편 38장에서의 글이 유가를 맹공격한 내용들이다. 하지만 도가가 자신의 도를 어떤 내용으로 설명하든지 간에, 그 속에 감추어진 그들의 의도는 유가들에게 결코 주나라에 집착하지 말라는 충고 내지 경고를 하고자 한 것이었다.

"높은 덕은 덕이라 하지 않는지라(上德不德) 이로써 덕이 있다(是以有德). 낮은 덕은 덕을 잃지 않으려 하는지라(下德不失德) 이로써 덕이 없다(是以無德).

높은 덕은 무위인지라 그로써 행함이 없고(上德無爲而無以爲), 낮은 덕은 행하려 하여 그로써 행함이 있다(下德爲之而有以爲).

높은 인은 행하여도 그로써 행함이 없고(上仁爲之而無以爲), 높은 의는 행하여 그로써 행함이 있고(上義爲之而有以爲), 높은 예는 하여도 그로써 반응이 없으면(上禮爲之而莫之應) 곧 팔을 걷어붙이고 나아간다(則攘臂而扔地).

그런 고로(故) 도를 잃은 뒤에 덕이 있고(失道以後德-무위자연의 도가 쇠퇴하면 무위자연의 덕이 등장하고),

덕을 잃은 뒤에 인이 있고(失德以後仁-무위자연의 덕이 쇠퇴하면 인위적인 인의 도덕이 등장하고),

인을 잃은 뒤에 의가 있고(失仁以後義-인의적인 인의 도덕이

쇠퇴하면 인의적인 의의 도덕이 등장하게 되고),

의를 잃은 뒤에 예가 있다(失義以後禮-인의적인 의의 도덕이 쇠퇴하면 인의적인 예의 도덕이 등장하게 된다).

대저 예란 것은 충과 신이 박해진 것으로 어지러움의 머리요(夫禮者 忠信之薄而亂之首-대체 예의 도덕이라고 하는 것은 인간의 참된 마음이 엷어진 것이며 세상이 어지럽게 되는 시초인 것이다).

전식은 도의 화로 어리석음의 처음이다(前識者道之華而愚之始).

이로서(是以) 대장부는 그 후한 데 처하고(大丈夫處其厚-그러므로 대장부다운 사람은 후한 쪽에 머물러 있고), 그 박한 데에 있지 않으며(不居其薄-엷은 쪽에 머무르지 않으며), 그 실에 처하고(處其實-알맹이 있는 쪽에 있고), 그 화에 처하지 않는다(不居其華-겉치레 쪽에 있지 않는 것이다.

그런 고로(故) 저것을 버리고 이것을 취한다(去彼取此-저쪽의 예와 지를 버리고 이쪽의 도를 택하는 것이다)."[128]

그런즉 도가의 전략은 장자에 이르러 가장 극적으로 전개될 수 있었다. 곧 전국시대의 혼란상이 다름 아닌 유가사상 때문이

---

128) 도덕경 p217~219 : 前識者道之華而愚之始-세상의 일을 미리 내다보는 지식이란 것은 도의 알맹이 없는 겉치레와 같은 것이며, 사람을 어리석고 못나게 만드는 시초인 것이다.

라는 책임전가이다. 물론 유가 쪽에서는 적반하장도 유분수(賊反荷杖 有分數)이겠지만, 하여간 도가의 전략은 바로 이런 방식으로 전개되었고, 그리고 도가의 지독한 전략의 산물이 곧 앞에서 논구한 도척(盜跖)의 이야기이었다.

제2절 유가를 불신하도록 민중을 의식화시키는 일

> 논구초점 : 천하를 장악하려면 정치권력을 확보해야 한다. 그리고 그 방법이 정상적으로 여의치 않으면, 우회적으로 대중을 자기편으로 만들어야 한다.
>
> 그런데 대중의 지지를 얻어 내려면, 그런 의도를 무리가 마음에 드는 생각을 전파하여 그들을 의식화해야 한다. 물론 가장 좋은 효력은 대중들이 그런 정치적인 혼란에 결코 억울한 피해를 당해서는 안 된다는 식의 선동적인 설득에 현혹되어 그렇게 선동하는 무리에게 지지를 보낼 적에 발휘된다.
>
> 그러므로 허접스러워 보이는 양주의 이기설마저 도가가 옹호한 행위는 이런 관점에서 바라보면 비로소 납득될 수 있다.

이 장에서도 먼저 서두에 장자를 굳이 언급하려는 까닭은 역시 장자에 수록된 글이 도가의 의도를 명확히 보여주기 때문이다. 그러면 앞장에서 인용된 도척의 이야기가 민중들에게 유가를 불신시키려고 도가가 획책한 이야기 중에서 가장 중대한 결정적 범례일 수밖에 없는 이유를 여기에서는 확연히 보여주어야 한다. 그런데 본서의 논구는 그 점에 대한 전거를 이전부터 사마천의 사기에 있음을 줄곧 보여 주었다. 곧 사마천이 노자의 존재를 사기에 기록한 사실적 근거가 장자의 글에 있고 따라서 사마천이 그 글을 그대로 인용한 만큼 그리하여 사마천이 황로학에 경도되어 있음은 이 기록으로부터 확인할 수 있었던 점이다. 그런즉 사마천의 기록들은 유가의 가르침을 민중들이 비하하도록 장자가 교묘하게 허구로 가공한 것들이었기 때문에 당연히 사마천의 사기가 지닌 불순한 의도가 이로부터 추궁될 수 있었다.

그러면 우선적으로 주목되는 점은 당연히 기록된 사실로서 노자와 노담과의 관계이다. 그 점에 있어서 장자는 이 글 속의 노담(老聃)이 곧 노자(老子)임을 보여주었는데, 사마천의 사기는 이와 같은 도가의 글을 바탕으로 하여 노자가 공자보다도 연배가 앞선 인물이라고 기록하였다. 즉 사마천이 일방적으로 도가의 기록을 그대로 고스란히 옮긴 것이니까, 당연히 그가 황로학자가 아니고서는 결코 그에게 그렇게 편파적으로 기록해야할 이유가 있을 리 만무해지는 것이다.

"공자가 서쪽으로 가 주나라 서고에 자기 책을 간직하려고 한 적이 있었다(孔子西藏書於周室). <그 때> 자로가 일을 도모하는 말을 하였다(子路謀曰).

「제가 들은 바에 의하면(由聞) 주의 왕립도서관의 벼슬아치에 노담이란 사람이 있다고 합니다(周之徵藏史有老聃者). 지금은 벼슬을 그만두고서 고향에 돌아가 있다고 하는바(免而歸居), 그런즉 <선생님께서 납본하시려거든> 그들 찾아가 부탁을 해 보시지 요(則試往因焉)」

공자도 말했다(孔子曰). 「좋은 생각이다(善)」"[129]

그리고서 장자는 노자가 공자를 공박하는 대화를 가공하면서 도가의 진정한 의도인 유가가 시대의 변화에 순응하지 않고, 시대의 흐름을 거슬리는 잘못된 행동을 하는 어리석음을 비난하기 위해, 유가의 가르침이 도가의 가르침보다 열등한 것으로 격하시켰다.

"그래서 <공자는> 노담을 만나려 찾아갔으나(往見老聃) 그러나 노담은 허락하지 않았다(而老聃不許). 이래서(於是) <공자는 자신이 편찬한> 십이경전을 풀어헤치고서 <그 가치에 대해> 설명하기 시작했다(繙十二經以說). 얼마동안 듣고 있던 노담이 중간에서 말을 제지하고서(老聃中其說) 말했다(曰). 「……. 당신도 <무위의> 덕을 본받아 능히 행하고(夫子亦放德而行), <무위의> 도를 따라서 능히 나아가면(循道而趨) 그것으로 족하리니(已至矣), 또 다시 어마어마하게 인의를 표방하고(又何偈偈乎揭仁義) 북을 울리면서 그리고 잃어버린 애를 찾는 것 같은 행동을 할 필요가 어디에 있겠는가(若擊鼓而求亡子焉)? 아(意)! 당신이야말로

129) 장자 p305

사람의 본성을 어지럽게 하려는 것이구려(夫子亂人之性也).”[130]

그리고서 장자는 우화와 설화를 가공하여 활용하면서 교묘하게 민중들을 현혹시켰는데, 이 전략적 방식은 이미 열자의 서적에서도 발견된다.

여하튼 그 점에 대한 명백한 예증은 장자가 마제에서 백락과 옹기장이 목수들의 말을 구성하고 나서 아래와 같이 말한 점에서 확연해진다.

“내가 생각하는 바로는(吾意) 천하를 잘 다스리는 사람은(善治天下者) 결코 그렇지 않다(不然). 민중에게는 일정한 그들의 본성이 있다(彼民有常性). <추우면> 천을 짜서 입고(織而依) <배고프면> 농사지어 먹는다(耕而食). 이것은 만인에 공통하는 덕이다(是謂同德).

하나로써 치우치지 않는다. 이름 지어 천방이라고 말한다(命曰天放).”[131]

여하튼 우화와 설화를 교묘하게 그리고 적절하게 활용한 방책은 열자와 장자의 이야기에 등장하는 인물의 명칭을 살펴보면 단번에 파악되어진다. 그러면 도가의 이론이 전란에 휩싸인 민중들에게 선뜻 다가설 수 있었던 까닭은 민중이 바라는 바를

130) 장자 p305 - 偈는 쉴 게가 아니라 굳셀 걸로 읽어야 한다.
131) 장자 p258

그와 같은 방법으로 때로는 직설적으로 때로는 교묘하게 비난하고서 그들의 마음을 사로잡았기 때문이라고 단정지어 말할 수 있게 된다.

즉 도가의 사상가들은 이런 방식이 가져올 효과를 정확히 꿰뚫고서 민중들의 심리를 파고들어 기존의 가치관을 전도시키면서 계층 간의 갈등을 부추기는 전략을 구사한 점이다. 그리하여 도가는 가진 자 대신에 못가진 자가 대접을 받는 세상에 살고 있다고 느끼게끔 된 대중들에게 그 원인제공을 유가가 하고 있다는 확신을 갖게끔 유도하고서 그리고 그 여파로 대중들의 불신을 널리 세상에 확산시키려고 하였던 것이었다. 더욱이 그런 방법을 활용하기 위해 장자가 학문을 하는 선비로서는 결코 하지 말아야할 금도를 넘어서 기존의 가치관을 전도시키기 위한 극단적 방책으로 양주의 이기설마저 활용하였는데, 장자가 그런 양주를 내세우고서 펼친 이야기는 앞서서 열자에도 수록되어 있고 뒤로는 한비자에도 수록되어있다.

어쨌든 장자가 양주를 내세우고서 가공한 이야기 중에서 대표적인 것이 아래의 글인데, 이 글은 평범한 일반백성들에게 가슴에 와 닿게 이야기를 꾸며 관심을 고조시킨 후에 마지막 결론에서는 유가의 가르침을 형편없이 폄하해버리는 내용이다. 그런즉 이 글이 주목받을 수밖에 없는 이유는 대중의 눈에 가장 잘 들어오는 미인의 미색을 대상을 삼아 도덕성의 현명함을 논했기 때문이다. 곧 장자가 유가를 아름다운 여자로 비유하고 그리고 도가를 못생긴 여자로 비유하여 대중들에게 도가의 모습을 각인시킨 점 때문이다.

“양주가 송에 가는 도중(陽子之宋) 어느 여관에 들었다(宿於逆旅). 여관의 주인에게는 첩이 두 명 있었는데(逆旅人有妾二人), 한 사람은 아름답고(其一人美) 한 사람은 보기가 흉했다(其一人惡).

그런데 박색은 대접을 받고 그리고 미인은 천대를 받고 있었다(惡者貴而美者賤). 양자가 그 까닭을 물었더니(陽子問故) 여관의 젊은이가 대답했다(逆旅小子對曰).「그 미인은 스스로 아름답다고 여기고 있습니다(其美者自美). 나는 그 아름다움을 모르겠습니다(吾不知其美也). 못생긴 쪽은 스스로 못생겼다고 여기고 있습니다(其惡者自惡). 나는 그 못남을 모르겠습니다(吾不知其惡也)」.

양주가 말했다(陽子曰).「제자들아 잘 기억해 두어라(第子記之). 어진 행동을 하면서도 스스로 어질다는 생각을 없앤다면(行賢而去自賢之行), 편안히 다니면서 사랑을 받지 않겠는가(安往而不愛哉)?」.”[132]

그러면 도가의 이런 역설적 사고방식의 인식전회의 전략이 무엇을 겨냥한 것인지가 재차 거론되지 않을 수 없게 된다. 왜냐하면 비록 전국시대 초기에 맹자가 개인의 사익을 추구하는

132) ibid p393

위정자의 불의를 추궁하였지만, 그러나 이미 전국시대 자체가 본격적으로 모든 제후들이 스스로 왕으로 참칭하고서 자기가 다스리는 나라만의 이익만을 추구하는 상황이어서 따라서 일반 민중들이 믿고 기댈 수 있는 왕은 이미 어느 곳에서도 찾을 수 없었기 때문이다. 즉 왕도정치의 이념을 답습하여 왕도정치의 길로 나아가는 제후들이 모두 사라져 버렸기 때문인데, 그리하여 결국 민중들은 스스로가 스스로를 보호하지 않으면 안 되게 되었기 때문이다.

그런즉 이런 상황을 절묘하게 이용한 도가사상가들은 서로 모순되어 보이는 두개의 입장을 절묘하게 양립시켰는데, 곧 하나는 무위자연의 도를 체득한 성인의 출현을 예고한 점이었고, 또 다른 하나는 양주의 이기설을 무위의 논리로 새롭게 각색하여 민중들에게 새로운 가치판단의 처세관으로 각인시킨 점이었다.

따라서 그로부터 왜 도가의 사상이 이와 같은 모순적 상황을 조성하게 되었는가? 하는 의문점이 제기될 수밖에 없는데, 그 이유는 바로 도가의 사상가들이 유가가 수호하려는 전통적인 왕도사상을 잘못 파악했거나 아니면 의도적으로 왕도정치의 이념을 거부해야만 했었기 때문이다.

그런데 도가가 모순된 사고방식은 언뜻 보면 서로 달라 보이지만, 그러나 내면적으로는 서로 긴밀히 연결되어 일체감을 이루고 있기 때문에, 반드시 그 점이 우선적으로 주목되어야 된다. 왜냐하면 도가의 사상이 집요하게 공격한 왕도사상의 본모습이 춘추전국시대를 야기한 근본원인이 결코 아님에도 불구하고 도가사상으로 의식화된 사람들의 눈에는 그것이 근본원인으로 여기게끔 되었기 때문이다. 다시 말해 왕과 제후들의 무능과 태만과 탐욕이 어우러져 민중을 착취하려고 한 점에서 비롯되었음에도 불구하고 도가의 탁월한 전략·전술에 의해 그렇게 의식화되었던 것이기 때문이다. 곧 유가의 사상이 이런 위정자들의 이탈된 모습을 신랄하게 비판하면서 왕도정치의 이념으로 되돌아가자고 주장하였음에도 불구하고, 그리하여 오히려 도가가 그런 유가를 비판한 초점이 잘못되었음에도 불구하고 그렇게 여기게 되었기 때문이다.

그러므로 도가의 모순된 이유는 다음과 같이 정리되어야 도가의 진면목에 접근할 수 있게 된다.

1. 만약 요·순과 같은 임금이 정치를 하고 있었다면, 과연 춘추전국시대가 가능했겠는가? 하는 점이다. 그리고 탕왕과 문왕을 비롯한 주공 단이 정치를 하고 있었다면, 과연 춘추전국시대가 가능했겠는가? 하는 점이다.

2. 그렇다면 춘추·전국시대의 도래를 두고서, 도가는 요·순과 같은 임금이 그리고 탕왕과 문왕과 주공 단 같은 인물이 왕도정치를 잘해서 그렇게 되었다는 것인지 아니면 춘추시대에 이르러 못난 군주들이 왕도정치를 잘 하지 못해서 그렇게 된 것인지를 분명히 구분하여 그들의 입장을 명백히 밝혔어야 하는 점이다.

3. 만약 전자라면 당연히 중국고대사 전체를 부정하게 되는 것이고, 후자라면 또한 유가를 공격하는 것이 잘못되었다는 것이 되는데, 여하튼 도가가 중국고대사와 유가가 모두 잘못되었다고 했기 때문에 당연히 어떤 경우에서도 피할 수 없는 논리

적인 모순을 일으키게 되는데 그러면 그 모순적인 점을 도가가 반드시 해명했어야 하는 점이다. 곧 중국고대사가 잘못되었다면, 후대의 전국시대의 혼란은 이미 전대의 고대왕조시기에 이미 발생했어야 마땅하게 되고 그리고 당연히 고대시기에 도가사상이 등장하여 난세를 수습하고 중국전통의 통치이념으로 자리매김했어야 마땅하게 된다. 그러면 고대통치이념을 수록한 서경의 요·순임금의 사관이 존재할 수 없기 때문에 아예 유가가 원초적으로 존재할 수 없게 된다. 더 나아가 만약 그런 혼란의 고대시기에 일찍이 도가가 등장하여 수습하지 않았다고 한다면, 당연히 중국역사는 줄곧 전국시대이어야 한다. 그 뿐만 아니라 중국고대왕조가 차례로 역사에 등장하려면 당연히 황제사관의 도가사상에 근거해야만 탄생할 수 있게 되고, 또한 그와 반대로 혼란만 야기하는 요·순임금의 고대통치이념에 의해서는 불가능했어야 마땅하게 된다. 그러므로 혼란을 야기하는 고대통치이념이 어떻게 자신이 야기한 난국을 수습하여 어언 2000년의 중국고대왕조의 역사를 지속할 수 있었는지의 모순적인 의문이 해명대상이 될 수밖에 없게 되는 것이다. 곧 도가가 아니면 중국역사가 탄생하여 지속할 수 없고 그러면 유가가 애초부터 탄생할 수 없게 되는 점이다. 다시 말해 중국역사가 도가의 역사라면 유가는 결코 존재할 수 없었기 때문인데, 그러면 도가의 논리에서는 요·순임금으로부터 주나라까지 이어진 중국고대역사와 춘추시대에 형성된 유가의 존재가 모순을 일으키지 않을 수 없게 된다.

그럼에도 불구하고 도가는 모든 당시의 혼란이 유가가 수호하려는 고대왕조의 통치노선에서 비롯된 것처럼 비판하였다. 하지만 도가의 정치적 비판이 모든 고대왕조의 역사적 사실과 통치이념을 전면적으로 전부 부정할 수 없는 일이었기 때문에, 따라서 도가는 그 점을 의식하고서 요·순임금이래의 고대왕조의 역사에서 정통성에 관한 부분만 제한해서 공격하였다. 곧 그들이 무위자연의 정치를 한 제왕이 황제라고 내세웠지만 그러나 그런 인물에 관한 구체적인 기록과 흔적이 전혀 없었던 객관적인 사실 때문에 어쩔 수 없이 요순사관과 유가에 대한 공격이 제한될 수밖에 없었던 것이다.

즉 실증적인 근거가 있어야만 비로소 황제와 요·순임금의 치적을 서로 비교하여 요·순임금의 치적이 잘못되었다고 비판할 수 있게 되는데, 그러나 황제의 치적이 객관적으로 실재한 것이 아니었기 때문에 결코 그렇게 할 수 없었던 것이다. 다시 말해 도가는 자신들이 주장한 무위자연의 통치가 어떻게 당시의 혼란을 극복할 수 있었는지에 대한 구체적인 대안을 필히 제시해야만 했는데, 하지만 도가는 그에 대한 제대로 된 내용을 결코 제시할 수 없었던 것이다. 왜냐하면 이미 오랜 시간을 거쳐 이루어진 중국고대왕조의 통치이념의 요체를 완벽하게 대체할 별다른 통치방식의 골격을 쉽사리 만들 수 없었기 때문이다.

그런즉 도가가 유가의 입장을 거부하면서도 극도로 혼란스러운 전국시대를 종식할 수습책을 제시할 수 없었기 때문에, 따라서 그들은 형명학의 계열에 속하는 법가사상의 노선과 합류하지 않을 수 없었던 것이다. 물론 그 점에 있어서 처음부터 도가와 법가가 역할분담을 하고서 각자의 입장을 개진한 것인지 아니면 한계에 부딪쳐서 각자의 필요에 따라 추후 서로 결합한 것인지는 논구되어야할 사안이다.

그런데 사마천의 사기의 기록을 살펴보면, 동일한 목적을 공유하고서 각자의 입장을 개진한 것으로 추측할 수 있게 된다. 그리고 그런 맥락에서 유추하면, 도가의 사상가들은 전국시대에 활발하게 활동한 여러 분야의 책사들보다 더 중요한 비중의 역할을 수행하였다고 평가해야 마땅하다. 왜냐하면 다른 책사의 역할은 눈앞의 이익을 추구한 것에 불과하지만, 도가는 통일왕조의 탄생을 위한 명분을 만들어 그것을 백성들의 사고방식에 의식시켰기 때문이다.

그럼에도 불구하고 도가의 사상가들은 스스로 자신들의 정체를 은폐시켰기 때문에 여느 책사들처럼 공개적으로 떳떳하게 역사의 전면에 등장할 수 없었고 또한 등장한 적도 없었다. 오히려 그들은 스스로 홀대받고 있는 선비로서 위장했었다. 그러나 그 방식은 너무도 인위적인 것이어서 당시에 아니면 추후에 어느 누구라도 세심한 주의를 기울였다면 단번에 간파할 수 있었던 일이었다. 물론 그렇게 하지 않았기 때문에 그들의 정체가 제대로 노출되지 않았지만, 그러나 역사는 엄청난 그 사실에 영원히 침묵할 수 없는 일이다. 물론 후대의 사상가들이 왜 그런 사실을 지적하지 않았는지가 역사적으로 의문의 대상이 아닐 수 없다.

어쨌든 도가가 획책한 그런 엄청난 정치적 과업은 도가사상가가 위장한 그런 가난하고 힘없는 처지에 놓인 일개 선비들이 개인의 동기에 의해 추진할 수 있는 일이 아니었고, 더 나아가 그들에게 그럴 재력도 없었고 또한 추진할 방법과 수단도 없었기 때문에 그들은 위장은 지극히 부자연스러울 수밖에 없었던 어설픈 동작이 아닐 수 없게 된다. 다시 말해 그럴 능력을 갖추지 못한 선비가 죽간에 엄청난 글을 써서 세상에 널리 전파시킨다는 일은 그 당시의 생활여건에서는 도저히 불가능한 일이었던 것이다. 더욱이 도가가 사용한 현학적인 언어를 구사할 정도의 높은 학적 수준과 그들이 등장시킨 가공의 인물들을 가공한 창작수준은 평범한 선비들이 지닌 지식정도로서는 도저히 도달할 수 없는 일이었던 것이다. 그러므로 모든 정황을 종합해 보면, 당연히 노자를 비롯한 탁월한 학식의 도가사상가들이 기존의 유가를 공격한 이유와 목적이 다른 곳에 있어야만 논리적으로 타당하게 된다.

하지만 그런 우수한 전략적 방식과 달리 그들이 내세운 주장은 유가의 이론을 개선한 진정한 해결책이 아니었기 때문에 결코 체계적일 수 없었다. 즉 도가사상가들은 구체적이고, 객관적이고, 체계화된 기존의 사회질서를 대신할 수 있는 그런 해결방법을 제시한 것이 아니었기 때문이다. 그리고 실제로 그들은 그런 해결방법을 제시할 수 없었던 것이다. 그리하여 그들이 채택한 전략적 방법은 눈앞에 전개되고 있는 당면한 난국을 해결하려는 획기적인 특단의 방법을 제시하는 논법대신에 이미 시행되고 있는 기존의 사회질서에서의 각종 예법과 그리고 나라의 정책을 집행하는 인간들의 잘못을 유가에게 전가시킬 수 있는 무위자연의 이론을 제시하였던 것이다. 그럼에도 불구하고 그들은 무위자연의 이론과 무위의 행동방식을 모든 문제점을 해결할 수 있는 해결책으로 전파하였다. 곧 세상이 무위자연의 이론으로 다스려지고 있었다면 결코 지금의 혼란이 발생하지 않았을 것이며 따라서 앞으로의 세상이 무위자연의 이론에 따르게 되면 그런 난국이 절로 극복되고 좋은 세상을 맞이할 수 있게 된다는 그럴듯한 처방전을 세상에 유포하였던 것이다.

그러므로 그들은 현재의 문제점에 대한 그들의 입장은 두 가지 경향으로 정리될 수 있다.

첫째는 현재로부터 과거에 대해서는 과거에 위정자들이 무위자연의 사고방식으로 다스렸다면 현재 이렇게 되지 않았을 것이라는 책임전가의 논법전개이다.

둘째는 아주 역설적으로 현재로부터 미래에 대해서는 현재의 어지러운 사태를 무위자연의 태도로 관망하면서 누군가가 현명한 대안을 내놓으면 곧바로 그것들 중에서 가장 좋은 방책을 선택하면 된다는 기회주의적 논법전개이다.

그럼에도 불구하고 도가의 사고방식도 생각하기 나름이라는 입장에서 이해하게 되면, 마땅히 그 나름대로 새로운 관점으로 세상을 바라본 사상적 의의를 지니게 된다. 왜냐하면 심히 어지러워진 사회질서 속에서 행동을 규제하는 갖가지 규범은 일반대중에게는 더욱 번거로울 수밖에 없었기 때문이다. 곧 그런 규범을 자유로운 행동양식의 속박으로 비난하고서 간편한 행동양식을 내세운 그들의 주장이 일반백성들에게 충분히 환영받을 여지를 갖추고 있었기 때문이다. 다시 말해 도가 사상가들이 정치적인 의도에 입각하여 유가를 공격하면서 공격의 선봉에 내세운 무위자연의 이론이 기존의 예법으로부터 자유를 추구하는 내용을 담고서, 그리하여 역설적으로 오히려 난세에 고난과 고통을 겪고 있는 일반 민중들에게는 구원의 목소리처럼 되었던 것이다. 그런즉 장자 지락(至樂)에 기록된 이야기대로 장자가 그의 처가 죽었을 때 보여 준 그런 행동이 바로 그런 결론을 뒷받침할 수 있는 대표적인 사례에 해당하는데, 곧 그 태도가 일반민중의 시각에 번거로운 예법에 구애되지 않는 자유로운 발상의 신선한 행동으로 비쳐질 수 있었기 때문이다. 곧 사람이 죽었을 때 슬퍼할 수도 있지만 그러나 역발상적으로 더 좋은 세상으로 나아갔다고 생각할 수도 있기 때문이다. 그리고서 그런 세상으로 나아가도록 축원할 수도 있기 때문이다. 그러므로 언뜻 보면, 장자가 자신의 부인이 죽었을 때 북을 쳤다는 그와 같은 이야기는 곧바로 듣는 입장에 따라서는 장자를 규범의 구속에서 해방된 유연한 사고의 인물로 인식할 수 있게끔 만들 수 있게 된다.

그러면 과연 그런 장자의 태도가 만인의 공감을 얻을 있는 사회상규(社會常規)가 될 수 있을까? 하는 의문점이 곧장 제기될 수 있다.

그 이유는 장자와 같은 사고방식을 하는 사람들이 현실의 세계를 벗어나 현실의 질서와 무관하게 살아갈 적에는 그들이 별다른 문제가 발생하지 않을 수 있고 또한 그들의 그런 행동이 단지 개인이 자유롭게 결정할 수 있는 선택적 자유의 문제일 수 있겠지만, 그러나 그들의 그런 행동양식이 누구에게나 적용되는 공동체의 질서를 형성하는 규범의 문제가 될 적에는 조화와 균형과 견제가 필요한 사회의 도덕적 그리고 더 나아가 법률적 문제를 야기하기 때문이다. 여하튼 인간은 자신의 행위를 규제하는 규범의식의 가치관에 의해 사회질서를 형성하기 때문이다. 그리고서 인간의 공동체가 공적제도로서 확립한 심판의 방식에 의해 각자가 저지른 잘못된 행위에 대하여 강제적인 제재를 가하기 때문이다.

그런즉 그 당시에는 죽음에 대한 사회상규는 슬픔을 예의의 근본으로 삼지 않을 수 없었던 것이다. 그 이유는 죽음의 사건은 여러 가지의 원인에 의해 발생하지만, 그러나 죽음의 사실은 삶의 과정의 끝자락에서 발생하는 현상으로서 슬픔을 동반하는 이별이기 때문이다. 그러므로 장례의 근원은 슬픔의 정서를 예법의 근본으로 삼았던 것이다. 또한 그렇기 때문에 억울한 죽음에 대하여 슬픈 심정으로 위로하게 되고 더 나아가 심지어 형벌에서 이루어진 죽음조차도 애석해 마지않았던 것이다. 따라서 죽음이 슬픈 사실이 아니라고 하는 역발상은 슬픔을 바탕으로 하여 이루어진 형식적 예법의 절차를 부정하는 역설적인 행위로서, 그리하여 부모와 아내의 죽음자체가 이승에서 슬픔이 아닌 기쁨이 결코 될 수 없었던 일이었다. 그러므로 장자의 발상을 인위적으로 가치관을 전도하여 슬픈 감정을 기쁨감정으로 전도하는 일은 인간사의 올바른 순리라고 말할 수 없게 된다. 곧 근본적으로는 부모의 죽음은 슬픈 일이고, 또한 아내의 죽음도 슬픈 일이 아닐 수 없을뿐더러 더 나아가 그리하여 효도와 애정이 인간의 그런 정서로부터 비롯되었고 또한 사회의 예법제도도 그런 정서로부터 구성되었기 때문이다.

물론 장자를 비롯한 도가사상가들이 죽음의 경우를 두고서 그들의 역발상에 입각하여 갖가지의 당시의 번거로운 사례를 잔뜩 나열하고서 죽음을 슬픔으로 규정하고서 제정한 기존의 장례방식은 일방적인 경우로서 비난할 수 있다. 곧 죽음이 질병이 가져다준 고통으로부터 해방처럼 여겨질 수 있는 경우처럼, 죽음이 전쟁에서 나라의 안위를 위해 애국행위로 여겨질 수 있는 거룩한 경우처럼, 사형의 죽음이 악인을 심판하는 정의로운 행위로 여겨질 수 있는 경우처럼 개별적인 사례의 갖가지의 차이점을 나열하고서 장자를 비롯한 도가사상가들은 그와 같은 역발상적인 반박과 반론을 전개할 수 있다. 그리고 더 나아가 죽음의 경우에 대비되는 삶의 경우도 마찬가지로 고통의 연속과 연장으로 몰아 부칠 수 있다. 하지만 장례를 치러야 하는 죽음의 사실이 기쁘고, 즐겁고, 명랑한 그런 유형의 경우로서 결코 간주될 수 없다.

따라서 예가 번거롭고 귀찮다고 하여 부정적인 안목으로 장례를 백안시한다면, 그런 행동은 당연히 도덕적 질서를 부정하고 거부하는 자들에게는 환영을 받을 수 있겠지만, 그러나 나라를 제대로 다스려야 하는 위정자들에게는 결코 받아드릴 수 없는 잘못된 발상이 될 뿐이다. 그런즉 장자의 발상은 죽음에서 발생하는 갖가지 양상의 단편적 경우일 뿐, 그것이 곧 예법의 근본사상이 될 수 없는 일이었다. 즉 기존의 예법에 대한 비판은 될 수 있어도, 기존의 제도를 없애거나 아니면 기존의 제도를 대신할 새로운 제도로서 결코 정착할 수 없는 일이었다.

그러므로 그런 역발상적 논법에 따라 자신들을 다스리는 위정자뿐만 아니라 더 나아가 난국 속에서 불운을 맞이하여 슬퍼하는 가진 자들의 딱한 처지를 강 건너 불구경 하듯이 바라보면서 그들을 비웃고 더 나아가 조롱하고 경멸하고 격하시키는 도가사상들의 의식개조의 작업은 대중들에게 대단히 즐거운 사건이 아닐 수 없게 된다. 그리하여 권력이건, 부이건, 미모이건, 그 이외의 기술적 능력이건 간에 뛰어난 자를 그처럼 우습게 바라 볼 수 있는 인식의 전회는 민중들의 마음과 생활 속에 자리 잡지 않을 수 없었든 것이다.

물론 이처럼 부정적인 사고방식이 대중들에게서 만연하게 된 근본적 동기는 위정자들의 정사가 그들의 탐욕과 능력부족으로 말미암아 스스로 경멸과 원망을 자초한 점에서 비롯되었지만, 그러나 그런 원망의 분위기를 한 차원 높여서 논리적으로 비판할 수 있는 분위기로 전환시킨 인물들이 다름 아닌 도가의 사상가들이었던 점만은 분명하게 긍정적으로 인정하지 않을 수 없는 객관적인 역사적 사실이다. 그러므로 도가사상가들은 일반 백성들에게 현실의 유가사상을 신뢰하지 못하도록 함과 동시에 도가인 자신들에게 절대적 믿음을 보내주도록 만들기 위해 무위자연의 도와 그리고 그 도를 깨친 인물로서 황제를 그들의 전면에 내세웠던 역사왜곡의 문제점이 당연히 비판의 대상이 되는 것이다. 따라서 도가사상을 논구하려는 입장은 장자의 사상도 표현된 글 자체의 내용만 보고서 액면 그대로 이해할 것이 아니라, 그 이면에 도사린 이유, 곧 왜 그렇게 해야만 했는가의 의도를 자세히 살펴본 연후에 비로소 그가 지향한 목적을 제대로 평가해야 할 것이다.

여하튼 장자의 그런 역발상적 사상에 접하고서 현혹된 민중들에게는 여타의 다른 인물들이 그들의 안중에 들어올 리 만무하게 되었다. 즉 그들의 눈에는 어떤 인물도 함량미달로 보일 수밖에 없게 된 것이다. 그런 점에서는 도가사상은 그것이 의도했건 혹은 의도하지 않았건 간에 선비들을 위한 학문의 길이 아닌 오히려 일반 민중들의 마음속에 둥지를 틀고서 종교적인 길로 나아갈 여지를 충분히 갖추게 되었다. 물론 도가사상가들이 일사분란하게 동일한 방식으로 그들의 사상을 전개한 것은 아닐지라도, 노자의 사상을 발판으로 하여 점차적으로 황제의 사상으로 나아간 점에서 보면 충분히 그렇게 말할 수 있다.

하지만 민중에게 다가가기 위해서는 도가의 사상은 무위자연의 도와 황제의 인물로만으로는 결코 충분하지 않았다. 그러므로 더 자극적이고 더 중독적인 소재가 필요해졌다. 그리하여 도가가 세상에 내놓은 발상은 다름 아닌 속세가 아닌 탈속의 세상이었다. 그리고 그들은 갖가지 그럴듯한 이야기를 가공하여 세상 사람들로 하여금 현실의 정국을 경원시하고 가상적인 탈속의 세상을 염원하고 갈구하도록 만들었다. 곧 그들은 도원경을 전제하고서 탈속한 경지의 신선처럼 살아가는 삶의 방식을 전개하여 세상 사람들의 마음을 그렇게 유도하였던 것이다. 다시 말해 세속에서 살아가는 삶의 방식과는 무관한 신선의 행동양식 곧 세속의 규범과는 무관한 행동양식을 일반대중의 뇌리에 각인시킨 것이다.

그런데 이런 신선과 같은 행동양식을 펼친 발상은 외관상으로는 현실의 정치문제와 전혀 무관해 보이는 내용들이었지만,

그러나 오히려 내면적으로는 더 심각한 정치적인 문제가 아니될 수 없었다. 왜냐하면 속세와 무관한 종교적 교리는 현실의 부조리를 비판하면서 탄생하는 것이기 때문이다. 그러면 당연히 현실의 대중들의 사고방식에 영향을 주게 되어 정치적으로 마찰을 일으키지 않을 수 없게 되기 때문이다. 곧 천명을 바탕으로 한 왕도정치의 사상이 민중의 마음속에 자리 잡고 있었을 적에는 위정자에 대한 의혹과 불신을 다른 시각으로 비판할 여지가 없었지만, 그러나 그런 믿음이 위정자들의 부도덕한 작태에 의해 여지없이 무너져 내린 그 즈음에는 새로운 수습방안이 필요하게 되었기 때문에 종교적 발단이 문제가 된다는 것이다. 다시 말해 하나라에서 상나라로 그리고 상나라에서 주나라로 이어지는 과정에서는 독선적 왕의 전횡을 막고 수습해줄 왕도사상의 계승자가 있었기 때문에 백성들이 언제나 상대적으로 의지할 곳이 반드시 있었지만, 그러나 전국시대에는 어디에서도 그런 의지할 곳이 없는 상황이 되었기 때문에 그리하여 역설적으로 도가의 발상에 솔깃하지 않을 수 없게 되었다는 것이다.

하지만 올바른 정치는 백성들을 올바르게 다스리는 작업이기 때문이기에 난세의 어떤 사상도 이미 굳건히 확립된 왕도정치의 큰 틀을 크게 벗어날 수 없었다. 그러므로 전국시대의 제자백가의 사상가들은 단지 전술적인 책략의 분야에서는 기교를 발휘할 수 있었지만, 백성들에게 다가가는 전략적 명분에서는 왕도정치의 이념을 결코 벗어날 수 없었다. 그런즉 대부분의 경우에서는 처음의 비판의 동기와 끝의 결론의 주장이 유가가 수호하려는 민본사상의 명분과 대동소이하게 되어 따라서 그 전개과정에 각별한 주의를 기울여야만 비로소 미묘한 차이점을 파악하고서 올바른 판단을 제대로 할 수 있게 된다.

그런데 전국시대에는 앞선 시대의 왕조교체의 상황과 달리 고대왕조가 수립한 정통성의 명분을 계승하는 전통방식을 무력화시킬 수 있는 너무도 커다란 사회변화의 장애물이 등장했다. 곧 그것은 전국시대의 열 왕들이 왕도정치의 수호자로 자처할 의사가 전혀 없어진 점이다. 물론 그 현상은 만족과 융족과 적족의 핏줄이 흐르는 열 왕들이 각 지역에 활거하면서 포진하고 있었기 때문이었다고 일단의 역사가들이 주장할 수 있겠지만, 그러나 그런 주장은 일단 이족이 수립한 정통성을 거부할 충분한 이유가 되지 않는 점에서 더 큰 원인을 찾지 않을 수 없게 된다.

따라서 진정한 이유는 다른 곳에서 찾아야만 여하튼 사실이 논리와 부합할 수 있게 된다. 그 이유는 비록 왕도정치의 명분을 수호해야 할 책임이 있는 주 왕실이 통치의 권위를 상실하여 유명무실한 왕실로 전락하였다고 하더라도 여전히 통일왕조의 종주국의 명분을 갖추고 있었던 반면에, 주나라를 대신하려는 전국시대의 각 나라는 전혀 그 명분을 계승할 모범국가의 모양새를 전혀 갖추고 있었던 상황이 아니었기 때문이다.

그러므로 이런 전국시대의 열 왕들에게는 기존의 유가의 가르침을 전면적으로 배척할 새로운 관점의 독특한 사상이 필요해지게 되었는데, 바로 그런 목적을 충족시키기 위해 등장한 사상이 정확히 도가사상이었다. 그런즉 그 점에 있어서 유념해야할 것은 열 왕이 계획적으로 도가를 양성하여 그렇게 한 것인지 아니면 그런 분위기 속에서 선비들이 자신들의 지위와 재물을 탐내어 자발적으로, 적극적으로 그렇게 한 것인지의 의문인데, 어쨌든 그것을 반드시 밝혀져야 한다.

그리고 또한 그 해명은 사마천의 사기에 기록된 제나라 직하(稷下)궁과 같은 연구기관을 염두에 두고서 논구하면 가능할 것이다. 따라서 논구의 초점은 도가의 지닌 타의 추종을 불허할 정도로 뛰어난 특성이 다른 어느 누구도 도저히 착상할 수 없는 발상인 요·순(堯舜)임금의 역사성을 전면적으로 개조한 새로운 황제(黃帝)의 역사관을 내놓은 기상천외의 발상에 있는 점에 맞추어져야 한다.

그런즉 이 점에서 도가의 황제사관은 전국시대의 각 왕들에게 자신들의 약점을 극복할 수 있게 해 줄 명분을 제공하기에 충분했다. 다시 말해 도가의 황제사상은 요·순임금이래로 지속된 역사의 정통성을 거부할 적절한 명분을 제공할 수 있었던 것이다. 즉 도가가 황제사관을 수립하면서 동시에 가공한 수많은 우화들과 이야기들이 전대의 성왕들과 공자 및 그의 명망이 있는 제자들의 권위를 추락시켜, 정통성을 갖춘 통치명분이 취약한 열 왕들의 위신을 세워줄 수 있었던 것이다.

그러나 그로부터 잉태된 화하사상이 중국 땅에 자리 잡은 부족과 그렇지 않은 부족들을 인위적으로 적대적 관계로 돌변시켜 그리하여 중국과 동아시아의 역사를 심히 굴절시켰기 때문에, 따라서 반대급부로 당연히 도가의 사상가들은 도저히 용납될 수 없는 역사적 죄를 저지른 당사자들이 아닐 수 없게 된다.

그러므로 마땅히 도가서책의 진정한 정체가 도덕적이거나 종교적인 서책이 아니라, 오히려 그 점을 역이용하여 위장한 정치서책이었을 뿐이라는 점은 중국고대왕조사의 모든 논구에 있어서 반드시 전제되어야 한다. 왜냐하면 그 서책이 도덕적이거나 종교적인 명분에 충실한 내용으로 구성되었다면, 비록 어지러운 난세를 극복할 방법을 제시하였을지언정 주나라가 계승한 통치노선을 거부해야할 동기를 결코 내세울 수 없었기 때문이다.

다시 말해 도가가 단지 혼란한 정치국면을 비판하고서 수습을 위한 개선책만 주장하려고 했었다면, 그들에게서 철두철미한 기존의 유가를 처음부터 끝까지 비난하고서 악착같이 배척해야할 필요성이 전혀 발생할 수 없었기 때문이다. 즉 그런 정도의 목적이었다면 유가와 목적과 도가의 목적이 하등 다를 바 없었기 때문이다. 따라서 그들이 세상에 사상을 전개한 목적이 세속을 탈피한 그런 생활양식을 일반백성들에게 널리 확산시키려는 것이 아니라, 유가와 같은 정치이념적인 것이라면, 오히려 그들의 정치적 사고방식은 종국적으로 지극히 정치공학적인 것이 될 수밖에 없게 된다.

그러면 이 맥락에서 도가가 왜 양주의 입을 빌어서 이기적인 삶의 방식을 거론했을까? 하는 의혹이 해소될 수 있다. 그리고 그로부터 도달하는 결론은 도가사상가들의 진정한 의도를 보여주는 중요한 증거가 된다. 왜냐하면 유가에 대한 직접적 비난만으로는 자신들의 목적을 충분히 달성할 수없는 여지를 이기설의 양주를 끌고 들어와 그리하여 마치 그가 이야기한 것으로 그럴 듯하게 꾸민 내용으로 유가를 배척하려는 작업에 충분히 활용하였지만, 그러나 오히려 양주의 입장으로 외관을 치장한 많은 그들의 말들이 자신들의 정체를 철저히 은폐하려고 했던 반도덕적 의도와 달리 오히려 거꾸로 자신들의 진정한 본심과 진면목을 확연히 보여 주고 있기 때문이다.

그럼에도 불구하고 도가가 양주의 입을 빌어서 이기적인 처세관을 대중들에게 전파한 방식은 정치공학적인 측면에서 보면 너무도 탁월한 작품이 아닐 수 없게 된다. 왜냐하면 도가의 사상가들이 양주를 자신의 대리인으로 내세워 두 가지 목적을 동시에 달성할 수 있었기 때문이다.

하나는 자신의 정체를 은폐시킬 수 있었던 점이고, 다른 하나는 자신들의 의도를 관철할 최적격자로 선택한 양주가 자신들이 내세운 무위자연의 이론을 대중에게 자연스럽게 스며들게 하여 그리하여 대중들이 유가를 배척하고 주나라를 거부하게 만들려는 그들의 목적을 제대로 수행할 수 있는 터전을 그런대로 무난하게 닦을 수 있었던 점 때문이다. 하지만 공자와 제자를 등장인물로 설정한 후 거짓된 내용으로 날조한 이야기를 꾸며 유가를 경멸하도록 시도한 부도덕성과 그리고 양주를 등장인물로 설정한 후 그럴듯하게 보이도록 이야기를 꾸며 자신들의 속셈을 대신하게 만든 행위의 부도덕성은 도저히 용납될 수 없는 후안무치한 일이었기 때문에 당연히 준엄한 역사의 심판을 받아야 한다.

그런데 이점에서 여전히 명쾌하게 풀리지 않고 주목되는 관점은 다른 인물을 제쳐두고 왜 하필이면 이기설의 양주인가?

하는 의문점이다. 그러면 양주를 활용한 도가의 전략이 지닌 특성을 고려하지 않으면 안 되게 되는데, 그것은 두 가지 관점에서 논구될 수 있다.

하나는 적극적인 이해방식으로서 도가가 의도적으로 양주의 입을 빌어 이기적인 가치관을 개진하였다는 관점과 또 다른 하나는 소극적인 이해방식으로서 도가가 정치적인 목적으로 유가를 공격하는 과정에서 유가의 행동양식을 폄하하기 위해 그런 특이한 발상을 전개하였다는 관점이다.

그러면 어느 쪽이 진정한 도가의 모습일까? 하는 의문점이 해소되어야 또 다른 의혹의 대답이 될 것이다. 물론 도가사상에는 이 양면성을 모두 포함한 제3의 태도도 가능하다. 즉 두 입장이 모두 양립할 수 있다는 포괄적 관점이다. 그렇게 되면 제3의 입장은 당연히 두 가지 입장을 두고서 선과 후의 순서로 자리매김해야 한다. 즉 도가사상이 세상에 널리 펼쳐지는 과정에서 도가의 사상이 처음에는 소극적인 입장인 후자에서 출발하였다가 나중에 적극적인 전자의 입장으로 선회하게 되었다는 견해이다.

그 이유는 노자의 도덕경이 도가사상의 진원지이며 그리고 출발점이었다면, 당연히 도덕경에서 거론되지 않은 황제와 양주의 이야기는 처음부터 주도면밀하게 도가사상가에 의해 모의된 발상이 아니라고 말할 수 있는 점 때문이다. 왜냐하면 황제와 양주의 인물이 열자와 장자에 이르러 비로소 등장하였기 때문인데, 그러면 논리적으로 당연히 황제와 양주의 등장은 무위자연의 사상이 심화되어 가는 과정에서 제기된 필요성에 의해 비롯된 발상으로 간주할 수 있기 때문이다. 그러나 이 점에서도 각별히 유념해야할 점은 황제의 존재가 도가사상가들이 요·순임금의 역사관을 겨냥하고서 등장시킨 최고의 인물이었기 때문에 이기설로 비난받는 양주와 같은 등급의 비중을 두고서 거론할 수 없다는 것이다.

그러면 전자가 아닌 후자의 입장은 '무위자연 사상이 구체적으로 전개된 모습이 왜 하필이면 양주의 이기설인가?'하는 의혹으로 압축된다. 그 까닭은 도가사상가들이 왕도정치의 이념으로부터 형성된 기존의 예법의 질서를 철저히 부정할 수 없는 통치방식의 한계성 때문이다. 다시 말해 예법의 문란을 분석해 보면 크게 두 가지일 터인데, 곧 아래의 경우에서 보면 전자가 문제의 본질적 원인이 될 수 없기 때문이다.

하나는 각종 예법을 간소화를 할 필요가 생길 정도로 번거로워져서, 따라서 그 번거로움이 사회문란의 원인이 되었고 그리하여 그것을 개선해야할 필요가 생긴 상황이 근본원인인 점이다.

또 다른 하나는 사회문란의 근본원인은 그런 수정의 필요성 때문이 아니라, 오로지 위정자의 탐욕에 의해 발생한 부도덕한 정변 때문인 점이다.

그러므로 여하튼 춘추·전국시대의 난국에는 전자가 아니라 후자가 근본원인이 될 수밖에 없기 때문에, 따라서 당시의 성인, 현인들은 어느 누구를 막론하고 대체로 거의 몰락한 주나라의 왕조뿐만 아니라 주나라의 제후들이 부린 지독한 탐욕을 비판하고서 왕도정치의 노선으로 되돌아가라고 주장했어야 마땅한 경우가 되는 것이다. 하지만 도가는 유가와 달리 그럴 의사가 추호도 없었기 때문에 그렇게 하지를 않았고, 오히려 역발상적으로 유가를 맹공격하였다.

그러나 그 과정에서도 예법 자체는 도가사상가들이 전면적으로 부정하고 거부할 수 없는 정치의 요체였기 때문에 별도의 기발한 방법을 고안해야만 했다. 그런즉 그들은 난세를 가일층 심화시켰던 제후들의 엄중한 과실을 질책하는 대신에 요·순임금의 사관에 입각한 전래의 통치이념이 모든 혼란의 근본원인이라는 책임론을 펼치기로 작정하였다.

그리하여 도가사상가들은 나라를 다스리는 과업에 필요·충분요건인 예법을 일일이 따져 무작정 비난하기보다는 오히려 에둘러 패권적 열 왕의 의향에 영합한 자신들의 이기적이고 기회주의적 처신술을 합리화하는 방향으로 나아가면서 유가를 막무가내로 공격하였던 것이다.

그런데 예상치 않게 도가의 사고방식은 도가사상가들이 전혀 의도하지 않았던 문제점을 잉태시켰는데, 그것은 고대왕조가 수립한 정통성을 부정한 전략적 방식이 고스란히 백성들로 하여금 정치를 불신하거나 혐오하도록 만들어, 진나라 이후에 발생한 대규모의 민란을 상습화시킨 단초를 마련한 점이다. 그리고 더 나아가 도가사상가들이 진나라 이후의 전제군주제도에서 일반백성들이 이런 보신책을 현명한 처세술로 본받아 한편으로는 부귀공명을 획득하기 위해서는 유가의 가르침을 활용하고, 다른 편으로는 스스로를 보호하기 위해서는 이기적인 자신들의 가르침을 활용하는 이중적인 처세관에 익숙하도록 만든 점이다.

그리하여 항상 왕조가 무너질 정도로 정사가 잘못되었을 적에는 백성들은 민란으로서 자신들의 이익을 지키려고 했고, 그리고 역설적으로 그 민란을 제대로 수습하는 몫은 여전히 왕도정치의 이념을 계승한 선비들의 몫이었던 것이다. 그리고 이것이 곧 중국왕조역사가 지닌 이율배반적인 양면성이 되었다. 따라서 도가가 저지른 오판의 결과는 위정자의 탐욕과 폭정에 대항하는 일반민중의 민란을 주목해 보아야만, 그 실상을 제대로 직시할 수 있게 된다.

그러면 당연히 도가가 민중을 현혹하여 세상을 부정적인 시각으로 바라보게 한 근거가 명백히 확인되어야만, 비로소 위의 논구가 정당해질 것이다. 그런데 그 점은 장자가 덕을 해치는 다섯 가지 악덕과 자신을 궁지로 몰아넣는 여덟 가지 항목과 자신을 영달시키는 세 가지 항목과 자신을 형벌 받게 하는 여섯 가지 항목을 설명한 곳에서 명백히 확인된다. 여하간 위의 항목을 망라한 후 결론으로 맺은 아래의 글이 도가의 무위자연의 처세관의 민낯을 그대로 보여 준다.

"자신을 고집하지 않고 상대를 따라 가는 것(緣循), 세상을 따르고 무리를 안 하는 것(偃仰), 겁을 먹은 듯이 처세하는 것(因畏).

이것은 남보다 못한 듯이 보일지 모르나(不若人) 이 세 가지 태도는 다 영달의 길로 이끌어 줄 것이다(三者俱通達)."[133]

133) 장자 p549

제3절 황제(黃帝)를 내세워 중국왕조의 정통성을 변경하는 일

논구초점 : 현학적인 용어를 사용하여 신비롭게 설명한 무위자연의 통치방식은 오직 성현을 제외하고는 그 어느 누구도 파악할 수 없고, 따라서 그 누구에게도 가르칠 수 없고, 더 나아가 배울 수도 없으니, 일반백성에게는 그림의 떡이요 또한 빛 좋은 개살구일 뿐이다.

따라서 성현 이외의 다른 어느 누구도 통달할 수 없는 무위자연의 방법은 오로지 성현인 통치자만이 실행할 수 있다고 설명한 도가의 통치방식은 독선적이고, 독단적이고, 오만하고, 배타적인 정치노선이 아닐 수 없어서 올바른 도리를 갈망하는 지식인들을 실로 어처구니없게 만든다.

그러나 논리적으로 따지기 이전에, 도가가 내세운 절대적인 권위와 능력을 갖춘 황제는 난세를 수습할 구세주를 기다리는 민중들에게는 오로지 기댈 수 있는 구원의 희망이 아닐 수 없게 되었다.

열자와 장자는 황제를 역사무대의 전면에 내세우면서 자연스럽게 요·순임금에 앞선 통치자로 자리매김하였다. 그리고 그 중에서도 장자의 글이 열자의 글보다도 그 점을 더 명확히 하였다. 곧 아래 글에서처럼 장자는 요·순임금에 앞서 황제의 존재를 기정사실화 하였다.

"…… 무릇 〈이와 같이 자연·무위인〉 천지의 도는(夫天地者) 예로부터 더 없이 위대한 것이었다(古之所大也). 그래서 황제, 요, 순(而黃齊堯舜之)도 다 같이 이를 찬미하였다(所共美也). 그런 고로(故) 옛날의 〈위대한〉 왕들은(古之王) 세상에서(天下者) 과연 무엇을 행했겠는가(奚爲哉)? 천지는 이미 이루어진 것이다(天地而已矣)."[134]

그런즉 그는 전대의 역사에서 요·순임금을 대신하여 황제를 전면에 내세우고 요·순임금을 바탕으로 하여 구성된 서경의 기록을 무력화시키려고 하였고, 그리하여 아래 글에서 보듯이, 관자에 실린 환공과 관중의 대화내용조차 가공하여 장자에 실어놓았는데, 곧 그 내용에 "자기 덕이 옛 성인인 황제만 못한 것을 부끄러워하고(愧不若黃帝)"라는 문장을 삽입하여 황제사관을 역사로 실재한 사실인양 만들었다.

따라서 아래에 인용한 문장을 제대로 읽어보면, 장자가 요·순임금만 못하다고 말할 대목에서 황제보다 못하다는(愧不若黃帝) 구절을 삽입하였음을 대뜸 알 수 있게 된다. 그런즉 장자가 공자보다 앞선 인물인 관중의 글에 이렇게 기록되어 있다고 주장한 그 의도가 백성들로 하여금 유가의 말을 불신하도록 만들

134) ibid p304

려는 계략임을 단번에 알아챌 수 있게 된다. 그런데 장자가 이런 일을 감히 자행할 수 있었던 배경은 당시의 삶의 여건에서는 그런 부도덕한 사실을 확인할 방법이 신통치 않았기 때문이다. 곧 오늘날처럼 인쇄술과 통신망과 교통수단이 발달하여 어느 곳에서도 신속하게 서책을 읽을 수 있고, 대중매체에서 소개하고 평가하는 정보가 넘치고, SNS을 통해 서로가 정보를 공유하여 진실과 거짓을 곧바로 확인하고, 더 나아가 서로 직접적인 혹은 간접적인 방법을 활용하여 문제점을 토론할 여지가 전혀 없었기 때문이다.

“관중이 병에 걸렸으므로(管仲有病管仲有病) 환공이 <문병을 가서> 물었다(桓公問之曰). 「<관중>중부의 병은 근심스럽소(仲父之病 病矣). <그러니> 죽음을 생각하지 않을 수 없소(可不謂云 至於大病). 그런즉 나는 <누구에게> 정사를 맡겨야 능히 옳겠소(則寡人惡乎屬國而可)?」.

…………………………………………………………….

<관중이> 대답하였다(對曰). 「할 수 없는 경우에는 습붕이 옳을 듯합니다(勿已則隰朋可). 그 사람됨은(其爲人也) 위로는 원대한 진리를 인식하려 하고(上識), 그리고 아래로는 겸허하게 배우려 합니다(而下問).

자기 덕이 옛 성인인 황제만 못한 것을 부끄러워하고(愧不若黃

帝), 자기보다 못한 사람을 가엽게 여겨 인정을 베풉니다(哀不己若者).

무릇 자기 덕을 남에게 나누어 주는 사람을 성인이라 하며(以德分人謂之星), 자기의 재물을 남에게 나누어 주는 사람을 현인이라고 부릅니다(以財爲之賢).

그런데 자기가 현명함을 내 세운 채 백성에게 임하는 경우에는(以賢臨人) 백성들의 인망을 얻은 예가 없었습니다(未有得人者也). 이와는 반대로 자기의 현명함을 감추고 백성들에게 겸손한 태도를 취하는 경우에는(以賢下人) 백성의 신망을 사지 않은 예가 없었습니다(未有不得人者也).

<저 습붕은> 나라를 다스리면(其於國) 일을 들으려 하지 않고(有不聞也) 집을 다스리면(其於家) 쓸데없는 일을 보려고도 하지 않을 것입니다(有不見也). 부득이한 경우에는 습붕을 쓰시는 것이 괜찮을 것입니다(勿已則隰朋加)」"[135]

---

135) ibid p453 - 장자의 원문에서는 <上忘而下畔>이라고 되어 있다. 그렇게 되면 '위로는 윗사람을 망각하고 아래로는 발호한다.'는 뜻이 되어 전후 문장과 맥이 통하지 않고 어긋나게 된다. 이 문장은 관자의 계편(戒篇)에 있는 것이어서 관자의 기록된 글로 써야만 제대로 의미가 통하게 되어 그렇게 고쳤다. 그러므로 이 문장에 대한 주석은 "'여씨춘추(呂氏春秋)'에서는 <上志而下求>, 열자에서는 상망아불구반(上忘而下不叛)으로 되어 있다.

그리고서 장자는 위의 문장에서처럼 황제의 이름만 거론한 단순한 구절로 끝내지 않고 시경과 시경에 전혀 나타나지 않았던 가공한 이야기를 하나의 극적(劇的)인 줄거리로 완성하여 역사의 전면에 내세웠다. 그리고 그 많은 내용들 중에서 장자가 노자 도덕경 제 80장의 글 앞에 가공의 전설의 인물을 더하여 구성한 아래의 문장은 곧바로 역사왜곡의 본모습을 그대로 보여 주고 있기 때문에 특히 인상적이다.

"당신들만이 지극한 덕으로 다스려지던 옛날 옛적의 세상에 대해서 모르고 있다(子獨不知至德之世乎).

옛날에(昔者) 용성씨(容成氏), 대정씨(大庭氏), 백황씨(伯皇氏), 중앙씨(中央氏), 율륙씨(栗陸氏), 이축씨(驪畜氏), 헌원씨(軒轅氏), 혁서씨(赫胥氏), 존로씨(尊盧氏), 축융씨(祝融氏), 복희씨(伏戲氏), 신농씨(神農氏)들이 다스리던 시대에는(當是時也) 백성들은 <글자대신> 노끈을 매듭지어서 능히 사용했고(民結繩而用之), 그 음식을 감미로워 했고(甘其食), 그 의복을 아름다워 했고(美其服), 그 풍속을 즐거워했고(樂其俗), 그 거처를 편안해 했다(安其居).

마서륜(馬敍倫) 등이 고증한 것처럼 관자의 글이 가장 원형에 가깝고, 망은 지(志)=식(識)의 잘못이고, 반은 고문(考問)의 뜻인 변(辯)의 차자로 보는 것이 좋을 것이다"라고 하였다.

나라와 나라는 서로 바라보일 정도로 인접해 있었고(鄰國相望), 닭과 개 울음소리가 서로 들리는 형편이었다(鷄狗之音相聞). 사람들은 <자기 환경에 만족해 있어서> 늙어서 죽음에 이르도록(民至老死) 그리고도 다른 나라를 왕래하는 일이 없었다(以不相往來). 이런 시대야말로(若此之時) 즉 이미 다스림의 지경에 이른 것이다(則至治已)."[136]

그런데 이와 같은 내용을 담은 장자를 비롯한 도가의 서적에서 각별한 주의를 기울여 주목해야할 점이 있는데, 곧 그것은 유가를 공박하는 도가의 입장이 전국시대의 장자에 이르러서는 약간의 태도변경을 하지 않을 수 없게 된 점이다. 물론 그 이유는 당연히 노자의 저서에서는 황제의 이야기가 전혀 언급되어 있지 않는데 비해, 장자의 서책은 황제를 중국왕조사의 전면에 내세우려고 하였기 때문이었지만, 그러나 더 근원적인 이유는 무위자연의 도를 터득한 성인을 묘사함에 있어서 겸손(謙遜), 겸양(謙讓), 공경(恭敬)의 덕을 내세운 요임금의 덕을 일방적으로 무시하고 외면할 수 없었던 드높은 도덕성 때문이다. 곧 요·순임금의 사관을 일방적으로 매도하고 너무 지나치게 앞서 나가면 따라오는 일반백성들이 자신들의 말뜻을 이해하지 못하고서 오히려 역효과를 불러 일으킬 수 있었기 때문이다.

136) ibid p266 - 驪는 검은말 여(려)가 아니고 검은말 이(리)로 읽어야 한다.

그리하여 장자는 전략적으로 유가에 대해 악의적인 비난을 가하는 전략적인 공격에서 요·순임금의 평가만 별도로 제외하거나, 아니면 요와 순임금을 두고서 어떤 때는 함께 비난하거나 또는 어떤 때는 따로 떼어 순임금만 비난하거나, 또는 어떤 때는 요·순임금을 통틀어 황제의 통치노선의 연장선상에 합류시켜 놓고 그리고서 요·순임금을 제켜두고 그 대신에 오히려 하·은·주 시대만 공박하였다.

곧 그 점은 장자의 천도(天道)편에 잘 드려나 있는데, 요·순임금에 관한 그런 측면은 장자가 공자의 제자인 자공이 공자의 소개로 노자를 만난 자리에서 서로 주고받은 대화를 가공한 글에 수록되어 있다.

그런데 그 글에 중요한 문제점이 등장하는데 그것은 삼왕오제(三王五帝)와 삼황오제(三皇五帝)가 혼동되어 있는 점이다. 물론 그 점은 오제에 대해 도가(黃帝軒轅, 顓頊高陽, 帝嚳高辛, 帝堯放勳, 帝舜重華)와 달리 유가가 전혀 그런 역사적 시각을 지니고 있지 않았기 때문에, 당연히 그렇게 될 수밖에 없었던 것이다. 그런즉 유가가 말하는 삼왕과 도가가 말하는 삼황은 서로 다르고 유가의 삼왕과 도가의 오제를 비교한 점은 곧바로 도가가 황제사관을 역사에 전면에 내세우려고 하는 의도 때문이므로 곧바로 마찰이 발생하지 않을 수 없게 된다.

"………마침내 공자의 소개로 <자공이> 노자를 만날 수 있었다(遂以孔子聲見老聃).………자공이 말했다(子貢曰).「삼왕과 오제가 천하를 통치한 방식은 제각기 달랐습니다만(夫三王五帝之治天下不同), 그 분들은 성인이라는 평판에 있어서는 꼭 같았습니다(其係聲名一也). 그러나 선생님께서는 그들은 성인이 아니라고 하신다고 들었습니다(而先生獨以爲非聖人). 그것은 무슨 까닭입니까(如何哉)? 」

노자가 말했다(老聃曰). 「젊은이(小子) 좀 더 가까이 오게나(少進). 자네는 왜 <그들의 통치방식이> 달랐다고 하는가(子何以謂不同)?」

<자공>대답해 말했다(對曰). 「요는 순에게 왕위를 물려주었고(堯授舜), 순은 또 우에게 왕위를 물려주었습니다(舜授禹). 우는 치수를 위해 힘을 이용했고(禹用力), 그리고 탕은 걸을 치기 위해 무력을 썼습니다(而湯用兵). 문왕은 주에게 순종하고서 반기를 드는 일이 없었으나(文王順紂而不敢逆), 그러나 무왕은 주<왕>에게 반역하여 순종하지 않았습니다(武王逆紂而不肯順). 그러기에 말하자면(故曰) <그 분들의 태도가> 달랐다는 것입니다(不同).」”[137]

---

137) ibid p322~323

여하튼 곧 장자가 서두에 기술한 여기까지의 내용은 중국고대역사서 기록된 객관적 사실과 부합하므로 당연히 유가의 시각으로 바라본 역사의 평가가 되고, 그리고 뒤이어 장자가 기술한 아래의 글은 도가의 시각으로 바라본 역사의 평가가 되는데, 즉 그 이유는 다름 아니라 장자가 요·순임금의 앞에 황제를 전면에 내세운 입장 때문이다. 다시 말해 장자가 세상 사람들에게 황제사관을 당연한 사실인양 인식시키려고 한 입장 때문이다.

"노자가 말했다(老子曰). 「젊은이(小子) 좀 더 가까이 오게나(少進). 내가 그대에게 삼왕오제가 천하를 다스린 것을 말해 주겠다(余語女 三王五帝之治天下).

황제가 천하를 다스릴 적에는(黃帝之治天下) 백성의 마음을 <의식적으로 차별 없이> 하나가 되게 하였다(使民心一). 백성들이 어버이가 죽었을 때 곡하지 않아도(民有其親死不哭) 그러나 백성들이 <그것을 나쁘다고> 비난하지 않았다(而民不非也).

요가 천하를 다스릴 적에는(堯之治天下) 백성들의 마음에 <가까운 사람을 >친애하도록 하였다(使民心親). 백성들이 어버이를 위해 어버이를 죽인 자를 죽일지라도(民有爲其親殺其殺), 그러나 백성들이 <그것을 나쁘다고> 비난하지 않았다(而民不非也).

순이 천하를 다스릴 적에는(舜之治天下) 백성들의 마음에 경쟁심을 가지게 하였다(使民心競). 백성들에서 임산부가 열 달에 애를 낳으면(民孕婦十月生子) 태어난 애는 다섯 달에 말을 할 수 있고(子生五月而能言) 웃기도 전에 누구를 알아보게 되었다(不至乎孩而始誰). 곧 사람들이 일찍 죽기 시작했다(則人始有夭矣).

우가 천하를 다스릴 적에는(禹之治天下) 백성들의 마음을 일변시켰다(使民心變). 사람들이 속뜻을 가지고서 무기를 사용하는 것도 정당하게 여겼다(人有心而兵有順). 도둑을 죽이는 것이 살인이 아니게 되었고(殺盜非殺人), 처음으로 당파를 만들고 그리고 천하가 따랐다(自爲種而天下耳). 이로써 천하는 크게 혼란스러워졌다(是以天下大駭). 유가와 묵가 모두가 일어났다(儒墨皆超) 그 처음 시작에는 도리에 합당한 것이 있었으나(其作始有倫) 그러나 지금은 부녀자<들의 시끄러운 다툼>처럼 되고 말았다(而今乎婦). 자네들 무엇을 말할 것인가(女何言哉)?"[138]

그런데 장자의 이 글은 역사왜곡의 결정적인 증거를 제공하는데, 그것은 공자보다도 연배가 높은 노자가 공자의 소개로 그

138) ibid 同 - <自爲種而天下耳>는 種은 類 곧 무리, 당파로 해석하고 그리고 耳는 뒤따른다는 佴로 보기에, 스스로 일어난다는 뜻으로 해석한 것을 그대로 옮겼다. 그래서 자기가 근본이 되는 존재라고 여기며 잘난 체 한다는 해석(장자B p588)대신에 위의 글의 해석을 따랐다.

의 제자인 자공이 나눈 대화에 공자 사후에 등장한 실존인물인 묵자의 묵가를 거론한 점이다. 곧 이 문제점은 도가들이 억지로 노자를 공자시대의 인물로 만든 점을 단적으로 보여주는 경우로서, 그것은 노자가 공자가 죽은 그 해에 태어나서 춘추말기와 전국시대초기에 걸쳐 활약한 묵자를 결코 알 수가 없었던 상황을 장자가 결코 알지 못했다는 사실이다. 다시 말해 장자가 묵자가 자신들보다 앞선 시대의 인물로서 겸애설을 내세워 공자를 공격한 사실은 익히 알고 있어도 묵자가 언제 태어나 언제 죽었는지를 전혀 주목하지 못했다는 사실이다. 그런즉 이 글은 도가가 묵가이후에 등장한 사상이라는 것을 단적으로 보여 주는 객관적 증거가 된다. 더 나아가 설사 이 글이 위서(僞書)라고 하더라도 유가가 아닌 도가의 글이기 때문에, 그리하여 그 의도가 도가의 근본정체를 본의 아니게 드러낸 점마저 부정할 수 없기 때문에 당연히 객관적 증거가 된다.

그리고 그들의 정체에 관한 단서도 장자의 글 중 곳곳에서 발견되는데, 곧 장자가 그의 서책안의 재유(在宥)의 글에서 다음처럼 표현한 글의 내용이다. 왜냐하면 이 글이 장자가 고대경전에 깊은 지식을 가지고 있는 사실을 그대로 보여 주는데, 당연히 장자가 그렇게 되려면 필히 그가 서경의 지식을 습득하기 위하여 누군가를 스승으로 삼아야 했었고 그리고 죽간에 기록된 서경의 글을 반드시 읽어야 했음을 보여주기 때문이다. 따라서 그의 정체가 유가에 뿌리를 둔 유생의 출신이 아니게 되면, 모든 것이 어불성설이 되게 된다.

"옛날에(昔者) 황제가 처음으로 인의를 가지고서 사람의 마음을 구속했다(黃帝始以仁義攖人之心). <여기에 있어>이를 따른 요·순은 천하의 외형을 꾸미기 위해 넓적다리의 살이 떨어지고 정강이의 털이 빠졌다(堯舜於是乎 股無胈 脛無毛 以養天下之形). 인의를 행하기 위해 그 마음보를 괴롭혔다(愁其五藏 以爲仁義). 법도를 만들기 위해 그 혈기를 괴롭혔다(矜其血氣 以規法度). 그런데도 오히려 감정과 느낌을 스스로 억눌러 견뎌내지 못할 것이 있었다(然猶有不勝也). 요는 이로서 환도를 숭산으로 추방했고(堯於是放讙兜於崇山) 삼묘를 삼위<山>로 몰아냈고(投三苗於三峗), 공공을 유도로 귀양 보냈다(流共工於幽都). <인의를 가지고서도> 이것으로 천하를 감당할 수 없었도다(此不勝天下也夫)! 하·은·주 시대에 이르러(夫施及三王) 그리고 천하는 크게 어지러워졌다(而天下大駭矣)."[139]

그러면 도가의 무위자연의 사상의 허점은 도대체 어디에 있는 것인가? 하는 의문점이 곧바로 제기될 수밖에 없게 된다. 그리고 그 의문점에 대한 해명은 앞서 논구한 바대로 무위자연의 이론이 잘못된 가정 위에 설정되었는지를 논구하는 과정에 초점을 맞추지 않을 수 없게 된다. 곧 그 이유는 지나치고 그릇된

139) ibid p270~271

욕망 때문에 개인의 처신이 잘못될 것을 미리 경계하여 각별한 수양을 촉구하는 처세방식으로서는 도가의 무욕사상이 여타의 다른 성인과 현자들의 가르침과 별반 다를 바가 없어서 단연코 긍정적이지만, 그러나 그 내용을 정치노선에 적용하고서 전개한 그들의 여러 가지 주장은 고대왕조로부터 내려온 정통의 통치이념을 근본적으로 부정하는 혁명적 사태를 조성하였기 때문이다. 그러므로 무위의 정치가 지향한 목적은 다음의 의문점을 바탕으로 추궁될 수 있다.

첫째 자연의 상태가 무정부적인 상태인가? 하는 의문점이고,

둘째 무정부적인 상태가 아니라면 누가 다스렸는가? 하는 의문점이고,

셋째 무위자연의 도로서 잘 다스리고 있는 곳에 어떻게 성인이 등장하여 그 도를 무력화시키고 혼란을 야기할 수 있겠는가? 하는 의문점이고,

넷째는 그렇다면 도가는 과거로 돌아가 요·순임금의 통치노선을 견지하려는 유가처럼 무위자연의 황제노선을 견지하려는 입장이 되어 따라서 도가가 활약한 전국시대는 요·순임금사관과 황제사관이 충돌한 시대인가? 하는 의문점이다.

그리하여 만약 세상 사람들이 도가의 입장에 서게 되면, 당연히 서경과 시경과 같은 경전은 요·순임금이전의 역사인 황제의 치적과 그의 통치방식과 정치노선을 수록하지 않는 서적으로서 중국고대왕조의 역사를 왜곡시킨 서적이 될 것이다. 그러면 더더욱 도가의 지향한 입장이 무정부적인 주장의 경우가 아니었기 때문에, 당연히 장자가 의도한 황제사관이 추구하려는 정치

적 의도가 도대체 무엇인지가 곧장 의문의 대상이 아니 될 수 없게 된다.

그런데 그 점에 있어서는 노자의 도덕경이 황제의 인물을 전혀 거론하지 않았던 반면에 열자와 장자의 서책이 본격적으로 황제의 인물과 사상을 거론하였기 때문에, 따라서 도가에 대한 의문은 도가와 법가사상을 모두 포괄하고 있는 황로학의 모습으로 나아가 그 실체를 제대로 살펴보지 않으면 도가가 달성하려는 정치적 목적을 확연히 파악할 수 없게 된다. 그리고 더 나아가 장자가 역사를 개조하려는 그들의 작업에 걸림돌이 되는 유가를 전적으로 배척하기 위해 아예 황제의 시기보다 더 앞선 시기에 해당하는 신화의 인물까지 가공하여 고대역사의 전면에 내세웠기 때문에, 따라서 그와 같은 가공의 역사관을 만든 장자의 의도를 면밀히 주시해야만 비로소 장자를 비롯한 도가사상가들이 구사한 전략적 방법이 지향한 진정한 정치적 의도를 밝힐 수 있게 된다.

그런즉 장자는 역사왜곡을 주도한 장본인답게 그에 걸 맞는 이야기를 가공하였는데, 아래의 글이 그 사실을 여실히 보여준다. 곧 유가의 안연(顔淵)을 대화의 한 쪽에 내세우고 그리고 그와 대화를 나누는 상대역에 가공의 인물인 노(魯)나라의 악관(樂官) 사금을 내세워 그럴듯한 내용을 구성하고서 주나라를 대신할 새 왕조의 등장을 당연한 듯이 주장한 점이다.

"사금이 말했다(師金曰). 「………지금 주나라에서 행해지던 정치와 도덕을 현재의 노나라에서 실행하려고 하면(今蘄行周於魯), 이곳은 가히 배를 육지로 끌어 올려서 밀고 가려는 것이나 다를 바가 없는 것입니다(是猶推舟於陸也). 수고로움만 있고 그러나 이루는 것은 없고(勞而無功), 몸은 반드시 해치게 될 것입니다(身必有殃). …………

그러므로 대저 태고의 삼황·오제가 만든 예의와 제도는(故夫三皇五帝之禮義法度) 반드시 그것들이 똑같아서 숭상되었던 것이 아니라(不矜於同), 능히 세상을 잘 다스릴 수가 있었기에 숭상되었던 것이었습니다(而矜於治).

그런 고로 비유컨대(故譬), 삼황·오제의 예의와 제도(三皇五帝之禮義法度)는 그것은 아가위·배·귤·유자들이(其猶柤梨橘柚邪) 맛은 서로 다르면서도(其味相反) 그러나 모두 입에서는 맛있는 것과 같습니다(而皆可於口)

그러기에 예의법도는(故禮義法度者) 시대에 따라서 능히 바뀌어야 하는 것입니다(應時而變者也)."[140]

---

140) ibid p316~317

그리고서 장자는 이 글의 말미에 유명한 미인 서시(西施)의 이야기를 내세우고서 공자의 유가가 서시처럼 흉내를 내는 집단으로 매도하였는데, 하여간 그 전략적 방식이 사람들로 하여금 감탄을 자아내지 않을 수 없게 만든다. 특히 장자가 미인 서시의 이야기를 활용하여 유가를 폄하한 그의 전술·전략적 방법은 그 내용의 정당성과 별개로 세상 사람들에게 영향을 파급한 효과적인 측면에서 바라보면 단연코 지극히 탁월했다고 평가하지 않을 수 없게 된다.

> "………<이 추녀는> 그녀는 눈썹을 찡그리는 서시의 아름다움은 알았어도(彼知美矉), 그러나 무엇이 눈썹을 찡그리는 서시를 어여쁘게 하는지 그 이유는 몰랐던 것이지요(而不知矉之所以美).…………」[141)]

그러므로 이런 종류의 도가사상가들의 이야기들을 두고서 각별히 유념해야할 관점은 도가의 사상이 일반대중에게 출가하여 속세를 등지도록 설파한 종교인들의 생각이 전혀 아니라는 점이다. 오히려 도가의 사상이 대중의 군중심리를 자극하여 기성의 통치이론에 거부감과 반감을 일으키게 할 혁명적 요소를 지닌 정치사상이라는 점이다. 더 나아가 그와 아울러 더 세심하게 주목해야할 점은 도가사상가들이 대중들 앞에 자신들의 모습을 직접 드러내지 않는 대신 익명으로 나서서 오로지 대중의 어려움을 미리 해결해 주는 권력이 가장 이상적인 권력이라는 사상

141) ibid 同

을 은밀하게 유포하면서 대중들의 마음을 슬그머니 사로잡은 전략적 방식이다. 왜냐하면 이런 사상이 난세에 고통을 받고 있는 민중들에게는 얼마나 반갑고 귀가 솔깃해지는 소리인지는 전국시대 말기의 사회풍조가 입증해주기 때문이다.

그런즉 그런 성격을 띤 도가사상은 대체로 다음의 3가지 특성을 지니고서 구성될 수밖에 없었는데, 여하튼 그 점은 각별한 주의를 기울여 철저히 검토되어야 한다. 첫째는 순수하게 공자를 공박하는 노자 특유의 현학적 이론과, 둘째는 장자와 열자에서 등장하는 황제사상과, 셋째는 자신들의 궁극적 의도를 실로 교묘히 은폐하기 위해 인용한 갖가지의 우화들이다.

그리고 더 나아가 그들이 다음의 이유 때문에 그렇게 밖에 이론을 구성할 수 없었던 한계점도 아울러 살펴야 한다. 곧 그 점은 도가사상가들이 그 자체만으로는 전국시대의 난국을 구체적인 수습할 정치노선을 제시할 수 없었던 사상적 한계상황이다. 다시 말해 자신들이 공격한 고대통치노선을 어쩔 수없이 따라가지 않고서는 자신들이 나아가야 할 바를 분명하게 설정할 수 없었던 사상적 제약이다. 즉 그들이 유가를 배척할 정치적 목적을 배제하고서는 자신들이 지향하는 바의 방향을 명확히 가늠할 수 없었던 사상적 제약이다. 그러므로 도가사상에서 특히 관심을 가지고서 주목해야할 곳은 바로 그들이 자신의 의도를 전개하기 위해 인용한 갖가지 예들에 은폐되어 있는 암시들이다. 왜냐하면 그 이유는 이 예들에 숨겨져 있는 속뜻에 무위자연사상을 전개한 그들의 진정한 의도가 담겨져 있기 때문이다. 게다가 이 무위자연의 도와 덕을 설명하기 위해 펼친 형이상학적 근본원리가 오히려 무위자연이 지닌 현실적 한계를 스스로 폭로하고 있기 때문이다.

따라서 이런 판단들의 타당성을 따져 도가사상의 진면목을 바라보려면, 당연히 순서적으로 노자의 도덕경으로 다시 거슬러 올라가 그 근거를 찾아야 한다.

그런데 노자가 도덕경 1장 첫머리에 말한 도는 현상의 근원으로서의 궁극원리에 관한 논리적인 주장이고, 그리하여 형이상학의 입장에서 보면 개별적 현상과 대비되는 보편적 궁극원리에 대한 통상적인 설명이므로, 굳이 그 도의 설명을 두고서 특별하다고 평가할 이유가 없다. 왜냐하면 1장의 도의 설명보다는 오히려 도가의 의도를 더 구체적이고 적나라하게 설명한 도의 내용이 25장에 자세히 묘사되어 있기 때문에 그러하다. 그러면 도덕경에서의 도의 본뜻은 25장의 내용을 자세히 검토해 보아야 1장과 연계하여 자세히 파악될 수 있게 된다.

"물은 섞이어 하나가 되어 존재하는데(有物混成) 천지보다 먼저 생겼다(先天地生). 적하고 요하며(寂兮寥兮) 독립적이고 그리고 바뀌지 않는다(獨立而不改). 두루두루 움직여 다녀도 능히 쉬는 일이 없다(周行而不殆).

천하의 어머니라고 할 수 있으나(可以爲天下母), 나는 그 이름을 모른다(吾不知其名). 글로서는 도라고 부르고(字之曰道) 굳이 이름을 지으면 크다고 말한다(强爲之名曰大). 크면 이에 가고(大

曰逝), 가면 이에 멀고(逝曰遠), 멀면 이에 되돌아 온다(遠曰反).

그러므로(故) 도는 크고(道大), 하늘도 크고(天大), 땅도 크고(地大), 왕도 역시 큰 고로(王亦大), 세상영역 안에는 이 네 가지 큰 것이 있으며(域中有四大) 능히 왕도 그 하나에 들어 있다(而王居其一焉).

사람은 땅을 본받고(人法地), 땅은 하늘을 본받고(地法天), 하늘은 도를 본받고(天法道), 도는 자연을 본받는다(道法自然). "[142)]

따라서 이 문장에는 노자가 세인의 이목을 집중시키는 특별한 항목들을 쭉 나열하였는데, 곧 하나는 왕이 땅과 하늘과 도와 더불어 네 가지 큰 것을 구성한다는 점과 또 다른 하나는 도가 종국적으로 자연을 본받는다는 점이다. 하지만 이 점은 노자의 논리가 오히려 스스로 순환논법에 빠져들고 있는 점을 여실히 보여 준다.

곧 그 이유는 인간이 자연의 이치를 본받아도 자연이 강대한 힘을 가지고 있는 것을 본받을 수 없는 것이므로, 따라서 그 비유는 논리적으로 스스로의 한계를 드러낼 수밖에 없게 되기 때문이다. 즉 노자가 비유적으로 말한 속뜻을 순순히 이해하더라도, 춘하추동의 계절변화를 일으키는 태양의 초능력을 인간이 결코 본받을 수 없기 때문이다. 단지 인간이 본받을 수가 있는

---

142) 도덕경 p154

정도는 계절변화를 미리 알고서 그에 알맞은 적절한 행동을 하여, 만물이 태양의 열기를 활용하여 생존하는 바처럼 자신의 생업을 잘 보전하는 생활방식의 수준일 뿐이다.

그리고 그 한계는 변함이 결코 있을 수 없는 원리에 기인하는 것, 비록 인간이 자연의 본질을 잘 파악하여 자연의 법칙을 역으로 이용하더라도, 지구를 거꾸로 돌릴 수 없고 또한 지상의 모든 생명을 자신이 원하는 바대로 변경시킬 수 없는 현실적 한계 때문에 따라서 인간이 자연을 본받는다는 의미는 자연의 법칙을 파악하여 이용하는 정도의 경우에 지나지 않게 된다.

그런데 그런 정도의 내용은 이미 노자 이전에 확립된 일반적인 상식이므로, 따라서 도덕경이 뜻하는 도의 의미는 형이상학적 의도보다는 정치적인 의도로 주목하지 않을 수 없게 된다. 그리고 실제로 도가의 이론이 전통적인 사상의 연장선상에 놓여 있음을 보여 주는 사실적 근거는 노자가 부지불식간에 사용한 소수호천(所受乎天 : 하늘에서 받은 바를 다한다)과 같은 표현에 잘 드러나 있다. 곧 아래 글에서의 소수호천(所受乎天)의 표현이 노자의 사상이 전통적인 통치이념에서의 천명사상과 직결되어 있음을 보여주기 때문이다. 곧 세상을 다스리는 위정자가 사심과 사욕을 버리고 오로지 모든 것을 초월한 공적인 입장에서 정치의 근본이치를 파악하고 그리고 그것에 따라 현실의 갖가지 문제점을 슬기롭게 해결해야 하는 위정자의 책무 때문이다. 다시 말해 위정자가 흔히 세상 사람들의 입에 회자되는 무념(無念)·무상(無想)·무욕(無欲)의 입장에서 중도의 길을 걸어 가야만 하는 정치의 근본이치 때문이다.

"명성의 주검이 되지 마라(無爲名尸無爲名尸). 모략의 곳집이 되지 마라(無爲謀府). 일의 종이 되지 마라(無爲事任). 지혜의 주인이 되지 마라(無爲知主主). 무궁한 세계와 일체가 되어(體盡無窮) 능히 흔적 없는 도에 노닐며(而遊無朕) 하늘에서 받은 바를 다하여서(盡其所受乎天) 능히 아무 것도 득보려 하지 말며(而無見得) 마음을 공허하게 하라(亦虛而已)…."[143]

또 아래 글에서의 '바르게 하고서 그리고 행한다(正而後行)'는 표현도 그와 마찬가지의 경우에 해당한다. 곧 노자가 자기방식대로 고대통치이념이 말한 바의 임금과 신하가 지녀야할 마음가짐을 설명한 점이다. 그러므로 이 글은 결국 도가가 유가의 선비와 무관할 수 없음을 보여 주는 글로서 그리하여 그들의 사상의 뿌리가 고대통치이념의 덕치노선에 있음을 보여주는 증거가 되는 것이다.

"대체로 성인의 정치라는 것은(夫聖人之治也夫聖人之治也) 제도 및 법으로 다스리는 것을 벗어난 것이다(治外乎). 바르게 한

143) ibid p249

후에 행하게 하며(正而後行) 할 수 있는 일을 행하게 하는 것이다(確乎能其事者而已矣)."[144]

그러면 이와 같은 내용을 담은 도덕경의 글은 당연히 노자의 정체에 대한 의문을 또 다시 제기하지 않을 수 없게끔 만든다. 왜냐하면 도가의 저서를 읽어 가면, 노자의 책에는 열자와 장자의 인명이 모두 등장하지 않지만, 그와 달리 열자의 책에서는 노자라고 알려진 노담(老聃)[145]의 인명이 등장하기 때문이다. 그리고 더 나아가 장자의 책에서는 노자와 열자의 이름이 모두 다 등장하므로, 따라서 이런 점들은 도가사상의 전개과정뿐만 아니라 도가가 세상에 널리 알려진 정황마저 유추할 수 있게 해주는 객관적 증거가 아닐 수 없게 된다.

그러므로 도가사상가들이 인용한 우화들을 내세워 장자를 신선사상이나 추구한 그런 정도의 인물로 주장하게 되면, 장자의 원래의 정신을 잘못 이해하는 말이 될 뿐이다. 왜냐하면 장자의 사상이 단지 속세를 초월하기 위한 개인의 종교적인 동기 때문이라면, 곧바로 장자가 굳이 정치적인 성격을 지닌 황제의 존재를 의도적으로 거론할 이유가 전혀 없게 되기 때문이다. 그러므로 장자의 첫머리에서 거론된 곤(鯤)과 붕(鵬)에 담긴 속 깊은 의미를 비정치적으로 해석하게 되면 실로 도가의 의도를 왜곡시킬 수 있게 된다. 그런데도 불구하고 후대인 지금에 이르기까

144) ibid p244
145) 장자 p245, p305

지 그 글귀에 담긴 뜻을 세속을 초월하려는 종교적인 의도로 해석해 왔다. 그런데 그 글은 세속을 초월하려는 자의 초연한 마음가짐을 표현한 그런 종류의 글이 결코 아니다. 그래서 장자의 이 글은 자세히 논구되어야 한다.

> "북극바다에 고기가 있어서(北溟有漁) 그 이름을 곤이라 하는데(其名爲鯤) 곤의 크기는(鯤之大) 몇 천리인지 헤아릴 수 없다(不知其幾千里也). 그런데 이 고기가 탈바꿈하여 능히 새가 되는 수가 있는 바(化而爲鳥) 그 이름을 붕이라 하며(其名爲鵬) 붕의 등이(鵬之背) 몇 천리나 되는지 아무도 짐작하는 이가 없다(不知其幾千里也)."

그런즉 장자사상과 그의 의도를 유가의 입장과 견주어 종교적 시각으로 바라보고서 그리고 그 관점에 고정적으로 머물러 수미일관되게 해석하려고 해서는 안 된다. 그러면 도가사상의 진정한 의도를 결코 파악할 수 없게 될 뿐이다. 또한 마찬가지로 도가사상을 앞뒤가 전혀 맞지 않는다고 불평하면서 모순에 가득한 주장으로 치부해서도 안 된다.

왜냐하면 어쨌든 도가사상은 저자인 도가사상가들이 그들의 본 의도와 그들의 현실의 정체를 위장하기 위해 덧붙인 신선사상과 그들의 정치사상을 확연히 구별하고서 바라보아야만 비로소 이해할 수 있는 사상이기 때문이다. 곧 그런 점은 열자가 자신들의 의도를 양주의 입을 통해 밝힌 곳에서 적나라하게 표출되어 있다.

"양주가 말했다(楊朱曰). 「만물이 다른 모습을 띠고 있는 것은 살아 있는 동안이지만(萬物所異者生也), 죽으면 다 같아진다(所同者死也). 살아 있을 적에 현우·귀천이 있어서(生則有賢愚貴賤) 무릇 차이를 꾸미는 것이다(是所異治). 그러나 죽을 적에는 썩어 없어진다는 점에서(死則有臭腐消滅) 이에 다를 바 없다(是所同也).

그렇다고 해서 제 힘으로 현우·귀천이 되는 것이 아니다(雖然賢愚貴賤). 역시 썩어 없어지는 것도 그렇게 되는 것이 아니다(臭腐消滅 亦非所能也).

그러므로(故) 태어나고자 해서 태어나는 것도 아니고(生非所生), 죽고자 해서 죽는 것도 아니다(死非所死). 현명해지고자 해서 현명해지는 것도 아니고(賢非所賢) 어리석고자 해서 어리석어지는 것도 아니다(愚非所愚愚). 귀해지고자 해서 귀해지는 것도 아니고(貴非所貴), 천하고자 해서 천해지는 것이 아니다(賤非所賤). 자연의 작용이 능히 만물을 이루며 태어나고 죽는 것을 다스리고(然而萬物齊生齊死), 현우귀천을 다스린다(齊賢齊愚 齊貴齊賤).

십년을 살다가도 역시 죽고(十年亦死) 백년을 살다가도 역시 죽고(百年亦死), 인자한 사람이건 성인이건 역시 죽고(仁聖亦死仁聖亦死), 어리석은 사람이건 흉악한 사람이건 역시 죽는다(凶愚亦死). 살아 있으면 곧 요·순이지만(生則堯舜) 죽으면 곧 썩은 뼈가 되고(死則腐骨), 살아 있으면 걸주지만(生則桀紂) 죽으면 썩은 뼈이므로(死則腐骨), 썩은 뼈는 똑같다(腐骨一矣). 어느 누구도 그와 같은 다름을 알면(孰知其異), 우선적으로 재미있게 당연히 살지(且趣當生), 어찌 죽은 이후의 문제로 허둥댈 것인가(奚遑死後)!」"[146]

그런즉 이 문장을 건성으로 읽게 되면, 마치 이 세상은 덧없는 것이므로 인간은 세속의 일에서 초연한 마음가짐으로 살아가야 한다는 종교적 교훈처럼 느낄 수가 있게 되지만, 그러므로 그 속에 담긴 진정한 의도는 변화하는 정국을 수용하지 못한다고 여긴 유가를 두고 비난하고 힐난하려는 것이기 때문에 각별한 주의가 필요해 진다. 따라서 이런 사고방식을 따라가게 되면, 도리어 어리석은 백성은 무기력한 운명론자가 되어 결국에

146) ibid p222

이르러서는 자기운명을 해방시켜줄 황제와 같은 성현의 출현을 기다리게 되며 그리고 마침내 마음속으로 그에게 의존하게 된다. 그런즉 노자의 도덕경이 유가를 강력하게 부정하고 또한 성현을 설명하면서도 정작 황제를 거론하지 않은 혹은 거론하지 못한 까닭과 그리고 열자와 장자가 황제사상을 전개한 까닭을 두루 함께 살펴보아야만, 도가의 의도를 확연히 깨달을 수 있게 될 것이다.

그러면 도가의 의도는 모든 점을 아울러 다음과 같이 정리될 수 있다.

첫째, 그들은 전국시대를 마감하려는 새로운 통일사상을 제공하려고 했다.

둘째, 그들은 의도적으로 이족의 왕조사를 화하족의 역사로 가공하려고 했다.

그렇다면 황로학에 관한 의문도 도가의 의도에 초점을 맞추고서 따져보아야만, 비로소 각종 의혹이 해소될 것이다. 그리고 더 나아가 황로학은 도가만으로 파악해서는 안 되는데, 그 이유는 도가사상에 길을 터준 사상이 음양가의 사상이었고 또한 그곳에 형명학 및 법가, 병가들이 가세하였기 때문이다.

제4절 무위자연의 이론을 통해 민중을 자신들의 세력에 예속시키는 일

논구초점 : 무위자연의 이론은 신비스러움으로 위장된 이론이

다. 그리하여 이 사상은 백성들에게 위정자의 힘으로 모든 고난이 절로 사라질 수 있는 것처럼 주장하여, 한 편으로는 백성들로 하여금 기존의 정치권을 불신하게 하고, 또 다른 편으로는 자신들이 내세우는 왕조를 절대적으로 신뢰하게끔 만들려는 것이었다.

그런데 무위자연의 사상을 역으로 생각하면, 그 이론은 가장 유가적인 생각을 가지고서 오히려 유가의 가장 올바른 점을 공격한 가장 어리석은 이론이라고 역공당할 수 있는 이론이다. 왜냐하면 무위자연의 이론을 터득한 삶이 도관이나, 자연 속에 은거하거나, 세속에서 곤궁하게 사는 것을 궁극목적으로 삼은 것이 아니었기 때문이다. 그러면 그들이 수많은 정치의 이야기를 그들의 서책에서 굳이 해야 할 이유가 전혀 없게 된다. 그리고 그들이 주장하는 바를 찬찬히 들여다보면, 그 내용들은 한 결 같이 위정자들의 마음가짐을 이야기 하고 있을 뿐이다. 마치 유가의 인의 사상을 대신하여 겸애로서 설명한 묵가의 주장이 위정자의 마음가짐을 이야기한 것과 대동소이할 뿐이다. 그러므로 도가가 주장한 내용이나, 묵가가 주장한 내용이나 유가가 주장한 내용이나 모두가 공통적으로 위정자가 나라를 올바르게 다스리기 위해 갖추어야할 마음가짐을 이야기하고 있을 뿐인 것이다.

그럼에도 불구하고 유가와 도가가 지향하는 바는 전혀 다르다. 그 이유는 고대통치이념을 견지하는 유가의 가르침은 공자가 스승이 없어도 스스로 깨칠 수 있는 예법을 바탕으로 하여 체계적으로 구성되어 있었기 때문에 수양론이 가능하였지만, 그에 반해 도가는 현학적인 용어로서 유가가 가르치는 수양의 방식을 전면 거부했기 때문에 일반백성들이 일상생활 속에서 스스로 깨칠 방도가 전혀 없었기 때문이다. 더욱이 도가의 도를 깨우쳐줄 스승은 열자와 장자에 나오는 가공의 인물인 기인들인데, 일반백성들이 주변에서 실제로 만날 수 없는 인물들이었기 때문이다. 그런즉 후대에 이르러 도관에서 가르치는 무위자연의 이치도 유가의 수양법을 좀 더 현학적으로 설명할 것일 뿐, 실상은 여느 다른 종교나 도덕철학과 마찬가지로 물욕에 집착하지 말고 마음을 비운 자유로운 입장에서 세상의 일을 판단하고 처신할 것을 내용으로 한 도덕적 교훈 이상이 될 수 없었던 것이다. 만약 도가가 그 이상의 내용을 담고 있었다면 인의예지의 세상에서 그것을 부정하고서 살아가는 전형적인 일상인의 모습을 가공의 글로써 보여 줄 것이 아니라 실제로 그 실상을 객관적으로 보여 주어야 했었다.

유가의 처세관은 순자가 한비자와 더불어 동문수학한 제자인 이사를 꾸짖은 점에서 확연해진다. 특히 이 글이 너무도 중요한 까닭은 이사와 한비자가 모두 유가에서 시작한 법가이면서 황로학의 길을 걸어간 인물들이었는데, 그중에서도 이사는 진나라 왕 즉 후에 진시황에게 직접 봉사한 인물이었고, 반면에 한비자는 봉사하려다가 오히려 비참한 최후를 마쳤던 인물이었기 때문이고, 더 나아가 마침내 법가의 길을 걸은 진나라가 천하를 통일했기 때문이다. 따라서 이 글은 전국시대를 한 눈에 조망하게 해줄 수가 있기 때문에 주목하지 않을 수 없게 된다.

"이사가 순자에게 물어 말했다(李斯問孫卿子曰). 「진나라는 사대에 걸쳐 싸움에 이겨(秦四世有勝) 군대는 세상에서 제일 강하고(兵强海內) 위세는 제후들 사이에 떨쳐지고 있는데(威行諸

侯), <선생님이 말씀하시는> 인의로써 그렇게 된 것이 아니라(非以仁義爲之也) 편의에 따라 일을 처리하여 그렇게 된 것이 아닙니까(以便從事而已)?」

순자가 말하였다(孫卿子曰).「네가 알 수 있는 일이 아니다(非女所知也) 네가 말하는 편의라는 것은(女所謂便也) 편의 인듯하면서도 실은 불편이고(不便之便也), 내가 말하는 인의라는 것은(吾所謂仁義者) 크게 편리한 편의인 것이다(大便之便也). 그 인의라는 것은(彼仁義者) 정치를 잘 닦는 방법인데(所以脩政者也) 정치가 잘 닦여지면 백성들이 그들 임금을 친근히 여기고 좋아하게 되어(政脩則民親其上), 기꺼이 임금을 위하여 쉽게 죽을 수 있게 된다(樂其君而輕爲之死). 옛적부터 일컬었다(故曰) 군주에게 있어서는(凡在於君) 장수가 부대를 거느리는 것은 말단적인 일이라 할 것이다(將率末事也).

진나라는 사대에 걸쳐 싸움에 이기기는 하였지만(秦四世有勝), 늘 온 천하가 연합하여 자기를 짓밟으려 들지 않을까 두려워하고 있다(諰諰然常恐天下之一合而軋己也). 이것은 이른 바 말세의 군대여서(此所謂末世之兵) 근본적인 법도를 갖추지 못하고 있는 것이다(末有本統也). 그러므로(故) 탕왕이 걸왕을 쫓아낸 것은(湯

之放桀也) 그를 명조에서 추격했을 때가 아니고(非其逐之鳴條之時也), 무왕이 주왕을 토벌한 것도(武王之誅紂也) 갑자 날 아침 결전을 벌인 뒤 그를 이겼을 때가 아니다(非以甲子之朝而後勝之也). 모두 전부터 행한 일과 평소에 정치를 닦았을 때 이미 그렇게 된 것이니(皆前行素脩也) 이것이 이른바 인의의 군대이다(此所謂仁義之兵也). 지금 너는 근본적인 문제는 찾으려 하지 않고 말단적인 것을 추구하고 있으니(今女不求之於本而素之於末) 이것이 세상을 어지럽히고 있는 까닭이다(此世之所以亂也)」."[147]

그런즉 전국시대의 도가의 인물들은 같은 전국시대의 인물인 유가의 순자와 전혀 다른 입장을 취했기 때문에 그런 맥락에서 도가의 의도가 검토되어야 한다.

여하간 도가의 무위자연론은 오늘날의 자연과학의 전신인 자연철학의 지식의 성격을 갖춘 것이 아니었기 때문에 애초부터 실용적인 실천적 방법을 내놓을 수 없었고 또한 그럴 목적으로 추구한 지식도 아니었다. 그러므로 기존의 음양학의 음양오행설을 넘어선 지식이 원천적으로 그들에게 결코 있을 리 만무했다. 따라서 열자가 양주의 이름으로 처세론(處世論)을 거론할 적에 함께 그들의 의도도 세상에 백일하에 드러나지 않을 수 없었던 것이었다. 다만 당시에는 세상 사람들이 그들의 진정한 목적을

147) 순자B p437~438

몰랐었기 때문에 눈치를 채지 못했을 뿐이었다. 곧 그들의 의도가 세상 사람들의 마음을 사로잡아 그들의 지지를 얻기 위한 것이었기 때문에, 따라서 그들이 세상들의 마음에 쏙 드는 이야기를 그럴듯하게 가공하였던 것이다. 물론 당연히 그 내용은 유가의 도덕론에서는 도저히 수용할 수 없는 이야기들이었지만, 그러나 심지가 나약한 선비나 일반백성들에게 너무도 달가운 소리가 아닐 수 없었다. 왜냐하면 무력이 난무하는 난세에서 살아가는 나약한 인물들에게는 이기적이고, 이중적이고, 편의적이고, 기회주의적인 처세를 합리화한 도가의 이야기들이 너무도 시의적절한 이론이 아닐 수 없었기 때문이다.

하지만 열자의 이야기는 변증론이 지닌 상대성의 올바른 의의를 망각한 이론으로서 곧바로 모순을 야기하지 않을 수 없는 내용들이었다. 곧 그 까닭은 변증론에서의 상대성의 의미는 사회조직의 구성원들이 자신들이 직면한 불합리하고 부조리한 현상을 서로 협력하여 극복해나갈 적에 각자 자신과 마주보고서 대립하고 있는 반대편을 가리키는 개념인데, 그러면 당연히 구성원 상호간에 발생한 갈등, 반목, 대립의 양상을 해소하려는 입장은 모름지기 더 높은 차원의 상위개념을 해결책으로 내놓아야 하기 때문이다.

그런즉 열자를 비롯한 장자의 발상은 가공한 전화위복의 이야기가 상호대립을 극복하기보다 오히려 심화시켰기 때문에 변증론의 본질에 어긋나는 경우가 되는 것이다. 곧 평화로운 좋은 세상이 잘못되어 전쟁을 치루는 좋지 않은 전국시대가 되었다면, 당연히 선비들이 나서서 전쟁을 야기한 진정한 원인을 제대로 지적하고 그리고 난국의 처방전을 정확히 제시해야 하는데, 그러나 그들은 그렇게 하는 대신에 그 난국의 초래한 근본원인을 덮어버리고 오히려 정반대로 춘추·전국시대의 난국을 정상적으로 수습하려는 유가의 활동을 철저히 배척하는 쪽으로 나아가면서 원인제공의 당사자들의 책임과 반성과 그리고 그들의 태도변화를 촉구하는 현실적 작업을 외면해버렸기 때문이다. 그러므로 가령 도가사상가들의 이야기대로 다리를 다쳐 절름발이가 되거나 또는 갑자기 소경이 되어 전쟁터에 나가지 않았기 때문에 전쟁터에 나가는 인간보다 좋게 되었다는 줄거리는 양 당사자를 모두 우롱하는 주장만 될 뿐이다. 또한 더 나아가 그들이 구성한 이야기에서 인간의 유한한 인생에서 비참하게 죽은 성현의 삶이 무슨 가치가 있으며 반대로 폭군의 대명사인 걸·주왕이 쾌락에 도취되어 살다가 비참하게 죽은들 무슨 잘못이 있겠는가! 하는 그들의 역발상의 평가는 일면적으로는 그럴 듯해 보일 수 있겠지만 그러나 곧바로 변증론에서의 또 다른 모순을 야기하게 될 뿐이다. 왜냐하면 걸주가 처음부터 폭군이 아니었다가 폭군이 되었다면 도대체 그 이유가 무엇이며 그리고 그런 폭군을 누가 나서서 제거해야 하며, 그리고 또 그런 성현이 없다면 누가 세상을 바르게 이끌고 나갈 것이며, 결과적으로 모두가 이기적인 처세를 한다면 어느 누가 적극적으로 나서서 혼탁한 난세를 올바르게 수습할 것인지가 의문이 곧바로 발생하기 때문이다.

그러면 당연히 도가의 논리는 종국적으로 그들이 의도했건 또는 안 했건 간에 이기적인 세상을 바로 잡기 위해서는 가장

이기적인 인간이 권세를 잡아 폭군으로 군림하고서 독재를 펼쳐야 한다는 괴이한 결론에 이르게 된다. 왜냐하면 그 까닭은 세상을 유가의 성현 대신 도가의 성현이 행하는 무위의 통치방식에 맡기면 가장 역설적으로 마땅히 드높은 도덕보다도 막대한 무력을 갖춘 강자가 난국의 혼란을 수습해야 하기 때문이다. 그리고 그 주장은 전국의 열 왕 중에서 가장 강자인 진나라 왕(훗날 시황제)에 의해 통일되었기 때문에 너무도 명백하게 확인되어진다.

그런즉 그들의 역발상적 사고방식이 옳다고 간주되려면, 무엇보다도 우선적으로 세상 사람들이 걸·주와 같은 권력과 부귀를 지니고 있거나, 또는 비참한 최후를 맞이하더라도 세상에 추앙받는 성현이거나, 또는 그도 아니면 서시(西施)와 같은 미인과 함께 살아보아야 하는데, 하지만 그런 조건들은 일반백성들에게 언감생심이기 때문에 당연히 도가가 설명하는 내용들은 일반백성들에게 하등의 해당사항이 있을 수 없게 된다. 그럼에도 불구하고 그들의 그런 이야기가 대중들의 마음속을 깊이 각인될 수 있었던 이유는 어려운 글을 잘 모르는 일반백성들이 도가사상을 깊이 이해한 탓이 아니라 오히려 도가의 이야기를 그럴싸하게 유포시킨 선비들의 필요성에 의해 조성된 사회분위기 때문이 아닐 수 없게 되고 그리하여, 곧 그들이 도가가 구성한 내용에 적극 동화되었기 때문이다. 더 나아가 도가의 이야기가 곡학아세하는 그들의 기회주의적 과정에서 실패한 자신들의 좌절감을 스스로 위로할 수 있는 처세의 방책이 될 수 있었기 때문이다. 곧 아래의 열자의 글이 그런 측면을 확연히 보여 준다.

"열자가 호구자림에게서 배웠다(子列子學於壺丘子林). 호구자림이 말했다(壺丘子林曰).「너는 <남의> 뒤에 설줄 알아야(子知持後) 곧 자신을 보전할 수 있다(則可言持身矣)」.

열자가 말했다(列子曰).「뒤에 선다는 뜻을 듣고 싶습니다(願聞持後)」. <호구지림이> 말했다(曰).「너의 그림자를 돌아보면 곧 알게 될 걸세(顧若影則知」.

열자가 돌아보고서 그림자를 관찰했다(列子顧而觀影). 형태가 굽으면 곧 그림자도 굽어지고(形枉則影曲), 형태가 곧으면 곧 그림자도 곧았다(形直則影直). 그런즉(然則) 굽고 바름은 형태를 따르고(枉直隨形) 그리고 그림자에 있지 않다(而不在影). 굽히고 늘리는 것은 타인에게 주어져있고(屈申任物) 그리고 나에게 있지 않다(而不在我). 이것을 일러 <남의>뒤에 서서 그리고 <남을>앞서는 처신이다(此之謂持後而處先)."[148]

그러므로 열자와 장자의 이런 글은 노자의 도덕경에 함축된 무위의 뜻을 세상에 교묘하게 널리 확산시키기 위해 이야기 형식으로 형상화시킨 글이 아닐 수 없게 된다. 그리고 더 나아가

148) 열자 p241~242

이로부터 주목해야할 관점은 바로 노자의 도덕경에는 무위자연의 이치를 민중이 터득해야 하다는 직접적인 언급이 전혀 없었지만 그러나 순진한 일반백성들이 도가의 그런 처세관에 매료되어 따르도록 만들기 위해 재미있는 이야기로 구성한 놀라운 그들의 전략적 발상이다. 다시 말해 노자의 글이 일반백성들이 도저히 따라 갈 수 없는 그리하여 결코 닮을 수 없는 그런 성인의 모습만 주로 언급하였지만 그러나 열자와 장자는 그 글에 담긴 뜻을 형상화하여 위와 같이 이야기로 구성하여 세상에 널리 알린 전략적 방법이다. 그리하여 노자가 민중을 대단히 우매한 존재로 자리매김한 것과 달리, 열자와 장자는 도가가 내세우는 처세관을 이와 같은 모습으로 그들의 뇌리에 이식시켰던 것이다. 곧 그들이 가공한 이야기는 민중에게 무위의 도를 깨우치게 하여 학문이 높은 선비의 경지에 도달하게 하려는 것이 아니라, 역설적으로 기존의 가치관을 거부하고 자신들의 말을 수용하게 하려는 전략적 목적을 추구하였던 것이다.

그러므로 도가사상가가 생각하는 민중의 존재를 이해하려면, 무엇보다도 앞서 장자가 기술한 「산목(山木)」의 글 속에 드러나 있는 의미를 잘 살펴보아야 한다. 물론 당연히 그 내용이 기존의 위정자의 마음가짐을 충고하기 위한 글일 뿐, 일반 민중으로 하여금 최상의 무위자연의 도를 깨우치게 할 방법을 이야기한 글이 아님을 유의해야만 장자의 진의를 제대로 파악할 수 있게 된다.

"저 남월에 한 읍이 있는 바(南越有邑焉), 그 이름을 건덕의 나라라 합니다(名爲建德之國).

그 백성들은 어리석고 그리고 소박하여(其民愚而朴) 이기심이 적고 그리하여 욕망이 적습니다(少私而寡欲). 일할 줄은 아나 그러나 저장할 줄은 모르며(知作而不知藏知作而不知藏), 사람에게 혜택은 주어도 그러나 보수는 바라지 않고(與而不求其報) <어떤 것이> 의에 해당하는 행위인지를 모르며(不知義之所適), <무엇이> 예법을 행하는 일인지도 알지 못합니다(不知禮之所將). 미친 것같이 사납게 날뛰고 제멋대로 행동하건만(猖狂妄行) 참으로 자연의 대도에서는 벗어나는 일이 없습니다(乃蹈乎大方). 살아서는 삶을 즐기고(其生可樂) 죽어서는 땅에 묻힐 뿐입니다(其死可葬).

제가 바라는 것은 임금께서 <자연무위의>도를 좇아 세속을 떠나(吾願君去國捐俗) 서로를 돕고 실행하는 나라로 가시는 것입니다(與道相輔而行)."[149]

그러면 장자가 위정자가 다스리는 대상인 백성들을 그렇게 설명한 까닭이 정작 중요해진다. 왜냐하면 도가사상가들이 기성의 정치를 자신들이 의도하는 바대로 전환시키기 위해서는 주나라 시대의 예법을 바꾸어야만 가능하게 되는데, 따라서 그렇

---

149) ibid p383

게 하기 위해서는 백성들의 마음속에 담겨 있는 예법에 대한 거부감을 적절히 활용해야만 했기 때문이다. 즉 아무리 좋은 취지의 예법이라도 시행과정에서의 번거로움은 갖가지 문제점을 야기하기 마련인데, 하물며 그런 예법의 규범들이 생활이 어려운 형편의 서민들에게 강제성을 띠게 되면 오히려 거추장스러운 것이 되어 심한 거부감을 불러일으킬 수 있기 때문이다. 그런즉 그런 틈새를 적절히 그리고 교묘하게 이용하는 선동적인 방법이야말로 기존의 전통을 수호하려는 유가를 공박하고 배척하려는 목적에 가장 효율적인 전략·전술이 아닐 수 없게 된다.

그런즉 그 점은 장자 지락(至樂)에서 장자가 자신의 처가 죽었을 때 북을 쳤다는 이야기와 마찬가지의 내용을 담고 있는 글에서 잘 드러나 있는데, 곧 장자가 그런 역발상적인 내용이 지나친 예법에 염증을 느낄 서민의 마음을 사로잡을 방책이었음을 그대로 보여 준다.

"자상호(子桑戶), 맹자반(孟子反), 자금장(子琴張)의 세 사람이 서로 친구가 되고자 하면서(三人相與友三人相與友) 말했다 (曰).………생략…………..

그 후 얼마동안은 별일 없이 지냈으나(莫然有閒), 그러나 자상호가 죽었다(而子桑戶死).

장례를 마치기도 전에(未葬未葬) 공자가 그 일을 전해 듣고(孔子聞之) 공자가 자공을 보내어 일을 돕도록 했다(使子空生待事

焉). <자공이 가 보았더니 맹자반과 자금장은> 어떤 경우에는 편곡을 하고(或編曲) 어떤 경우에는 북을 두드리고 거문고를 뜯기도 하고(或鼓琴), 서로를 그리워하면서 노래로 말했다(想和而歌曰相和而歌曰).「아 갔구나, 상호여. 아 갔구나, 상호여. 자네는 진실의 세계로 돌아갔건만, 우리들은 아직도 사람인 채로라네."[150]

그리고서 장자는 그 이야기의 말미에 마치 유가들이 그렇게 생각하는 것처럼 말을 가공하여, 곧 자신들의 도가사상가를 스스로 기인(畸人)이라고 칭했다. 그리하여 장자는 도가의 전향적인 방식대로 그들의 진정한 의도를 이런 표현의 방식으로 드러내었다.

"자공이 말했다(子貢曰). 「감히 기인을 묻겠습니다(敢問畸人)」

공자가 말했다(子曰). 「기인이란(畸人者) 세상 사람들에게는 비정상적이고(畸於人), 그리고 하늘에서는 가지런하다(而侔於天). 그런 고로(故) <다음과 같이> 말한다(曰). 하늘의 소인은(天之小人) 사람의 세상에서는 군자요(人之君子), 사람의 세상에서의 군자는(人之君子) 하늘에 있어서는 소인이다(天之小人也)」"[151]

---

150) ibid p236
151) ibid p238

그러므로 이 글도 여타의 다른 글과 마찬가지로 도가의 이중 전략을 그대로 보여 주는데, 그것은 한편으로는 도가의 도를 점점 더 아득하게 높게 만들어 일반백성들로 하여금 다가가면 갈수록 신비스럽게 느껴지도록 하면서, 다른 편으로는 명확히 도가의 가르침이 유가의 가르침보다 더 위대한 학문이고 따라서 유가의 사고방식을 배척하고 자신들의 사고방식을 따라야 할 것임을 각인시킨 의식화 작업이다.

그리고서 그들은 백성들이 자신들의 설명에 더 이상의 의혹을 갖지 않도록, 철저하게 세상의 모든 어려움은 성인에 의한 무위의 방식에 의해 해결된다는 믿음을 갖도록 만들었다. 그리고 그 점은 장자이전의 노자 도덕경에서부터 이미 명확히 드러나 있다.

"천하가 모두 아름답게 된 것만 아름다운 줄 알지만(天下皆知美之爲美美), 이것은 추악한 것이며(斯惡已), 모두 선하게 된 것만 좋은 줄 알지만(皆之善之爲善), 이것은 좋지 않는 것이다(斯不善也).

그런 고로(故) 있고 없는 것이 서로 조화를 이루어야 하고(有無相生生), 어렵고 쉬운 것이 서로 갖추어야 하고(難易相成), 길고 짧은 것이 서로 견주어야 하고(長短相較), 높고 낮은 것이 서로 기울어져야 하고(高下相傾), 말과 소리는 서로 조화를 이루어야 하고(音聲相和), 앞과 뒤가 서로 따라야 한다(前後相隨).

이로써(是以) 성인은(聖人) 무위의 일에 처하여(處無爲之事) 말을 하지 않고서 가르침을 행한다(行不言之敎). 만물이 만들어져도 능히 말하지 않고(萬物作焉而不辭), 생겨도 능히 두지 않고(生而不有), 행하고도 능히 자부하지 않고(爲而不恃), 공을 이루어도 능히 머무르지 않는다(功成而不居). 오직 머무르지 않는지라(夫唯不居), 이로써 떠나지 않는다(視以不去).”[152]

따라서 도가서책의 전반에 이와 같이 논법으로 서술되어 있는 문장들은 역설적으로 결국 성인만이 무위자연의 도를 터득할 수 있고, 그리고 성인만이 그 도에 입각하여 세상을 다스릴 수 있다는 독선적인 뜻을 담고 있는 글이 아닐 수 없게 된다. 왜냐하면 근본원리를 신비롭게 만들어 대중들에게 다가간 그들의 사고방식이 독재적이라고 평가할 수 있는 이유는 그 글이 여실히 보여 주는 바대로 어느 누구도 감히 자신들의 발상에 결코 이의를 제기해서는 안 된다는 금제(禁制)의 경고를 담고 있기 때문이다.

따라서 위의 글 중에서 특히 주목해야 할 부분은 「오직 머무르지 않는지라(夫唯不居), 이로써 떠나지 않는다(視以不去)」

152) 도덕경 p37

는 구절이다. 곧 이 구절이 그들이 줄곧 말한 성인을 무욕한 인물이라고 생각하도록 만들지만, 그러나 그 이면을 살펴 거꾸로 해석하면 그 말의 의미는 세속을 떠나 있어야할 성인이 오히려 항상 세속에 머물러 백성들의 주변에 함께 있으면서 무위의 도를 행한다는 뜻이기 때문에 전자와 더불어 후자의 취지를 함께 해석해야만 그들의 진위를 제대로 파악할 수 있게 된다. 곧 그들이 정권을 담당하고서 정치를 하겠다는 강력한 의지이다.

그런즉 그와 같은 도가의 이중적인 처세술은 그들이 해석하기 나름에 따라 정치에 참여하는 것을 긍정적이 될 수 있게 하고, 부정적이 될 수 있게 한다. 즉 자신들이 참여하면 긍정적인 것이 되고 반대로 자신들이 참여하지 못하고 소외되면 부정적인 것이 되는 것이다. 다시 말해 그들의 참여할 수 없으면 곧바로 세속을 벗어난 도인의 입장을 취하고서 탈속한 모습의 무위자연의 도를 내세워 위정자들을 냉소적으로 비난하고, 비웃고, 조롱하는 행동양식이다. 그러므로 그 실상을 제대로 들여다보고 판단하게 되면, 무위자연의 이론은 기존의 통치이념을 공격하는 무기로서의 효용성을 충분히 발휘하였지만, 그러나 그 이상의 정치적 효력을 보여 줄 수 있는 방책을 갖추고 있지 않았기 때문에 당연히 그들이 현실의 정치에 참여한들 그 결과가 별반 달라질 것이 없었을 뿐이라고 말할 수 있게 된다.

그럼에도 불구하고 그들이 기존의 정치인들의 탐욕과 무능함과 편파성과 불공정성과 오만함을 비난한 점은 일반백성들에게 미래에 대한 희망과 기대감을 고조시킬 수 있었고 더 나아가 그들의 지지를 자신들에게로 결집시킬 수 있었다. 그리하여 도가의 말에 현혹된 민중의 입장은 도가의 성인이 마음을 비운 인물이기 때문에 따라서 그가 곧 모든 일을 공정하고 공평하게 처리하여 백성위주로 백성을 편안하게 해 주는 정치를 할 것이라는 믿음을 가지게 되었다. 그러므로 위의 글 뜻은 당연히 다음과 같이 정리되어진다.

첫째, 그들이 뜻한 바의 성인의 의미는 오로지 왕에게만 부여되는 특별한 용어이기 때문에 도가가 말하는 무위의 도를 행하는 제왕은 일반백성들이 제왕의 통치이념, 통치방식, 통치노선, 통치내용을 알거나 혹은 느끼기 이전에 이미 자연스럽게 모든 일을 잘 처리해 준다는 뜻이다.

둘째, 무위자연의 도에 입각하여 정치를 하는 도가의 제왕은 자신의 아집이나 욕심에 집착하는 그런 마음들을 비운지라 당연히 백성의 시선을 쏠리게 할 여지가 없어서 왕의 자리에 없는 것과 같은 상황에 이른다는 뜻이다.

하지만 그 반대로 생각하면, 무위자연의 도는 오로지 성인만이 터득할 수 있기 때문에 곧바로 일반백성들은 무조건 왕을 따라야만 한다는 독선적인 말로 전환된다. 곧 무위자연을 도를 깨달아 정치를 할 수 있는 인물은 오로지 왕 자신 밖에 없기 때문에 일반백성은 무위자연의 도를 깨달은 왕만을 바라보고 있어야만 하기 때문이다.

그리하여 도가는 철두철미하게 일반백성들이 이해할 수 없는 현학적인 용어를 구사하여 무위자연의 도를 외경(畏敬)하도록 만들면서, 그리하여 일반백성들이 결코 터득할 수 없는 난해한 말 속에 그들이 함몰되도록 만들었다. 곧 무위자연의 도가 그들이 스스로 해독하기에는 너무도 심오한 글자였기 때문에 일반백성들은 도가에게서 순환논법적인 논리에 입각한 무위자연의 도의 내용만 경청할 수밖에 없게 되었던 것이다. 그러므로 스스로 글을 제대로 해독할 수 있는 성인만이 해석할 수 있고 또한 그 체득도 오로지 도가의 논리대로 성인만이 가능하기 때문에 성인 아닌 일반백성들은 도가의 성인인 황제와 같은 왕이 출현하기를 학수고대하면서 기다려야 할 뿐이었다. 다시 말해 도가의 도는 도가사상가들끼리는 통하는 내용이었지만 그와 정반대로 일반백성들이 결코 체득할 수 없는 도였기 때문에 다스림을 받는 일반백성들에게는 엄감생심의 도였든 것이다. 따라서 왕이 될 수 없는 일반백성들은 맹목적으로 도가사상가들의 말에 맹목적으로 순종하고서 길들어져야만 했다.

그리하여 일반백성들은 곧 다음의 두 가지 점을 굳게 확신하기에 이른다. 하나는 도가의 도는 너무도 신비롭기 때문에 맹목적으로 성인을 숭배할 수밖에 없다는 점이다. 그리고 다른 하나는 유가의 도를 상대적으로 불신하게 만드는 도가의 말들이 지극히 당연하다는 점이다.

그런즉 그런 맥락에서만 바라보면, 그 입장은 도가가 집요하게 역사를 개조하기 위해 의도적으로 전파한 가공의 전설이 민중의 가슴속에 깊게 자리를 잡으면서, 도가는 우매한 민중들을 자신들의 의도대로 조종하려는 소기의 목적을 충분히 달성하였다고 평가할 수 있다. 하여간 아래의 글에 장자의 그런 의도가 가장 적절하게 드러나 있다. 더욱이 이 글은 도대사상의 음양론과 주역의 이론과 음양가의 이론이 모두 다 함축되어 있기 때문에 도가사상의 근원을 살피는데 중요한 단서를 제공한다.

"대저 도는(夫道夫道) 실재한다는 정황과 확실성을 가졌음에도(有情有信), 어떤 <인위적인>의식적인 활동을 하지 않고 형태도 없다(無爲無形無爲無形). <그것은 마음에서 마음으로> 전달되기는 해도, 그러나 <형태가 있는 것으로> 받을 수는 없다(可傳而不可受). <그것은> 획득할 수는 있어도 그러나 눈으로 보지는 못한다(可得而不可見).

<그것은> 자기 자신 속에 존재의 근거를 갖고(自本自根) 천지가 생기기 이전부터 굳건히 존재해 있었다(未有天地 自古固存). <그것은> 신비롭고 불가사의한 귀신이었고 영검스러운 하느님이었다(神鬼神帝). <그것은> 하늘과 땅을 만들었다(生天生地).

<그것은 순서적으로> 태극의 앞에 두어도 능히 위상이 높아지지 않고(在太極之先而不爲高), <계통적으로> 육극의 근저에 두어도 능히 심오하지 않다(在六極之下而不爲深在六極之下而不爲深)."[153]

그리고서 장자는 민중에게 쉽게 다가갈 수 있는 자연현상과 연관된 신의 명칭 및 민간설화 속의 인물들을 늘어놓고 더 나

153) 장자 p230

아가 역사와 비역사의 인물들을 함께 섞어서, 도가의 의도대로 이야기를 구성하였다. 그리하여 그 이야기를 꾸민 장자는 무위의 도를 깨치면 자신이 원하는 바를 이룰 수가 있다는 특유의 논법을 구사하면서, 민중들의 사고방식을 자신들의 생각으로 의식화시켰다.

"<상고의> 위씨는 이 도를 얻어서(韋氏得之韋氏得之) 천지를 거느릴 수 있었고(以挈天地), 복희씨는 이 도를 얻어서(伏戲得之) <천지를 수성하는> 원기의 근원을 물려받을 수 있었고(以襲氣母), <북두의 신인 북극성> 유두는 이것을 얻어서(維斗得之) 영원히 어긋남이 없는 표준이 되었고(終古不忒), 일월은 이 도를 얻어서(日月得之) 만고에 변함없이 하늘을 운행하게 되었고(終古不息終古不息), 감배는 이 도를 얻어서(堪坏得之) <신이 되어> 곤륜산을 물려받았고(以襲崐崙), 풍이는 이 도를 얻어서(馮夷得之) <황하의 신이 되어> 큰 내를 노닐었고(以遊大川), 견오는 이것을 얻어서(肩吾得之) <태산의 신이 되어> 큰 산에 거처하였다(以處大山).

황제는 이를 얻어(黃帝得之) 구름 저쪽 하늘에 오르고(以登雲天), 전욱은 이를 얻어(顓頊得之) 현궁에 거처했고(以處玄宮), 우

> 강은 이를 얻어(禺强得之) 북극의 신이 되었다(立乎北極). 서왕모는 이를 얻어(西王母得之) 소광산에 머물러(坐乎少廣) <아무도> 언제 났는지 언제 죽었는지 모른다(莫知其始 莫知其終). 팽조는 이를 얻어(彭祖得之) 위로는 순으로부터(上及虞乎) 아래로는 춘추시대의 오패에 미쳤다(下及五伯). 부열은 이를 얻어(傅說得之) <은나라 고종인> 무정의 재상이 되어(以相武丁) 천하를 어루만졌고(奄有天下) <죽은 후에는> 동유의 성좌에 올라(乘東維) 기성· 미성에 채찍질하면서(騎箕尾) 능히 여러 성신 중에 끼게 되었다(而比於列聖)."[154]

그러므로 이런 인물들을 등장시킨 그들의 의도를 염두에 두게 되면, 장자가 그의 서책 장자 첫 장을 통해 도가가 나아갈 방향을 암시하였음을 직시할 수 있게 된다. 즉 유가를 겨냥한 점 이외에, 마찬가지로 민중을 겨냥한 점이다. 다시 말해 장자가 도가의 도를 터득하려고 다가서는 일반백성들에 대하여 준엄한 경고를 보낸 점이다. 곧 그렇게 파악해도 무방한 까닭은

---

154) ibid p230 - 禺는 땅이름 옹이 아니라 긴꼬리원숭이 우로 읽어야 한다. 위씨를 희위(狶韋)씨로 번역을 하는데, 이 경우의 희위씨는 상고의 제왕의 이름이다. 그런데 희위는 시위(豕韋)니, 하(夏)왕조에서 시위(豕韋)를 봉했다는 기록이 좌전에 있다고 방이지(方以智)가 말한 것을 근거로 번역을 하게 되면 의아스러운 의심이 발생하기 때문에 위의 글자 그대로 위씨로 번역한데로 인용하였다.

일반백성이 결코 장자의 첫 대목에서의 붕새가 아니기 때문인데, 그러면 당연히 장자의 글이 의도하는 바는 참새가 붕새의 뜻을 알 수 없듯이 누구든지 도가가 설명하는 성인의 뜻을 따르고 순종하라는 말뜻이 아닐 수 없게 된다. 따라서 장자의 말은 자신의 발상을 심오한 이야기로 꾸며 신비스럽게 보이게 하였지만, 그러나 그 밑바닥에 놓인 그의 참 의도는 시종일관 일반백성들에게 자신들을 따라만 올 뿐이지 따지고 들면서 의심하지 말라는 것이었다.

그런데 이것이 잘못된 해석으로서, 만약 장자가 진정으로 일반백성들의 어리석음을 깨우치고 무위자연의 도로 안내하려고 한 것이었다면, 장자 자신이 도관(道觀)을 열어 도가의 심오한 도를 직접 일반대중들에게 강의하여 일반백성들인 참새에서 도가의 도인인 붕새가 되도록 깨우쳐 주어야 마땅했을 것이다. 그러나 도가의 무위자연의 도는 황제와 같은 인물이외에는 어느 누구도 깨달을 수 없는 것이었기 때문에, 그리하여 도가의 선비들조차 실행하기가 어려운 모순적인 이론이었기 때문에 결코 그렇게 될 수 없었다. 곧 유가처럼 선비가 군자가 되고, 군자가 성인이 되고, 또한 군자가 군주가 되고, 성인이 성왕이 될 수 있는 그런 이론이 아니었기 때문에 도가의 이론은 스스로 모순적일 수밖에 없었던 것이었다. 그러므로 도가의 인물이 아래 사람들에게 베풀 수 있는 발상의 정도는 갖가지 우화들을 만들어 일반백성들을 다스리는 위정자들을 냉소적으로 조롱하여 백성들로 하여금 현실의 고통을 잊게 하는 카타르시스적인 역할을 제공하는 것이었다.

그런즉 이 관점에 대해 도가들이 반론을 제기하려고 하면, 당연히 도가들은 먼저 두 가지의 문제점을 해명해야 한다.

하나는 그들이 황제와 같은 성인이 되어 무위자연의 도로서 일반백성들을 행복하게 해 주었는가? 하는 점이다. 그 점은 그들이 권력자인 왕들이 아니었기 때문에 처음부터 불가능한 일일 수밖에 없는 것으로서, 따라서 과연 장자가 황제와 같은 존재가 되었는가? 하는 점에서 명백해 진다. 그러면 더 나아가 그들이 황제가 아니더라도, 그 대신 황제와 같은 성인을 왕으로 내세우고서 그들이 그와 더불어 무위의 정치를 해야만 그들이 내세운 목적을 달성할 수 있게 되는데, 그러나 그들이 보여준 성인의 모습은 결과적으로 진시황이었기 때문에 주장의 일관성을 내세울 수 없게 된다.

또 다른 하나는 정치와 무관한 일반백성들의 삶속으로 다가선 그들의 실천방식이 양주와 같은 그런 처세이외에 다른 어떤 모범적인 삶의 모습을 보여 주고서 백성들에게 희망을 주었는가? 하는 의문점이다. 물론 이 점은 역설적으로 순수도가선비들이 보여준 삶의 방식이 기존의 유생의 삶과 크게 벗어난 것이 있는가? 하는 의문점으로 귀착된다.

물론 도가사상가들은 자신들이 신선을 추구한 비술을 펼쳤다고 주장할 수 있겠지만, 그러나 신선을 추구하는 삶이란 앞서 논구한 바대로 일반백성들의 일상생활과는 대체로 무관한 것이었을 뿐이다. 따라서 그들은 자신들이 내세운 도는 무엇인가? 하는 정체성에 관한 의문을 제대로 해명하지 못했다고 평가받아도 할 말이 없게 된다. 왜냐하면 그들의 진정한 목적은 정치적인 것이었고, 그리하여 그들의 방식대로 사회를 지배하고 백성을 다스리는 것이기 때문이다. 그런즉 오히려 통일왕조의 진나라가 몰락할 즈음에 발생한 진승과 오광의 난 이후에 민중봉기의 본산이 된 도교가 보여 준 저항의식 이외에 달리 보여 준 것이 없는 처지였을 뿐이다.

그러므로 장자가 노자의 뒤를 이어 도가가 의도하는 바를 아래의 글에서처럼 명확히 보여 준 내용들이 검토되어야 한다. 즉 유가가 고수하는 정통성을 무력화시키고 자신들의 세상이 도래하지 않으면 난세가 계속된다는 으름장이다. 따라서 이런 맥락을 연장시키면, 당연히 후대의 도교가 그들의 사상에 뿌리를 두고 있음을 알 수 있게 된다. 즉 한편으로는 세속을 초월한 신선사상으로 자신들을 보호하고, 다른 편으로는 민중을 규합하여 정치권력을 장악하려고 호시탐탐 기회를 엿보는 입장이다.

"……성인은 부딪힌 운명에 역행하지 않고(聖人遭之而不違) 지나간 일에는 고집하지 않는다(過之而不守). <만물과>조화하여 무엇에나 적응해 나가는 것(調而應之), 이것이 덕이다(德也). 마주하는 운명에 응해 가는 것(偶而應之), 이것이 도이다(道也). 이 덕과 도를 얻음으로서(帝之所與) <옛날에 위대한> 제왕들이 빼어난 것이었다(王之所超也). ………"[155]

155) p416

그리하여 도가는 어떤 다른 말로 자신들의 정체를 위장하여도 결국 다음의 글로서 자신의 의도를 표명한 이상, 그들의 정치적 의도는 더욱 명확해질 수밖에 없게 된다. 그런즉 아래의 글을 두고서 그 뜻을 단지 도가가 유가를 비난하고서 순수하게 정신적 자유를 추구한 글로 해석하려고 시도하면, 도대체 그 입장은 도가사상의 속뜻을 조리 있게 설명할 수 없게 된다. 왜냐하면 앞서 누누이 지적한 바대로 요·순임금시대를 다시 따져야만 하는 순환논법에 휘말리게 되기 때문이다. 따라서 도가의 이런 내용의 글들은 반드시 도가의 정치적 의도를 전제하고서 바라보아야만 그 뜻을 제대로 가늠할 수 있게 된다.

> "………나는 진실로 너에게 말하거니와(吾語汝) 이 세상이 크게 어지러워진 근본은(大亂之本) 필히 <선악을 가르친> 요·순 때에 생겼으며(必生於堯舜之閒), 그 어지러운 세상은 천대 후에까지 계속될 것이다(其末存乎千世之後). 천대 뒤쯤이 되면(千世之後), 필시 삶과 사람이 서로 잡아먹을 일도 있을 것이다(其必有人與人相食者也)."[156]

그러므로 장자가 성인의 다스리는 정치에 대해 언급한 것을 살펴보면, 그 글은 유가를 배척하기 위한 위장전술이라고 밖에 달리 생각할 길이 없게 된다. 그리하여 장자는 견오(肩吾)가 초

156) p428

나라 광인(楚狂) 접여(接輿)를 만났을 때의 이야기라고 가공한 아래의 글에서 말한 것이 그 경우에 상응한 의미를 지니게 되는 것이다.

> "………성인의 정치는(夫聖人之治也) 외면적인 제도나 법으로 다스리는 것은 아니다(治外乎). 각기 자기의 본성을 바르게 지니게 하고 그리고 이후에 행하게 하며(正而後行), 그 할 수 있는 일을 행하게 하는 것뿐이다(確乎能其事者而已矣).
>
> 또한(且) 새들은 높이 날아올라서(鳥高飛) 주살의 피해를 피하고(以避矰弋之害) 해쥐는 신을 모신 언덕 밑에 굴을 파서(鼷鼠深穴乎神丘之下) 연기로 공격을 받고 굴을 파헤치는 재앙에서 피한다. (以避熏鑿之患)
>
> 그런즉 이에 두 동물이 아무 것도 모르는 줄로만 알고 있는가(而曾二蟲之無知)?"[157]

그런데 이 글을 두고서 유가사상가들의 가르침과 대동소이하다고 말할 수 있는 근거는 이미 유가는 공자의 가르침에 따라 인간의 본성을 논구하였는데, 곧 천명을 따르는 인간의 본성을 이미 맹자가 성선설로서 설명했고, 인간이 탐욕스러워지는 본성을 장자사상이 출현한 거의 엇비슷한 시기에 순자가 성악설로

---

157) ibid p244

설명하였기 때문이다. 그러면 유가가 도가의 사상을 본받은 것이 아니라, 오히려 도가가 유가의 사상을 엿본 것이 되어야 논리적으로 마땅한 경우가 된다. 달리 말하면 유가의 인물을 앞세운 여러 가지 이야기들이 나온 도가들의 지식원천이 다름 아닌 공자의 가르침과 유가사상가의 가르침으로부터 나올 수밖에 없었다는 점이다.

그런즉 도가사상가들이 현실정치의 난맥상을 통해 유가의 허점을 파고들면서, 마치 자신들의 내세우는 제왕이 정치를 하면 모든 것이 해결할 수 있음을 대중들에게 설파한 점이 주목받지 않을 수 없게 된다.

"현명한 왕의 정치는(明王之治) 그 공적은 천하를 뒤덮고 있으면서도(功蓋天下) 그러나 자기에게서 나온 줄을 아무도 의식하지 못하게 한다(而以不自己). 그리고 모든 사람을 교화하건만 백성들은 그런 줄을 모르고 지낸다. 그는 될 수 있는 대로 자기 이름을 드러내지 않고(有莫譽名) 만물로 하여금 각기 스스로 즐기게 하는 것이다(使物自喜).

<이같이 현명한 왕은> 인지로서는 헤아릴 수 없는 경지에 서서(立乎不測) 그리고서 아무 구속<가짐>도 없는 곳<자유의 세계>에서 노닌다(而遊於無有者也)."[158]

158) ibid p246

그런데 도가사상가들의 이런 글을 읽는 독자들이 처음부터 줄 곳 의문을 품을 수밖에 없게 되는 걸림돌이 있는데, 곧 그 의아함의 근거는 다음과 같은 점 때문이다.

첫째는 과연 이런 지극한 경지의 정치가 실재하는가? 그리고 실재할 수 있는가? 하는 의문점이다. 즉 유가에서는 요·순임금의 시대의 정치가 왕도정치 이념의 노선을 지향했기 때문에 요·순임금의 정치노선을 계승하려고 했지만, 그와 달리 도가의 입장은 요·순임금과 그들의 통치이념을 비난하였기 때문에, 따라서 도대체 어떤 객관적 근거를 두고서 무위자연의 지극한 경지를 설파하였는지가 심히 의아스럽지 않을 수 없게 된다.

둘째는 실재하지 않았음에도 불구하고 도가의 성인이 다스린 무위자연의 정치가 실재했거나 또는 실재할 수 있다고 주장했는데, 그러면 이 말의 발상이 단순한 이야기꺼리가 아니라, 계획된 목적을 반드시 달성하려는 진정성을 가지고서 착실히 구상된 것인가? 하는 의문점이다. 왜냐하면 백성들이 도가의 말에 현혹되어 황제사관에 익숙해진 사실을 두고 보면, 의도적으로 역사왜곡을 추진했다고 말할 수 있기 때문이다.

셋째는 도가사상가들이 상상력을 발휘해 그리하여 실재하지도 않았고 그리고 실재할 수도 없는 역사적 사실의 경우를 가상적으로 꾸며 말했는데, 그러면 도가사상가들은 그런 위장술에 너무도 탁월한 인물들이 아닌가? 하는 의문점이 발생하기 때문이다. 다시 말해 도가사상가들이 당시에 속세를 벗어난 신선이 되려고 노력하였던 인물들이었다면 굳이 세속의 정치이야기를 언급할 리가 결코 만무하였을 터인데, 그럼에도 불구하고 그들이 온통 자신들이 저술한 서적의 태반을 세속의 정치이야기로 채웠으니 오히려 그 점이 상식적으로 도저히 납득이 가지 않는 너무도 이율배반적인 것이 되기 때문이다. 곧 그 점은 아래에 인용된 장자의 글을 보면 여실히 느낄 수 있게 된다.

“천근이 은양에 놀았을 때(天根遊於殷陽), 요수가에 이르러(至蓼水之上), 때 마침 무명인을 만났으므로 그에게 물었다(適遭無名人而問焉 曰).「청컨대 천하를 다스리는 방법을 묻겠습니다(請問爲天下)」.

무명인이 말했다(無名人曰).「물러가라(去) 이 못난 녀석아(汝鄙人也)! 어찌 불쾌한 질문을 한단 말이냐(何問之不豫也). 장차 나는 조물주와 행동을 같이 할 사람이다(予方將與造物者爲人).

이 세상이 싫증이 나면(厭), 그러면 다시 무릇 저 먼 하늘을 나는 새를 타고(則又乘夫莽眇之鳥) 이 세상 밖으로 날아가서(以出六極之外), 아무 것도 없는 세계에서 노닐고(而遊無何有之鄕), 끝없는 넓고 아늑한 들에서 지내겠다(以處壙埌之野).

너는 거듭해서 무슨 속셈으로 천하를 다스리는 정치문제 같은 것을 꺼내서 내 마음을 어지럽게 하느냐(汝又可帠以治天下感予之心爲)」.”[159]

159) ibid p244

그렇기 때문에 그 글의 뒤이은 다음의 글은 전국시대를 배경으로 하여 등장한 도가사상가들의 글을 순수하게 해석하고서 수용할 방도를 도저히 없게 만든다. 즉 장자가 천하를 다스린다는 정치권력의 표현으로서 도가사상을 담은 이야기를 마무리한 점 때문이다.

"<그래도 天根이> 또 다시 되풀이 해 물었다(又復問). 무명인이 말했다(無名人曰). 「너는 마음은 <무욕> 담담한 경지에 노닐게 하고(汝遊心於淡), 기는 <무엇에도 얽매이지 않는> 광대무변한 곳에 부합되게 하고(合氣於漠), 사물은 자연에 따르도록 하고(順物自然) 그리고 사심을 버리면(而無容私焉), 그러면 천하는 다스려질 것이다(而天下治矣)」"[160]

따라서 이런 교묘한 방식으로 가공된 이야기들이 도가사상가들의 치고 빠지는 교묘한 위장전술을 고스란히 그대로 입증하는 전거(典據)가 된다. 즉 한 편으로는 자신들은 정치에 전혀 관심이 없고 간여할 마음이 없는 듯이 하고, 다른 편으로는 그런 순수한 자신들이 하는 말은 사심이 없기 때문에 진심이라는 점을 거꾸로 더 강렬하게 강조한 방식이다. 그리고 더 나아가 기성정치를 혐오하도록 만들고 그 책임을 전적으로 유가에게 전가시키고서 종국에는 자신들의 의도대로 새로운 시대의 도래

160) ibid p245

를 기대하도록 한 방식이다.

그러므로 도가사상가들의 정치적 의도는 다음의 글에 고스란히 드러난다. 곧 차근차근하게 기존의 유가의 가르침을 짚어가면서 종국적으로 존재하고, 발생하고, 변화하는 모든 사태의 경우를 도가사상가들이 전개하는 무위자연의 주장의 하부에 두는 방식이다.

"천한 것이긴 하나(賤) 능히 그것에 의지하지 않을 수 없는 것은(而不可不任者) 물건이다(物也).

비천한 것이긴 하나(卑) 능히 그것에 따르지 않을 수 없는 것은(而不可不因者) 백성이다(民也).

비근한 일이긴 하나(匿) 능히 안 할 수 없는 것은(而不可爲者) 일상생활의 잡된 일이다(事也).

친근할 것은 못되나(麤), 능히 공포하지 않을 수 없는 것은(而不可不陳者) 법이다(法也).

인정과 먼 것이긴 하나(遠) 능히 그것을 좇지 않을 수 없는 것은(而不可不居者) 의다(義也).

인정에 빠지기 쉬운 것이나(親) 능히 세상에 널리 펴지 않을 수 없는 것은(而不可不廣者) 인이다(仁也).

절도가 있어야 하나(節) 능히 쌓지 않을 수 없는 것이(而不可

不積者) 예다(禮也).

적당한 것이어야 하나(中) 능히 높아지지 않을 수가 없는 것이(而不可不高者) 덕이다(德也).

일정불변하나(一) 능히 때에 따라 바뀌어져야 하는 것이(而不可不易者) 도다(道也).

영묘하여 인위가 못 미치는 것이나<신묘하기 짝이 없어서 실행하기가 쉽지 않지만>(神) 능히 그것에 따라 행동하지 않을 수 없는 것이(而不可不爲者) 천이다(天也)."[161]

곧 이런 표현으로서 장자는 이제는 주나라의 세상이 바뀌어져야 함을 그대로 암시하였던 것이다. 그리고 더 나아가 장자는 이 말에 뒤이어 아주 의미심상한 말을 피력하였다. 그것은 전통적 사고방식인 천명(天命)의 사상을 천도(天道)와 인도(人道)로 다시 구별한 점이다. 곧 고대통치이념에서는 천명이 하나로 일관되어 있기 때문에 군주와 신하가 일체감을 가지고서 협치(協治)정치를 할 수밖에 없었으나, 그러나 장자에서는 천도와 인도가 분리되어 있기 때문에 협치(協治)정치대신에 오로지 신하는 임금에게 복종하고 그리고 봉사해야 하는 것 이상의 임무가 있을 수 없게 된 점이다.

---

161) p277~278 -장자 B472~473

“도란 무엇인가(何謂道)? 천도가 있고(有天道) 인도가 있다(有人道).

무위로서 존귀한 것이 천도고(無爲而尊者 天道也), 유위로서 더러운 것이 인도다(有爲而累者 人道也).

군주에게 어울리는 것이 천도며(主者 天道也), 신하에게 어울리는 것이 인도다(臣者 人道也).

천도와 인도는(天道之與人道也) <서로 멀리 떨어져>그 격차가 참으로 크다(相去遠矣). <이 도리를> 살펴서 알지 않으면 안 된다(不可不察也).[162)]

그리하여 장자는 이와 같은 이중적 방식으로 무위자연의 도를 설파하면서 무지한 일반대중들에게 자신들의 무위사상으로 다스려지는 새로운 세상을 기대하도록 만들어 나갈 수 있었다. 그런즉 장자가 먼저 일반백성들이 유가의 이론을 불신하도록 만들기 위해 도가다운 특유의 전략적 논리를 구사해야만 했었는데, 곧 그와 같은 점은 대표적으로 천운(天運)편에서 가공한 이야기에서 <商나라 유민의 제후국>송(宋)나라 <재상>태재(太宰)인 탕(蕩)과 장자가 인(仁)에 관한 대화에 적나라하게 드러나 있다. 곧 장

162) ibid 同

자는 유가가 내세우는 인에 대해 최고의 인이란 말을 사용하여 유가를 격하하는 논리를 전개한 점이다. 물론 순수하게 군주가 올바른 정치를 하려면 사사로운 정에 이끌려서는 안 된다는 점을 강조한 것으로 해석할 수 있겠지만, 그러나 유가가 이미 그 점을 가르치고 있었기 때문에 달리 해석해야 마땅하다. 그러면 그 뜻은 주나라에 인정이 끌려 주나라 예법에 연연하지 말고 냉정하게 새로운 시대를 여는 작업에 합류하라는 내용이 된다. 곧 그 말에 무위자연의 도가 말하는 자연스러운 변화의 이치에 부응하는 일이라는 뜻이 담겨져 있는 점이다.

> "………<탕이> 말했다(曰).「최고의 인에 관해 묻고자 합니다(請問至仁>. 장자가 말했다(莊子曰)「최고의 인이란 친함이 없는 것입니다(至人無親)」" [163]

그리고서 장자는 마치 서로 반대방향인 남과 북으로 간 행인처럼 유가가 인의 개념을 잘못된 방향으로 오도하고 있기 때문에 유가가 가르치는 인의 개념을 해체하고 그 자리에는 자신들이 전파하는 무위자연의 도에 입각한 인의 개념으로 대체해야 한다고 설파하였다. 즉 무위의 마음가짐으로 자신의 존재조차 세상 사람들이 결코 의식할 수 없도록 만드는 행동의 경지를 최고의 인이 지닌 본질이라고 주장한 것이다. 그러면 이 점도 그 이면을 살펴보고 해석해야하는데, 우선은 그 내용이 일반백성들과는 무관하다는 점이다.

---

163) ibid p312~313

왜냐하면 역설적으로 당연히 이런 처신을 해야 할 사람은 오로지 천하를 다스리는 천자이외에 달리 있을 수 없게 되고, 그리고 그 의도가 역시 천자가 정치를 공정하게 하려면 사사로운 인정에 사로 잡혀서는 안 된다는 점을 강조한 뜻이 되어 곧바로 장자는 자신이 배척하려고한 고대통치이념으로 회귀하게 되는 순환논법에 빠지게 되기 때문이다. 그런데 여하간 장자는 그런 점을 의식하지 않고 마음을 비워야 하는 천자의 마음가짐만을 강조하였다.

“그러므로 <옛사람들이>말했습니다(故曰). 「공경으로 효도하기는 쉬워도, 애정을 가지고 효도하기는 어렵다(以敬孝易 以愛孝難).

애정으로 효도하기는 쉬워도, 능히 <사랑하는>육친을 잊는 것은 어렵다(以愛孝易 而忘親難).

<사랑하는>육친은 잊어도, 능히 육친이 <사랑하는 자식인>자신을 잊게 하는 것은 어렵다(忘親 而使親忘我難).

육친으로 하여금 나를 잊게 하는 것은 쉬워도, 모든 사람이 천하 사람을 잊게 하는 것은 어렵다(使親忘我易 兼忘天下難).

모든 사람이 천하 사람을 잊기는 쉬워도, 천하 사람이 자기를 잊게 하게 하는 것은 어렵다(兼忘天下易 使天下兼忘我難)”[164]

그리고서 장자는 도가의 전략대로 두 가지 방향에서 유가를 부

164) ibid 同

정하고 배척하는 자신들의 의도를 만천하에 명백히 보여주었다. 곧 하나는 유가의 가르침이 자신들의 가르침보다는 밑에 있다는 것과 또 다른 하나는 유가의 가르침은 모두다 인간의 타고난 본성을 파괴하고 있다는 것이다. 그리고 장자가 지적한 바대로 그 폐단이 이미 나타나 있었기 때문에 그리하여 세상 사람들은 장자가 말한 바가 틀린 말이 아니라고 여길 수 있게 되었다. 가령 충·효·애의 실천이 장자이전에 묵자가 말한 바대로 자기중심적이게 되면 당연히 이기적이고 편파적인 행동으로 나타나기 때문이다.

그러나 그런 폐단을 해소하려면 그 본질에 더욱 충실하여 예법을 제대로 실천해야 하는데, 오히려 장자는 본말을 전도하여 아예 예법자체를 부정해 버렸기 때문에 도덕적인 문제를 야기하지 않을 수 없게 되었다. 물론 당연히 그 이유는 수양의 이론처럼 보이는 무위자연론이 실제로는 수양의 이론이 아니라 정치의 이론이었기 때문이다. 하지만 장자는 일단 유가가 내세우는 덕목의 혼란된 모습만을 문제점으로 제기하였기 때문에, 여하튼 곧바로 도덕적 문제가 수면으로 떠오르지는 않았다.

> "무릇 덕은 요·순에게 전하여졌지만 능히 배우지 않습니다(夫德遺堯舜而不爲也). 이익과 혜택이 만세에 미치게 하여도(利澤施於萬世) 천하 사람들은 전혀 알지 못합니다(天下莫知也). 어찌 곧 크게 탄식하면서 인과 효를 말할 수 있겠습니까(豈直太息而言仁孝乎哉)?"[165]

---

165) ibid 同

그리고서 장자는 도덕의 덕목을 강제적으로 시행해서는 안 된다고 역설하였는데, 물론 장자의 그 말은 당연히 도덕성이 지닌 자율성의 측면에서는 결코 틀린 말일 수 없게 된다. 그리고 군주의 책임론에 입각해서도 군주가 무욕의 마음으로 공정한 정치를 해야 한다는 당위성을 주장한 장자의 지적은 지당한 말이 아닐 수 없게 된다. 하지만 그런 복잡한 문제점은 위정자가 마음을 비워야 한다는 주장만으로 해결될 수 있는 일이 결코 아니다. 왜냐하면 군주가 그런 마음을 가지기 위해서는 우선적으로 스스로 수양을 해야만 하고 그리고 다른 사람들의 도움을 받아야 하기 때문이다. 그러므로 고대통치이념은 줄기차게 성인되려고 노력하는 군주와 현명하게 군주를 보필하려는 신하의 양 측면을 주목하고서 협치(協治)정치를 강조하였던 것이다. 그런데 장자를 비롯한 도가는 군주의 마음을 비운 경지를 무위자연의 도로 설명하면서도 정작 그 방법인 고대통치이념의 본질을 부정해버렸기 때문에 결과는 모순된 방향으로 치닫게 되었다.

여하간 아래 글은 장자가 유가의 덕목을 두고서 그 근본에 충실해야 함을 설파한 점이 그대로 보여 준다.

> "무릇 효제·인의·충신·정렴(夫孝弟仁義忠信貞廉) 이것은 모두 강요로서 말미암아(此皆自勉以) 그 덕에 힘쓰고 있는 것입니다(役其德者也). 중히 여김에는 충분하지 않습니다(不足多也)."[166]

166) ibid 同

그런 연후에 도가의 전략대로 장자는 대중들에게 무위의 정치에 대한 기대감 때문에 그들의 주장에서 헤어나지 못하도록 만들려 했다. 그리하여 전국시대의 참상에 지친 백성들에게는 도가의 그런 입장의 발상은 너무도 신선한 것이 아닐 수 없었기 때문에 도가에게 선뜻 다가서게 되었다. 그런즉 비록 유가가 이전부터 그런 입장을 줄곧 가르쳤을지라도 이미 유가의 존재가 도가의 꾸준한 작업에 의해 일반백성들에게 수구적인 집단으로 각인되었고 반대로 도가가 진보적이고 진취적인 집단으로 각인되었기 때문에 일반백성에게는 도가가 더 우호적으로 느껴질 수 있게 되었던 것이다. 다시 말해 도가사상가들이 일반백성들로 하여금 아래의 글처럼 자신들 인식하도록 만들었기 때문에 그들이 도가사상의 품안에서 서로 친밀감을 느끼게 되었던 것이다. 곧 아래의 글은 그런 논리의 대미를 장식하는 대표적인 글이므로 그와 같은 맥락을 유념하고서 각별히 주목해야 한다.

"그러므로 <옛사람들이>말했습니다(故曰). 최고의 귀함(至貴)은 나라에서 내리는 벼슬을 물리치는 것이고(國爵幷焉), 최고의 부는(至富) 나라에서 내리는 재물을 물리치는 것이고(國財幷焉), 최고의 소망은(至願) 명예를 물리치는 것입니다(名譽幷焉). 이로써 <무위자연>도는 변하지 않는 것입니다(是以道不渝)."[167]

167) ibid 同

제3장. 그들의 사상은 자신들의 목적을 달성했는가?

논구초점 : 진나라가 육국을 통합하여 전국시대가 종식되고 강력한 통일왕조가 탄생했으니, 도가사상가들이 바라는 바대로 되었다.

그런데 그들의 비난에도 불구하고 권력의 중심부에서 유가가 한나라 이래로 줄곧 도가가 차지해야할 통일왕조의 통치이념을 책임지는 국학의 자리를 차지하였다. 그리하여 도가는 자신들의 정체를 숨긴 그대로, 정치사상의 본연의 모습으로 돌아오지 못하고 그 대신에 종교사상의 모습으로 변신하고서 일반대중의 가슴에 자신들의 터전을 자리 잡지 않을 수 없었다.

그렇다면, 도가는 정치적 성향을 사라졌는가? 그런데 전혀 그렇지 않았다. 왜냐하면 통일왕조가 쇠약해지면, 민중의 가슴속에 자리 잡고 있는 도가가 언제나 민중봉기의 한복판에서 그 모습을 드러내었기 때문이다.

서두에 먼저 간단히 짚고 가야할 점은 전국시대의 말기에 황로학이 득세를 하고 있지 않았다면, 결코 진시황이 '불로장생약(不老長生藥)을 구하라고 방사(方士) 서복(徐福)을 동해의 봉래산으로 내보내지를 않았을 것이라는 점이다. 이 역사적인 사건이 실재적인 것이건 아니면 가공으로 꾸민 것이건 간에 상관없이 역사서에 기록될 정도라면, 당연히 그 기록된 사실만으로도 황로학이 전국시대의 말기에는 다른 어떤 사상보다도 정치권에 강력한 영향력을 행사했다는 사실이 증명된다. 특히 다른 어떤 나라보다도 진(秦)나라에서 그 영향력을 발휘했었다는 점은 도가상가들이 추구한 목적과 그 성공여부의 결실을 판가름할 수 있게 만든다.

그런데 진나라가 천하를 통일하였기 때문에 도가의 의도가 일단 성공했다고 말할 수 있게 된다. 왜냐하면 도가사상의 의도가 철저히 주나라를 대신할 새로운 왕조를 여는 것이었는데, 우선적으로 분서갱유의 사건에서 보듯이 자신들의 권력쟁취에 걸림돌이 되는 유가사상을 전면적으로 배척하는 작업에 성공하였기 때문이다.

그리고 더 나아가 그들이 첫째 중국의 고대역사자체를 전면적으로 변조시키려 한 작업과, 둘째 고대왕조의 통치체제인 봉건제도 자체를 붕괴시키려 한 작업도 일단 성공하였다고 인정받을 수 있게 된다. 하지만 그들의 의도가 그와 같이 성공했을지라도, 한나라 무제가 새로운 통일왕조의 통치이념을 유가로 선회하는 바람에 그들의 의도를 진정으로 성공한 것인가? 하는 의문점이 성립하는데, 그 점에 대해서는 평가가 미지수가 아닐 수 없게 된다. 왜냐하면 그 사건 때문에 도가의 결실이 실패했다고 단정적으로 말할 수 없기 때문이다. 더욱이 한나라 때의 유가는 이미 공자이래로 전승된 학문의 순수성에서 크게 벗어났었기 때문이다. 즉 새롭게 등극하는 왕조마다 겉으로는 유가의 가르침을 표방하고서 안으로는 패도의 길을 걸었기 때문인데, 따라서 실제로는 도가는 유가 속에 똬리를 틀고서 중화사상의 민족사관을 이끌었다고 말할 수 있기 때문이다.

그럼에도 불구하고 유가의 순수성을 상실한 통치이념의 결과는 고스란히 민중들에게 그 피해가 돌아갔으니, 그 책임은 역시 도가가 짊어져야할 몫이다.

어쨌든 그들이 추구하는 목적과 의도와 전략은 노자의 도덕경과 열자와 장자의 서책에 교묘하게 구성되어 전개되었는데, 그들의 전략적 방향을 직시하려면 오히려 뒤에 등장한 장자의 문장을 살펴보아야 한다. 곧 아래의 장자의 문장이 그 점에 대한 단적인 예에 해당된다.

"………오직 도에 통달한 사람만이 만물이 결국 하나라는 도리를 이해한다(惟達者知通爲一). <그러므로 도에 통달한 사람은 지혜의 분별을 버리고 일체를 영원한 도에 맡겨버리는 태도로> 다스림은 사용하지 않으면서도 능히 모든 법도에 의지한다(爲是不用而寓諸庸).

법도는 <자연의 작용>다스림이다(庸也者用也). <자연의 작용> 다스림은 통달이다<만물에 통한다>(用也者通也). <만물에> 통달해야만 얻을 수 있다(通也者得也). 적절이 얻고서 시작한다(適得而幾矣). 말미암은 것은 끝난다(因是已). 끝나고서도 능히 그 이루어짐을 알지 못한다(已而不知其然). 이것이 도라고 일컫는 것이다(謂之道)."[168]

그런즉 장자는 도라는 형체도 없고 소리도 없는 만물의 원리를 내세우고서 결국 세상이 바뀔 수밖에 없는 미래를 기정사실화하였다. 그리고서 장자는 유가가 하는 작업을 더 이상 효력이 없는 인위적인 것으로 치부하고서, 그들의 논리대로 거대한 도의 흐름을 파악하고 있는 도가의 성인이 그렇게 할 수 있는 근거마저 아래의 용어를 만들어 합리화하였다.

> "………이같이 시비의 분규라는 것은 의미 없는 것이기에(亦因是也) 성인은 시비의 대립을 화해시켜 하나로 하고(是以聖人和之以是非) 그리고 <인위적 차별을 초월한 자연의 경지>천균에 안주하는 것이다(而休乎天鈞). 이를 양행이라고 한다(是之謂兩行)."[169]

따라서 장자가 말한 자연의 평등한 이치로서의 천균(天均)의 뜻은 시비를 취사선택하지 않고 그대로 방임하자는 뜻이므로, 이것은 시(是)는 시(是)대로 비(非)는 비(非)대로 그대로 있게 하여 양자 사이에 차별을 두지 않는다는 입장을 의미하는 양행(兩行)과 동일한 취지를 지닌 말이 된다. 따라서 이 말에 담긴 숨은 뜻은 곧 전국시대의 원인을 굳이 따지지 말고 전국시대가

---

168) 장자 p173
169) ibid p174

나아가는 방향대로 따라가자는 것일 뿐이다. 그런데 이런 취지는 당시의 나약한 선비들에게는 가뭄에 단비를 만난 것처럼 답답한 순통을 트게 해주고 또한 유가의 도리를 벗어나 해방감을 느끼게 해주면서 거리낌 없이 유가의 집단에서 이탈하여 황로학의 무리에 참여할 수 있게 만드는 효과를 유발할 수 있었다. 그러므로 그들의 전략이 주효했다고 말해도 무방하다. 그리고 이 사고방식은 대대로 전승되어 그리하여 시류에 영합하여 곡학아세의 길을 걸어가려는 선비들에게는 참으로 환영받았으니, 도가의 전략은 참으로 교묘하게 성공했다고 말해도 실로 무방해진다.

그러므로 이런 전략적 성공은 세상 사람들이 그들이 내세운 말을 순순히 받아들이면서 이루어졌으므로, 도가의 말들을 그런 관점에서 재차 검토되어야 한다.

즉 그 점은 우선적으로 노자의 도덕경의 처음과 끝부분의 두 문장에서 파악할 수 있게 된다. 그런데 먼저 언급되어야 할 점은 흔히 노자연구가들이 도덕경의 80장의 주장을 무위자연의 사고방식에서 나온 소박한 결론이라고 하는 주석을 하였는데, 그것은 실로 도덕경의 의도를 제대로 간파하지 못한 결과일 뿐이다. 오히려 그 문장은 도가들이 목적으로 삼은 정치적 의도를 정확하게 드러낸 문장일 것이다. 하여간 도덕경 80장은 다음에서 자세히 논구할 것이므로 그 대신에 먼저 도덕경 1장을 논구하겠다.

"도를 도라 할 수 있는 것은(道可道(도가도)) 한결 같은 도가 아니고

> (非常道), 이름을 이름이라고 할 수 있는 것은(名可名) 한결 같은 이름이 아니다(非常名). 이름이 없는 것은(無名) 천지의 처음이요 (天地之始) 이름이 있는 것은(有名) 만물의 어머니이다(萬物之母). 그러므로 항상 욕심이 없는 것으로써 그 묘를 보고(故常無慾以觀其妙), 항상 욕심이 있는 것으로써 그 교를 본다(常有欲以觀其徼). 이 둘은(此兩者) 똑같이 나와서 이름을 달리 하며(同出而異名), 똑같이 이를 현이라 이르나니(同謂之玄), 현하고 또 현한 것이 중묘의 문이다(玄之又玄 衆妙之玄)."[170)]

즉 노자가 이 말을 통해 전하려고 하였던 바는 결국 주나라 시대의 통치이념과 통치방식이 절대적인 것이 아니므로 절대적인 원리로부터 다시 생각해야 한다는 주장이었다. 그리고 그렇게 해석할 수밖에 이유는 너무도 당연한 이치로서 무위자연의 도의 본질이 욕심이 없는 성인의 본성이어서 반드시 위정자가 그 도를 본받아야 했었다면, 곧바로 노자 자신도 주나라를 비판하고 개혁할 욕심을 부리지 말았어야 하는 덫에 걸리기 때문이다. 다시 말해 욕심을 부리는 자를 두고서 욕심을 부리지 말라고 주의를 촉구하는 태도가 오히려 더 심한 욕심을 부리는 꼴이 되기 때문이다. 즉 진정으로 욕심이 없는 자는 무위의 자연이치에 인간사를 그대로 맡기고서 그냥 지켜보기만 하면 되는

170) 도덕경 p37

것이기 때문이다. 그러므로 노자의 그런 표현에 담긴 진정한 의도는 도가사상가들이 소극적인 자세로 세속의 일에 방관하겠다는 의도가 아니라 적극적으로 관여하겠다는 의도로 해석해야만, 비로소 제대로 도가의 전략을 파악할 수 있게 된다. 그리하여 노자는 아래의 문장으로서 주나라가 내세운 통치이념이 좋은 것이 아니기 때문에 달리 평가해야 한다는 주장을 교묘하게 전개하였다. 곧 그가 말하고자 하는 본 의도는 주나라의 문물에 집착하지 말고 새로운 변화에 순응하라는 것이었다.

"천하가 다 아름답다고 하니 아름다운 줄 알지만(天下皆知美之爲美) 이것은 추악한 것이며(斯惡已), 다 좋다고 하니 좋은 줄 알지만(皆知善之爲善) 이것은 좋지 않은 것이다(斯不善已). 그러므로 있고 없는 것이 서로 낳고(故有無相生), 어렵고 쉬운 것이 서로 이루고(難易相成), 길고 짧은 것이 서로 서로 모방하고(長短相較), 높고 낮은 것이 서로 기울어지고(高下相傾), 음과 소리가 서로 화하고(音聲相和), 앞과 뒤가 서로 따른다(前後相隨). 이로써 성인은(是以聖人) 무위의 일에 처하여(處無爲之事) 무언의 가르침을 행 한다(行不言之敎). 만물이 일어나도 말하지 않고(萬物作焉而不辭), 생겨도 두지 않으며(生而不有), 행하고도 자랑하지 않고(爲而不恃), 공을 이루어도 머무르지 않는다(功成而不居).

오직 머무르지 않는지라(夫有不居) 이로써 떠나지 않는다(是以不居)."[171]

그런즉 이와 같은 의도를 달성하려는 도가는 한 면으로는 세상변화와 수습이 무위의 도에 의해 이루어지는 것이기 때문에 자신들과 무관하다는 무욕심의 전략을 펼치고, 다른 면으로는 무위의 방법으로 이루어지지 않는 정국에서 무위의 결과를 도출하려면 누군가가 그 작업을 반드시 해야 하기 때문에 결국 무위의 논법은 거꾸로 변화의 작업을 성공하기 위해서는 자신들이 내세운 성인이 그렇게 할 수 밖에 없다는 전략을 펼쳤다. 물론 그 성인의 정체는 도덕경에서는 나타나지 않았지만, 훗날 열자와 장자에 이르러 황제의 모습으로 등장하였다.

그리하여 무위자연의 사상은 새로운 변화를 갈망하는 민중들의 가슴 속에 확고히 뿌리를 내릴 수 있었다. 하지만 노자가 말한 바의 취지가 대단히 이율배반적이고 이중적인 사고방식이었기 때문에 당시에는 위정자와 백성들은 기회주의적 처세가 마치 가장 현명한 행동양식인 것으로 받아들였지만, 훗날에는 중국왕조와 민족들이 그 부작용을 톡톡히 감수해야만 했다.

여하간 자기보신에 능한 도가사상가의 처세술과 상관없이 장자의 사상은 전국시대 상황에서 신념을 포기하지 않는 유가를 공박하기 위한 것이므로, 그 점을 유념하고서 도가들의 참 의도를 들여다보아야 한다.

---

171) 도덕경 P37

어쨌든 장자의 의도는 그의 대표적인 우화인 산속의 나무와 거위의 이야기에서 가장 잘 표현되어 있다.

"…·다음 날(明日) 제자가 장자에게 묻고자 말했다(弟子問於莊子曰).「어제 본 산중의 나무는(作日山中之木) 무능한 탓으로 타고난 수명을 다 할 수 있었습니다만(以不材得終其千年), 우리가 묵은 주인집 거위는(今主人之雁) 무능한 탓으로 죽어야 했습니다(以不材死). 선생님께서는 <유능과 무능 중> 어느 쪽에 몸을 두시려 하십니까(先生將何處)?」

장자가 웃으면서 말했다(莊子笑曰).「참으로 유능과 무능 사이에 두련다(周將處夫材與不材之間). 그러나 <유능과 무능 사이라는 것은> 비슷해 보이지만 그러나 그렇지 않다(似之而非也). 그러므로(故) 거기에 몸을 두어 가지고는 세상의 번거로움에서 완전히 벗어나지는 못할 것이다(未免乎累).

만약 무위자연의 도에 입각하여 능히 노니는 사람이라면(若夫乘道德而浮游), 곧 그렇게는 하지 않을 것이다(則不然). 그는 칭찬도 비난도 듣는 일이 없고(無譽無訾), 때로는 용처럼 하늘을 나는가 하면, 어떤 때는 뱀처럼 땅을 기어 다니기도 하며(一龍

一蛇) 시세에 따라 변화해서(與時俱化) 능히 하나를 고집하는 일이 없다(而無骨專爲). 어떤 때는 높이 올라가는가 하면, 때로는 낮게 내려오기도 하여(一上一下) 그때그때에 조화해 나아가다(以和爲量).

만물의 근원인 도에 노닐어(浮游乎萬物之祖) 사물을 사물로서 부리고 사물에 의해 부림을 받지 않는다면(物物而不物於物) 어찌 세상의 번거로움에 얽매일 줄이 있으랴(則胡可得而累邪).

이것이 옛 성왕인 신농씨와 황제가 남긴 법칙이다(此神農黃帝之法則也)」"[172)]

물론 이처럼 그때그때의 상황에 따라 적절히 처세하는 상황논리는 장자가 굳이 밝히기 이전에도 세상 사람들이 익히 잘 알고 있었던 바였기 때문에 이와 같은 수준의 표현만으로 장자를 굳이 비난대상으로 삼을 수 없다. 하지만 장자가 자신의 그런 역발상적 가치관을 전국시대를 수습하려는 혁명의 사상으로 내세워 난세의 정국에 커다란 영향력을 발휘하려고 하였기 때문에 당연히 그 실체가 평가대상이 아닐 수 없게 되고 그리하여 장자의 그런 역발상이 오히려 난세에 적합한 이상적인 사상일 수 결코 없다는 역설적 결론에 이르게 된다. 왜냐하면 그것은 인간이 자연 속에 인류의 문명사회를 건설해가는 작업의 본

172) 장자 p380

질을 완전히 배제한 발상이기 때문이다. 곧 인류가 공생·공영하는 생활터전은 말처럼 쉽게 형성되는 것이 아니기 때문이다. 다시 말해 시시각각으로 변화하는 자연현상 속에서 갖가지 인간들의 형태를 조정하고 조절하여 바람직한 공동체의 질서를 형성하고 유지하는 작업이 무위에 의해 절로 좋게 이루어지는 것이 아니기 때문이다. 즉 인간의 탐욕스러운 이기심이 서로 충돌하는 현실에서 조화와 타협을 이루는 정치적 작업이 한 걸음 물러서서 치고 빠지는 방식에 의해 제대로 진행될 수 없기 때문이다. 따라서 도가의 주장을 비판하려면 당연히 잘못하고 있는 위정자를 질타하는 일은 쉬워도 막상 자신이 좋은 정치를 행한다는 일이 결코 쉽지 않다는 점을 우선적으로 전제해야만 한다. 그러면 진정한 무위의 정치는 진정한 협치(協治)정치로서만 이룩될 수 있다는 역사적 사실이 주목받지 않을 수 없게 되고, 그러면 도가는 그런 협치(協治)정치를 전격적으로 배제하고 있기 때문에 따라서 그들의 말이 스스로 이율배반적인 것이 되어 그리하여 결코 그들이 말하는 무위의 정치가 정상적으로 이룩될 수 없게 되었던 이유의 배경이 진정으로 논구의 초점이 될 수 있게 된다.

그럼에도 불구하고 도가사상가들은 자신들의 생각을 전개함에 있어서 출발점이 되는 대전제를 이미 자기들의 판단으로 결론을 짓고 그리고 그것을 기준으로 삼아 모든 것을 자기중심으로 평가하면서 전국시대의 정황을 자기들이 뜻하는 방향대로 이끌고 가려고 하였기 때문에 역사왜곡의 근본문제를 야기했다.

곧 무위자연의 시대가 지상낙원이었다는 설정이었다. 그리고 이 설정은 자력으로 현실의 어려움을 해결할 수 없는 무지몽매한 일반서민들에게 곧바로 환영받고 각인되었다.

"……<상고의 제왕이라고 일컬어지는> 혁서씨가 지배하던 시절에는(夫赫胥氏之時) 민중들은 집에 있어도 하는 일이 없었으며(民居不知所爲), <나그네> 길을 떠나려고 해도 갈 곳이 없었다(行不知所之). 입이 터지도록 음식을 먹으며 즐기고(含哺而熙), 부른 배를 두드리며 놀았었다(鼓腹而遊). 백성들은 오직 이렇게 살고 있었을 뿐이었다(民能已此矣).

<그러나 후세에> 성인에 이르러서는(及至聖人) 몸을 굽혀서 예악을 지키게 되고(屈折禮樂) <자연 그대로였던> 천하<사람들>의 형상을<외모를> 비뚤게<꾸미게> 하고(以匡天下之形), 인의를 행한다고 무리하게 내걸고서(縣跂仁義) 천하 사람들의 마음을 사려고 들었다(以慰天下之心).

이때부터 사람들은 처음으로 애써 지혜를 추구하는 것을 좋아하게 되었고(而民乃始踶跂好知), 이익을 다투어 뒤쫓아서(爭歸於利) 멈추는 바를 모르게 되었다(不可止也).

이것이 성인이 범한 과실이라고 아니할 수 없을 것이다(此亦聖

人之過也)."[173]

그리고서 장자는 특유의 논법으로 이런 처세술을 미화시키기 위해 무위자연의 도리를 내세우고서 우매한 백성들을 현혹시켰다. 곧 권력이건, 금력이건, 미모든 간에 개의치 않고 가진 자들을 폄하하여 서민들의 가슴을 시원하게 만들었던 것이다.

"생명의 실상을 파악한 사람은 위대한 생애를 보낼 수 있고(達生之情者傀), 인위적 지혜를 얻은 자는 보잘 것 없는 생애밖에 보내지 못한다(達於知者肖).

대명을 통달한 사람은 순응하고(達大命者隨), 소명을 통달한 자는 나쁜 일을 당하게 된다(達小命者遭)."[174]

하지만 그들의 논리는 각자 자기생업의 터전에서 여러 가지 어려움을 극복하면서 열심히 일하고 있는 백성들을 우롱하는 선비들의 작태일 뿐, 그 논리에는 진정으로 백성과 더불어 그들과 땀 흘리는 세상의 선비들의 진지한 모습을 결코 반영되어 있지 않았다. 왜냐하면 백성들에게는 신선의 삶이란 결코 다가갈 수 없는 막연한 삶이었기 때문이다. 즉 여유로운 선비들이 동경하는 삶이었고 현실에서 도피하고 싶어하는 그런 부류의 인물들의 마음을 휘어잡는 삶이었을 뿐, 고단한 생업에서 열심히 일하는 백성들의 삶과는 유리된 모습의 삶이었을 뿐이

173) ibid p260
174) ibid p549

기 때문이다.

그런즉 도가의 진정한 의도가 세속을 초월한 신선에 있는 것이 아니라, 권력의 중앙에서 신선처럼 사는 것에 있는 것이라는 혹평을 감수해야할 여지를 충분히 보여 주었던 사고방식이었을 뿐이었다. 여하간 그런 맥락을 유념하고서 도가사상의 본질을 파악하려고 할 적에 비로소 도가의 진면목을 직시할 수 있게 된다.

제1절. 중국민족사관이 된 화하사상을 태동시킨 일

논구초점 : 장수를 붙잡으려면 말을 쓰러트려야 하는 것처럼, 요·순임금의 정통성을 부정하지 않고서는 주나라의 왕조를 차지할 수 없었던 전국시대의 열 왕들에게 도가사상가들이 가공한 새로운 역사관은 시의적절한 구원책이 아닐 수 없었다. 왜냐하면 요·순임금시대를 앞선 황제의 시대를 만들어낸 도가들은 모든 열왕들에게 부적격의 자격시비를 일거에 해소시키는 효과를 유발할 수 있는 최상의 방안이었기 때문이다.

하지만 그로부터 잉태된 화하(華夏)민족관은 기존의 중국민족을 모두다 사방의 이민족으로 만들고서 중국변방으로 내몰아 버렸다. 그리고 그런 이분법적 사고방식은 모든 종족이 함께 어울러 공동번영을 추구할 시대풍토의 대의명분을 전면 박탈한 결과를 초래하였다. 따라서 새로 출현한 왕 중의 왕인 황제는 무상(無上)의 독단적인 권력의 존재자로 군림하면서, 중국주변의 민족들과 적대적 갈등의 역사를 써내려가는 주역이 아니 될 수 없게 되었다.

이 주제는 3권의 논구를 마감하면서 본서의 가장 중요한 논구주제가 된다. 왜냐하면 화하사상의 말은 그야말로 도가의 위장전술에 걸맞게 도가사상가들이 겉으로 분명하게 표방한 적이 없는 용어이므로, 오히려 중화사상의 진원지로 도가를 지목하는 일은 도가의 인물로부터 역공을 맞을 수 있는 논쟁의 성격을 지니고 있기 때문이다.

그럼에도 불구하고 중화사상의 태동이 도가에서 비롯되었다고 단언할 수 있는 이유는 도가가 모든 중국역사를 요·순임금이 아니라 황제로부터 비롯되었다고 변조하였기 때문이다. 그리하여 현재 중국의 고대역사는 그들의 의도대로 그렇게 설명되어 있고, 더 나아가 중국민족뿐만 아니라 주변민족들까지도 그렇게 알고 있기 때문이다.

어쨌든 화하(華夏)사상은 자신들의 하를 하나라의 하(夏)라고 주장한다. 즉 하나라는 순임금으로부터 임금의 자리를 물려받은 우임금의 아들이 계가 세습하면서 건국한 중국 최초의 세습제 통일왕조인데, 중화사상을 잉태시킨 주체들이 하나라의 역사를 분리시켜 이족, 만족, 융족, 적족과 전혀 다른 새로운 하(夏)족이 만든 왕조로 둔갑시키면서 화하사상이 태동하게 되었던 것이다.

그렇지만 전국시대에서의 중국은 중화사상의 중국이 아니라 여전히 과거와 마찬가지로 왕이 거주하는 경기(京畿)지역과 그 밖의 초나라, 월나라 등으로 구별하는 주나라지역 내의 단순한

나라명칭에 불과하였다는 점은 너무도 잘 알려진 사실이었기 때문에 더 이상의 언급은 사족만 될 뿐이다.

그러므로 장자도 그런 의미로서 중국이란 용어를 자연스럽게 사용하였기 때문에 아래에 그 점을 그대로 인용한다. 곧 장자의 글에서 노국과 제나라 온백설자(溫伯雪子)가 사는 나라가 중국이란 이름에 의해 구분되고 있는 점이다. 다시 말해 중국이란 이름 밑에서 각 나라가 구별되는 것이 아니라 주나라의 이름 밑에서 중국을 비롯하여 각 나라가 구별되고 있는 점이다.

> "온백설자가 제에 가는 길에(溫伯雪子適齊) 노국에 들려 여장을 풀었다(舍於魯). 노국사람 중에서 면회를 신청한 사람이 있었으나(魯人有請見之者) 은백설자가 말했다(溫伯雪子曰). 「안 된다(不可). 내가 듣기로는 중국의 군자들이(吾聞中國之君子) 예의에 밝은 대신(明乎禮義), 그러나 인심의 기미를 아는 점에서는 졸렬하다는 것이다(而陋於知人心). 나는 만나고 싶지 않다(吾不欲見也)」…."[175]

그런데 그와 비교해서 아래 글에서의 중국은 주나라와 같은 의미에서의 중국으로도 이해할 수 있고 그와 달리 사이(四夷)와

---

175) ibid p396 -은백설자를 남국의 현인이라고 하였음. 그리하여 중국을 남방의 초나라와 대비하여 초나라는 이민족의 나라요, 문화적으로도 후진국이었기에 황하유역의 한족의 나라들을 중국이라고 말한다고 해석을 하기도 하지만, 이런 해석자체는 대단히 논쟁거리가 될 수 있다.

같은 일상적인 용어로서도 이해할 수 있는 경우를 보여주지만, 그러나 전체적인 문맥으로 살펴보면 이 말이 장자가 주나라를 뜻하는 정치적인 의도를 가지고서 사용한 경우가 아니라는 점은 명확하다.

"중국 안에 사는 사람은(中國有人焉), 음도 양도 아니다 (非陰非陽). <그 조화로 말미암아 생겨난 것이며> 천지 사이에 살면서(處於天地之間) 다만 우선 사람노릇을 하고 있는데(直且爲人), 장차 근원의 상태로 되돌아가게 된다(將反於宗).………."[176)]

그러면 이런 애매한 경우의 특징 때문에 도가의 사상이 중화사상의 진원지와 무관한 것처럼 착각할 수 있게 된다. 그리고 거꾸로 더 나아가 오히려 중화사상의 진원지가 유가라고 반박할 수도 있게 된다.

그러므로 본서는 지금까지의 모든 논구를 종합하여 중화사상의 진원지로 도가가 지목되어야할 이유가 도대체 무엇인지를 여기에서 마땅히 마무리해야 한다. 그러면 그 논구는 단하나의 주제로 압축되어진다. 곧 그것은 황제사관이 유발한 역사왜곡의 사실이다. 즉 장자가 요·순임금에 앞서 황제를 중국고대왕조 역사의 전면에 내세운 점이다.

"옛날에(昔者) 순이 요에게 묻고자 말했다(舜問於堯曰). 「제

176) ibid p415

왕의 마음가짐은(天王之用心) 어떻게 해야 하겠습니까(何如)?」

요가 대답했다(堯曰). ·························

대체로 이와 같이(夫) 자연무위인 천지의 도는(天地者) 예로부터 더 없이 위대한 것으로 평가되어 왔다(古之所大也). 그리고 황제와 요·순도 다 같이 이를 찬미하였다(而黃帝堯舜之所共美也). 그런 고로(故) 옛날의 위대한 제왕들은 천하에서(古之王天下者) 과연 무엇을 행하였겠는가(奚爲哉)? 천지의 도를 따랐을 뿐이다(天地而已矣).”

따라서 진실로 역사왜곡의 진상을 제대로 밝히려는 학문적 입장은 도가의 선비들이 자신들의 정체를 드러내고 공공연하게 그리고 떳떳하게 정치의 중심부를 차지하고서 자신들이 의도한 바의 사상을 새로운 통일왕조의 통치이념으로 자리매김하지 못한 겉모습만 바라보고서 선뜻 도가의 과업을 실패라고 평가해서는 결코 아니 된다. 왜냐하면 이미 앞서 말했듯이 그 내막을 찬찬히 들여다보면, 오히려 역설적으로 그들이 바라는 바의 대부분이 충분히 성취되었다고 말할 수 있기 때문이다.

어쨌든 그 점은 사마천이 사기의 열전에서 백이·숙제를 격하하고 난 이후 곧장 노자를 수록하면서, 노자를 중국민족의 정신세계에 가장 드높은 긍정적인 기여를 했다고 극찬한 점에서 우선적으로 확인된다. 즉 사마천이 공자보다 노자를 드높이는 정도가 심히 무례할 정도로 자신의 노골적인 불순한 저의를 적나라하게 드려내었기 때문에 명확히 확인된다. 더 나아가 그 점은 단적으로 공자를 사기의 열전에서 노자처럼 별도로 소개하지 않고 단지 그의 제자들을 소개하는 기록의 장소를 가리키는 명칭의 수단으로 사용한 무례한 태도에서 확인된다.

더욱이 사마천의 그런 기록은 공자의 문인들이 논어에 그런 기록을 하지도 않았고 그리하여 공자의 문인들이 그런 가능성조차 생각할 수 없었던 사실이었기 때문에 따라서 공자의 문인들이 아예 눈길조차 주지 않았을 그런 어처구니없는 주장인, 곧 노자가 공자의 스승이라는 주장을 다름 아닌 사마천이 공자의 제자들을 소개하는 중니제자열전(仲尼弟子列傳)에 보란 듯이 기록하였기 때문이다. 물론 그렇게 기록하면 당연히 유가는 도가의 아류가 되고, 그리하여 도가가 유가보다는 모든 면에서 탁월하다는 것을 의미하게 되어 자연히 유가의 위상이 도가보다 격하될 수밖에 없게 된다. 그러므로 사마천이 기록한 내용이 객관적인 사실이 결코 아니라면, 당연히 너무나도 무례한 일방적인 작태가 된다. 물론 사마천이 저지른 그런 무례한 태도의 발단이 일찍이 도가인 열자와 장자의 저서에 여실히 나타나 있기 때문에 당연히 사마천도 황로학의 선비라고 말하지 않을 수 없게 되고 또한 그 연장선상에서 사마천이 황로학의 선비였기 때문에 그런 무례한 행동을 서슴없이 하게 되었다고 말할 수 있게 된다.

그러면 사마천이 그와 같은 어처구니없는 무례함을 무릅쓰고서 노가의 위상을 유가보다도 드높이려고 했을까? 하는 의문, 더 나아가 노자의 기록을 노자의 행적과 그의 사상과 그의 제자와 그의 영향력에 국한에서 객관적이고 구체적으로 기록하면 될 것을 왜 공자의 이야기를 내세워 노자의 이야기를 꾸미려고 했을까? 하는 의문, 심지어 황로학에 의해 이루어진 역사왜곡의 실체가 도대체 무엇인가? 하는 의문은 동일한 성격을 지닌 공통된 의문점이 아닐 수 없게 된다. 그리고 이 의문점들은 사마천이 사기를 저술하는 과정에서 최우선적으로 고대왕조의 통치이념에 관한 역사의 출발점을 의도적으로 그와 같이 정리하여 모든 중국고대 왕조의 역사의 대전제를 일방적으로 왜곡한 사실 때문에. 그리하여 사마천의 기록이 중국역사가 악의적으로 변질되었다고 객관적으로 밝힐 수 있는 증거이기 때문에 따라서 이 의문점들은 가장 중대한 사상적· 역사적 과제로서 논구되어야 한다.

그러면 사마천의 사기에 실재적으로 기록되어 있는 실증적 자료의 글을 매개로 삼아 역사왜곡에 관한 논구가 시작될 수 있다.

첫 번째는 사마천이 기록한 노자의 출신이 이족과는 전혀 무관한 출신인 점이다. 곧 그가 동쪽이 아니라 서쪽과 남쪽에 걸친 초나라 출신인 점이다. 더욱이 그런 인물이 주나라 조정의 기록을 관리하는 사관인 점이다. 그렇다면 그 점은 상당히 중요한 단서를 제공하는 객관적 증거가 된다.

“노자는(老子者) 초나라(楚)) 고현(苦縣) 여향(厲鄉) 곡인리 사람으로(曲仁里 人也) 성은 이씨(李氏) ,이름은 이(耳), 자는 담(聃)이다. 그는 주나라 장서를 관리하는 사관이었다(周守藏室之史也)."[177]

그리고서 사마천은 노자를 소개하는 첫머리를 공자를 격하하는 문장으로 시작하였는데, 그것은 오로지 공자를 격하하는 것 이외에 달리 주목할 만한 내용을 담고 있지 않다. 하지만 사마천은 공자를 겨냥하고서 도덕경을 내세운 점은 지극히 중요한 역사적 의의를 지니게 된다. 왜냐하면 사마천이 도덕경을 유가를 부정하고 배척하기 위한 역할을 다하기 위한 수단이었음을 말하고 있기 때문이다.

특히 그 점에 대한 정치적·사상적·역사적 의의가 중요한 까닭은 그 당시에 공자가 노자에게 예를 물어볼 이유가 전혀 없었기 때문이다. 즉 노나라 대부의 신분인 공자가 주나라에 가서 노자를 만날 조건이 성립하려면, 선결조건으로 노자의 신분과 학문이 이미 세상에 널리 알려져 당시의 주나라의 임금을 비롯하여 일반백성들이 공경해야 할 성현의 위치에 있어야만 전후 사정이 납득이 가는데 전혀 그렇지 않았기 때문이다. 다시 말해 공자가 주나라에 가서 세상에 알려져 있지 않은 일개 사관에게 예를 물어보고 나서 그에게 타박을 받고 고개를 숙였다면, 이미 그 사실 하나만으로도 공자와 유가의 존재가 유명무실한 인물과 선비의 집단이 되고 말기 때문이다. 더 나아가 그 사실은 유

177) 사기 p81

가의 부정을 넘어서 왕도정치의 부정이고, 주왕조의 부정이고, 중국고대왕조사의 부정이 되기 때문이다. 다시 말해 주나라의 사관에게서 거꾸로 주나라가 계승한 역사의 정통성과 그 실체인 예법이 부정당했다는 것은 실로 어처구니없는 일이기 때문이다.

그런즉 그런 역설적 측면을 익히 잘 파악하고 있었던 사마천은 노자를 소개하는 글에서 공자를 다음과 같이 무참하게 짓밟아 버렸다. 즉 노자가 공자에게 단수가 높은 한 수의 지도를 하였는데, 그 충고의 내용이 공자에게 중뿔나게 나서지 말라는 것이었다.

"공자가 주나라에 갔을 때(孔子適周), 노자에게 청컨대 예를 묻자(將問禮於老子) 노자가 <이렇게> 말했다(老子曰). 「당신이 말하는 이들은(子所言者) 그 몸과 뼈가 이미 썩어 없어지고(其人與骨皆已朽矣) 오직 그들의 말만 남아 있을 뿐이요(獨其言在耳). 또(且) 군자는 때를 만나면 곧 수레를 몰지만(君子得其時則駕), 때를 만나지 못하면 곧 가진 것을 머리에 이고 쑥처럼 떠돌게 되오(不得其時則蓬累而行).

내가 듣건대(吾聞之), 훌륭한 상인은 깊숙이 숨겨 두어 텅 빈 것처럼 보이게 하고(良賈深藏若虛), 군자는 덕이 두텁게 되면(君子盛德) 사람의 얼굴모양이 어리석은 것처럼 된다고 하였소(容貌

若愚).

그대의 교만과 지나친 욕망, 자신감에 차있는 표정과 분에 넘치는 야심을 버리시오(去子之驕氣與多欲 態色與淫志)요. 이러한 것들은 전부 그대 자신에게 아무런 도움도 되지 않소(是皆無益於子之身). 내가 그대에게 충고할 말은(吾所以告子) 이와 같을 뿐이요(若是而已)」"[178]

그런데 만약 사마천의 글이 단지 춘추시대의 주나라의 실정을 두고서 비판한 것이라면 당연히 공자와 마찬가지로 주나라의 부흥에 관한 방법을 함께 제시해야하는데, 전혀 그런 내용이 없었기 때문에 주나라를 걱정하는 글이 아닌 것이다. 더욱이 공자를 비판하는 것은 곧 고대왕조의 통치이념을 부정하는 것이기 때문에 주나라의 장례에 관한 더 이상의 언급이 전혀 필요치 않았던 것이었다.

그리고서 한술 더 떠서 사마천은 먼저 이 글로서 공자를 안목과 식견이 좁은 자기 아집을 내세워 천하의 혼란을 야기한 인물로 놓고서, 다가올 세상은 공자와 유가가 고수하려는 방향으로 나아가지 않고 노자와 도가의 발상대로 이루어지리라는 미래의 예상을 마치 공자가 승복한 것처럼 기술하고서 마침내 자신들이 짜 맞춘 황로학의 사관을 역사의 정론으로 내세웠다.

그리고 더 나아가 사마천의 그와 같은 기록이 비도덕적 윤리

---

178) 사기 同

의 문제를 야기하는 근본이유는 그 기록이 공자의 사상을 계승한 유가의 문도들이 전혀 생각지도 못했고 또한 그들의 문헌에 언급조차 되지 않은 그들만의 일방적인 기록이었기 때문이다. 다시 말해 적어도 공자를 비판한 묵자의 저서에 공자가 노자를 만나 도가사상의 지도를 받았고 그리고 그 당시에 이미 도가사상이 존재하고 있었다는 사실이 객관적으로 기록되어 있었다면 역사적으로 공인될 수 있던 사건이었겠지만 그러나 전혀 그런 기록이 없었기 때문에 사기의 기록은 정말 파름치한 기록이 아닐 수 없는 것이다. 더욱이 역사적으로 용납이 될 수 없는 이유는 그가 마땅히 객관적 역사를 기록해야 하는 역사서에 '공자가 노자를 도저히 능가할 수 없는 신비스러운 용과 같다고 극찬하였다'고 기록하여, 중니제자열전에서 유가의 유생들을 언급하기에 앞서 미리 도가의 사상이 유가의 사상위에 있음을 기정사실화하였던 점 때문이다.

"공자가 돌아와서 제자들에게 <이렇게> 말했다(孔子去 謂弟子曰). 「새라면 나는 잘 날 수 있음을 알고(鳥 吾知其能飛), 물고기라면 나는 헤엄을 잘 칠 수 있음을 알며(魚 吾知其能游), 짐승이라면 나는 잘 달릴 수 있음을 안다(獸 吾知其能走). 달리는 것은 가히 그물을 쓰면 되고(走者可以爲罔), 헤엄치는 것은 가히 낚시질을 쓰면 되고(游者可以爲綸), 나는 것은 가히 화살을 쓰면 된다(飛者可以爲矰). <허나> 용에 이르면(志於龍)) 나는 그것이 어떻게 바람과 구름을 타고 능히 하늘로 올라가는지 알 수 없다(吾不能知其乘風雲而上天). 나는 오늘 노자를 만났는데(吾今日見老子), 그는 마치 용과 같은 존재였다(其猶龍邪)」"[179]

그러면 이 기록이 사마천에 의해 얼마나 의도적으로 가공되었는지를 논리적으로 검토하지 않을 수 없게 된다.

첫째는 공자가 무명인이 아니고 수많은 제자를 거느리고 있는 유명인인데, 그러면 그런 위상을 지닌 공자가 주나라에서 자신이 감복해 마지않는 노자를 만났다면 어찌 공자를 따르는 제자들에 의해 저술된 논어에 그 사실이 전혀 기록되어 있지 않았겠는가? 하는 의문점이다. 다시 말해 공자가 노자를 단독으로 만났다면, 비록 그 만남의 사실이 사마천에 의해 가공된 것일지라도 어쨌든 만났다는 사마천의 기록은 일단 거짓을 떠나 주목받지 않을 수 없는 일대 사건인데, 더욱이 혼자가 아니라 제자들을 데리고 주나라를 방문한 경우에 이루어졌다면 어찌 이 사실을 공자를 수행한 제자들이 결코 모를 리가 있었겠는가? 하는 의문점이다. 게다가 이 사실을 후대에 이르러 사마천이 누군가로부터 들어서 기록할 정도라면, 이미 그 사실은 세상에 널리 알려져 있어야할 마땅한 사실일 터인데, 어찌하여 공자로부터 그 사실을 직접 들은 제자들만 이 사실을 아예 모르고 있었는가? 하는 의문점이다. 다시 말해 노자가 도덕경 때문에 유명해지기 이전에 공자와 그의 직접제자들에 의해 유명해져 있어야

179) 사기 同

만 사실적으로나 논리적으로나 타당할 수 있게 되는 점이다.

그리고 실제로 노자와 공자가 만났다면 설사 공자의 제자들이 그런 역사의 진실한 사건을 부도덕하게 은폐했었다고 하더라도 이미 그 사실은 당대에 세상에 널리 회자되었을 것이기 때문에 훗날 공자를 그렇게 심하게 매도한 묵자가 그 사실을 도저히 묵과할 리가 만무하였던 사건인 것이다. 다시 말해 묵가와 유가가 서로 비방하는 그런 적대적 처지에서 그런 진실을 은폐한 유가의 비열한 그 사건을 묵자가 결코 용인할 리가 만무하였을 것이다. 그러면 그런 일은 당연히 누군가에 의해 어느 곳에 객관적인 기록으로 남겨져 있어야 마땅하고 그리고 사마천도 그와 같은 전시대의 기록을 통해 알아야만 마땅하게 된다. 즉 어쨌든 간에 그 사실을 기록한 객관적인 서책과 그 저자와 서책의 이름이 이미 세상에 널리 알려져 있어야만 마땅하게 된다.

그런데 그런 기록의 서책이 일찍이 있었는지 그리고 그런 서책이 있었다면 도대체 어떤 책인지를 아무도 모르고 있었으니 어찌 이상하지 않을 수 있겠는가? 그리고 노자가 그 사실을 직접 지인에게 말했거나 아니면 그 장면을 지켜 본 그의 지인들이 주변 사람들에게 말하여서 세상에 널리 알려진 경우가 아니라면, 결국 그 만남의 사실은 공자와 그의 제자들만이 아는 사실일 수밖에 없는 일이었고 그리하여 공자의 제자들이 의도적으로 침묵을 하였다면 어찌 그 사실이 세상에 알려질 수 있었겠는가? 그리고 더 나아가 어연 500년이 지닌 후대의 인물인 사마천은 어떻게 그 사실을 정확히 알 수 있게 되었는가? 하는 의문이 자연스럽게 성립하지 않을 수 없게 된다.

그 뿐만이 아니라 설사 그 사실이 객관적인 서책의 기록이 아니라 말로서 전승되었다고 가정하더라도, 어쨌든 말로서 전승된 그 사실조차 사마천에게 알려졌을 적에는 그 사실적 내용을 누가 어떤 말로 사마천에게 전하여졌는지를 사기에 기록해두어야만 사마천의 기록이 객관적인 타당성을 지닐 수 있게 된다. 왜냐하면 당시에 존재한 서책에 기록되어 있지 않았던 사실이 세상들의 입으로만 전승되어 내려오다가 사마천의 귀에까지 입으로 전승되었다는 설명은 어떤 경우로서도 도저히 수긍될 수 없는 일이기 때문이다. 다시 말해 사마천의 기록이 객관적 타당성을 지니려면, 비록 글로서는 그에게 전승되지 않았더라도 그 당시 사마천에게 그런 사실을 말해준 인물들의 정체만은 분명하게 실증적으로 공개되었어야만 마땅했기 때문이다. 그런데도 불구하고 객관성을 갖추어야할 중국역사는 그런 사람들이 누군지를 결코 제시하지 않았다. 또한 마찬가지로 사마천에게까지 말로서 전달되었는데도 불구하고 자기 종조인 공자를 폄하한 그런 이야기를 유가의 문도들이 사마천이전에는 그 어떤 누구도 전혀 듣지 못했다는 사실은 실로 의아스럽지 않을 수 없게 된다.

그런즉 비록 그 사실이 날조된 것이라고 할지라도, 노자가 정말 공자보다 손위의 인물이었다면, 당연히 공명정대함을 추구한 공자의 제자들이 노자의 인물을 반드시 언급했었을 것이다. 더 나아가 자기 스승이 도가의 노자에게 그런 말을 듣고서 자신들에게 노자를 그렇게 칭송하였다면 오히려 공자 이후의 유가의 흐름이 자연스럽게 노자의 영향을 받아 무위자연의 도를 실천하는 방향으로 나아갔어야 마땅 했을 것이다. 그런데 그런 경향이 춘추시대에는 도무지 존재하지 않았다. 그럼에도 불구하고 한 나라 무제 때의 인물인 사마천의 글 때문에 공자 생존시기의 제자들이 논어를 비롯한 그 밖의 유가서적에 전혀 그런 사실을 언급하지 않고서 고의적으로 은폐한 혐의를 단번에 뒤집어쓰고 그리고서 한 순간에 후안무치한 사람들이 되어 버린 것이다.

그렇다면 당연히 사마천 이후의 유생들이 당시의 공자제자들이 후안무치한 인물들이거나 아니면, 사마천이 거짓으로 날조한 것인가? 하는 의문점을 반드시 검토했어야 함에도 불구하고 후대의 유생들이 침묵을 지켰으니 또한 그 침묵이 그야말로 석연치 않을 수 없게 된다. 곧 후대의 유생들이 전제정치를 반대하다가 당한 분서갱유를 두려워하고 그리고 더 나아가 한 무제에 의해 국학으로 채택된 혜택을 포기할 용기조차 없었던 것인지가 의문스럽게 된다. 왜냐하면 사마천이 바로 한 무제와 동중서 때의 한나라 조정의 사관이었던 인물이었기 때문이다.

둘째는 앞서 지적한 바대로서 공자가 고의적으로 노자와 그의 가르침을 부정하고 거부한 것이 아니라면, 마땅히 진심으로 자신을 부끄러워하고 노자의 충고를 따라야 하는 것이 학자의 도리인데, 어찌 그런 반성이 그 이후의 공자에게 없었던 것인가? 그리고 공자의 가르침을 따르는 제자들이 공자에게서 그런 감탄과 칭송의 말을 들었다면 어찌 노자의 가르침을 수용하지 않을 수 있었겠는가? 하는 의문점이다.

그 뿐만 아니라 공자가 칭송한 노자와 그의 가르침이 그 당시에 널리 알려지지 않았다는 사실도 참으로 괴이할 사건이 아닐 수 없게 된다. 그리고 공자는 어떻게 하여 노자를 전격적으로 만나 담소했는지도 의아스럽게 된다. 그리고 주나라 조정과 백성들이 그 당시에 노자의 가르침을 따르지 않았던 이유도 의아스럽게 된다. 왜냐하면 노자가 굳이 세속을 떠날 필요가 없이 자신이 몸담고 있는 주나라의 조정을 무위자연의 도로 다스려지는 터전으로 만들었으면, 오히려 그 활동이 금상첨화의 결과를 낳을 수 있었기 때문이다. 더 나아가 비록 노자가 속세를 떠나면서 남긴 도덕경이 등장하기 이전이라도, 노자의 가르침이 주나라에서 널리 퍼져 있었을 것이므로 당연히 도가의 진원지는 주나라라고 말해야 했을 것이기 때문이다.

그렇다면 한 걸음 더 나아가 아래의 다음의 글은 더욱 괴이하지 않을 수 없게 된다. 왜냐하면 학문을 숨기고 명성을 없애려고 한 인물이 왜 그렇게 세속의 일에 비판적인지가 의아스럽지 않을 수 없기 때문이다. 다시 말해 그 일은 노자자신의 무욕의 신념으로 보면, 자신이 결코 해서는 안 될 또한 하지 말아야 할 일에 해당하는 것으로서 따라서 스스로 도덕경을 남긴 이유가 도대체 무엇이며 그리고 그로부터 왜 도가들이 황로학으로 나아가 난세의 정국을 주도하려고 했는지가 더욱 의문스러워지기 때문이다. 즉 스스로 자신의 명성을 드러내지 않고 또한 없애려고 한 노자의 의도와 달리 그의 명성이 이미 널리 알려져서 성문을 지키는 하급관리인 관령이 알 정도라면, 그리고 그의 학덕을 지극히 평범한 인물인 관령이 숭상할 정도로 널리 알려진 정도의 상황이라면, 왜 노자는 세상에 떳떳하게 나서서 적극적으로 난세의 혼란을 수습할 생각을 하지 않고 굳이 숨으려고 했는가? 하는 의문점 때문이다.

물론 난세는 장차 무위자연의 도에 의해 자신들이 내다본바 대로 수습될 것이기 때문에 자신은 단지 세상의 사람들을 위로 하려고만 했었다는 그런 식의 변명과 옹호를 노자사상을 추종 하는 인물들이 설사 할 수 있을지라도, 그러나 세속의 일에 관심이 없어서 세속을 떠나는 초연한 인물이 무례하기 짝이 없는 말로서 유가를 극단적으로 매도한 내용은 그들이 내세운 세속을 초연한 무욕의 모습이 결코 아니었기 때문에 더욱 노자의 실체에 대한 의문이 쌓일 수밖에 없게 된다.

그런즉 역으로 따져보면, 사마천의 기록은 노자를 비롯한 도가의 인물들이 결코 세상을 떠나지 않았다는 결정적 증거가 아닐 수 없게 된다. 왜냐하면 그들이 세상의 일에 누구보다 더 해박한 사실을 감안하게 되면 오히려 그들이야말로 세속의 권력에 영합한 기득권자일 수밖에 없게 되기 때문이다. 즉 도가들은 자신들의 정체를 감추기 위해 신분을 거꾸로 만들고서 권력의 뒤편에서 세상을 조종하려는 뛰어난 술책을 지닌 기득권층의 인물들일 수밖에 없다는 판단을 타당하도록 만드는 결정적 증거가 되기 때문이다.

게다가 사마천의 글은 스스로 그런 의혹을 더욱 증폭시킨다. 곧 그 이유는「노자는 도와 덕을 닦고서(老子脩), 그 학문은 자신을 숨기고 명성을 없애는데 힘을 썼다(其學以自隱無名爲

務)」는 아래의 내용이 노자가 도덕경을 남긴 내용과 정면으로 배치되기 때문이다. 곧 그 점이 우선적으로 노자를 관령 윤희가 자신의 글을 제대로 이해하고 세상에 전달할 것인지 그리고 세상 사람들은 자신의 학문을 제대로 수용할 것인지에 대한 관심조차 없었던 인물로 간주하게끔 만들기 때문이다. 그러면 노자는 자신의 생각이 아무렇게나 해석되어도 상관없고 더 나아가 자신의 의도와 다른 행동을 합리화하는 도구로 이용해도 상관하지 않았다는 결론을 낳게 하는데, 그러면 노자가 그런 글을 굳이 남겨야할 사실조차 처음부터 성립할 수 없게 된다. 왜냐하면 성현인 노자가 성현인 공자에게 따끔하게 일침을 가할 정도로 세상사를 익히 잘 알고 있었고 그리하여 공자를 면전에서 비판한 까닭도 공자가 어리석은 일을 하고 있다는 우려감 때문이었다면, 어떤 처지에서도 노자가 자신이 그렇게 할 일에 대해 관심도 없고 책임감도 없었다는 경우는 도저히 있을 수 없는 일이 되기 때문이다.

" 노자는 도와 덕을 닦고서(老子脩), 그 학문은 자신을 숨기고 명성을 없애는데 힘을 썼다(其學以自隱無名爲務).오랫동안 주나라에서 살다가(居周久之) 주나라가 쇠락해 가는 것을 보고는(見周之衰) 이에 마침내 <그곳을> 떠났다(迺遂去).

<그가> 함곡관에 이르자(至關), 관령 윤희가 <이렇게> 말했다(關令尹喜曰).「선생께서는 앞으로 은둔하려 하시니(子將隱矣)

저를 위해 억지로라도 글을 써 주십시오(彊爲我著書).」

이에(於是) 노자는 곧 상·하편의 책을 저술하여(老子迺著書上下篇), 도와 덕의 의미를 5000여 글자로 말하고(言道德之意五千餘言) 그리고 떠나가 버려(而去) <아무도 그가 어디서 어떻게> 그 생을 마쳤는지 모른다(莫知其所終)."[180]

그런즉 당연히 사마천이 제대로 된 역사가라면, 그의 도덕경의 탄생이 함곡관에서 이루어졌고 그리고 그 유포를 함곡관 관령 윤희가 했었다는 기록의 다음에 반드시 사마천이 관령 윤희가 어디에서 누구에게 이 서책을 전달했는지의 사실을 기록해 두었어야 마땅한 일이었다. 그 뿐만 아니라 윤희가 진정한 도가의 전수자인지 또는 그것이 아니라면 이 글들을 윤희로부터 건네받아 노자의 사상을 세상에 널리 알린 다음의 인물이 누구인지를 기록해 두어야만 마땅했었다. 그런데 사마천은 모든 의문을 신비의 베일 속에 가두고 얼버무렸다.

그러기에 그로부터 불거지는 의혹 앞에 놓인 진실은 노자의 이름으로 그의 사상을 세상에 널리 유포한 정체불명의 인물을 굳이 밝히고 싶지 않았던 도가의 입장을 감싸려고 사마천도 자신의 저서에 그와 같이 기록해둔 것이라는 변명 아닌 변명일 뿐이게 된다. 왜냐하면 그렇게 여겨도 무방한 근본적인 사유는 관령 윤희가 노자의 글을 단번에 해득한 인물로서 그리하여 그

180) 사기 p82

가 노자사상의 전수자로서 세상에 노자사상을 널리 유포시켰다면, 당연히 세상의 어느 누군가가 그 사실을 기록해 두었을 것이기 때문이다. 그러나 사람들이 관령 윤희로부터 노자사상을 들었다는 역사적 사실은 장자와 같은 도가의 저서 이외에는 전혀 없다.

어쨌든 사마천의 기록은 노자가 아무리 자신의 존재를 숨기려 해도 변방에서 성문을 지키는 인물조차 그를 존경할 정도로 그의 명성이 세상에 널리 알려져 있었다는 내용이므로, 그러면 그 내용은 사마천이 노자가 춘추시대의 인물임을 기록하여 역사의 기정사실로 확정하려는 그의 의도를 적나라하게 보여주는 객관적 증거가 아닐 수 없게 된다.

그러면 학문을 숨기고 자신의 명성을 없애려 한 노자가 왜 마지막에 그런 뜻을 접고서 자신의 학문을 세상에 남기려고 했을까? 그리하여 자신이 속세를 떠나면서 왜 남아 있는 세상 사람들이 유가를 부정하고 거부하도록 만들려 했을까? 즉 그가 명성을 없애려할 정도로 훌륭한 성인이어서 이미 많은 제자를 길러 낼 수 있었음에도 불구하고, 굳이 그 방법을 피하고 괴이쩍게도 세상 사람들 중에서도 우연히 마주친 인물에게 자신의 글을 주고서 그리고 그가 스스로 깨우치고서 유가와 정면으로 맞설 것을 원한 까닭이 도대체 무엇인가? 하는 의문점이 곧장 제기될 수밖에 없게 된다.

그러므로 사마천의 기록으로부터 발생하는 의혹은 노자에게 예(禮)를 물은 공자의 신분이 그 당시에는 군소국인 노나라의 일개 대부에 불과했고 더욱이 공자가 자신의 생각을 직접 작성한 서책도 없는 상황에서 노자가 관령 윤희에게 써준 도덕경에서 공자의 가르친 내용을 전면적으로 부정하고 거부해야 할 필요성을 어떻게 느꼈을까? 하는 의문점으로 나아가게 된다. 왜냐하면 도덕경이 설명하고 있는 도와 덕의 내용이 유가가 설명하고 있는 도와 덕을 직접 겨냥하고 있고 그리고 그 구체적인 내용이 객관적으로 그 점을 분명하게 증명하고 있기 때문이다.

그런데 그렇게 되면 이 의문점은 오히려 더 이상한 의문점을 연이어 낳게 된다. 곧 노자가 공자의 사상을 부정한 내용의 도덕경을 저술했는데, 어떻게 그 비판과 비난의 대상이 된 공자가 왜 그 사실을 까맣게 모르고 있었으며, 더 나아가 설사 노자의 도덕경이 출현한 시기가 공자가 생존한 시기가 아니라 사후라고 하더라도 어떻게 그의 제자들이 그 사실을 까맣게 모를 수 있었겠는가? 하는 의문점이다. 다시 말해 공자와 공자 사후에 논어를 편찬한 그의 제자들이 사마천의 기록이 말하는 바와 전혀 무관하게 세상에 널리 알려진 유명한 도덕경의 존재를 왜 몰랐는가? 하는 의문점이다. 물론 관령 윤희가 그 기록을 가지고 있다가 훗날 세상에 드러났다고 말할 수 있는 경우도 가정할 수 있겠는데, 그러나 그 경우는 오히려 더 분명하게 관령 윤희가 보관한 죽간이 어느 누구에게 전수되어 세상에 등장하였는지를 쉽게 밝힐 수 있는 문제가 되기 때문에 따라서 그 인물의 정체조차 은폐시켜야할 이유가 없게 된다. 하지만 그런 사실이 있을 리 만무했기 때문에 노자가 공자보다 연배가 빠르다는 것은 결코 올바른 역사적 사실일 수가 없게 된다.

그러므로 여하튼 사마천이 기록한 내용의 타당성 여부는 노자의 은퇴시기를 문제 삼고서 시작하지 않을 수 없게 된다. 곧 노자의 은퇴시기가 매우 빨랐다면, 그 시기는 공자의 위상이 그리 높은 시기가 아니었기 때문에 노자가 유가를 그렇게 공박할 이유가 달리 있을 리 없게 되고, 그와 반대로 그의 은퇴시기가 공자의 생존시기보다 늦은 시기였다면 도덕경이 세상에 나온 정확한 시기가 사정상 다소간의 차이가 있을지라도, 그러나 등장시기와 상관없이 자신들을 공박한 내용을 담은 도덕경의 존재를 공자의 당대의 제자들이 전혀 몰랐었다는 사실은 어불성설이 된다. 따라서 이로부터 실존하는 객관적 사실과 부합하는 두 가지 결론이 논리적으로 도출되어진다.

우선 첫째는 처음부터 도가사상가들은 철저히 자신들의 정체를 은폐시키고서 어느 누구도 자신들의 정체를 추적하지 못하도록 만들었다는 점이다. 곧 그 점은 위에서 인용한 바처럼 노자가 어디에서 와서 어디로 갔는지조차 아예 모르도록 만든 점에서 확인된다.

그리고 둘째는 그들이 유가의 가르침에 정통한 뛰어난 인물들이었기 때문에 그들이 자신의 출신이 유가일 수밖에 없는 엄연한 정황을 극도로 감추려고 하였다는 점이다. 곧 그 이유는 공자와 그의 제자들과의 대화를 교묘하게 가공하여 유가가 스스로 자신들의 한계를 인정하고서 도가의 가르침을 수용하였다고 꾸민 이야기가 유가사상에 극히 정통하지 않고서는 도저히 불가능한 일이었기 때문이다. 다시 말해 그들이 도가사상을 만들기 이전에 미리 유가사상을 배워 정통하기 위해서는 당연히 탁월한 유가출신의 선생에게서 유가의 가르침을 배우지 않으면 안 되었기 때문이다. 설사 거꾸로 그들이 도가사상가에게서 먼저 유가의 가르침을 배우고 그리고서 유가사상의 문제점을 스스로 깨우쳐 유가를 배척하는 우화를 만들었다고 가정하더라도, 그러나 그들에게 유가사상을 가르친 도가의 스승이 어쨌든 유가사상에 정통한 인물이어야 하고 그러면 그 경우에서도 당연히 그 스승은 도대체 어디에서 유가사상을 배웠는지의 의문점이 역시 해명되어야 하는데, 따라서 어떤 경우에서도 도가의 인물들은 유가의 집단으로부터 결코 벗어날 수 없게 된다.

그리고 그런 경우와 전혀 달리 극단적으로 도가의 인물들이 유가를 가르쳐준 스승도 없이 스스로 유가의 저서를 구하여 깨우치고서 도가사상을 구상하였다는 가정을 세울 수 있는데, 그러면 그 가정의 경우는 우선적으로 그가 죽간으로 구성된 유가의 서적을 어떻게 구할 수 있었는지를 확실하게 해명해야 할 것이다. 왜냐하면 일반서민들은 죽간으로 만든 그런 서책을 도저히 시중에서 구할 수 없었기 때문이다. 만약 구할 수 있었다고 하더라도 우선 어려운 표의 문자의 글부터 스스로 먼저 익혀야 하기 때문에 당연히 그의 정체는 여전히 숨길 수 없게 된다.

그런즉 어떤 경우에서도 그가 유가사상에 정통하기 위하여 먼저 유가사상을 공부한 선비이어야 하는 점만은 변함이 없게 된다.

만약에 이 두 가지의 경우가 모두 아니게 되려면, 당연히 도가사상가들이 세상에 떳떳하게 나서서 공개적으로 자신들의 학당을 개설하여 유가의 학설을 부정하는 그들의 생각을 전수해야 하는데, 그러나 노자와 열자와 장자가 모두 결코 그렇게 했었다는 역사적 사실이 그들의 서책에 전혀 언급되어 있지 않았기 때문에 그들은 유가사상을 공부한 선비들의 무리 속에서 자신의 신분을 철저히 숨기고 있었다는 판단을 하지 않을 수 없게 된다. 그리고 그 점에 대한 정황은 아래 글이 입증하는데, 그것은 노자에게 공자가 말한 아래의 내용이 결코 유가의 가르침에 정통한 선비가 아니고서는 도저히 구성할 수 없는 글이었기 때문이다.

"공자가 노자에게 말했다(孔子謂老聃曰). 「구는 시, 서, 예, 악, 역, 춘추의 육경을 연구해서(丘治詩書禮樂易春秋六經) 스스로 오랫동안 실행하였고(自以爲久矣), 무엇이 그 도리인지를 알고 있습니다(孰知其故矣).

이로써 불충한 72명의 군주에게 선왕이 행한 도를 논하면서(以奸者七十二君 論先王之道), 주공·소공의 업적을 밝혔던 것입니다만(而明周召之迹), 어느 한 군주도 내 주장을 채택해주려고 아니했습니다(一君無所鉤用). 사람들의 갖가지 잡된 이야기들이 너무도 대단하여 도가 옳지 못한 것을 밝히는 일이 정말 어려웠습니다(甚矣乎 人之雜說也 道之難明邪).

노자가 말했다(老子曰). 「그대가 세상을 다스리는 군주를 만나지 않은 것이 다행이다(幸矣 子之不遇治世之君也). 대체 육경이란 무엇인가(夫六經)? <이것은> 선왕들이 남긴 업적을 진열한 것에 지니지 않으며(先王之陳迹也), 어찌 이것이 어떤 행위를 하게 된 까닭을 밝힌 업적일 수가 있겠는가. 지금 그대가 하는 말도(今子之所言)) 역시 그런 업적인 셈이다(猶迹也). 대저 업적이란(夫迹) 행동에서 나온 것이지만(履之所出), 그러나 업적이 어찌 행동이겠는가(而迹豈履哉)?…………………………………………….

무릇 본성은 바꾸지 못하고(性不可易) 운명은 변하게 하지 못하는 법이다(命不可變). 시간의 흐름은 멈출 수 없고(時不可止) 도의 작용은 막을 도리가 없는 것이다(道不可壅).…………」."[181)]

그리고서 뒤이은 다음의 글은 바로 유가사상가들 중에서 전국시대의 벽에 부딪친 비주류들이 난국의 상황에 제대로 적응하지 못하는 자신의 한계에 대해 자조와 한탄과 그리고 도가로 전향한 자신의 태도변경을 변명하는 심정을 기술한 문장으로 해석할 수 있게끔 만든다. 곧 그 이유는 이 글이 유가의 인물이 아닌 도가인 장자에 기록되어 있기 때문이다. 다시 말해 도가의 인물인 장자가 유가의 이야기를 구성할 이유가 굳이 없었음에도 불구하고 아래와 같은 내용을 구성하였기 때문인데, 따라서 그 문장에 담긴 의도가 다음의 결론이 아닐 수 없게 되기 때문이다. 곧 도가의 인물들이 유가에서 도가로 변신한 자신들의 자

181) 장자 p324

기변명을 하고 있는 점이다. 그리고 그 점은 다음의 두 가지 관점으로 요약되어진다. 첫째는 유가에 몸담고 있었던 사실이 세상물정도 모르는 고지식한 처신이었다고 말할 수 있게 하는 근거를 마련한 점이다. 둘째는 공자가 노자에게 도인의 승낙을 받았기 때문에 자신들이 도가로 전향해도 하자가 없다고 말할 수 있게 하는 근거를 마련한 점이다. 곧 도가로 변신한 그들이 여전히 유가로 남아 있는 유생들에게 양심적으로 하등의 거리낌이 없다는 변명을 스스로 마련한 점이다. 그러면 오히려 역설적으로 그런 점이 아래의 이야기를 만든 장자학파의 인물들이 곧 바로 유가의 인물이었다는 결론에 도달하지 않을 수 없게끔 만들 뿐이다.

> "………「참으로 오랫동안(久矣夫) 구는 (만물의) 변화를 그대로 받아들일 줄 모르고 지내왔습니다(久不與化爲人). (변화와 일체가 되지 못하고서야) 어찌 남을 교화할 수 있겠습니까(安能化人)?」
>
> 노자가 말했다(老子曰). 「(공자) 구 그대는 도를 얻었다고 말할 수 있다(可丘得之矣)」"[182]

그러므로 유가가 도가의 존재를 알고서 대응할 수 있는 시기는 서로가 상대방을 익히 알고 있어야 하는 시기여야만 하는데,

---

182) p325

그러면 당연히 각자 시기적으로 서로 겹치는 시기는 춘추시대가 아니라 전국시대이어야 한다. 왜냐하면 그 모든 정황과 사실이 논리적으로 부합할 수 있는 시기는 전국시대밖에 없기 때문이다. 그리고 더 나아가 맹자시대와 겹치면서도 약간 뒤에 해당하는 시기여야만 마땅히 도가가 출현한 시기가 별다른 의문점을 야기하지 않을 수 있게 된다. 따라서 노자와 도가의 출현 그리고 여타의 도가사상가들의 출현과 활약은 전국시기이어야만 지금까지의 모든 의문이 자연스럽게 순리대로 해소될 수 있다.

그리고 그 시기를 주목해야만 비로소 왜 중국고대왕조사가 왜곡되었으며 그리고 왕도정치와 이족의 역사가 전면적으로 부정되어야만 했는지를 파악할 수 있게 된다. 더 나아가 이러한 역사왜곡이 얼마나 동아시아의 역사와 중국주변의 역사의 본질을 부정적으로 변질시켰는가를 이해할 수 있게 된다.

더욱이 도가가 자신들의 행위가 이룬 결과는 죽고서 그들이 자신의 정체를 철저히 위장하고, 기회적인 처세를 적극 활용하고, 상대방의 허점을 찾아 교묘히 이용하고서, 그리하여 그들의 의도를 관철시킬 수 있었던 부도덕성을 배제하고 그 대신 자신들이 유가보다 한 수 위인 무위자연의 이론으로서 자신들의 원대한 야심을 제대로 달성하였다고 자평할 수 있기 때문에 그 점을 염두에 두고서 도가의 정체를 파악해야만 지금까지 내려온 역사기록이 제대로 바로잡지 않았던 역사왜곡의 진상을 밝힐 수 있게 된다.

하지만 그것이 과연 인류의 발전사에 비추어 볼 때 과연 바람직한 모습인가? 하는 의문점에서는 오히려 정반대의 결론이 나오게 된다. 왜냐하면 그들이 유가(儒家)의 교본인 대학(大學)에 수록된 수신·제가·치국·평천하(修身齊家治國平天下)의 모토와 비슷한 방식으로 빗대어 자신들의 생각을 펼쳤지만 그러나 그 내용이 유가와 전혀 상반된 다른 가치관을 담고 있기 때문이다. 즉 도가가 아래의 말로서 유가를 조롱하는 오만의 극치를 보여 주고 있기 때문이다.

> "…「옛사람들도 말했다(故曰). 도의 본질적인 부분은 인간으로서의 자기를 완성하는데 쓰고(道之眞 以治新) 그 제하고 남은 부분은 국가를 다스리는 데 쓰고(其緖餘 以爲 國家) 그 찌꺼기는 천하를 통치하는 데 쓴다(其土苴 以治天下)」고 말하였다. 이것으로 보건데(由此觀之) 제왕이 애쓰고 이바지한 공적은(帝王之功) 성인이 여가가 있을 때에 하는 일이며(聖人之餘事也), 자신의 몸을 완성하고 주어진 생명을 살려 가는 길이 아님이 명백하다(非所以完身養生也). 그런데 요즘의 세속의 군자들은(今世俗之君子) 부귀를 구해서 자기 몸을 위태롭게 하고 자기의 생명을 버려서 외물의 희생이 되고 있으니(多危身棄生殉物) 어찌 슬픈 일이 아니라 하랴(豈不悲哉)."[183]

---

183) ibid p503

따라서 유가를 배척하려는 도가의 전략은 크게 두 가지로 요약되어져야만 마땅하게 된다.

하나는 도가가 유가를 기득권자로 몰고 가서 정치적인 몰락을 촉구하였다는 사실과, 또 다른 하나는 일반평민들에게는 거룩한 도의 이름을 빌어서 난세에 이기적으로 처신하는 방법을 교묘히 미화시켜 세상에서 권력과 금력을 지닌 기득권층을 불신하도록 만들었다는 사실이다. 그리하여 장자가 인용한 많은 우화들은 일반백성들의 가슴과 의식 속으로 파고 들어가 그들의 행동지침이 될 수 있었다.

그러면 왜 그런 점이 가능할 수 있었겠는가? 하는 의문점이 발생하는데, 곧 그에 대한 해명은 더 이상 일반백성들이 위정자들을 신뢰할 수 없게 된 정황에서 찾아야한다. 즉 스스로 제후의 신분을 버리고 왕을 참칭하여 주나라의 예법의 권위를 존중하고 순종하는 것을 거부한 제후들이 일반백성들에게 일방적으로 순종을 강요하는 일은 실로 가당찮게 된 점이다. 다시 말해 왕도정치의 이념을 계승한 주나라의 예법의 권위를 전면적으로 거부하고서 스스로 왕이라고 참칭한 전국시대의 각 왕들이 오로지 물리적 강제력으로 백성을 복종시킬 방법 이외의 별다른 수단이 없게 된 점이다. 그리하여 권위의 정통성을 내세울 수 없었든 위정자들에게는 법의 강제력 이외의 다른 방법으로 그들의 불만을 달래거나 잠재울 수 있는 방법이 필요하게 되었던 점이다.

그런즉 도가는 그런 위정자들을 위한 방법으로 한편으로는 유가의 사상을 신봉하는 선비들을 위선자로 내몰면서 그리하여 일반백성들로 하여금 전통적인 왕도정치의 가치관으로부터 벗어나게 하고, 그리고 또 다른 한편으로는 자신이 처한 난처한 현실로부터 도피할 수 있는 방법을 위해 일반백성들이 흔히 행동하는 이기적인 처신을 합리화시켜 주었다. 그러므로 도가 사상의 등장배경은 이런 상황이 지닌 전체맥락을 제대로 직시해야만 올바르게 접근할 수 있게 된다.

물론 왕도정치의 입장에서 바라보면, 도가사상은 대단히 부정적이지 아닐 수 없게 되지만, 그러나 전국시대의 혼란스러운 정국을 어떤 방식으로든 수습해야하는 입장에 바라보면, 도가사상은 나름대로 타당한 명분을 충분히 갖추고 있었다고 변호할 여지가 충분히 가능해진다. 왜냐하면 그 근거는 당시의 정세로서는 왕도정치를 복원시킬 명분과 능력을 갖춘 왕의 등장이 거의 불가능한 입장이었고 그리하여 앞으로 탄생할 통일왕조가 은나라의 통치이념을 계승한 주나라의 통치이념을 결코 천명할 수 없게 된 무도한 왕들의 곤란한 입장 때문이다.

하지만 한나라가 진나라의 멸망을 교훈삼아 초기의 국정혼란을 수습하고 나서 곧바로 유가를 국학으로 채택한 사실은 그런 이유를 충분히 반박할 수 있게끔 해준다. 즉 법가의 통치방식이 난국에서는 유효적절할 수 있었겠지만, 그러나 난국이 종식된 이후에는 결코 통일왕조를 일방적으로 황로학적인 법치노선으로 이끌고 갈 수 없었기 때문이다. 그리고 더 나아가 전국시대의 혼란한 정국이 왕도정치를 거부한 제후들이 자기 자신의 이익을 추구한 결과이므로, 따라서 진나라의 통일왕조에서의 정국이 종전처럼 똑같이 불안해졌다면, 당연히 그 정국도 결국 전국시대의 난국으로 되돌아갈 경우가 명약관화(明若觀火)한 일이 없기 때문이다.

그런즉 이런 역사적 사실은 진나라 이후의 정국이 분명히 입증한다. 왜냐하면 그 점은 진시황의 진나라와 그리고 그 뒤를 이은 한나라가 여실히 보여주는데, 곧 한편으로는 전제군주제도에서의 황제가 겉보기의 위세에 걸맞게 독선적이고 독단적인 패도의 길로 나아가 통일왕조의 번영을 나름대로 이룩한 측면도 있었지만, 그러나 다른 편으로는 얼마 안가서 통일왕조가 외세와 내부반란의 위기에 봉착하면서 봉건제도보다 더 빨리 통일왕조의 수명과 단축시켰기 때문이다. 그리하여 그 노선을 따라간 왕조들의 수명은 봉건제도의 왕조보다 길지 못했을 뿐만 아니라, 더 나아가 정국이 혼란에 빠지는 순간 곧장 전국시대를 방불케 하는 난국을 초래하였고 그리고 역시 마찬가지로 그 난국은 전국시대처럼 수습되었고 그리고 또 다시 종전처럼 왕조가 분열되는 과정을 한 결 같이 되풀이하였기 때문이다. 그리고 그 과정에서 새롭게 등장한 통일왕조들은 과거 하·은·주의 봉건왕조를 답습하여 천명(天命)을 수호하겠다는 명분을 결코 천명한 적이 없었다.

그러면 중국왕조사에서 가장 중대한 의문점 중의 하나가 발생하는데, 곧 그것은 전국시대를 수습한 진나라가 결코 봉건시대로 되돌아갈 수 없었는가? 하는 의문점이다. 왜냐하면 중국역사를 기록한 사관은 봉건시대에서 군국제도로 나아간 사실이 마치 시대가 나아가는 흐름의 필연적인 과정이고 그리하여 그 사실이 역사의 발전인 것처럼 평가하였지만, 그러나 봉건제도가 결코 군국제도에 비교해 낡고 진부한 제도가 아니기 때문에, 따라서 그런 인식은 결코 타당한 평가로 수긍될 수 없기 때문이다. 그러므로 그런 입장은 도대체 봉건제도가 아닌 군국제도가 일반백성들과 주변민족들에게 어떻게 더 나은 삶의 보장해주는 제도라는 것인가? 하는 물음에 대해서 긍정적인 답변을 결코 내놓을 수 없게 된다. 왜냐하면 봉건제도에서의 제후국 대신에 등장한 전제군주제도에서의 군현제도가 통일왕조의 황제가 전국시대의 제후들이 왕들을 대항해 반란을 일으켜 야기된 국정마비의 혼란을 자기가 통치하는 왕조에서는 결코 발생하지 않도록 하기 위한 예방조치로서 채택한 통치수단이었기 때문이다. 그리고 더 나아가 진시황의 통일왕조가 추진한 많은 시책들이 광대한 왕조의 영토를 다스리기 위한 방책이었다고 말할 수 있을지라도, 그러나 그것이 봉건제도의 왕조에서도 충분히 추진할 수 있는 시책들이었기 때문에 따라서 그런 역사적 평가는 결코 순순히 긍정적으로 납득할 수 있는 설득력을 갖추었다고 말할 수 없게 된다.

그러므로 이족의 역사를 배척하고 정사의 자리를 차지한 중화사상의 왜곡된 입장은 전제군주 제도를 중국민족과 영토를 보존하기 위한 우수한 방식인 것처럼 역사적 의의를 한껏 부여할 수 있었겠지만, 그러나 정반대로 이족이 수립한 왕도정치의 노선대로 중국왕조가 줄곧 제대로 나아갔었더라면, 오히려 여러 민족이 평화롭게 통일왕조의 문명과 문화를 공유하면서 변증적인 발전을 도모하여 더욱 발전했을 것이라는 관측과 전망을 내놓고서 중화사상을 충분히 반박할 수 있기 때문에 전제군주제도는 결코 긍정적일 수 없게 된다.

그리고 더 나아가 중국왕조사에서 반드시 짚고 넘어가야할 또 다른 특이한 관점은 도가사상가들이 자신들의 목적을 달성하기 위해 전략적으로 이용한 양주의 이기설이 종국적으로 고대왕조가 수립한 왕도정치를 도저히 불가능하게 만든 중대한 요인이 된 점이다. 왜냐하면 그 까닭은 달면 삼키고 쓰면 뱉는 처신에 익숙해진 선비들에게는 자신들에게 이익을 주지 않은 한에서는 굳이 당대의 왕조에 대해 전심전력할 이유가 없어졌기 때문이다. 더 나아가 면종복배하는 이기적이고 기회적인 행동이 합리적인 처세로 각인된 곳에서는 아무도 믿을 수 없게 되어 그리하여 오로지 한비자가 설파한 법가노선만이 황제가 신봉할 수 있는 실질적인 통치방식이 되었기 때문이다. 그리하여 그런 노선을 추구한 전제군주제도에서의 절대 권력자인 황제가 황로학적인 법치노선을 엄중히 추구하는 정국에서는 고대통치이념인 왕도정치사상을 견지한 공자의 민본주의의 정신을 상실해버린 유가의 유생들이 할 수 있는 일이란 고작 충(忠)개념을 정치의 전면에 내세워 절대 권력자인 황제를 위해 오로지 봉사하는 길 이외에 다른 선택이 결코 있을 수 없게 되었다. 그런즉 유가는 그런 황제 밑에서 살아남기 위해 중화사상의 진원지인 황로학의 역사관을 감수해야했고 그리고 더 나아가 도가사상가들이 공자를 그렇게 매도한 사실조차 모른 체해야만 했다. 그리고 그 때문에 전국시대이후의 중국역사에서 고대통치이념을 견지한 유생의 올곧은 학풍과 왕도정치의 진정한 노선은 더 이상 찾아 볼 수 없게 되었다. 더 나아가 요·순임금의 사관이 무너지고 그 대신 황제사관이 중국정사(正史)의 자리를 차지해도 유가는 끝내 침묵을 지켰으니, 그들은 더 이상 공자의 후예라고 불릴 자격마저 상실하였던 것이다. 그 뿐만 아니라 그런 유가의 인물들이 한 술 더 떠서 도가대신 중화사상을 내세우고 앞 장 서서 오히려 이족(夷族)을 경멸하고 무시했으니, 안타깝게도 곧 그 사실은 유가의 후예들이 사해동포정신을 강조한 공자를 바로 그의 면전에서 감히 모독한 일과 마찬가지의 부도덕한 일을 스스로 저지른 불순한 경우가 아닐 수 없게 된다.

게다가 도가가 전략적으로 악용한 양국의 이기설은 좋을 때는 한없이 좋아 보이지만 그러나 나쁠 때에는 순식간에 태도를 돌변하고서 등을 돌리는 처세를 당연시하는 행동의 양식을 선호하고 있기 때문에 오히려 양주의 이기설이야말로 마땅히 무위자연의 모습에 걸 맞는 행동양식이면서 동시에 중국민족의 행동양식이라고 말해도 무방하게 된다. 다시 말해 불리할 적에는 여유 있는 것처럼 만만디(慢慢的)하게 처세하지만 그러나 그런 겉모습과 달리 속으로는 지극히 이기적인 입장에서 이해득실을 계산하는 중국민족의 모습이야말로 도가사상가들이 공들어 만든 역사왜곡의 결실인 중화사상의 실체, 곧 한비자 방식의 법가노선과 양주 방식의 이기적 노선이 융합하여 탄생한 중화사상의 실체를 보여주는 생생한 증거가 아닐 수 없다.

그러므로 이와 같은 결론을 확연히 도달하기 위해서는 장자에 앞선 도가사상가인 열자가 무위자연의 이론으로 일반대중에게 깊은 감명을 주려고 시도한 의도마저 정확히 직시해야만 그러면 그와 같은 중화사상의 진면목을 확연히 파악할 수 있게 된다. 즉 양주의 이기설이 지닌 도덕적 비난을 모면하면서 그리고서 교묘히 대중들의 뇌리와 가슴에 기존의 정치이념과 그리고 그로부터 형성된 예법의 사회질서에 대해 깊은 불신감을 조장하려고 한 그들의 전략적 의도가 거꾸로 부메랑이 되어 중국왕조의 목을 조이게 된 점이다. 그런즉 왜 중국민족들이 이중적인 처세에 능한지를 적나라하게 보여주는 열자 제7 양주(楊朱) 편의 글을 제대로 살펴보고, 그와 같은 관점을 각별히 주목하고서 유념해야 한다.

"양주가 말하였다(楊朱曰). 「만물이 다른 모습을 띠고 있는 것은 살아 있는 동안이지만(萬物所異者生也) , 죽으면 다 같아진다(所同者死也).

살아 있을 적에는(生則) 현명하고 우둔하고·귀하고 천함이 있어서(有腎愚貴賤) 차이가 진다(是所異也). 죽었을 적에는(死則) 썩어 없어지는 점에서(有臭腐消滅) 다를 바가 없다(是所同也). 그렇다고 해서 <선천적으로> 이루어지는 현우·귀천을(雖然腎愚

貴賤) 제 힘으로 어찌 할 수 있는 것도 아니며(非所能也), <사후에> 썩어 없어지는 것을(臭腐消滅) 역시 제 힘으로 어찌 할 수 있는 것도 아니다(亦非所能也). …… 이리하여 만물은 자연히 작용에 의해 나고 죽는 것이며(然而萬物齊生齊死) 현우·귀천도 자연의 작용으로 인해 이루어진다(齊賢齊愚 齊貴齊賤)」" [184)]

"십년을 살다가도 역시 죽고(十年亦死), 백년을 살다가도 역시 죽는다(百年亦死). 인인도 성인도 역시 죽고(仁聖亦死), 흉악한 사람도 어리석은 사람도 역시 죽는다(凶愚亦死).

살아있을 적에는 곧 요·순이었으나(生則堯舜) 죽으면 곧 썩어서 백골이 될 뿐이고(死則腐骨), 살아 있을 적에는 곧 걸·주이었으나(生則桀紂), 죽으면 곧 썩어서 백골이 될 뿐이다(死則腐骨).

이같이 백골이 되는 점에서는 똑 같아서(腐骨一矣), 누구나 이 차이점을 안다면(孰知其異), 바야흐로 당장의 삶을 재미있게 살아야 한다(且趣當生).

어찌 죽음 이후의 것에 얽매여 허둥댈 것인가(奚遑死後)?"[185)]

그러므로 도가에 대해 지금까지 논구된 부정적인 측면에도 불

184) 열자 p221
185) ibid p 221

구하고, 여하간 결과적으로 전국시대는 황로학적 법가에 의해 수습되었고 그리고 황제사관이 민중의 뇌리에 깊이 각인된 점에서는 역사를 기록하는 사관은 도가가 일단 성공했다고 평가할 수 있다. 그리고 비록 한 무제에 의해 유가가 국학으로 채택되었지만, 그러나 동시에 도가를 위한 도관도 함께 신설해 주었기 때문에 당연히 도가의 의도가 완벽히 성공했다고 말할 수 없겠지만 또한 마찬가지로 완벽히 실패했다고 말할 수 없게 된다. 더 나아가 황제사관을 바탕으로 하여 잉태한 화하사상이 중국민족사관이 된 점에서 바라보면, 단연코 도가를 비롯한 황로학이 대체로 성공했다고 평가하지 않을 수 없게 된다.

제2절 전제군주제도를 통해 천하 만민을 중앙권력의 통제에 예속시킨 일

논구초점 : 진시황이 전제군주제도를 통해 봉건제도의 제후들에 해당하는 지위의 왕들을 직접 통제한 방식은 실제로는 백성들을 직접 통제한 방식이었던 것이었다. 그 이유는 군대를 관리하는 제후가 왕을 대항하여 역모의 반란을 일으키려면 당연히 군대를 동원해야 하고 그리고 그 군대는 일반백성으로 구성되기 때문이다. 그러므로 이런 권력구조에 관한 것을 심도 깊게 논구해야만, 비로소 도가사상의 진면목이 제대로 드러날 것이다.

그러면 그 논구는 군대를 구성하는 백성이 중앙정부의 통제 밑에 예속되어지면, 중앙의 감시 때문에 자유롭게 이주하고 자유롭게 행동할 수 없게 되는 점에 대해 각별히 주목해야 한다. 또한 그렇게 하면 그 입장은 당연히 노자가 도덕경의 말미에 말한 바처럼 자기 마을에서 다른 생각을 가지지 않고 그대로 살아갈 수밖에 없게 되는 사실이 무엇을 의미하는지를 자연스럽게 깨달을 수 있게 될 것이다.

그런즉 겉으로는 그럴 듯해 보이는 도덕경의 말이 의도한 바의 결과는 현학적인 무위의 도에 의해 저절로 그렇게 되는 것이 아니라, 오히려 현실적으로는 전제왕조가 직할하는 군현제도에 의해 인위적으로 그렇게 될 수밖에 없는 점을 직시할 수 있게 된다. 때문에, 따라서 도가의 진면목은 그 점을 유의하고서 철저히 논구되어야 한다.

언뜻 생각하면, 전제군주제도가 봉건제도의 취약점을 개선한 제도인 것처럼 착각할 수 있게 된다. 그 이유는 첫째 전제군주제도가 봉건군주제도보다 뒤에 등장했기 때문에 자연스럽게 전제군주제도가 더 발전한 제도인 것처럼 생각할 수 있기 때문이다. 그리고 둘째 인구와 물산이 늘어나고 영토가 확장되었기 때문에 따라서 복잡해진 나라에서의 갖가지 문제들을 해결하기 위해서는 강력한 중앙집권적 전제군주제도가 더 적합한 제도인 것처럼 생각할 수 있기 때문이다.

그러나 봉건제도에서도 충분히 전체왕조를 통일적으로 관리할 수 있는 효율적 정책을 수립하고 집행할 수 있기 때문에 위와 같은 설명은 순순히 납득할만한 그런 정도의 설득력을 갖출 수 없다. 왜냐하면 오히려 각 지방이 지닌 특성을 잘 관리할 수 있는 측면에서만 살펴보면 지방분권적 봉건제도가 더 적합할 수 있기 때문이다. 그러면 중앙은 지방을 관리하는 무거운 짐을 벗어버릴 수 있게 되어 더 홀가분하게 효율적으로 전체를 관리하는 일에 집중하여 전념할 수 있기 때문이다. 다시 말해 나라의 체제가 중앙집권적이게 되면 중앙의 왕에게 너무도 많은 책무가 부과되어 도저히 한사람의 왕이 감당할 수 없게 되고 그리하여 만약 전제군주의 왕이 조금이라도 태만하게 되면 곧바로 신하들이 전횡하는 위험에 직면할 수 있게 되기 때문이다. 또한 그 경우는 봉건제도에서 제후들이 야기하는 반란사태의 위험과 별반 다를 바가 없게 된다.

그런즉 왕조가 다스려할 영토가 비록 넓더라도 그에 상응하여 중앙에 자리 잡은 종주국의 통제력도 충분히 강력해지게 된다면 당연히 지방분권적 제도가 더 효율적일 수 있게 된다. 왜냐하면 모든 권력이 중앙으로 집중하게 되면 오히려 과중한 업무들을 하나하나씩 검토하고 결정하는 일이 늦어져 비효율적인 사태가 빈번히 발생할 수 있기 때문이다. 그런데도 불구하고 황제의 막강한 권력에 도취된 전제군주제도의 왕조는 더 이상 봉건제도로 되돌아 갈 생각조차 없었을 뿐만 아니라, 게다가 마땅히 왕도정치노선을 이끌고 나아가야할 군주와 그 신하들의 의식구조가 자기 보신(保身)적인 이기주의에 오염되어 있어서 도저히 과거의 왕도정치노선으로 되돌아갈 수 없게 되었다.

그러나 전국시대를 마감한 진나라이후의 상황이 비록 그렇게 되었을망정 그러나 춘추·전국시대에는 여전히 봉건제도로 되돌아갈 여지가 충분히 있었기 때문에 당연히 사태를 그렇게 몰고간 도가의 의도가 명백히 밝혀져야 한다.

그러면 우선적으로 왕조의 통치체제가 봉건제도 대신 전제군주제도로 필히 전환되어야할 이유가 있었는지부터 검토되어야 한다. 왜냐하면 그 이유는 사회가 발전하여 더 이상 봉건제후국이 도처의 사회문제의 해결을 도저히 감당할 수 없게 되었다면 봉건왕조가 스스로 권력을 회수하는 방향으로 자연스럽게 나아갔을 것이기 때문이다. 그런데 춘추와 전국시대는 그런 자연스러운 사회변화와 변동의 문제 때문에 혼란에 휩싸이게 된 것이 아니기 때문에 충분히 봉건제도로 원상 복귀할 수 있었던 것이다. 그리고 진나라와 한나라도 전제제도의 군주인 초대황제가 그럴 마음만 먹었다면 충분히 가능했었다. 하지만 진나라의 왕과 그를 뒷받침하는 황로학의 세력이 그럴 의사를 전혀 가지고 있지 않았기 때문에 그 대신 오히려 왕도정치노선을 견지하고서 봉건제도를 시행할 것을 주장하는 유가의 세력을 분서갱유의 사건으로 완벽히 제거하려고 하였다. 그런즉 분서갱유의 사건은 역설적으로 진나라가 충분히 봉건제도를 시행할 수 있었다는 점을 오히려 입증해주는 명백한 증거가 된다. 그러면 왜 그들이 봉건제도를 거부하였는지를 막강한 정치권력을 독점하려는 탐욕이외에 별도로 정치명분의 관점에서 따져볼 필요가 발생한다. 그리고 그 점은 봉건제도의 종법제도가 지닌 명분의 정당성을 검토하면 밝혀질 수 있게 될 것이다.

그런데 여하간 순자가 주나라의 봉건제도를 맏아들인 적장자가 세습하는 종법(宗法)제라고 한 이유를 잘 설명하고 있기 때문에 일단 그 점부터 먼저 살펴보아야 한다.

“주나라 무왕이 죽고(武王崩) 아들 성왕이 어리자(成王幼) <무왕의 아우>주공이 성왕을 뒤로 물리고(周公屛成王) 그리고 무왕을 계승해서 천하를 물려받았던 것은(而及武王以屬天下) 천하 사람들이 주나라를 배반할까 두려웠기 때문이었다(惡天下之倍周也).

<주공 단이>천자의 자리에 올라(履天子之籍) 천하의 정치를 처리하자(聽天下之斷) 평화롭기가 타고 날 때부터 가지고 있었던 것처럼 되어(偃然如固有之), 그래서 천하 사람들은 그가 탐욕스럽다고 말하지 않았다(而天下不稱貪焉). <형인> 관숙을 죽이고(殺管叔) 은나라를 폐허로 만들었지만(虛殷國) 그러나 천하 사람들은 그를 포악하다고 말하지 않았다(而天下不稱戾焉). 온 나라를 통치하며(兼制天下) 71개 나라를 세웠는데(立七十一國), <그 중 주나라 왕실과 같은> 희성이 홀로 차지한 것은 53인이었다(姬姓獨居五十三人). 그럼에도 천하 사람들은 편벽되다고 말하지 않았다(而天下不稱偏焉).”[186)]

---

186) 순자 p173~175 - 주공 단이 섭정한 것을 두고서 순자는 주공 단이 일단 천하에 올랐다고 기술하여, 따라서 그 표현에 대한 이해는 다소간의 논란을 불러 일으키지만, 어쨌든 그 글귀는 주공 단이 정치를 전담했다는 것을 의미한다.

그런데 이 글은 본 주제와 관련해서 크게 두 가지 주목할 점을 보여주는데, 우선 그 하나는 주나라 왕실이 천하 사람들이 배반할 것을 두려워했었다는 점과 그리고 또 다른 하나는 그래서 71개의 봉건제후국 중에서 53개의 제후국을 주나라 왕실이 차지했었다는 점이다. 그러므로 이로부터 명확해지는 관점은 다음과 같다.

첫째는 주나라의 문왕과 무왕이 주나라를 건국할 수 있었던 여지는 은나라가 봉전제후국을 시행하고 있었던 나라였기 때문인데, 따라서 주나라도 그 제도를 그대로 계승하여 봉건제후국을 은나라 시대보다 훨씬 많이 늘려 천하를 통치하였다는 점이다.

둘째는 주나라는 출발부터 춘추·전국시대의 씨앗을 품고 있었다는 점이다. 곧 그 점은 제후국의 배반을 두려워했다는 점과 형인 관숙과 더불어 모반을 꾀한 은나라 태자 무경(武庚)을 징벌하면서 은나라 수도를 폐허로 만든 점 때문에 여실히 확인된다.

그런데 어쨌든 간에 봉건제후국들의 반란을 염려하여 나라를 과거보다 지나치게 쪼개어 지나치게 많은 봉건 제후들을 내세운 주나라가 서주(西周)시대까지 그런대로 무난하게 왕조를 유지할 수 있었기 때문에 주공 단의 정책을 탁월했다고 평가할 수 있겠지만, 그러나 서주 마지막 왕인 유왕이 스스로 난국을 초래하여 그 결과 왕실의 세력다툼에 의해 유왕을 뒤이은 평왕이 왕조의 도읍지를 호경의 동쪽인 낙양으로 옮겨 서주시대를 마감하였기 때문에 왕도정치의 이념과 세습제도와의 불편한 관계가 논구대상의 수면위로 떠오르지 않을 수 없게 되었다. 더욱이 유왕과 포사의 아들인 백복을 죽이고 유왕의 원래 태자인 의구가 평왕(平王)이 되어 시작된 동주시대는 출발부터 왕실의 권위가 추락한 상태이므로 주공 단이 염려한 바대로 배반의 시대인 춘추·전국시대의 단초를 주 왕실이 제공한 것이 되었기 때문에 고대왕조의 통치이념과 그 이념을 수행해야 하는 왕조의 세습제도와의 관계가 더더욱 주목받지 않을 수 없게 되었다.

그러면 이 점에서 도가가 비난받아야 할 이유를 논구하려면 당연히 그 논구작업은 전제군주제도에서의 군현제도의 성격부터 먼저 살펴보고서 그 근거를 제대로 제시해야만 제대로 된 진행이 가능할 수 있게 된다.

그런데 군현제도는 춘추시대 초기에 군(郡)은 진(晉)나라에서 그리고 현(縣)은 초(楚)나라에서 시행하여 등장한 것인데, 전국시대에 이르러서 열 왕들이 모두 이 제도를 채택하였기 때문에, 따라서 종전의 봉건제도는 춘추시대에 어그러지기 시작하여 전국시대에서는 거의 유명무실하게 되었던 것이다. 곧 70여개의 제후국들이 열 개 이내의 강력한 제후국으로 병합되는 과정에서 강자에게 편입된 영토를 과거처럼 봉토하지 않고 직접 관리하면서부터 제후국 밑에 초기에는 큰 현과 작은 군이, 후기에는 큰 군과 작은 현의 통치제도가 확립되어 그리하여 전국시대에는 사실상 봉건제도가 거의 와해되었다고 말할 수 있게 된 것이다. 그리고 전국시대의 각 열 왕들의 영토가 심히 작았기 때문에 비유컨대 주나라의 봉건제후국이 종주국에 대해 지닌 행정조직의 특성이 곧 열 왕의 영토에서는 군과 현의 행정단위에 적용된다고 말할 수 있게 된다. 그런즉 전국시대의 열 왕들이 이런 저런 이유를 내세워 그 지역을 봉건제도처럼 신하들에게 봉토하지 않고 직접 중앙에서 관리하였고 그리고 그 연장선상에서 통일왕조인 진(秦)나라시대에 이르러 진시황이 모든 지역을 직접 관할하는 군현(郡縣)제도를 그대로 확대하여 시행하였기 때문에 마침내 하나라 이래로 시행된 봉건제도가 마침내 무너지게 된 것이었다. 그러면 봉건제도와 군현제도의 차이점은 단적으로 모든 지역을 왕이 직접 다스리는 것과 그와 달리 제후들이 직접 다스리는 점으로 요약될 것이다.

그러므로 전국시대에 이미 시행되고 있었던 군현제도를 놓고서 도가에게 어떤 책임을 지우는 것은 매우 잘못된 것이라는 반론이 당연히 나올 수 있다. 다시 말해 도가가 이 제도를 주장하여 만들어 시행한 것이 아니므로 도가에게 그 책임을 지우는 것은 어불성설이라는 지적이다. 하지만 여기에서의 논구는 다름 아닌 도가사상가들이 열 왕들의 입장을 옹호한 논리를 전개하면서 전제왕조의 길을 열었고 그리고 더 나아가 이 제도를 고착시킨 진원지가 되기 때문에 마땅히 그 점에 대한 책임여부를 밝히려는 것이다. 곧 고대통치이념의 계승과 봉건제도의 부활을 배척하고 저지한 책임을 따지려는 것이다.

그런즉 봉건제도를 무너뜨린 근거가 부당하다는 이유는 다음과 같이 정리될 수 있다.

첫째, 앞서 언급한 바대로 당시의 정세에 비추어 봉건제도를 폐지되고 전제군군주제도를 실시해야할 사회적 필요성이 전혀 없었던 점이다. 즉 진나라가 주나라와 달리 봉건제도를 폐지하고 전제군주제도와 군현제도를 실시하지 않고서는 통치가 도저히 불가능하였다는 정황을 뒷받침할 역사적 사실의 근거가 전혀 없었던 점이다. 그 뿐만 아니라 봉건제도의 통치단위를 허물고 전제군주제도의 군현제도가 효율적이어서 당시의 사회를 발전시킬 수 있는 최적의 행정조직이라는 주장을 뒷받침할 역사적 사실의 근거가 전혀 없었던 점이다. 게다가 행정단위로서의 군현제도는 비록 전제군주제도 하에서 황제가 직접 다스리는 모든 통치지역을 단위별로 구분한 것이긴 하였지만, 그러나 그 제도는 봉건제도의 모든 지역에서도 충분히 시행될 수 있는 것이었기 때문에 따라서 전제군주제도를 시행해야할 근거가 합당할 수 없었다는 점이다. 그리고 그 점은 진나라의 군현제도를 대신하여 한나라가 봉건제도와 군현제도를 절충하여 시행한 군국제도 때문에 단적으로 증명된다.

둘째, 전제군주제도가 절대적 권력을 확보한 황제로 하여금 왕조의 통치명분으로 고대통치이념을 내세울 여지를 전면적으로 봉쇄시켜버린 점이다. 그런즉 전제군주제도가 오로지 제후의 반란을 대비하기 위해 실시한 방책으로서의 정치적 의의조차 무용지물이 되어 버린 것이다. 따라서 위의 왕에게 아래의 제후들이 일으킬 모반을 대비하기 위한 바람직한 방법이 필요하였다면, 오히려 주공 단이 시행한 바와 마찬가지로 더 철저히 영토를 분할하여 봉건제도를 시행하는 것이 오히려 제후들의 모반에 대한 염려를 더욱 줄어들게 하였을 것이기 때문이다. 그리하여 그런 맥락을 감안하고서 전제군주제도를 채택한 진시황의 의중을 살펴보면, 곧바로 진시황이 왕도정치이념을 기피하였다고 말할 수 있게 되고 그리고 전제군주제도에서의 유학이 단지 절대 권력을 행사하는 황제의 독선적 통치를 치장하는 겉치레에 불과하였다고 말할 수 있게 된다.

셋째, 전제군주제도가 오히려 비효율적인 통치방식이라는 점이다. 왜냐하면 통치의 권력과 기능을 지방의 제후국들에게 분담하는 봉건제도의 통치방식과 달리 군현제도를 통해 직접적으로 모든 지역을 강력하게 직접적으로 통제하는 전제군주제도의 중앙집권적 방식이 오히려 중앙정부에게 과도한 업무처리만 부가시켜 통치기능의 효율성을 떨어뜨린다는 점 때문이다. 그러면 역으로 봉건제도가 제후들에게 왕조를 통치하는 역할을 분담하여 그리하여 각 지역의 책임자인 제후가 책임지고 지방을 관리토록 하고 그리고서 총체적인 입장에서 중앙의 왕조가 각 지역간의 이해관계를 조정·조절, 균형·견제하고 그리고 더 나아가 화합을 도모하여 통일왕조를 발전시킬 수 있는 좋은 장점을 지닌 점 때문에 오히려 전제군주제도보다 더 나은 제도가 아닐 수 없게 된다. 게다가 봉건제도가 통일왕조에게 부여된 임무로서 통일왕조를 유지하기 위해 필요한 공통적인 정책을 개발하고 시행하여야 하기 때문에 전혀 봉건제도를 폐지해야할 역사적 필연성이 있을 수 없게 된다. 그 뿐만 아니라 군현제도를 실시하는 전제군주제도가 오히려 왕조를 유지하는 부대비용을 더 많이 필요로 하기 때문에 왕조가 재정적으로 위기가 빠지게 되면 곧바로 붕괴될 여지만 더욱 커지게 될 뿐이다.

따라서 오로지 군주와 탐욕과 반란을 염려하여 강력한 중앙정부를 만들 필요성 때문에 봉건제도를 폐지하였다면, 반드시 그 폐지한 근거를 찾아야 하고 그리고 도가에게 그 근거가 있다면 마땅히 도가가 비난을 받아야 한다. 물론 도가를 옹호하는 입장에서는 도가가 오히려 무위자연의 도를 내세워 지방분권적인 주장을 하였다고 반박할 수 있겠지만, 그러나 그렇게 하려면 당연히 그에 부합하는 근거를 밝혀야 한다. 그러므로 도가사상의 정당성을 따지기 위해 도가사상의 근본입장을 고찰하려는 입장은 철저히 이와 같은 관점에 주의를 기울여야 한다.

더욱이 도가의 정치사상에도 유가의 정치사상에 못지않게 하늘의 도(天道)가 있는데, 따라서 도가는 어찌 하늘의 도와 덕을 어지럽히는 난국이 바로 그 하늘도 모르게 지상에서 벌어질 수 있는지를 자신들이 내세운 무위자연의 도를 통해 철저히 설명해야 한다.

그런데 여하튼 노자와 열자의 저서는 봉건제도를 폐지하고 중앙집권적 전제군주제도를 시행해야한다거나 더 나아가 왕과 제후와의 수직관계를 황제와 왕의 수직관계로 전환해야 한다는 발상을 직접 거론한 적은 없었다. 왜냐하면 도가는 자신들의 모든 정치적 의도를 무위자연의 논법으로 위장하고서, 유가가 지향하는 정치노선을 적극적으로 부정하는 일에만 주력하였고 그 대신 그와 같은 일은 법가들이 주도적으로 처리해 나갔기 때문이다. 그리하여 황로학에 속하는 유파는 효율적으로 맡은바 역할을 잘 처리해 나갔고, 따라서 도가는 유가가 수호하려는 전통적 정치노선을 극단적으로 과격하게 배척해 나갈 수 있었던 것이다.

그리고 그 점에 대한 명백한 정황은 장자가 그들의 전략적 방식대로 자신들이 등장하지 않았던 춘추시대의 환공을 내세운 이야기를 꾸미고서 그 목적을 달성하려고 시도한 내용에서 여실히 드러나 있다. 곧 유가가 수호하려는 고대통치이념을 쓰레기로 취급한 점이다.

"환공이 당상에서 책을 읽고 있었다(桓公讀書於堂上).

<마침> 수레를 만드는 직공인 윤편이라는 자가 당하에서 수레바퀴를 깍는 중이었는데(輪扁斲輪於堂下) 망치와 끌을 내려놓고 그리고 위를 향해 (釋椎鑿而上). 환공에게 묻고자 말했다(問桓公曰)「감히 임금께서 읽으시는 것이 무슨 글인지를 묻고자 합니다(敢問公之所讀者 何言邪)」

환공이 말했다(公曰).「성인의 말씀이다(聖人之言也).

<輪扁>말했다(曰).「성인은 살아 계십니까(聖人在乎)?」.

환공이 말했다(公曰).「예전에 돌아갔었다(已死矣)」.

<輪扁>말했다(曰).「그렇다면(然則) 상감께서 읽으시는 것은(君之所讀者) 옛 성현의 말이나 저서로 오늘날 전해지고 있는 것의 버려진 것이군요(古人之糟魄已夫)."[187]

그런즉 장자를 비롯한 도가사상가들은 이와 같은 충격요법으로 백성의 관심과 주의를 집중시키고서, 기존의 가치관을 기가 막히게 오도시켰던 것이다. 물론 그들이 주장하는 바는 본말을 전도하고 있는 것이었기 때문에 전혀 옳은 것일 수 없는 것이었지만, 그러나 전통적 고대통치이념을 전적으로 옳지 않다는 점을 부각시키기 위해 이와 같은 교묘한 논변을 펼쳤기 때문에 따라서 그 점에 대해서만은 실로 탁월한 전략이라고 인정하지 않을 수 없게 된다.

그리고서 장자는 다음과 같이 자신들이 의도하는 바대로 결론을 내렸다.

> "옛날의 인물들도(古之人) 이와 마찬가지로 자기의 생각을 전하지 못한 채(與其不可傳야) 죽어 갔을 것입니다(死矣). 그렇다면 상감께서 지금 읽으시는 그 글도(然則君之所讀者) 옛 성현의 지녔던 말이나 저서로 오늘날 전해지고 있는 것의 버려진 것입니다(古人之糟魄已夫)"[188]

따라서 장자가 이와 같이 노골적으로 드러낸 도가집단의 진의는 훗날 봉건제도의 군주가 지닌 위상을 박탈하고 중앙집권제도를 시행한 진(秦)나라 황제의 존재를 감안해야만 제대로 직시할 수 있게 된다. 왜냐하면 장자의 문장이 패도사상을 바탕으

---

187) 장자 p309
188) ibid p340

로 하여 천하를 군림하려는 황제(皇帝)의 존재를 전제하지 않고서는 도대체 그 진의를 제대로 이해하기 힘든 사고방식을 담고 있는 글이기 때문인데, 곧 그 해석의 어려움이 장자가 자신이 의도하는 바를 능청스럽게 무위자연의 사상으로 교묘히 위장하고서 비정치적인 사상인양 설파한 점에서 비롯되었기 때문이다.

그러므로 도가사상가들이 모든 백성들을 중앙집권제도 하에서 직접 통제하려고 의도한 근거를 도대체 어디에서 찾아야 하는가? 하는 의문점은 대단히 어려운 과제가 아닐 수 없게 된다.

그러면 그 단초를 우선적으로 도가사상의 근원이라고 말할 수 있는 노자의 도덕경에서부터 살펴보아야 하는데, 곧 그 논구는 오직 도덕경이 구성하고 있는 전체문맥의 논리성에서 찾아야 마땅히 가능해진다. 왜냐하면 비록 도덕경에 그런 구체적인 언급이 없더라도, 그러나 도덕경에 언급된 정치사상을 짜 맞추고 있는 전체맥락의 부자연스러운 점 때문이다. 그런데 이 점을 직시하는 일이 말처럼 쉽지 않았던 이유는 그 동안 그 사상을 심오한 형이상학적 이론으로 간주하여 그 뜻을 해석함에 있어서 보편적인 현학적 원리를 찾아내려고 집착하였기 때문이다. 그리하여 도저히 그들과 정치적 목적의식을 공유한 동지들이 아니고서는 그들의 의도에 제대로 접근할 수 없는 추상적 말뜻의 난관에 가로 막혀 도가사상가의 진면목을 간과하였기 때문이다. 가령 상식적 예를 들어, 「무엇」이 「어떻게」 흙으로 돌아갔는지의 원인과 방법이 제대로 규명되지 않았음에도 불구하고, 「사람이 죽으면 흙으로 돌아간다.」는 명제를 올바른 사실로서 정당화하였다면, 당연히 그로부터 거꾸로 거슬러 올라가서 반드시 흙과 인간의 육체와의 상관관계를 규명한 연후에 다시 제자리로 되돌아와야만 비로소 전자의 명제를 대전제로 삼아 올바른 추론을 진행할 수가 있게 된다. 그런데 도가사상가들이 구사한 논법은 그런 추론과정을 아예 생략한 채, 오로지 자신들이 목적하는 바의 의도에 초점을 맞추고서 그리고 더 나아가 그에 적합한 결론을 미리 기정사실로 규정해놓고서 거꾸로 현실의 사태를 비판하는 논법이었다. 그러므로 도가는 「자기식대로 이해한 삶과 죽음의 의의」를 미리 타당한 것으로 전제하고서 자신의 생각을 전개하는 그런 논법이 야기하는 대전제의 오류를 항상 범할 수밖에 없었다.

그러므로 이런 지적을 확실히 틀렸다고 반박하려면, 당연히 노자 도덕경의 결론 부분에 해당하는 제 80장의 문장을 먼저 주목해 보고서 판단해야 한다. 왜냐하면 이 문장은 다음의 두 가지 의아스러움을 증폭시키는 이례적인 문장인데, 곧 이 문장에는 반드시 해명되어야 할 중대한 역사성이 내재하고 있기 때문이다. 즉 첫 번째 경우로서 그 문장이 도덕경의 저자가 별다른 의도 없이 그냥 자신의 감회를 적어 둔 것이라고 치부하기에는 너무도 중대한 정치적 발상을 담고 있기 때문에 그냥 지나칠 수 없는 점이고, 두 번째 경우로서 첫 번째와 정반대로 문장 말미에 이르러 비로소 저자자신의 진정한 의도를 압축해 놓았기 때문에 이 문장이 도가사상 중에서 가장 중요한 문장이 아닐 수 없게 되는 점이다. 곧 노자가 의도한 통치방식의 요체가 무엇인가 하는 문제점이다.

"작은 나라 적은 백성에(小國寡民) 열과 백의 그릇이 있어도 능히 쓰지 않게 하고(使使有什伯之器而不用), 백성으로 하여금 죽음을 중하게 여겨 능히 멀리 옮기지 않게 한다(使民重死而不遠徙).

비록 배와 수레가 있어도 타는 바가 없고(雖有舟與 無所乘之 雖有舟與), 비록 갑옷과 병장기가 있어도 진열하는 바가 없다(雖有甲兵 武所陳之). 사람으로 하여금 다시 새끼줄을 맺어 쓰게 하고(使人復結繩而用之), 그 음식을 달게 여기고(甘其食), 그 옷을 아름답게 여기고(美其服), 그 사는 것을 편케 여기고(安其居), 그 풍속을 즐기게 한다(樂其俗).

이웃 나라가 서로 바라보고(鄰國相望), 닭과 개 소리가 서로 들려도(鷄犬之聲相聞), 백성이 늙어 죽음에 이르도록(民之老死) 서로 가고 오지 않는다(不相往來)."[189]

그런데 도덕경의 이 문장을 이해함에 있어서는 반드시 여태까지 줄곧 논구한 것을 바탕으로 하여 각 문장의 내용을 주목해야 하는데, 그러면 그로부터 몇 가지 문제점을 간추릴 수 있게 된다.

---

189) 도덕경 p382

첫째, 노자가 전쟁을 방지한다는 구실로 내놓은 방책이 「백성들에게 죽음을 중하게 여겨 멀리 옮기지 못하게 한다.(使民重死而不遠徙)」는 말에 함축되어 있어서, 그런즉 이 문장이 노자가 일반백성들의 이기심을 자극하여 군대와 전쟁을 거부하는 마음을 갖게 하려는 생각을 가진 인물로 간주할 수 있게 해준다는 점이다. 물론 그와 같은 해석은 언뜻 보면 매우 그럴싸하게 보일 수 있겠지만, 그러나 한 꺼풀 들추어보면 전혀 다른 모습이 보이기 때문에 중대한 해석상의 문제가 발생하게 된다. 즉 그것은 바로 제후들이 통일왕조를 배반할 수 없도록 만들려는 사전예방조치이다.

둘째, 전쟁을 방지한다는 구실로 내놓은 노자의 방법이 다름 아닌 물물교환을 통한 상업적 활동을 부정하고 그리고서 자급자족의 생활방식으로 살아가는 것인데, 그러면 역시 이 방법도 제후들이 강력한 힘을 갖지 못하도록 하는 사전예방조치에 해당한다는 점이다.

셋째, 전쟁을 방지한다는 구실로 내놓은 노자의 방법이 국가간의 교류를 전면 금지하여 문명사회로의 발전을 도모하지 않겠다는 것인데, 따라서 그 의도도 역시 마찬가지가 되는 점이다. 물론 당연히 전쟁을 방지한다는 말의 근본취지가 왕조에 대한 반란을 방지하기 위한 것이기 때문에, 결국 도가의 모든 결론은 천하를 재통일시킨 전제왕조의 절대적 권력을 확립하려는 목적에 있었다고 말할 수 있게 된다.

따라서 이 문장을 두고 오로지 순박하거나 소박한 무위자연의 사상으로 이해하게 되면 이와 같은 많은 의문점이 마냥 도외시될 수밖에 없게 되지만, 그러나 한비자가 훗날 진시황이 된 진왕을 처음 만나려 할 적에 올린 시무책의 글을 참조하게 되면 이 글의 진정한 의도가 황로학의 입장에서 곧장 해석되어질 수 있게 된다. 곧 한 곳에 정착하지 않고 이러 저리 이동하는 백성들은 정작 전쟁에 필요한 장병이 결코 될 수 없다는 관점이다.

"………조씨는 중앙에 위치한 국가로서(趙氏中央之國也) 이웃 여러 나라에서 백성들이 들어와 잡거하고 있었기 때문에(雜民所居也) 그들은 경박하고 그리고 쓸모가 없었습니다(其民輕而難用也). 호령은 제대로 전달되지 못하였고(号令不治), 상벌은 믿을 수 없었으며(賞罰不信), 지형도 지키는데 불편했을 뿐만 아니라(地形不便) 국력을 충분히 발휘할 수 없었습니다(下不能盡其民力). <조나라>그는 망국의 형세에 있으면서도(彼固亡國之形也) 그러나 백성들을 걱정하지 않고(而不憂民萌) 그 사인, 서민 모두를 장평 기슭에 진을 치게 하고서(悉其士民軍于長平之下), 한의 상당과 싸우고 있었습니다(以爭韓上党).………."[190]

그러므로 혹자들이 노자의 '이상사회론'이라고 극찬을 하는

190) 한비자 p13~14

아래의 문장에서 오히려 그런 고상한 취지의 해석과 전혀 다른 도가사상가들의 정치적 야심을 제대로만 직시할 수 있게 된다면, 곧바로 그들이 대단히 전략적이고 전술적인 사고방식을 가진 정치적 인물들이었다는 점을 절실히 느낄 수 있게 된다.

그리고 더 나아가 도가사상가가 얼마나 교묘하게 치고 빠지는 전술을 효율적으로 활용하고 있는지의 본보기는 너무도 다른 표현으로 위장된 도덕경의 마지막 문장인 81장에 여실히 드러나 있다.

> "진실한 말은 아름답지 않고(信言不美), 아름다운 말은 진실하지 않다(美言不信).
>
> 착한 사람은 말을 잘하지 않고(善者不辯), 말을 잘하는 사람은 착하지 않다(辯者不善). 아는 사람은 식견이 넓지 않고(知者不博), 식견이 넓은 사람을 알지 못한다(博者不知).
>
> 성인은 (무엇이든) 쌓지 않는다(聖人不積). 이미 남을 위함으로서(旣以爲人) 내가 더욱 있게 되고(紀愈有), 이미 남에게 줌으로서(旣以與人) 내가 더욱 많아진다(己愈多).
>
> 하늘의 도는(天之道) 이롭게 하고 해치지 않으며(利而不害), 성인의 도는(聖人之道) 실행하면서도 다투지 않는다(爲而不爭)."[191]

---

191) 도덕경 p392

왜냐하면 이 문장도 앞에서의 경우처럼 지금까지 논구한 것을 바탕으로 하여 몇 가지 문제점을 간추려 정리할 수 있기 때문이다.

첫째, 자신들의 입장을 비판하고 거부하는 세력들의 태도와 말은 위선적이고 잘못된 것으로서 규정해 둠으로서 민중들이 그들을 신뢰하는 것을 원천적으로 봉쇄하려고 한 점이다.

둘째, 성인에 관한 위의 설명은 이미 서경에 확립되어 있는 통치노선과 크게 다를 바가 없어서 그리하여 딱히 새삼스러운 내용이 아닌데도 불구하고, 무지몽매한 백성들에게 마치 자신들이 그들의 구세주인 양 보이려고 새롭게 각색한 점이다. 그런즉 그들의 통치이념을 고대통치이념과 구별되도록 만들기 위해 무위자연의 이념을 정치의 전면에 내세운 도가사상가들의 정치성이 중국고대왕조사에서 일대 전환점을 만들게 된다. 왜냐하면 그 까닭은 무소유를 주장한 도가의 의도대로 황로학의 노선을 추종하는 진나라가 천하를 통일하였기 때문이다.

그러면 진나라 이후의 정국이 보여주는 바는 도가를 포함한 황로학의 인물들이 무욕의 인물이 아니라 오히려 탐욕스러운 인물로 의심하지 않을 수 없게 된다. 왜냐하면 중국의 고대왕조의 역사가 그들의 주장대로 황제사관의 역사였다면, 세상은 그들의 주장대로 이미 요·순임금에 앞서 무위의 정치가 실현되어 있어야 했기 때문이다. 하지만 중국고대역사의 흔적에 요·순임금에 앞서 그런 무위의 정치현상이 결코 없었기 때문에 따라서 그들의 주장이 도저히 순수한 발상으로 간주될 수 없다.

셋째, 마지막 '천지도(天之道)'에 관한 진술은 도가의 진면목을 보여주는 글귀로서 그들의 사고방식이 지극히 독선적이고 편협적임을 적나라하게 보여 준다. 왜냐하면 이 문장은 유가의 사상에 뿌리를 두고 있을 뿐만 아니라, 더 나아가 자신들이 결코 정치에 욕심이 없음을 적극적으로 변호하는 글이지만, 그러나 역설적으로 그 점이 오히려 자신들이 지극히 독선적이고 오만한 인물이라는 점을 보여주기 때문이다. 다시 말해 그들이 겸손한 자세로 세상 사람들을 공경하였다면, 결코 자신들이 배운 사상을 거꾸로 활용하여 그와 같이 말하지는 않았을 것이기 때문이다.

그러므로 노자의 도덕경을 이어 열자와 더불어 장자의 저서 곳곳에서 엇비슷한 내용으로 전개되고 있는 도가사상가들의 의도가 그중에서도 특히 더 명료하게 그 의미를 보여주는 독특한 내용을 담은 문장을 통해 명확히 밝혀져야 한다. 곧 도가사상가들이 말하고자 하는 바의 진의가 결국 천하의 민중을 통치하려고 하는 방법론을 세상에 확산시키는 것이므로, 따라서 그 목적을 실현하려는 도가사상가들의 실체가 제대로 밝혀져야 한다. 다시 말해 자신들이 나름대로 구상한 난국의 수습방안에 대해 지대한 관심을 보인 열 왕들의 지지를 확실하게 획득하여 자신들이 바라는 바대로 주나라를 대신한 새로운 왕조를 수립하려는 목적이 도가들이 추구한 바의 의도였음을 분명히 보여 주는 증거를 그들의 문헌에서 찾아 입증해야 한다.

그와 아울러 도가사상가들의 모든 진술은 어떤 경우에서도 천하를 통일하려는 성인을 여타의 다른 인물과 상대적으로 비교할 수 있을 정도로 묘사하지 않은 이유도 검토되어야 한다. 그런데 그 점을 가장 분명하게 표현한 용어가 장자에서 표현된 독유(獨有)의 용어인데, 곧 도가사상의 독특함을 그대로 보여준다.

"………무릇 천하를 가진 자가 그 점을 몰라야(有土者之 不知也) 대저 천하를 가진 자다(夫有土者). 만물을 소유하려면(有大物也), 만물을 소유한 자는(有大物者) 사물에 구애되지 말아야 한다(不可以物). 사물을 소유하면서도 그것에 구애받지 않은 그런 태도로 임해야만(物而不物) 비로소 사물을 사물로서 지배할 수가 있게 된다(故能物物).

사물을 사물로서 지배하면서도 사물에 구애되지 않아야 한다는 것을 깨달아야만(明乎物物者之非物也), <그 사람은> 오로지 천하의 민중을 통치할 수 있을 뿐 아니라(豈獨治天下百姓而以矣) 천지사방을 왕래하고(出入六合) 천하에 두루 노닐며(遊乎九州) 어느 곳에라도 홀로 가고 홀로 올 수 있다(獨往獨來).

이 경지를 <일체를 자기 것으로 하는 경지인> 독유라고 부르며(是謂獨有), 독유의 인물이야말로(獨有之人) 지극히 고귀한 사람이라 일컬어져왔다(是之謂至貴)."[192]

그런데 이와 같은 장자의 문장은 노자의 도덕경의 문장보다 더 직접적이고 구체적인 것이었기 때문에, 따라서 당연히 그와 같은 표현의 특징이 충분히 고려되어야 한다. 다만 그 의도가 하나로 통합되어 수미일관되게 진술되어 있는 것이 아니라 여러 장소에 분산되어 진술되어 있었기 때문에, 따라서 그 점을 유념하고서 장자서책 곳곳에 진술된 문장을 체계적으로 취합하여 제대로 도가사상의 진면목이 논구될 수 있도록 하여야할 것이다.

그러면 장자가 하·은·주 시대의 왕에 대한 호칭을 대신하여 천제(天帝)에 사용하는 용어인 제(帝)를 인간인 왕에게 적용하였는데, 바로 그 점이 단연코 주목받지 않을 수 없게 된다. 왜냐하면 장자가 설검 편에 장자 본인이 조나라와 군주와 직접 검에 관해 대화방식으로 나눈 이야기를 구성하였는데, 곧 그 내용이 바로 도가가 내세우려는 통치방식에 관한 글이기 때문이다.

"………왕이 말했다(王曰). 「그 세 가지 칼에 대해 듣기를 원하오(願聞三劍).」

<장자가> 말했다(曰). 「천자의 칼이 있고(有天子劍), 제후의 칼이 있고(有諸侯劍), 서인의 칼이 있습니다(有庶人劍)」

왕이 말했다(王曰). 「천자의 칼은 어떤 것이요(天子之劍何

192) 장자 p276

如)?」”

<장자가> 말했다(曰). 「천자지검(天子之劍)은 ………이 칼을 한 번 쓰면(此劍一用), 천하의 제후를 바로 잡고(匡諸侯), 온 세계가 복종하게 마련입니다(天下服矣). 이것이 천자의 칼입니다(此天下之劍也)」

왕이 말했다(王曰). 「제후의 칼은 어떤 것이요(諸侯之劍何如)?」

<장자가> 말했다(曰).「「제후지검은((諸侯之劍) ………이 칼을 한 번 쓰면(此劍一用), 우레가 천지를 뒤흔드는 것 같아서(如雷霆之震也) 나라 안에서(四封之內) 조공을 바치지 않거나(無不賓服) 그리고 군명을 복종치 않는 자란 없게 마련입니다(而聽從君命者矣). 이것이 제후의 칼입니다(此諸侯之劍也)」

왕이 말했다(王曰). 「서인의 칼은 어떤 것이요(庶人之劍何如)?」

<장자가> 말했다(曰).「「서인지검은(庶人之劍) ………지금 대왕께서는 천자나 다름없는 지위에 계시면서(今大王有天子之位) 그러나 서인의 칼을 좋아 하신다니(而好庶人之劍) 저는 남몰래

대왕을 위해 유감으로 알고 있습니다(臣竊爲大王薄之).」"[193]

게다가 이 글의 내용이 여타의 다른 글의 내용보다도 더 특별한 의의를 지니고 있는데, 즉 그 까닭은 다음의 두 가지 이유 때문이다.

하나는 장자가 그 문장을 장자 자신이 직접 위정자와 더불어 통치에 관한 이야기를 나누는 방식으로 구성하여 자신의 의도를 명확히 했었다는 점이다.

둘째는 장자가 직접 나서서 이야기를 한 내용이 바로 현실에서 가장 민감한 정치적인 문제인데, 바로 그 점을 가공의 인물을 내세우지 않고 장자가 직접 나섰다는 점이다. 곧 그 점이 도가의 진정한 의도가 현실정치에 있음을 보여 주고 그리고 그와 아울러 천하를 장악하겠다는 그들의 의도를 명확히 보여 주기 때문이다.

그러면 더 확실하게 그들이 지향하는 정치목표를 파악하려면, 당연히 장자가 '천지(天地)', '천도(天道)', '천운(天運)'에 기술한 여러 문장을 그런 시각으로 바라보고서 다가서야 한다. 왜냐하면 장자가 내세운 무위(無爲)의 정치는 결국 그 핵심이 군주가 사심을 버리고 공정하게 백성을 위한 정치만 하면, 만사가 형통될 수 있다는 것을 주장하려는 것이었기 때문이다.

"무릇 제왕의 덕은(夫帝王之德) 천지의 도로 근본을 삼고(以天

193) ibid p532

地爲宗), 자연의 도의 작용을 주체로 하고(以道德爲主), 무위를 일상의 규범으로 삼는다(以無爲爲常).

무위로 임하면(無爲也) <신하를 써서> 천하를 다스리고도 남음이 있으며(則用天下而有餘), 유의로 임하면(有爲也) 일이 무수히 있는 까닭에 거꾸로 천하에 부림 받는 결과가 되어(則爲天下用) 아무리 애써도 힘이 모자라게 마련이다(而不足). 그러기에 옛 사람들도 저 무위를 존중한 것이었다(故古之人 貴夫無爲也)."[194]

그리고서 장자는 그들의 의도를 결정적으로 드러낸 가장 중요한 말을 수록하였는데, 곧 그것이 아래 글에 있는 바대로 무위의 덕을 소유한 자는 오로지 군주 한 사람뿐이어야 한다는 말이다. 그러면 진시황이 유아독존의 지위를 차지한 이유를 이로써 이해할 수 있게 된다.

"군주도 무위의 덕을 지니고(上無爲也) 신하도 무위의 덕을 지닌다면(下亦無爲也) 이는 상하의 덕을 같이 한다는 말이 된다(是下與上同德).

만약 이같이 신하가 임금과 똑같은 덕을 지닌다면(下與上同德), 곧 이것은 신하가 신하 아님이 된다(則不臣).

194) ibid p299

또 만약에 아래에 있는 신하도 유위의 덕을 지니고(下有爲也), 위에 있는 군주도 유위의 덕을 지닌다면(上亦有爲也) 이것은 위에 있는 군주가 아래에 있는 신하와 도를 같이 한다는 이야기가 된다((是上與下同德).

만약 위에 있는 군주가 아래에 있는 신하와 다를 것 없는 도밖에 지니지 못한다면(上與下同道) 이것은 군주가 군주임을 부정하는 것이 되고 만다(則不主).

그러기에 군왕은 반드시 무위의 덕으로서 천하 사람을 부려야 하며(上必無爲而用天下), 신하는 유의의 덕으로서 천하를 위해 구사되어야 한다(下必有爲爲天下用). 이것이 영원불변의 도다(此不易之道也)."[195]

그런즉 이미 밝힌 바처럼, 일반백성들의 자유로운 생활방식은 도가사상가들에게 전혀 고려되지도 않았었고 그리고 도가사상에 반영되지도 않았었던 것이다. 단지 그들은 황제가 다스리는 왕국의 통치대상이었을 뿐이다. 그리고 그 이유가 그와 같이 너무도 명쾌하였기 때문에, 두말할 필요조차 없게 된다. 즉 만약 그들이 백성들의 심정을 제대로 이해했었더라면 결코 자연의 상태를 미화하여 일반백성들을 일정장소에 가두어 두려는 생각을 엄두조차 하지 않았을 것이기 때문이다. 다시 말해 그들이

---

195) ibid p300~301

그런 생활방식을 소박한 것으로 그럴 듯하게 가장(假裝)하였었지만, 그러나 그런 생존방식은 일반백성들로 하여금 법의 통제로부터 주어지는 억압, 구속의 고통만 더 겪게 만들었을 뿐이고, 그에 반해 모든 속박으로부터 해방된 위정자들에게는 자신들의 눈앞에 펼쳐져 있는 자연의 산물을 즐길 수 있는 더 없는 기회만을 제공하였을 뿐이기 때문이다.

더욱이 도가가 무위자연의 도에 입각하여 일반백성들에게 설파한 소박한 삶의 사고방식은 일찍이 전(全)세계의 곳곳에 등장한 종교가 오랫동안 줄곧 시행해 보았지만, 그러나 인류가 이룩한 문명의 발전 앞에서 결국 이론의 허실과 한계를 드러낸 사고방식과 별반 다를 바 없는 것이었기 때문에, 따라서 도가사상은 도덕·종교적 관점에서가 아니라 오히려 정치적 관점에서 반드시 비판되어야 마땅하고, 그리고 그와 같은 비판의 결과는 당연히 정치논리의 일관성을 갖춘 올바른 결론이 아닐 수 없게 된다. 게다가 인간이 자연에 다가가 자연과 일체감을 느끼는 경우는 역설적으로 인간이 자신을 가장 인간답게 만드는 문명의 결실을 가지고서 자연에 다가가 자연의 평안함을 더불어 추구할 적에만 가능하기 때문에 그와 같은 정치논리의 결론은 정당한 것이 아닐 수 없게 된다. 다시 말해 그 이외에는 오히려 자연의 삶은 어느 누구에게도 고통만 더했을 뿐이었지 결코 즐거움과 기쁨을 제공한 적이 없었다는 점 때문에 그와 같은 결론은 정론이 아닐 수 없게 된다.

그런데 도가의 입장은 이런 종류의 평가에 대해 부정적인 반론을 펴면서 무위의 정치에 그것이 포함되어 있다고 주장할 수 있다. 그러나 그렇게 하려면 그에 합당한 전거를 내놓아야 한다. 왜냐하면 그들이 인위적이라고 비난한 유가의 예법정치와 민본정치는 무위의 정치와는 질적으로 전혀 다른 것이었기 때문이다. 다시 말해 도가가 예찬한 자연의 변화는 항상 좋은 방향으로만 진행되는 것이 전혀 아니었기 때문이다. 즉 공간적인 자연의 장소는 먹이사슬에 의한 약육강식의 터전이었고, 그리고 시간적인 자연의 변화는 사시사철과 주야의 규칙적인 교체 속에서 일으킨 수많은 사건들을 일으켜 인간을 괴롭힌 진정한 가해자였던 것이기 때문이다.

그러므로 자연의 진면목은 한편으로는 비록 자연의 결실이 인간에게 기쁨을 주는 조건일지라도, 그 결실의 정도가 풍요로운 수준에 이르러야만 행복한 감정을 불러 일으키고 그리고 또 다른 편으로는 그와 반대로 자연이 발생하는 지독한 재해가 인간에게 더 극심한 고통을 안겨주었기 때문에, 따라서 자연의 현상은 언제나 인간에게 양면성을 지닌 두 얼굴의 존재였던 것이다. 그런즉 그런 자연의 양면성을 바라보고서, 인위적으로 자연의 좋은 점은 취하고, 자연의 나쁜 점은 극복하려는 지혜를 일반백성들에게 가르쳐 준 고대왕조의 통치방식과 이념은 이미 그 속에 자연의 생성·소멸이 지닌 무위자연의 측면을 수용하고 있었던 것이고 그리고 더 나아가 그 통치방식은 인간의 인위적 창조행위가 배제된 무위의 자연과 그리고 인간이 생산하는 인위의 문명을 서로 구별하고서 그리하여 두 측면을 적절하게 조화시켜 중국역사의 토대와 사상의 근본을 확립하였던 것이다.

그러므로 장자에 이르러 비로소 구체적으로 선명하게 드러난 도가사상의 정치체제는 기존의 통치이념에 의해 형성된 사회질서를 바탕으로 하여 그들이 수립하려는 통일왕조가 더욱더 쉽게 통제하려는 것 이상이 아니었다. 곧 그 이유는 새로운 시대에 걸 맞는 새로운 왕조의 탄생을 순순히 받아들이도록 하기 위해 무위자연의 이론을 만들어 유가를 굴복시키려고 한 것이었을 뿐, 그리하여 전통의 왕도정치노선을 벗어버리고 그들이 지향하는 패도정치노선의 전제군주통일왕조를 구축하려고 한 것이었을 뿐, 결코 그들의 궁극목표가 현실적인 정치권력을 확보하려는 야심찬 의도에서 결코 벗어난 적이 없었기 때문이다. 그런즉 오히려 그들이 내세운 제왕(帝王)정치의 체제야말로 민중을 억압하는 차별적인 이론이었던 것이었다. 따라서 봉건제도를 거부하고 전제군주제도를 채택한 진시황의 전제적 사고방식을 제대로 정확히 파악하려면, 그 입장은 반드시 황로학의 사고방식을 담은 아래의 글을 참조해야 한다.

"………그러므로 말할 수 있다(故曰). 「하늘보다 영묘한 것이 없고(莫神於天) 땅보다 부유한 것이 없고(莫富於地), 제왕보다 큰 것은 없다(莫大於帝王)」

그러므로 말할 수 있다((故曰) 「제왕의 덕은 천지와 짝을 한다(帝王之德配天地)」

이것이야 말로 천지의 작용을 그대로 편승해서(此乘天地), 만물을 베풀고(馳萬物), 그러므로 수많은 사람들을 부릴 수 있는 도인 것이다(而用人羣之道也). 무릇 근본이 되는 것은 위에 있고(本在於上) 끝이 되는 것은 아래에 있어야 한다(末在於下). 따라서 다스림의 주된 요체는 군주에게 있고(要在於主) 집행의 세세한 일은 신하에게 있다(詳在於臣)."[196)]

여하튼 이 글이 도가의 정치적 의도를 명백히 보여 주고 있기 때문에, 따라서 도가의 진면목을 직시하려는 입장은 도가사상가들이 무위자연의 말로서 자신들을 현실정치와 무관한 인물로 위장한 부도덕한 태도를 지극히 전략적이고 전술적인 행동양식으로 파악해야만 비로소 그들의 진정한 의도를 제대로 파악할 수 있게 된다. 물론 도가의 인물들이 자신들에게 불리한 비판을 악의적으로 왜곡된 해석이라고 몰아 부치기 위해 아예 위에서 인용한 글들을 도가사상가들의 글이 아닌 후대에 누군가에 의해 조작된 위서(僞書)라고 완강히 부인할 수도 있겠지만, 그러나 도가사상의 실체가 면면히 드러난 상황에서는 결코 이런 글들이 도가사상가들의 글이 아닐 수 없게 된다. 왜냐하면 그들이 유가가 견지하고 있었던 고대통치이념을 극구 배척한 의도가 지극히 순수한 입장에서 춘추·전국시대에 걸쳐 진행된 혼탁한 정치자체를 혐오하여 그리하여 자신의 인생에서 정치적 삶을 배격하려고 한 목적에서 비롯된 것이 전혀 아니었기 때문

196) ibid p300

이다. 더욱이 그들이 세속을 초월한 사람답지 않게 한 결 같이 수미일관된 신념과 태도로서 고대통치이념을 수호하려는 유가를 부도덕한 전략적 방법으로 계획적으로 공박하였기 때문이다. 즉 그들이 주도면밀하게 가공한 황제사관(黃帝史觀)이 비록 요·순사관(堯舜史觀)이 갖춘 객관적 역사성을 완벽히 무너뜨릴 수는 없었지만, 그러나 그들이 집요하게 추구한 정치적 목표는 초지일관 한 결 같았기 때문이다. 그러므로 그들은 한시라도 전국시대의 정치자체를 신선의 마음가짐으로 기피하거나 거부한 적이 없었든 인물들이었다고 말할 수 있게 된다.

따라서 만약 그들이 진정으로 세상을 다스리는 정치권력으로부터 달관한 인물들이었다면 민감한 정치현실에 관한 비평의 말과 유가를 극단적으로 배척하는 비난의 말을 그들의 서책에서 줄곧 하지 않았을 것이다. 그런즉 구체적이고 개별적이고 직접적인 정치현안에 이르면 결국 그들이 내세운 정치적 목적이 유가가 견지하는 고대통치방식의 법치노선과 크게 다를 바 없었음에도 불구하고, 순수하지 못한 전략적인 의도를 가지고서 무위자연의 도를 세속을 초월한 진인(眞人)의 도로 만들어 기존의 유가의 가르침을 격하한 그런 파렴치한 갖가지 행위들은 세속의 떠난 인물들이 도대체 할 수 있는 올바른 행위라고 결코 평가할 수 없게 된다. 그러므로 오히려 그들의 그런 이중적인 모습이야말로 역설적으로 그들이 강력한 정치적인 의도를 가진 인물이었음을 진정으로 보여 주는 결정적인 증거가 아닐 수 없게 된다.

그리고 그에 관한 정황은 아래와 같은 취지를 담은 장자의 여러 글 속에서 단적으로 발견되는데, 특히 장자서책의 천도(天道), 천운(天運) 편에 기록된 글이 대표적인 경우에 해당한다. 물론 반유가의 도가입장은 도가사상을 세속의 일에 달관하여 무관한 비세속적인 도인의 사상으로 이해하고서 곧바로 이 글을 도가의 특유한 사고방식으로 해석하려고 시도하겠지만 그러나 이 글은 결코 그렇게 해석되어서는 안 된다. 왜냐하면 이 글의 내용이 오히려 도가가 일관되게 진술한 내용을 뒷받침하는 근본생각을 적나라하게 보여주기 때문이다. 다시 말해 이 글이 도가의 인물들이 세속적인 선비들이었다는 점과 더 나아가 그들의 사상이 결코 세속의 질서자체를 근본적으로 벗어날 수 없는 인간의 사회적 본성과 그리고 위정자가 통제하는 인위적인 사회질서에 순응하는 행동양식을 결코 거부할 수 없는 이론의 한계를 그대로 보여 주기 때문이다.

"군주가 앞서고 그리고 그 뒤를 신하가 따르며(君先而臣從), 아버지가 앞서고 그리고 자식이 따르며(父先而子從),형이 앞서고 그리고 아우가 따르며(兄先而弟從), 나이가 든 사람이 앞서고 그리고 나이가 어린 사람이 따르며 (長先而少從), 남자가 앞서고 그리고 여자가 따르며(男從而女從), 남편이 앞서고 그리고 아내가 따른다(夫先而婦從). 대체로 존귀한 자가 앞서고 비천한 자는 뒤 따르는 것이(夫尊卑先後) 천지의 움직임이다(天地之行也). 그러므로(故) 성인은 이 모습을 취했다(聖人取象焉). 하늘이 보살피고 땅이 비루한 것은(天存地卑) 인지를 초월한 신성한 위계이다.(神明之位也) 봄과 여름이 앞서고(春夏先) 가을과 겨울이 뒤따르는 것이(秋冬後) 사계절의 순서이다(四時之序) 만물이 성장함에는(萬物化作) 싹이 돋는 것과 형상을 이루는 것이 구별된다(萌區有狀). 성하고 쇠퇴하는 것의 빠름이(盛衰之殺) 변화의 흐름이다(變化之流也) 무릇 천지는 신에 이르고(夫天地至神) 그래서 존비선후의 질서가 있으며(而有尊卑先後之序) 그래서 더 더욱 사람의 도가 있다.(而況人道).”[197]

그럼에도 불구하고 장자가 굳이 유가와의 차이점으로 내세우기 위해 불필요하게 “이런 고로(是故) 옛날에 대도를 명백히 체득한 분은(古之明大道者) 먼저 하늘의 도를 밝히고 그리고 그 다음에 도덕을 밝혔다(先明天而道德次之)”는 내용을 담은 아래의 글을 덧붙였는데, 오히려 장자의 이와 같은 지나친 표현이 도가가 유가에 정통한 선비집단이라는 점을 고스란히 증명하는

197) ibid p301~302

증거가 아닐 수 없게 된다.

"이런 고로(是故) 옛날에 대도를 명백히 체득한 분들은(古之明大道者) 먼저 자연을 밝히고 나서 그 다음에 도덕을 밝혔다(先明天而道德次之). 도덕을 밝히고 나서 그 다음에 인의를 밝혔다(道德已明而仁義次之). 인의를 밝히고 나서 그 다음에 분수를 밝혔다(仁義已明而分守次之). 분수를 밝히고 나서 그 다음에 명목과 실체를 따졌다(分守已明而形名次之). 명목과 실체를 밝히고 나서 그 다음에 재주에 따라 벼슬을 임명하였다(形名已明而因任次之)........................... 이 도에 입각하여 임금을 섬기고(以此事上), 이 도에 입각하여 아래 백성들을 양육하며(以此畜下), 이 도에 입각하여 만물을 다스리며(以此治物), 이 도에 입각하여 자기 몸을 수양하며(以此修身), 인위적인 지모를 쓰는 일이 없고(知謀不用) 반드시 자연의 법칙과 합치한다면(必歸其天), 이것이야말로 태평성대이며(此之謂太平) 최상의 정치인 것이다(治之至也)."[198]

그리고서 장자는 아래의 글로서 도가들의 의도를 명백히 밝혀 새로운 시대의 도래를 기정사실화하려고 하였지만, 그러나 그런 사고방식은 이미 유가들이 수렴하고 있었기 때문에 그들

198) ibid p302

의 정체만 의심스럽게 만들 뿐이다. 왜냐하면 이미 공자가 말한 바처럼 구체적인 예법은 시대에 맞추어 변화하는 것이기 때문에, 따라서 공자와 유가의 목적은 그 원형을 되살리려는 것이 아니라 그 정신을 되살리는 것이었기 때문이다.

그리고 더 나아가 유가의 그 의도는 전국시대 말기에 이르러 순자의 후왕사상에서 결정화(結晶化)된 모습으로 적절히 표현되어있기 때문에 그리하여 도가가 유가의 가르침을 더 이상 달리 왜곡시킬 수 없게 된다. 그러므로 결국 유가와 도가의 차이점은 춘추·전국시대의 책임과 수습방법에 대한 견해의 차이점에 있게 되는데, 곧 그 점은 순자와 장자의 서책에 명백히 드려나 있다. 그러므로 여하튼 순자와 대비되는 장자의 의도는 아래의 글에서 확인되어진다.

"·········지금 주나라에서 행해지던 정치와 도덕을 현재의 노나라에서 실행하려고 하면(今蘄行周於魯), 이것은 가히 배를 육지로 끌어 올려서 밀고 가려는 것이나 다를 바가 없는 것입니다(是猶推舟於陸也). 수고로움만 있고 그러나 이루는 것은 없고(勞而無功), 몸은 반드시 해치게 될 것입니다(身必有殃). ·····················

그러므로 대저 태고의 삼황·오제가 만든 예의와 제도는(故夫三皇五帝之禮義法度) 반드시 그것들이 똑같아서 숭상되었던 것이 아니라(不矜於同), 능히 세상을 잘 다스릴 수가 있었기에 숭상되었던 것이었습니다(而矜於治).

그런 고로 비유컨대(故譬), 삼황·오제의 예의와 제도(三皇五帝之禮義法度)는 그것은 아가위·배·귤·유자들이(其猶柤梨橘柚邪) 맛은 서로 다르면서도(其味相反) 그러나 모두 입에서는 맛있는 것과 같습니다(而皆可於口)

그러기에 예의법도는(故禮義法度者) 시대에 따라서 능히 바뀌어야 하는 것입니다(應時而變者也)."[199]

하지만 도가의 이런 변혁의 입장은 황하에서 홍수의 범람을 극복하기 위해 진력을 다했던 인간들의 모습을 전혀 고려하고 있지 않을 뿐더러 오히려 비웃고 있는 느낌이기 때문에 근본적인 의문점이 제기되지 않을 수 없게 된다. 왜냐하면 장자가 말한 천락의 개념에서 보면, 그들의 사고방식은 홍수를 방지하기 위한 노력보다는 홍수를 피하기 위해 삶의 터전을 이동하는 것이 훨씬 현명한 생존방식인 것처럼 말하고 있기 때문이다. 물론 이 경우는 서경반경(盤庚)에서의 상나라 임금 반경이 황하의 홍수 때문에 도읍을 은(殷) 땅으로 옮긴 경우를 인용하여 반론을 제기할 수 있겠지만, 그러나 그 경우는 임금인 반경이 이해당사

199) ibid 同

자인 대가(大家), 세족(世族), 일반백성(一般百姓)을 설득하여 진행한 경우이므로 도가의 무위의 입장과 전혀 다른 경우로 구별되어진다.

그러므로 곧장 기존의 예법에 대하여 유가사상가와 도가사상들이 서로간의 입장을 크게 달리 할 수밖에 없게 되었는데, 곧 도가사상가들은 바로 그 차이점을 드려내는 과정에서 자신들이 원하는 새로운 왕조의 모습을 고스란히 반영하였던 것이다. 그런즉 전국시대의 상황에 처한 유가와 도가의 입장차이점은 순자가 도가를 의식하여 비난한 극단적인 글에서 확연히 파악할 수 있게 된다. 곧 아래의 두 글이 그와 같은 당대의 유가와 도가의 차이점을 명확히 보여 준다.

따라서 순자가 아래 글이 보여주는 바처럼 천년의 법과 천년의 믿음과 천년의 믿음을 지닌 선비를 말한 그의 의도는 통치의 근본원리가 결코 변해서는 않는다는 주장이었는데, 여하튼 그 속뜻은 결국 전국시대의 혼란은 왕과 제후들이 자초한 혼란일 뿐, 주나라의 통치이념과 문물제도가 잘못된 것이 아니라는 입장을 피력하려는 것이었다. 그러므로 그는 비록 지금의 난세를 야기한 단초는 주 왕실이 제공하였지만 그러나 지금의 모든 혼란은 오히려 그 단초를 빌미로 오만하고 방자해진 제후들의 무도한 탐욕에 의한 것이라고 보았기 때문에, 따라서 순자는 공자의 입장에 따라 마땅히 춘추·전국시대의 난국은 본래의 정상적인 모습으로 회복되어야한다고 주장하였던 것이었다. 그리하여 그는 극단적으로 주 왕조에서 새로운 왕조로 정권이 바뀌더라도 새로운 왕조는 주나라가 계승한 통치의 정통성을 받들어 모든 질서를 회복하고 그리하여 잘못된 예법을 시대에 알맞게 손질해야 한다고 주장하였다. 곧 이것이 공자가 주장한 주례복귀(周禮復歸)의 참 의미로서 따라서 순자가 여전히 전국시대에도 올바른 유가의 정통노선을 견지했던 진정한 유생이었던 것이다.

> "사람은 백년의 수명도 유지하지 못하는데(人無百世之壽), 그런데도 천년의 믿음을 지닌 선비가 있는 것은(而有千歲之信士) 어째서 인가(何也)?
>
> 말하자면(曰), 대저 천년의 법을 스스로 보전하는 인물이기 때문에(以夫千歲之法自持者), 이에 이것을 천년의 믿음을 지닌 선비라 한다(是乃天歲之信士矣)." 200)

그와 달리 도가사상가인 장자는 난국을 수습하려면 나라를 다스리는 근본인 통치명분과 통치이념을 새롭게 바꾸어야 한다는 입장이었다. 즉 난국을 야기한 모든 책임을 제후들 즉 지금의 열 왕들이 짊어져야 하는 것이 아니라 주나라 왕조가 짊어져야 하는 것이므로, 따라서 주나라를 교체해야 할 뿐만 아니라 더 나아가 주나라를 교체하는 혁명의 방법도 주나라가 계승한 역사의 정통성을 근본적으로 바꾸어야 한다는 것이었다. 그러므

200) 순자 p316~317

로 장자의 속셈은 요·순임금이래로 전승된 역사적 정통성을 새로운 인물인 황제의 역사적 정통성으로 바꾸고 그에 맞추어 새로운 예법과 문물을 개조해야한다는 것이었다. 그런즉 장자와 순자가 똑같이 새로운 왕조의 등장을 용인했다고 하더라도, 그러나 주나라가 계승한 역사의 정통성을 부정하고 반대로 긍정하는 입장의 차이점 때문에 극단적으로 서로 구별되는 것이다. 곧 장자의 그런 의도는 단적으로 마지막 구절인「윗사람이 아랫사람을 부양하는데 소용되는 도라고 볼 수 없다(非上之所以畜下也)」는 구절에 함축되어 있다. 물론 장자의 이런 글들은 언뜻 보면, 민중을 위하는 내용으로 오인할 수 있겠지만, 그러나 황로학의 법가사상을 참조하고 그리고 훗날 시행된 전제군주제도를 감안하게 되면 오히려 이 글이 민중을 억압하려는 내용을 담은 글임을 단번에 파악할 수 있게 된다.

> "·········예법과 제도, 내용과 명목의 자세한 대조 같은 것은(禮法數度形名比詳) 옛 사람들도 행하기는 하였으나(古人有之), 필경 이것은 아랫사람이 윗사람을 섬기는 도일뿐(此下之所以事上), 결코 윗사람이 아랫사람을 부양하는데 소용되는 도라고 볼 수 없다(非上之所以畜下也)."[201]

그런데 이와 같은 말로서 춘추·전국시대의 난국을 야기한 위

---

201) 장자 p303

정자를 몰아 부치는 비판의 태도는 도가의 탁월한 전술·전략으로서 난국을 책임져야할 열 왕들의 무도함을 책임선상의 대열에서 제외시키면서, 그 대신 고대통치이념을 계승한 주나라를 궁지에 내몰 수 있는 공격방식이 되었고, 그리하여 도가의 의도를 전혀 눈치 챌 수 없었던 일반백성들은 그 비난의 겉모습에 매료되어 주나라의 예법을 방어하는 순자의 논법보다는 도가가 주도한 황로학의 논법에 함몰되어 갔던 것이다. 하지만 도가들이 어리석은 민중의 지지를 얻기 위해 내세운 논리들은 애초부터 도덕적으로 무리가 있었기 때문에 유가를 대신하여 국학의 자리를 차지할 수 없었다.

그러면 당연히 왜 황로학이 그렇게 될 수 없었는지가 규명되어야 한다. 적어도 주나라가 붕괴된 상황에서는 고대통치이념의 정통성을 주장한 유가가 설 자리가 좁아서 단연 황로학식 법가와 황로학식 도가가 국학의 자리를 마땅히 차지했어야 했기 때문이다. 더 나아가 비록 황로학이 국학의 자리를 차지하지 못했더라도 유학이 국학이 되는 것은 극구 막았어야 했을 것이기 때문이다. 다시 말해 분서갱유를 야기한 이들이 유가가 국학이 되는 일을 용납하는 경우는 있을 수 없는 사태였기 때문이다. 그러므로 유가가 국학이 될 수 있었던 당시의 이유와 비교해서 황로학식 도가가 유학을 제치고 과연 국학이 될 명분이 있었는가? 하는 이유를 정정당당하게 따지게 되면, 여하튼 황로학식 도가가 당시에 스스로 그런 명분을 갖추고 있지 않음을 인정하지 않을 수 없게 된다. 왜냐하면 그 이유는 너무도 자명하기 때문인데, 곧 그것은 도가의 이율배반적이고 표리부동한 언행 때문이다. 다시 말해 그들이 자신들이 표방한 행동양식대로 진정으로 세상의 일에 초연하고서 비세속적인 삶을 추구하는 행동을 하였다면, 여하튼 유가를 비난하면서 동시에 황제사관을 만들어 세상에 유포하고 그리고 제왕(帝王)론을 펼치는 그런 정치적 행위를 결코 하지 않았을 것이기 때문이다. 그런데 그와 달리 그들은 비세속인을 자처하면서 그리고 더 나아가 자신들의 정체는 철저히 은폐하고서 가공의 이야기를 담은 서책을 만들어 그리하여 유가를 폄하하고 역사를 왜곡하는 황제사관을 실제의 역사인 양 세상의 사람들의 뇌리에 각인시켰던 것이다. 그러므로 그 이론은 진나라가 천하를 통일하고 새로운 왕조의 임금을 오만하게 황제(皇帝)로 불릴 수 있게 만들었어도, 정치의 전면에 나서서 백성들을 이끌고 나아가기에는 그 내용이 너무도 비세속적인 것이었기 때문에 결코 국학이 될 수 없었던 것이다. 그러므로 도가의 이론은 언제나 음지의 막후에서 존재할 수밖에 없는 태생적 한계를 지녔기 때문에, 따라서 도가사상가들은 언제나 세상일을 부정적으로 비난하는 시선으로 바라보아야 할 뿐 결코 정치 전면의 양지로 나올 수 없는 처지가 되었던 것이다. 그리고 그 일은 스스로가 자초한 것이기에 누구를 탓할 수가 없는 결과였을 뿐이다.

그럼에도 불구하고 언제나 권력의 중심부에서 소외된 일반대중에게는 도가의 부정적 화법은 소외된 인간의 마음을 위로해 주는 역할을 담당하면서 마침내 도교로 승화되어 민중의 정신적 지주가 되었다. 그런데 이 결과는 긍정적인 점과 부정적인 점을 동시에 지니기 때문에, 한 면을 두고서 일방적으로 평가할 수 없다. 그러므로 그런 맥락의 연장선상에서 정작 염려가 되는 것은 오늘날의 중국인들이 황로학이 어리석은 자신들의 선조의 뇌리에 역사인식을 왜곡시킨 점을 무시하고 있을 뿐더러 더 나아가 역사왜곡의 내용을 중국정사로 받들어 주변민족에 대해 오만한 역사의식을 그대로 유지하고 있는 점이다. 그러나 인류의 역사가 가르쳐 준 교훈을 되새겨보면, 역사왜곡을 반성하지 않는 중국민족과 중국역사가 언젠가는 또 다시 혼돈과 혼란을 거듭하는 정국을 맞이하게 될 것임을 충분히 예상할 수 있게 된다.

그러므로 본서가 이 논구를 끝내면서 결론적으로 말하고자 하는 점은 도가의 진정한 의도를 진정으로 알 길이 없었던 민중들은 그들의 내쏟은 표피의 말만 쫓아 따라 갔다가 오히려 거대한 전제권력의 밑자락에 예속되었고, 그리고 두 번 다시 중국왕조의 역사현장에서 통치자들이 겸허한 자세로 천명(天命)을 받들어 민중을 위한 민본정치에 철저하게 혼신의 힘을 쏟는 왕도정치의 참된 모습과 더 나아가 새로운 왕조의 혁명의 기치로서 천하 만민 앞에 천명(天命)을 앞세운 그런 왕조를 더 이상 맞이할 수 없게 되었다는 점이다.

§. 후기 : 동아시아 삼국에서 발생한 역사왜곡의 문제점과 극복방안은 무엇인가?

목차 : 들어가는 말

1. 언어가 지닌 민족정체성 역사적 의의
2. 역사왜곡의 문제점과 인식전회의 필요성
   1) 중국의 경우
   2)일본의 경우
   3)우리나라의 경우

들어가는 말

이 장에서 논구하려는 주제가 현실성을 지니려면, 당연히 동아시아 3국이 추구하는 근본의 통치이념과 그리고 문명과 문화를 창조하는 가치관의 근본 틀이 동질적이어야 하고 게다가 그것이 지금의 시점에서도 여전히 ing이어야 한다. 그러면 동아시아의 긍정적 미래를 함께 도모할 공통목적을 위해 갖추어야할 방법론으로서 동아시아의 정치사상의 근본 틀이 과거에 과연 존재했는가? 또 현재에 존재하는가? 또한 미래에 존재할 수 있는가? 하는 물음이 현실성을 지니게 된다. 그리고 그 작업은 동아시아 삼국문화의 근본 틀이 중국고대왕조가 수립한 통치이념의 뿌리를 두고 있는 공통점에 초점을 맞추고서 논구를 시작할 수 있게 된다.

그런데 그런 맥락에서의 근본원형이 과거에 존재하긴 했지만, 그러나 그것이 패도정치의 틀에 의해 철저히 왜곡되었고 게다가 그 왜곡의 흐름 속에서 동아시아의 역사도 함께 왜곡되지 않을 수 없었고 그리하여 왜곡된 틀 속에서 줄곧 동아시아민족이 공존해왔었다면, 당연히 그 왜곡된 역사적 사실부터 먼저 바로 잡아야 한다. 왜냐하면 지금의 3국이 동아시아의 진정한 평화를 바란다면, 더 나아가 그 목적을 실현하려는 의도를 함께 공유하고 있다면 당연히 그 왜곡된 역사적 사실을 우선적으로 시정하지 않고서는 제대로 그 방향으로 나아갈 수 없기 때문이다.

그러므로 본서는 3권의 논구를 마무리 하는 작업으로 2권의 후기(後記)에서 현대사회에 이바지할 유가의 현대성을 언급하였던 취지에 맞추어, 여기에서도 동아시아 3국의 밝은 미래를 위해 역사왜곡의 문제점과 그리고 서로 반성해야할 점을 간략히 언급하려고 한다. 물론 이 작업을 수행함에 있어서 우리나라에 관한 언급이 짧은 지면 속에서 더 많이 차지하여 논구의 형평성을 무너뜨린 점에 대해서는 독자들의 양해를 구하는 바이다.

그런데 1,2,3권의 모든 논구를 마무리 하는 과정에서 제대로 문제제기를 하여 올바르게 논구했어야 함에도 불구하고 그렇게 하지 못해 대단히 아쉬웠던 논점이 하나 남아 있었는데, 여하튼 그 논점에 대한 미련은 지금까지 다루었던 문제의 사안을 더 세세히 논구하지 못했다는 그런 종류의 미련과 전혀 다른 아쉬움에 대한 미련이었다. 물론 필자가 그 문제를 구체적으로 능히 다룰 수 있는 역량의 부족 때문에 쉽게 다루지 못한 점도 있었지만, 그러나 그런 미흡한 역량일지라도 당연히 제대로 문제점을 짚었어야 했음에도 불구하고 논구를 망설이면서 포기한 그런 종류의 아쉬운 미련이었다. 따라서 역사왜곡의 문제를 마무리하는 마지막 단계에서 그 아쉬움을 떨쳐내기 위해 그 의문점이 지닌 중대한 역사적 의의를 간결하게 정리하여 되새겨보고자 한다.

1. 언어가 지닌 민족정체성의 역사적 의의

주목 : 중국정부가 동북공정으로 대한민국의 고대역사를 일방적으로 왜곡시키는 학문적 작업을 21세기 이 시간에서도 진행되고 있는 역사적 현실은 역설적으로 과거에 그들이 고대왕조사를 왜곡하였다는 사실을 여실히 증명하는 꼴이 아닐 수 없다.

그런데 지난 시절 중국민족이 아무리 우리민족의 고대사를 그들의 역사에 편입하려고 해도 도대체 불가능하였는데, 당연히 그 이유는 바로 양 민족이 사용하는 언어의 특성에서 기인하였다. 왜냐하면 만약 황제사관의 중국역사가 이족이 세운 요·순사관의 정통성을 부정할 정도로 정당한 것이었다면, 당연히 한국어와 일본어의 어순이 중국어의 어순 속에서 자존할 수 없었을 것이기 때문이다. 즉 중국문화를 숭배하여 소(小)중국을 지향한 무리들이 일찍이 우리민족의 언어를 천박한 것으로 여겨 말살하려고 하였을 것이고 그리하여 그들의 의해 말살되었을 것이기 때문이다. 다시 말해 우리민족이 사용하는 언어체계가 중국민족이 사용하는 언어체계보다 시기적으로 더 앞서고 더 뛰어난 것이 아니었다면, 중국문명을 숭배하는 세력에 의해 벌써 역사의 무대 뒤로 퇴장되었을 것이기 때문이다. 그런즉 우리민족은 바로 언어체계의 특성이 그에 대한 정확한 해답을 간직하고 있다고 말할 수 있게 된다.

따라서 찬란한 중국문명의 속에서 그들의 문자를 빌려 쓰면서 어순을 바꾸지 않은 이유와 배경이 논리적으로나 사실적으로 납득이 갈 수 있을 정도로 해명되어야 한다. 여하튼 현재의 우리민족이 현재의 중국민족이 과거의 역사를 재차 왜곡시키는 이 작업을 두고서 무관심하게 방관하거나 아니면 중국역사의 무게에 짓눌려 묵인한다면 우리민족의 혼과 정기는 더 이상 우리민족의 입으로 거론할 자격이 없을 것이다.

논구초점 : 문명과 문화를 발달·발전시킨 인간의 작업은 언어 없이는 불가능하다. 곧 인간은 자신의 모든 사고내용을 언어를 수단으로 하여 진행하고, 그리고 언어를 매개로 하여 서로 간의 생각을 전달하고, 언어를 사용하여 자신의 내면과 외면의 모든 일들을 기록할 수 있었기 때문에 거대한 문명과 문화를 이룩할 수 있었던 것이다. 그러므로 언어는 각 나라 민족의 정체성을 파악하는 역사적 작업에 있어서 가장 확실한 증명자료가 되고 그리고 핵심적인 탐구과제가 된다.

그런데 이와 같은 중대한 학적 의의를 지닌 언어체계는 고립어(isolatinglanguage), 교착어(agglutinating-), 굴절어(inflectional-)로 나누어지는데, 중국어는 고립어이고, 우리나라 국어와 일본어는 교착어이고, 영어는 굴절어로 분류된다. 그리고 고립어에는 중국어 이외에 티베트어-미얀마족에 속하는 곧 티베트, 미얀마, 태국 및 남태평야의 사모아 언어가 있고, 교착어에는 우리나라, 일본, 몽골, 터키어, 헝그리, 핀란드, 스와힐리, 타밀, 자바, 타갈로그 언어가 있다.

그리고 이 구분에서 각별히 주목하고 유념해야할 점은 대부분의 서융·북적의 종족들이 중국에 편입하여 중국어를 사용하여도, 그와 정반대로 중국의 편입을 완강히 거부하고서 그대로 남아서 독립 국가를 유지하고 있는 몽골민족이 사용하는 언어가 우리나라와 일본어와 마찬가지로 교착어인 점이다.

그러므로 여하간 동아시아 3국의 전래문화가 지니고 있는 공통점을 제대로 논구하려면, 반드시 그 작업은 교착어를 사용하는 두 나라가 고립어인 중국의 한자를 서로 공유하고 있는 점에 주목해야 한다. 게다가 그 점은 세 나라 민족의 정체성을 밝히는 작업에 기여할 결정적인 역할을 지니고 있는데, 그 이유는 크게 다음의 두 가지 관점 때문이다. 그 중의 하나는 중국의 역사는 황하유역에서 이족이 세운 요·순임금의 왕조에서 비롯되었다는 점 때문이고, 둘째는 중국에 거주한 이족을 이끈 요·순임금의 왕조와 문화적 공감대를 가질 수 있는 또 다른 이족의 왕조가 바로 우리민족의 고조선인 점 때문이다. 그러므로 한자가 없었던 시기의 문명사와 한자가 등장한 시기의 문명사를 제대로 올바르게 연결하게 되면, 논리적으로나 사실적으로 동아시아 3국이 각자 간직한 고대역사의 정체가 명확히 드러나게 될 것이다.

세 나라 언어가 공통적으로 공유하고 있는 의문점은 크게 두 가지이다.

하나는 한국과 일본의 언어체계가 도대체 한자와 전혀 마찰을 일으키지 않으면서 어떻게 고유한 자신의 언어체계를 유지할 수 있었는가? 하는 의문점이다. 즉 한국과 일본이 문자도 없는 고대시대에 어떻게 지금의 어순을 형성할 수 있었는가? 하는 의문점이다.

또 다른 하나는 이족의 왕조가 이족의 언어습관 즉 언어구조를 전혀 무시하고서 오늘날에 중국민족을 사용되고 있는 한자를 어떻게 탄생시켰는가? 하는 의문점이다.

그러므로 세 나라의 문화를 이해함에 있어서 가장 유념해야 할 점은 바로 어순이 지닌 언어체계의 특성이다. 그 이유는 문자언어가 발달하기 전에 소리언어가 먼저 존재하고 있어야만 했던 객관적인 사실과 역사적인 정황 때문이다. 더욱이 어떤 경우에서도 각 나라의 문화의 핵심은 그 나라의 언어가 말해 주는 것이므로 당연히 언어의 근원이 드려나면 곧 문화의 근원도 잇따라 드려나게 마련이기 때문이다. 그리고 그 점에 대한 뚜렷한 증거와 역사적 의의는 근대시기에 서구의 식민지가 된 여러 나라의 경우가 단적으로 증명해 준다. 즉 아프리카, 남미, 북미 그리고 동남아시아의 식민지 지역이 서구의 언어를 현재 자국어로 사용하고 있는 점이다.

그러면 우선적으로 중국문자인 한자를 이해하려면 반드시 은나라를 멸하고서 주나라를 건국한 전후의 사정을 철저히 주목해야 한다. 곧 그 이유는 주나라의 왕실이 융족이 아닌 이족이라는 점과 따라서 주나라의 역사를 수립한 주체가 주나라의 이족과 은나라의 이족이기 때문이다. 다시 말해 주나라의 찬란한 문물이 만족과 융족과 적족이 주도해서 만들어진 것이 아니라는 점 때문이다. 그러므로 주나라의 문자가 더 세련되어진 문자가 곧 한나라의 한자이므로, 결과적으로 한자도 이족의 언어가 아닐 수 없게 된다.

따라서 어쨌든 은나라의 통치기간을 배제하더라도 주나라의 통치기간이 어연 900년에 걸쳐 있으므로, 이족이 세운 문명의 요소를 배제하면, 어느 누구도 중국 문물과 언어의 정체를 정확히 파악할 수 없게 된다. 즉 은나라의 홍범구주를 수용하지 않으면 안 될 정도로 문물이 취약한 주나라의 주민들이 선진문화를 확립한 은나라의 언어를 무시하고서 주나라 문자 곧 한나라 문자의 원형을 만들었다는 것은 결코 가능한 역사적 사실이 될 수 없기 때문이다. 다시 말해 서쪽의 주 왕조가 동쪽의 은 왕조의 학자를 대거 수용하지 않으면 안 되었든 낙후된 문화의 불리한 여건 속에서는 도저히 그런 일이 결코 가능할 수 없기 때문이다.

물론 상황이 그와 같을지라도 반드시 유념해야할 점은 주나라가 서쪽에 위치해 있었기 때문에 여하튼 주나라가 서쪽 민족의 언어체계에 이족의 언어체계를 결합하여 새로운 언어로 만들 수 있었다는 점이다. 곧 주왕조가 자국 언어의 근본바탕을 이족의 언어로 하되, 그러나 서쪽 거주민의 언어습속을 가미하여 기존의 은나라 언어의 원형에 비해 다소 변형된 새로운 모습의 언어를 만들 수 있었던 여지이다. 그러면 당연히 서쪽에 거주하면서 중국민족과 같은 고립어를 사용하는 티베트 민족을[202] 서(西)융족으로 염두에 둘 수 있게 되는데, 그러나 고대티

202) 티베트인은 스스로를 보에(Bod)라고 불렀으며 중국인들은 토번(吐蕃)이

베트인이 중국역사에 등장할 수 있었던 시기가 빨라야 AD 4~5세기였기 때문에 따라서 티베트어가 중국어에 영향을 줄 수 있는 경우는 아예 배제된다. 그리고 오히려 정반대의 경우가 성립한다.

그러면 서융 민족이라고 불리는 서쪽 지방의 거주민을 중국역사에서 찾아야 하는데, 그것을 제대로 보여주는 자료가 '중국소수민족' 연구서이다. 그런데 그 기록을 자세히 살펴보면, 그 내용이 마치 광의(廣義)의 이족(夷族)을 일컫는 듯이 하고 있기 때문에 보는 사람으로 하여금 놀랍지 않을 수 없도록 만든다.[203] 그

라고 불렸다. 이 호칭은 티베트왕국이 망한 후에도 AD14세기 무렵까지 사용되었다.

토번의 조상은 원래 네팔 북서부에서부터 카슈미르 동쪽 사이에 거주하면서 세력을 확장, AD4,5세기경에는 동부 티베트의 캄으로 이동하여 더욱 강성해졌다.

AD6세기 후반에는 중앙 티베트 남부에 거점을 두고 대두하기 시작한 이들 일부가 왕조의 기초를 만들고, 손챈감포왕(王) 말기부터 국가체제를 정비하여 강대한 나라를 이룩하였다. 동왕이 죽은 후 토욕혼[吐谷渾]의 귀속을 둘러싸고 당나라와 싸워 점차 전쟁의 규모를 확대시켰다. 군사국가조직과 기마부대에 의한 기동력을 활용하여 AD8세기 후반 이후에는 당나라로부터 서역(西域)의 지배권을 빼앗기도 하였으나 같은 무렵 성행하기 시작한 불교사상의 영향으로 AD822년 평화조약을 맺었다. 그 후 불교에 의한 이상적 국가의 실현을 꿈꾸었으나 군사국가로서 운영상의 모순으로 AD 846년 붕괴하였고 토번시대는 막을 내렸다<출처 두산백과>.

203) 중국은 화하 족을 중앙에 두고서 이와 같이 정리하였다. - 주 평왕(平王)이 동천한 기원전 770년부터 시작된 춘추 시대와 그 이후의 전국 시대에는 각 민족이 급속히 변화하면서 대융합하는 시기였다. 춘추 시대에 '융'(戎)이란 명칭은 중원 지역 서방의 모든 종족집단을 지칭하는 범칭으로 사용되었지만, 춘추 시대 초기에는 융(戎)이란 명칭이 여타 방향에 거주하는 민족 집단을 가리키기도 하였다. 예를 들어, 동방의 '서융'(徐戎), 북방의 '산융'(山戎)과 '북융'(北戎) 등은 각 방향의 종족집단에 대하여 '융'(戎)이란 명칭을 붙여 호칭한 사례가 될 수 있다. 춘추 시대 후기에는 북방 민족에 대해한 화하족의 인식이 깊어져서 '융'(戎)이란 명칭 대신 '적'(狄)이란 명칭을 사용하였다.

뿐만 아니라 중국당국이 중국민족을 화하족으로 규정하고서 여러 종족을 그 속에 나열하고 있지만, 그러나 그 내용들은 곧장 서경에서 말한 사이(四夷)와 서이(西夷)의 용어를 연상케 한다.

그럼에도 불구하고 일단 중국인의 의식대로 중국역사를 해석하게 되면, 어처구니없게도 서쪽 주나라 거주민은 서융족이 아니라 화하족이어야 하고 그리고 화하족은 당연히 이족도 아니

중원의 서방에 위치하였던 진국(秦國)은 세력 확장 과정에서 융(戎), 적(狄) 계열의 많은 부족을 정복하여 점차 강국이 되었으며, 이에 따라 융적(戎狄)의 많은 주민이 진국(秦國)의 상당부분을 구성함에 따라 중원 지역의 다른 제후국들은 진(秦)을 융적지국(戎狄之國) 또는 적진(狄秦)이라고 불렀다.

동북방에는 산융(山戎), 동호(東胡) 등의 명칭 이외에도 서주(西周)부터 숙신(肅愼)이라고 부르던 종족 이외에 예맥(濊貊) 등의 종족 명칭이 출현하였다. 예족(濊族)과 맥족(貊族)은 원래 서로 다른 종족집단이었으나 춘추시대 초기에 두 종족이 하나의 공동체로 융합되어 예맥(濊貊)이라고 불렀으며 위국(蔿國)이라고 칭하기도 하였다.

춘추시대에도 남방에 거주하던 모든 종족을 여전히 남만(南蠻)으로 통칭하였는데 남만 가운데 초국(楚國)이 강성해졌다.

동남부 연해 지역과 영남(嶺南) 지역은 백월(百越)이 분포하였는데, 춘추시대 초기에 '만족(蠻族)'으로 통칭되었다가 춘추 시대 후기에 양자강 유역 하류에서 오(吳), 월(越) 두 나라가 흥기하였다. 오국(吳國)은 구오족(句吳族이 건립한 대국으로서 구오족은 화하족의 일원인 주족(周族)의 한 갈래가 양자강 하류에 정착하면서 월족(越族)의 한 갈래와 융합되어 형성된 새로운 민족이었다.

기원전 476년 전국(戰國) 시대가 시작되면서 중원 지역과 주변에는 진(秦), 제(齊), 초(楚), 연(燕), 한(韓), 조(趙) 및 위(魏) 등 7개 대국과 많지 않은 소국들이 남았다. 이 시기에 중원 지역의 화하족 이외에 주변 사방의 주요 종족집단을 살펴보면 북방과 동방에 흉노(匈奴), 적(狄), 임호(林胡), 누번(樓煩), 첨람(檐襤), 동호(東胡), 숙신(肅愼) 등이 있었고 서방에는 대여(大荔), 면제(綿諸), 월씨(月氏), 구자(龜玆), 누란(樓蘭), 우전(于闐), 오손(烏孫), 원(獂), 구연(朐衍), 석지(析支), 의거(義渠), 저(氐) 및 강(羌) 등의 종족이 있었다. 또한 남방에는 초(楚), 월(越) 등이 있고 서남방에는 공도(邛都), 휴(巂), 곤명(昆明), 북(僰) 및 복(濮) 등의 종족이 있었다<출처네이버 지식백과 : 중국 소수민족 연구, 2007. 6. 30., 한국학술정보(주)>.

기 때문에 오히려 주나라 화하족은 소수민족이 되어야 한다. 그리하여 중국어의 모태도 서쪽 거주민인 소수민족인 화하족이 사용한 화하족의 언어이어야 한다. 그러나 중국고대문화와 문명에는 그런 조짐은 전혀 없다. 더욱이 앞서 티베트 민족의 경우에서 지적했듯이 외부의 영향에 의해 오늘날의 한자가 생성되었을 가능성도 전혀 없다. 그리고 이미 주나라 이전에 은나라의 언어가 있었기 때문에 은나라 언어를 제치고 주나라 언어에 영향을 미칠 또 다른 언어가 주나라 영역에 도대체 있을 리 만무했다. 그런즉 오늘날의 한자가 생성되었을 여지는 크게 네 가지로 압축된다.

첫째는 주나라 소수민족인 화하족이 사용한 화하족 언어가 한자의 기원이다.

둘째는 주나라를 일으키는데 크게 일조한 서융족의 언어가 한자의 기원이다.

셋째는 주나라가 은나라의 제후국이었기 때문에 당연히 은나라의 언어를 사용하지 않을 수 없었으므로 따라서 은나라의 언어가 한자의 기원이다.

넷째는 은나라의 언어가 주나라의 서쪽백성의 언어습속을 수용하여 다소 변형된 모습이 한자의 기원이다. 그런데 그 경우는 서(西)융족이 사용하는 단어를 수용한 것일 뿐, 언어의 기본골격 즉 언어체계가 바뀐 것은 아니다.

그러면 당연히 한자의 생성은 한자가 지닌 표의적인 속성 때문이라고 간주해야 한다. 그 이유는 융족의 언어습관 때문에 그렇게 되었다고 곧바로 단정하게 되면, 종주국인 은나라 왕조 내내 제후국인 주나라 왕조가 전혀 은나라의 언어를 사용하지 않았다는 어처구니없는 결론에 도달하기 때문이다. 그 뿐만 아니라 주나라가 은나라의 언어를 결코 사용하지 않았다는 것은 주나라가 은나라 통치기간 내내 융족의 방언이외에 또 다른 별도의 독자적인 언어를 사용하고 있을 때에만 가능한 발상이어서 더 큰 가설이 필요하기 때문이다. 곧 은나라 주민이 은나라 언어를 포기하고 그 대신 주나라 언어를 사용했다는 경우이다.

다시 말해 굳이 융·복합적 언어체계를 만드는 번거로운 일을 할 필요가 없이, 곧바로 은나라 주민이 주나라 주민의 언어를 익힌 경우이다. 그렇게 되려면 주나라의 언어체계가 은나라의 언어체계보다 뛰어나야 한다. 그 뿐만 아니라 주나라가 홍범구주를 수용할 필요조차 없을 정도로 문화강국이어야 한다. 그런데 역사의 흔적에는 도대체 그런 징후가 전혀 없다. 결론적으로 말해서 주나라의 언어는 티베트족의 말과 서융족의 말의 영향을 받아서 지금의 한문구조를 만든 것이 전혀 아니라는 것이다. 즉 한문구조는 오로지 한자가 지닌 고립적 특성 때문에 생긴 인위적 구조라는 것이다.

그러므로 중국어의 모태가 은나라의 언어라고 한다면, 결국 주나라의 문자인 한자는 은나라의 학자들에 의해 더 세련되게 다듬어진 문자이고 그리고 한자로 이루어진 문장도 은나라 학자들에 의해 그와 같은 형식으로 체계화되었다고 말해야 타당해 진다. 그러면 그 논점은 갑골문자의 모습과 상형문자의 초기 모습을 바탕으로 하여 추론해야 하는데, 그 경우에서도 선결적으로 두 가지 의문점이 먼저 해명되어야 한다. 즉 하나는 문자 이전의 소리말의 구조도 한문의 구조와 일치했는가? 하는 의문점과 또 다른 하나는 갑골문자가 한자의 원형인가? 하는 의문점이다. 곧 갑골문자가 발전하여 한자가 되고 그리고 더 나아가 새로운 한자가 만들어지면서 오늘날의 중국어가 되었는가? 하는 의문점이다.

그와 마찬가지로 우리민족도 문자가 제대로 없는 시기에 한자를 이용해서 모든 사실을 기록해야할 딱한 처지였다면, 곧바로 실용적인 입장에서 간단히 고조선의 이족도 고죽국의 이족처럼 자국의 언어사용방식을 포기하고 중국어를 사용하는 민족이 되었다면 간단히 언어표기를 해결할 수 있었는데, 그럼에도 불구하고 왜 우리민족이 그렇게 하지 않았는가? 하는 의문점이 역사왜곡의 문제를 논구하는 과정에서 가장 중요한 핵심과제의 하나가 된다. 왜냐하면 굳이 한자를 사용하여 갖가지 사실을 기록하면서도, 그러나 기록하는 말의 어순은 그대로 유지하고 더 나아가 모든 내용을 한문으로 기록해도 여전히 읽기는 고유한 자기방식의 어순 그대로 한 점이 정작 의문스럽지 않을 수 없기 때문이다. 물론 그 점에 대하여 하층민의 언어가 중국민의 언어방식으로 변화하기 쉽지 않았기 때문이라고 궁색한 변명을 늘어놓을 수 있겠지만, 그러나 상층부가 중국민족의 언어방식으로 말하고 중국민족의 언어방식으로 글을 사용하였다면, 당연히 하층민도 심히 어려운 한자는 아예 쓸 줄 모르더라도, 소리로 말하는 언어는 중국민족의 언어로 말할 수 있기 때문에, 따라서 그와 같은 변명의 가설은 우리민족이 언어체계의 독자성을 유지한 이유에 대한 적절한 설명이 결코 될 수 없다. 즉 당시의 중국백성들조차도 문자는 사용할 줄 몰라도 소리 말은 중국방식으로 하였기 때문에 우리민족도 마음만 먹는다면 얼마든지 그렇게 할 수 있었기 때문이다.

그렇다면 당연히 그 의문은 어순체계에서 풀지 않으면 안 된다. 그 이유는 우리보다 먼저 문자를 만든 일본이[204]그 점의 좋은 범례가 되기 때문이다. 즉 우리나라와 일본이 동일한 어순체계를 공유하고 있는 점이 세 나라의 언어의 기원을 밝혀줄 근거가 되기 때문이다.

흔히 우리는 우리의 한글 문자를 최고의 문자로 내세우지만 이 소리문자는 조선시대에 이르러 모든 소리를 종합하여 기호화한 것이기 때문에, 따라서 한글의 존재가 우리어순을 포기하고 중국말을 사용하는 민족이 되지 않은 이유를 제대로 설명할 수 없다. 더욱이 일본도 우리의 방식대로 하였기 때문에 소리글자가 우리민족이 우리어순을 포기하지 않은 해명의 근거가 될 수 없다. 그러므로 두 나라의 어순체계가 거의 동일한 점을 두고 미루어 판단해 보면, 문화의 특성은 언어체계 곧 어순체계에

---

204) 일본의 문자 중에서 가타카나는 나라시대 말기에서 헤이안시대 초기(8~9세기) 일본에 불교가 왕성하게 일어나던 시대에, 승려가 불전을 연구할 때, 한자의 약기호로서 사용한 것이 시초라 하고, 히라가나는 만요가나(万葉仮名)를 대단히 간략화해서 만든 것이라고 하는데, 특히 여성 사이에서 발달했기 때문에 헤이안시대의 여성문학이 발달한 계기가 되었다. 그러므로 일본어 문자의 등장은 대략 9세기로 간주한다.

그리고 10세기 초인 905년에는 다이고(醍醐) 천황의 명에 의해 편찬된 고킨와카슈(古今和歌集)가 나오게 되었다. 와카(和歌)는 '야마토(大和)의 노래(歌)'의 준말이며 그리고 이 시가 문학작품집의 서문이 가나로 기록되어 있다(출처 : NAVER의 지식백과사전).

서 찾아야 한다는 결론에 도달하게 된다. 그리고 그 점은 곧바로 일본어가 증명해 준다. 일본어가 우리나라 글보다도 더 정확하게 그 증거를 명확히 보여 주는데, 곧 일본어가 한자를 두 가지 방식으로 발음하고 있기 때문이다. 곧 한자의 발음에 따라 읽는 음독과 자기나라 말의 소리대로 읽는 훈독이다.

그러면 당연히 우리의 어순체제가 더없이 훌륭하기 때문에 그렇게 되었다고 말해야만 모든 설명이 가능해진다. 그 이유는 모든 세상일이 편리하고 좋은 방향으로 나아가기 때문인데, 곧 한문의 어순이 편리하고 훌륭했으면 절로 그렇게 되었을 것이기 때문이다. 그런데 그런 불편을 감수하고서도 모든 기록은 한문으로 하면서도, 자기의 말의 체계를 포기하지 않았다면, 그 이유는 우리나라와 일본말의 어순체계가 훨씬 더 훌륭하기 때문인 것으로 판단해야 한다. 다시 말해 역사적으로 편리한 어법을 포기하고 불편한 어법으로 나아간 그런 어리석은 민족이 결코 없었기 때문이다.

그러면 그로부터 가장 중요한 의문점이 제기될 수 있는데, 그것은 중국 땅의 이족이 요·순임금의 왕조이래로 주나라 때까지 중국고대왕조를 다스렸다면, 당연히 그들의 어법도 우리민족의 어법과 동일해야만 논리적으로 타당할 수 있게 되는데 왜 어순이 다른 나라 언어체계처럼 되었는가? 하는 의문점이다.

더 나아가 그 이유가 주나라의 서쪽민족의 어법 때문에 그렇게 된 것인지, 아니면 한자가 지닌 상형문자의 성격 때문에 어쩔 수없이 그렇게 된 것인지에 대한 의문점도 당연히 가능해진다. 물론 전자의 경우는 주나라의 서쪽 민족이 독자적인 언어를 가지고 있어야 할 뿐만 아니라, 게다가 그 어순이 한문의 어순이어야 한다는 점을 전제로 해야만 가능해진다.

그러면 당연히 요서와 요동지역의 교류관계도 언어를 두고서 판단해야만, 비로소 많은 의혹을 제대로 논구해 나갈 수 있게 된다. 왜냐하면 요동과 요서의 관계는 서주(西周)시대까지는 별다른 문제가 없다가 동주(東周)의 춘추시대 때에 요서의 고죽국이 멸망하고 그 자리에 동주의 제후국인 연나라가 차지하면서부터 갈등과 대립으로 치닫게 되었으므로, 필히 그 논구에는 요서와 요동의 진정한 모습이 우선적으로 고려되어야만 하기 때문이다. 다시 말해 주나라가 통일왕조의 기능을 아예 상실한 전국시대에 요서(遼西)와 요동(遼東)에서 연나라와 고조선이 충돌하게 된 이래로, 한나라의 고조선 원정과 한사군(漢四郡)의 설치 및 다시 고조선 옛 지역에서 고구려, 백제, 신라 왕국이 탄생한 일련의 모든 역사적 사건들이 BC770년부터 시작한 동주(東周)의 사태가 원인이 된 사건들이었으므로, 따라서 요서지역의 이족과 요동의 이족 간의 교류관계는 요서지역의 이족이 사용한 언어와 요동지역의 이족이 사용한 언어를 배제하고서는 제대로 해명될 수 없기 때문이다. 그리고 더 나아가 요서의 주민이 이족인 점, 따라서 요서와 요동의 이족이 언어장벽에 가로막혀 의사소통이 지극히 어려운 상황과 불편한 관계에 전혀 놓일 수 없는 점을 전제로 하지 않으면, 기자조선의 이야기와 위만조선의 이야기도 제대로 해명될 수 없기 때문이다. 즉 한 무제가 대규모의 원정대를 파견한 이후 오랜 기간이 걸려서야 고조선이 붕괴되었는데, 어떻게 그 이전에 소규모의 위만의 무리가 고조선으로 들어와 쉽게 왕이 되고 그리고 고조선민족이 그 반역의 사건을 순순히 용납하였는지가 제대로 해명될 수 없기 때문이다. 만약 역사학자들이 그와 달리 오히려 가능하다는 주장을 내놓게 되면, 그 주장은 우선적으로 고조선의 후예들이 평양부근의 낙랑이외의 한나라 세 개의 군을 곧바로 격멸하고 삼국시대를 열었는지부터 제대로 설명해야한다.

그러므로 이족이 요동과 요서 양 지역에 모두 거주하고 있었기 때문에, 문화적 교류는 당연한 것으로 전제되어야만 고대역사가 제대로 해명될 수 있게 된다. 더 나아가 요동과 요서의 양 지역이 인접해 있었던 탓에 같은 이족들끼리는 언어가 통했다는 점도 당연히 전제되어야 한다. 그렇다면 마찬가지로 상나라에 편입한 요서지역의 이족처럼 중국지역의 이족도 그런 조건을 갖추고 있어야만 마땅하다.

물론 동일종족이더라도 서로 떨어져 멀리 살게 되면, 교류가 단절되어서 언어가 사뭇 달라질 수 있다. 하지만 그 경우도 새로운 단어들 때문에 생기는 의사소통의 불편일 뿐 사용하는 언어의 근본성격이 달라진 것은 아니다. 그런데도 불구하고 그런 이질적인 용어 때문에 생긴 불편의 정도와 달리 다시 말해 의사소통이 불편할 정도가 아니라 더 나아가 아예 불가능할 정도로 사용하는 언어체계가 달라졌다고 하면, 곧 그 이유는 대략 세 가지 경우로 구분될 수 있다. 첫째는 자신들이 전혀 다른 종족에게 편입되어 그들의 언어를 사용하는 경우이다. 즉 사람은 바뀌지 않았어도 생활습속이 아예 바뀐 경우이다. 둘째는 거꾸로 다른 종족을 편입하였기 때문에 비록 자기언어의 근본체계는 바뀌지 않았지만, 그러나 자연스럽게 그들이 사용하는 말과 섞이게 되면서 새로운 모습의 또 다른 언어가 되어버린 경우이다. 셋째는 언어체계는 그대로이지만 각기 서로 다른 문자를 개발하면서, 인위적으로 언어가 달라진 경우이다. 따라서 이런 경우를 각각 우리나라와 중국과 일본의 정황에 적용하면, 곧바로 한국과 일본 두 나라는 세 번째 경우에 해당하게 되고, 그에 비해 중국과 한국 두 나라와 그리고 중국과 일본 두 나라의 경우는 두 번째와 세 번째가 혼합된 복합적 경우에 해당하게 된다.

그렇다면 이로부터 제기될 수 있는 의혹은 중국의 한문이 근본적으로는 이족의 언어체계를 수용하고 있는가? 하는 의문점이다. 그런데 그 점에 대하여 분명하게 말할 수 있는 답변은 아니라는 것이 아니라 그렇다는 것이다. 왜냐하면 그 이유는 가령 요임금에 관한 문장 중에 「내가 그를 시험할 것이다(我其試哉)」, 순임금에 관한 문장 중에 「삼가고 삼가서 오로지 형 내리는 것을 불쌍히 여기는 마음으로 하셨다(欽哉欽哉 惟刑之恤哉)」에서 재(哉)와 지(之)와 같은 어조사의 경우처럼 한문이 문장중간과 문장말미에 이족의 말투를 그대로 존속하고 있는 점 때문이다.

그렇다면 당연히 문제가 되는 논점은 단어를 배열한 어순을 바꾸었을 때에 뜻이 전달될 수 있는지의 여부를 따져, 곧바로 중국문자의 속성 때문에 어쩔 수없이 그렇게 될 수밖에 없었는지를 확인해 보면 그 해명이 가능해 질 것이다. 곧 주어와 동사의 순서가 아니라 동사와 목적어를 바꾸어 확인해 보는 방법이다. 그러면 고조선의 언어가 주나라의 글자를 남의 나라 글자가 아닌 자신들의 글자처럼 인식하고서 주나라의 문자를 자기의 말 속에 그대로 채용하여 사용했다고 말할 수 있게 된다. 더 나아가 이족의 근본어순을 공유하고 있기 때문에 그런 점이 훨씬 더 용이하게 되었다고 말할 수 있게 된다.

따라서 그 점은 서경(書經) 우서(虞書) 요전(堯典)「(구족이 화목하고 백성을 고르게 하여 밝게 하시니((九族和睦 平章百姓), 백성이 밝아졌으며 만방을 화합하게 하시니 (百姓昭命 協和萬邦), 일반백성들이 변하여 이에 화목하게 되었다(黎民 於變時雍)」의 문장에서 앞글과 뒷글을 비교해보면 확연해진다. 곧 百姓平章과 萬邦協和의 문장으로 바꾸어 보는 것이다. 또한 於變을 變於로 바꾸어 보는 것이다. 그러면 곧바로 한문은 어조사가 없어서 문장을 도저히 바꿀 수 없음을 알 수 있게 된다. 즉 어조사가 없는 상황에서 단어의 순서를 바꾸면 그 뜻이 달라지는 점이다. 다시 말해 후자의 경우에 어조사를 바꾸어 於變

을 變於라고 말해도 이해할 수 있게 되는 반면에 전자의 경우에는 결코 그렇게 되지 않는 점이다.

그러므로 중국어는 이런 문자의 성격 때문에 발생한 것으로 이해할 수밖에 없게 된다. 그럼에도 불구하고 여전히 남는 문제는 중국어가 소리말일 적에도 이런 어순이었는가? 하는 의문점이다. 그리고 만약 중국어의 어순이 소리말의 시기에도 지금의 어순이었다면, 당연히 중국, 요서, 요동의 이족끼리 공동언어를 공유했다는 가설이 맞지 않게 된다.

그런데 세 지역이 모두 갑골문자를 서로 공유하고 있었다면, 오히려 그 사실을 바탕으로 하여 두 가지 관점에 따라 긍정적으로 접근할 수 있게 된다.

곧 하나는 이족의 언어를 주 언어로 하되 갑골문자를 사용할 적에만 지금의 한문처럼 배열한 경우이다.

그리고 또 다른 하나는 초기의 갑골문자는 부호의 성격이상의 역할이 없었으므로 단지 단어처럼 사용되다가, 점차 문자가 많이 늘어나면서 마침내 언어의 근본구조조차 바꾸게 된 경우이다.

그런데 이와 같은 두 경우에서는 우리나라의 말에서 어조사를 배제하고서 말의 어순을 중국식으로 사용해보면 그 실체가 단번에 드러날 수 있게 된다. 가령「그는 학생(學生)에게 선물(善物)을 준다.」란 말을 두고서 여러 가지 경우로 나열해 보는 것이다.

「그는 선물을 학생에게 준다」,「그는 준다 학생에게 선물을」,「그는 준다 선물을 학생에게」,「그는 학생에게 준다 선물을」,「그는 선물을 준다 학생에게」,「준다 그는 학생에게, 선물을」,「준다 그는 선물을 학생에게」,「학생에게 산물을 그는 준다」,「선물을 학생에게 그는 준다」,「학생에게 선물을 준다 그는」,「선물을 학생에게 준다 그는」.

그리고 이에 대해 우리나라의 말에서 어조사를 생략하고서 배열의 순서를 똑같이 정리하고서 비교해 보는 것이다.

「그 선물 학생 준다」,「그 준다 학생 선물」, 「그 준다 선물 학생」,「그 학생 준다 선물」,「그 선물 준다 학생」,「준다 그 학생, 선물」.「준다 그 선물 학생」,「학생 선물 그 준다」,「선물 학생 그 준다」,「학생 선물 준다 그」,「선물 학생 준다 그」.

그러면 중국어에는 어조사가 우리나라 말처럼 발달하지 못했기 때문에 단어의 순서를 바꾸면, 그가 학생에게 선물을 주는 것이 아니라 그 선물을 학생이 주는 등등의 경우가 발생하게 된다. 따라서 정상적인 뜻을 전달하기 위해서는 당연히 어조사를 대신하는 수단을 사용해야 하는데, 그것은 곧 하나는 몸동작으로 어조사를 대신하여 화자의 의도를 청자에게 전달하는 방식이고, 또 다른 하나는 억양 곧 고저, 장단, 강약 등으로 어조사를 대신하여 그렇게 하는 방식이다. 그런즉 중국어에서는 사성(四聲)이 그런 역할을 충분히 대신하고 있다. 하지만 단순한 내용은 가능할 수 있어도, 복잡한 긴 문장의 내용 및 추상적인 사고내용이나, 부사와 형용사가 겹쳐 있는 미묘한 감정표현 등은 도저히 그것만으로 충분히 표현할 수 없기 때문에 한문의 순서대로 규칙을 정하고서 그 순서대로 말하고 기록하는 습관을 익히는 방법이외에는 다른 방법이 결코 있을 수 없게 된다.

따라서 언어가 지닌 근본문제점을 검토하는 과정에서 반드시 논구해야할 관점은 우리민족이 요서와 요동의 이족과 마찬가지로 이족의 공통언어를 공유하고 있었는가? 하는 의문점이 될 것이다. 물론 그에 대한 확실한 역사적 근거는 백제(百濟)를 통해 확인할 수 있다. 그 이유는 온조(溫祚)와 비류(沸流)가 세운 백제의 뿌리가 고구려에 있고 그리고 고구려의 뿌리가 부여에 있기 때문인데, 그러면 당연히 우리민족의 언어의 근원은 한 곳이라고 단정할 수 있게 된다. 다시 말해 고구려와 백제는 같은 말을 쓰고 또한 고구려와 부여과 같은 말을 쓸 수밖에 없는데, 곧 그 동질의 뿌리가 고조선이라는 점이다.

그런데 이 경우에서도, 갖가지 방언을 나열하여 언어의 동질성과 민족의 동질성을 부정하는 반박을 내놓을 수 있는데, 그러나 그것은 어불성설만 될 뿐이다. 왜냐하면 고조선에 편입하지 않은 부족들은 자체적으로 사용하는 언어가 있어야 하는데, 그러나 그들이 고조선과 교류를 하고 더 나아가 자발적이건 강제적이건 간에 편입이 된 경우에는 고조선의 언어방식을 따랐을 것이었기 때문이다. 물론 이 과정에서 백제와 뿌리가 다른 신라의 경우를 두고서 또 다른 의문을 제기할 수 있겠지만, 그러나 한반도와 일본의 언어가 모두 동일하고 동질적인 어순체계를 공유하고 있는 역사적 사실을 도외시하고서, 그 사이에 놓인 신라지역만이 다른 언어체계를 가지고 있었다고 주장할 근거가 도대체 있을 리 만무하기 때문이다. 그러면 당연히 그 근거를 제대로 밝히기 위해서는 고구려, 백제, 신라, 가야 이전의 시대로 거슬려 올라가야 하는데, 결국 그 종점이 고조선이 아닐 수 없게 된다. 그리고 그 논구과정에서 동일한 어순체계에서 사용되고 있는 방언의 문제도 자연스럽게 해명되어질 것이다. 곧 그것은 생활여건의 차이성 때문에 발생한 문제일 뿐, 결코 언어체계가 전혀 다른 종류 때문에 유발된 문제가 아니라는 점이다. 또한 방언의 문제는 한자사용의 문제점까지 해결해 주는데, 곧 그 점은 이족의 언어체계에 갖가지 방언이 존재하듯이 마찬가지로 그와 같은 사용되는 방언처럼 주나라의 한자를 가져다 사용할 수 있었다는 점이다.

그러므로 동아시아 세 나라에서의 언어의 문제는 다음과 같이 정리하고서 탐구를 진행해야할 것이다.

첫째, 세 나라의 언어문제는 이족의 언어체계를 근본으로 삼아야 하는 점이다. 왜냐하면 주나라의 문자에 영향을 준 민족과 언어가 이족과 그들의 언어이외에 따로 있을 수 없기 때문이다. 그러므로 중국의 한자를 바탕으로 하여 우리나라의 한국어와 일본의 일본어를 이해할 것이 아니라 이족(夷族)의 근본언어인 우리나라의 말을 바탕으로 하여 중국어와 일본어를 살펴보아야 동아시아 역사의 진정한 정체를 정확하게 파악할 수 있게 된다.

둘째, 주나라 언어 곧 한자의 근원은 주나라가 계승한 상나라 언어 및 갑골문자에서 찾아야 하고 그리고 중국고대왕조의 이족과 고조선의 이족의 상관관계도 상나라의 갑골문자를 고조선이 공유하고 있었는지를 살펴보지 않으면 안 되는 점이다. 왜냐하면 갑골문자는 부호이기 때문에 고조선과 중국고대왕조가 일찍부터 공유하였기 때문이다.

셋째, 한문의 어순은 표의 문자인 한자가 지닌 특성 때문에 인위적으로 발생한 문제이며, 마찬가지로 발음의 문제도 그 특성 때문에 인위적으로 변형된 문제로 간주해야하는 점이다. 가령 우리나라의 '아버지'를 한자인 父(부)로 표기하게 되면 어쩔 수 없이 하나의 문자에 맞는 발음으로 새롭게 거듭날 수밖에 없게 되는 점이다. 그 점은 일본의 훈독과 음독이 제대로 보여주고 있기 때문에 반드시 참조해야 한다.

넷째, 주나라의 언어와 고조선의 언어가 동일한 뿌리를 가지고 있다면, 당연히 이족의 언어는 주나라의 문자 곧 한자를 그대로 수용하여 사용한 것이 되고 그리고 고조선의 언어가 중국어의 어순으로 동화하지 않고 오직 그 단어만을 채용한 것이 제대로 설명되어지는 점이다. 그리고 발음에 있어서는 자신들의 말을 그대로 발음하거나 새로운 주나라 발음 곧 한자식 발음을 사용한 것도 설명되어지게 된다. 곧 그 정황은 앞서 지적한 바대로 일본어가 생생하게 보여 준다. 그러면 한자의 발음이 중국내에서도 갖가지인 것과 마찬가지로, 우리나라의 말에서의 방언도 크게 문제될 일이 없게 된다. 왜냐하면 방언의 문제는 주변에 산재해 있는 여러 부족을 아울러 통일왕조를 형성하는 과정에서 발생하는 언어의 문제이기 때문인데, 따라서 역사적이고 정치적인 관점에서는 크게 문제 삼을 필요가 없게 된다.

그러므로 이런 점을 종합하여 언어의 정체를 살펴보면, 당연히 언어문제는 곧바로 우리민족에게 중대한 반성을 요구하게 된다. 그것은 다름 아닌 고조선 지역의 종족을 편 가름하여 오랑캐라고 매도하면서 이민족 취급을 한 사고방식이다. 만약 우리민족이 끝까지 이런 역사관에 얽매이게 되면, 스스로 백제의 역사를 거부해야하고, 고구려역사를 부정해야 하고, 부여의 역사를 부정해야하고, 고조선역사를 부정해야하고 우리의 말을 부정해야하고 급기야 한글마저 평가절하(平價切下)해야 하는 난점에 부딪치게 되고 그리고 그 난점으로부터 결코 헤어 나올 수 없게 된다.

그리하여 우리민족은 역사의 전개과정에서 동질성과 이질성, 동일성과 차별성을 구분하지 못하는 어리석은 민족이 되어 자기 역사를 스스로 부정하는 민족만 될 뿐이다. 왜냐하면 말갈, 예맥, 숙신, 여진족을 부정하게 되면, 도대체 남아 있는 우리민족의 정체가 도대체 무엇인지가 애매모호해지기 때문이다. 그런즉 단일민족관은 어떤 민족이 편입하더라도 그 종족과 더불어 만들어 갈 문화의 틀의 존재를 말하는 것이므로, 따라서 언어의 틀, 사상의 틀, 가치관의 틀을 공유하고 있는 백성들끼리 배척한 사실은 우선적으로 중화사상에 기인한 사대주의적 산물이고, 더 나아가 일본에 의한 식민사관에 기인한 산물이 아닐 수 없게 된다.

다시 말해 단적으로 중국의 요서와 요동을 면하고 있는 발해(渤海)를 사용한 발해국이 자기 백성인 말갈족을 이민족이라고 여기지 않았었지만, 그러나 반도에 사는 고조선 후손들이 여하튼 북방의 동족을 오랑캐라고 구별하였으므로, 따라서 만주의 역사를 배제하고 오로지 통일신라만을 우리민족의 역사라고 여기도록 만든 사고방식은 반도(半島)사관의 산물이 아닐 수 없게 된다. 그리하여 우리민족은 조상의 역사와 민족의 올바른 영혼을 상실한 민족이 되었던 것이다. 따라서 언어의 문제는 그런 점을 깊이 반성하게 할 논구대상이므로, 본서가 3권을 마감하면서 간략하게 언급하게 되었다.

2 .역사왜곡의 문제점과 인식전회의 필요성

논구초점 : 동아시아 삼국은 각자 자기나라의 역사를 나름대로 왜곡하였다. 그런데 그 왜곡의 실상이 서로 다르기 때문에 오늘날에 이르러서는 삼국이 서로 화합하여 세계문명을 주도적으로 이끌고 갈 역량을 충분히 발휘하지 못하고 있다. 더욱이 진나라 이후에 전제군주제도를 선택한 중국왕조의 패권의식을 서로 공유하게 된 삼국의 위정자들이 줄곧 모든 왕조의 부침을 왕도정치의 덕치주의 대신에 물질적 힘에 의한 법치주의로 파악하였고 그리

고 그런 인식을 바탕으로 하여 자신들의 나라를 통치하였기 때문에 따라서 각 나라의 역사왜곡이 지금의 현실에서 어떤 문제점을 야기하였는지를 규명하는 작업은 그 핵심적 본질사안에 직접 다가가지 않고서는 구체적인 실상을 제대로 짚어볼 수 없게 된다.

역사왜곡의 문제점을 언급하고 인식전회의 필요성을 언급하는 과제는 역사학이 개개의 역사적 사건을 두고서 진상을 밝히고 더 나아가 그 시비를 가리는 판단작업 및 논구성격과 전혀 다르다. 왜냐하면 이 과제는 정치권력을 장악한 위정자들이 당대에 실행한 구체적이고 개별적인 정사에 대해 그 시비를 밝히려는 것이 아니라, 오히려 이 과제는 모든 정사의 바탕이 되었던 통치이념의 근본적 틀과 통치노선을 왜곡시킨 사고방식의 인륜적 문제점을 지적하고 그리고 한걸음 더 나아가 미래지향적인 새로운 역사관의 시각을 갖출 수 있는 인식전회의 가능성을 논구하려는 것이기 때문이다. 따라서 그런 맥락에서 역사왜곡의 문제점을 검토하려는 것이었으므로, 당연히 이 작업은 본질적으로 도저히 기존의 역사학의 과제가 될 수 없었던 것이었다.

그런데 여하튼 이 논구를 시작하기만 하면, 곧바로 중국고대왕조사가 동아시아 역사에서 차지하는 비중이 다른 어떤 주제보다도 실로 중차대하다는 점을 중국고대왕조가 차지한 영토와 고조선이 차지한 영토를 제대로 비교하기만 하면 단박에 깨달을 수 있게 된다. 왜냐하면 황하유역에서 시작한 중국의 고대왕조는 시간이 흐름에 따라 강대한 영역을 중국내륙으로 확장한 반면에, 황하이북에서 중국지역과 인접하고 그리고 해양에서 단지 발해만을 건너 근접하고 있었던 고조선은 중국의 고대왕조 만큼 실질적 발전을 도모하지 못했기 때문이다. 특히 이 양 지역의 비교가 중요한 까닭은 중국대륙을 차지한 중국고대왕조의 영토와 만주지역과 한반도를 차지한 고조선의 영토가 그 당시에는 별반 차이가 없었고, 게다가 이 두 지역을 다스린 역사의 주체가 이족이었음에도 불구하고, 그러나 한 쪽의 당사자인 중국의 왕조가 발전과 발전을 거듭한 반면에 그와 달리 다른 쪽의 당사자인 고조선이 마침내 중국왕조에 의해 멸망당해야만 했었던 배경을 정확히 파악해야 하기 때문이다. 더 나아가 한반도에서 일본열도로 이주해간 이족들이 건국한 일본왕조의 역동적인 역사는 고대시기의 중국왕조의 역사와 고조선의 실체가 제대로 파악되지 않고서는 올바르게 이해될 수 없기 때문이다.

물론 이 과제는 주변의 삼국이 처음부터 서로 독립된 상황이었다면, 당연히 상호간에 그런 연계성을 도저히 상정할 수 없기 때문에 도대체 성립할 수 없었을 것이다. 왜냐하면 각 나라의 민족들이 살아간 삶의 궤적인 역사가 각기 독립적이라면, 후대에 이르러 다른 민족의 역사발전에 반면교사의 참고는 될지언정 나쁜 영향을 직접 끼칠 수 없었기 때문이다. 그러나 그렇지 않고 인접나라들끼리 서로 얽혀 첨예한 이해갈등을 유발하였다면, 당연히 상호교류에 관한 역사인식의 시각이 돌변하지 않을 수 없게 된다. 더욱이 한쪽이 자국의 역사를 아전인수 격으로 왜곡하는 순간에는 그 즉시 상대국의 역사에 직접적인 피해와 자극을 유발하지 않을 수 없게 된다. 그러므로 어느 나라에서도 인접국가 사이의 역사인식에 그런 갈등의 국면이 상존하고 있었다면, 마땅히 먼저 그 갈등의 근본원인을 제대로 파악해야 하고 그리고 그런 연후에 그 왜곡된 역사관의 실상을 바로잡아 양국 간의 화평을 도모해야 할 것이다.

따라서 그런 맥락에서 보면, 여하튼 각기 한국은 한국이고, 중국은 중국이고, 일본은 일본일 수가 없게 된다. 왜냐하면 서로 간에 불가분의 관계를 맺고 있는 동아시아의 3국이 고대역사를 기록함에 있어서 각 나라의 위정자의 정치적 의도에 의해 모두 왜곡되었기 때문인데, 따라서 우선적으로 그 실상부터 먼저 짚어 보아야 한다. 게다가 각국의 고대역사의 왜곡사건이 시간적으로 고대시기에 발생한 것이었지만, 그러나 그 사건이 시간이 지나면 역사적 갈등과 분쟁의 소지가 자연스럽게 소멸되고 치유되는 그런 단순한 사건들에 관한 왜곡이 아니라, 오히려 역사관의 근본 틀을 의도적으로 불손하게 왜곡시킨 각 나라의 정치적 목적이 직접적으로 그 나라 민족의 사고방식에 심대한 영향을 미치고 있는 그리하여 여전히 현재진행형인 ing로서의 역사왜곡이기 때문이다. 더욱이 이 논구에서 각별히 주목해야할 관점은 역사가 왜곡된 그 시점의 고대인들이 곧 지금의 현대인들이 지니고 있는 문화적 가치관을 형성한 직접적인 조상들이기 때문이다. 다시 말해 고대이래로 삼국의 역사주체들이 전혀 변경되지 않았기 때문이다. 그런즉 고대부터 지금까지 중국과 우리나라, 그리고 우리나라와 일본과의 관계가 결코 분리할 수 없는 불가분의 관계로서 맺어져 있는 한에서는, 따라서 우리민족은 중국과 일본이 자행한 역사왜곡의 사실을 강 건너 먼 산쳐다보듯이 남의 나라의 일로 치부할 수가 없게 된다.

1). 중국역사의 왜곡과 중화주의의 문제점

논구초점 : 어쩌면 오늘날의 중국공산당의 통치방식이 고대왕조가 지향한 왕도정치의 맥을 어느 정도 수용하고 있다고 진단할 수 있다. 곧 그렇게 말할 수 있는 이유는 다음의 두 가지 근거 때문이다.

첫째는 민본주의 본질에 충실한 지도자의 선출방식과 통치방식 때문이다.

둘째는 공산주의 사고의 틀을 가장 잘 실천하고 있기 때문이다.

그런데 중국공산당이 진정으로 밝은 미래로 나아가 세계문명국가들의 정치적 중심국가, 문화적 중심국가 되려면, 반드시 고대통치이념을 제대로 수렴하고서 실행하려고 노력해야만 진정으로 가능해진다. 하지만 그렇게 하지 않고 잘못된 중화주의가 낳은 의식구조를 바탕으로 하여 오히려 전제적 패권주의로 나아가게 되면, 결국 과거 중국왕조들이 당한 역풍을 고스란히 그대로 맞으면서, 혼란의 길로 접어들게 될 것이다.

곧 그 점은 이미 본서가 지적하였듯이, 고대통치이념의 명분을 상실한 중국왕조에서 화하족의 왕조가 어느 시기에 주변민족국가에게 제대로 된 왕조의 대접을 받았는지를 반추해 보면 명확해질 것이다. 그리고 지금의 중국이 착각에 빠지지 말아야할 점은 오늘날의 중국의 영토가 결코 그들이 명예롭게 생각하는 화하족들에 의해 건설된 나라가 아니라 북방의 이(夷)족인 여진족이 다스린 청나라에 의해 얻게 된 행운의 선물로 이루어진 나라라는 점이다.

지금까지 중국고대역사의 왜곡을 논구하였기에 딱히 여기에서는 중국역사의 왜곡된 과거를 애써 들먹일 필요가 없을 듯이 여겨진다. 그 대신 현대중국이 나아가는 방향에 대한 이야기를 하는 것이 오히려 제격일 것이다. 즉 오늘날의 중국 땅을 다스리고 있는 정치이념과 정치집단의 정체가 진정으로 올바른 것인지를 논구하는 입장이 정작 생산적인 태도일 것이라는 관점이다. 하지만 중국이 동북공정을 통해 또 다시 역사왜곡을 자행하는 점에서는 아연실색을 하지 않을 수 없게 된다. 그러므로 또 다시 중국민족에 대한 배심감과 실망감을 절실히 곱씹으면서 중국역사를 반추해보지 않을 수 없게 된다. 그리하여 우리민족은 마땅히 중국민족의 비뚤어진 역사관을 비판적 자세로 검토하고 그리고서 그 잘못된 인식을 바로 잡도록 진력해야 한다.

어쨌든 이미 밝혔듯이 중국의 역사왜곡은 중국왕조사에서 정통성을 무시하고서 수립된 왕조 중에서 몇 왕조가 화하 족들의 왕조이었는가를 따져보면 절로 명확해진다. 기껏해야 중화사상의 출발점에 해당하는 한(漢)왕조를 비롯하여 송(宋)왕조 그리고 명(明)왕조 이외의 왕조가 결코 화하족이 세운 왕조가 아니라 오히려 역설적으로 그들이 그토록 국경 밖으로 내몰고서 배척하려고 했던 이민족들의 왕조였기 때문이다. 물론 원(元)나라를 물리친 명(明)왕조를 중국의 역사가들이 명백히 중국민족이 세운 왕조라고 단정하더라도, 오호십육국의 후예인 수(隋)·당

(唐)나라를 뒤이은 송(宋)왕조조차 순수한 중국민족이 세운 왕조라고 말하면 선뜻 수용하기가 어려워진다. 그 이유는 첫째로 일반 민중들이 수·당나라를 이민족의 왕조로 규정하고서 대동단결하여 타도하려고 한 것이 아니었기 때문이고, 그리고 둘째는 오호십육국(五胡十六國)의 난국을 수습하여 등장한 수·당의 왕실이 실로 이민족들이 세운 왕조들의 후예들이었기 때문이다. 그러므로 그들의 왕조에 충성한 신하들이 세운 송나라를 두고서 순수한 중국민족이 세운 왕조라고 단정하기에는 실로 석연치 않을 수밖에 없게 된다.

만약 중국역사의 기록이 송 왕조에 앞선 수·당 왕조를 부정적으로 쓰게 되면, 오호십육국의 시대도 부정적으로 써야 하고 그러면 중국역사는 이민족에게 줄곧 지배당한 역사가 되어야 한다. 그런데 그와 달리 스스로 화하족이라고 자칭할 수 있는 중국민족이 통치한 시기의 역사만을 중국민족의 역사라고 규정하지 않게 되면, 당연히 서로 다른 명칭으로 공존한 중국내의 여러 민족을 전국시대에 이르러 확연하게 이민족으로 규정하여 그들에게 차별을 시도하였고 더 나아가 그들을 배척하였던 역사의 잘못을 스스로 인정하는 꼴이 되어, 곧 그 결과로서 중국의 역사는 참으로 모순이 점철된 난감한 역사가 되지 않을 수 없게 된다. 그러므로 이 점을 유념하면 중국민족은 더 이상 역사왜곡을 결코 되풀이해서는 안 된다.

여하튼 중국민족이 자신들의 고대역사가 왜곡된 점을 무시함으로서 자가당착에 빠지는 점은 전제군주제도의 제국적인 권력이 남의 민족의 주권을 인정하지 않고 더 나아가 그 나라의 영토를 정복하고, 지배하고, 억압하고, 군림하려고 하는 횡포에서 여실히 드러난다.

그런즉 지금까지 줄곧 본서는 이족이 수립한 중국고대왕조가 주변제후국들을 정복과 정복으로 영토를 확장하고 그리고 지배와 피지배의 관계로 이루어진 왕조가 아님을 논구하였다. 물론 영토 확장에는 주변에 산재한 부족들과의 마찰, 갈등, 무력충돌이 있었을 것이고 그리고서 영토의 확장이 이룬 점도 당연히 있었겠지만, 그러나 그 과정에서 고대왕조는 사해동포의 이념으로 각 민족을 서로 융합함으로서 민족갈등을 해결해 나갔고 그리고 봉건제도 하에서 제후국들이 중앙왕조를 대신하여 스스로 그렇게 하였던 것이다. 즉 중앙왕조가 대규모 군사원정을 감행하여 주변지역을 차례로 정복하고 그곳을 중앙이 직할하는 그런 전제군주제도의 방식이 아니었던 것이다. 그러므로 실제로 역사왜곡의 폐단이 시작된 기점은 진나라가 봉건제도를 폐지하여, 그리하여 봉건제후가 중앙왕조를 위해 군사력을 제공하는 방식이 아니라 봉건제후국에 분산되어 있는 군사력을 중앙왕조로 하나로 통합시켜 강대한 정복능력을 갖추었을 때부터였다.

그런데 전제군주국으로 전환한 중국이 고대왕조의 흐름을 왜곡시킨 사실을 똑같이 답습하듯이, 현대에 이르러서도 그 무도하고 파렴치한 역사왜곡을 또 한 차례 공공연하게 자행하였으니, 그것이 곧 서북공정(西北工程)과 더불어 동북공정(東北工程)이다. 더욱이 이것이 명백한 역사조작이라는 사실이 발해(渤

海)라는 명칭이 여실히 증명하고 있기 때문이 도저히 그대로 묵과되어서는 안 될 일이다. 게다가 이 역사의 날조가 우리민족의 정체성과 직결되는 문제이기 때문에, 따라서 본서가 중국역사의 왜곡 곧 중화사상의 오만함을 직접 다루지 않을 수 없게 되었다.

여하튼 이 주제의 논구를 위한 출발이 되는 발해는 세계지도에서 중국과 한반도 사이에 있는 황해(곧 西海)의 북단 곧 산동반도와 요동반도 사이에 끼어 있는 바다의 명칭이다. 그리고 발해만은 요동과 요서사이에 둘러싸인 만의 명칭이다. 그런데 고구려를 뒤이어 만주에 등장한 고조선민족의 새로운 나라가 발해인데, 그러면 곧바로 발해를 건국한 주역들이 자신들이 세운 나라의 이름을 발해로 했었다는 사실은 대단히 중요한 역사적 의의를 지니게 된다. 즉 발해의 건국자들이 요동과 요서의 접경지역을 아우르고 있는 바다의 명칭을 왜 굳이 나라의 명칭으로 사용했는가? 하는 의문점이 지닌 역사적 의의이다.

왜냐하면 서안에 위치한 당나라의 입장에서 보면, 발해의 지역은 동쪽에 치우친 곳이지만, 그러나 당나라에게 멸망당한 고구려 후예들인 발해민족이 굳이 이 지역을 아우르는 지역을 국명으로 삼은 이유에는 곧 요동과 만주지역이 고구려의 영토이었음을 강력히 피력하려는 의도가 깔려 있었기 때문이다. 그리고 실제로 발해의 영토가 그렇게 되었고 또한 당나라도 어쩔수없이 그것을 인정하지 않을 수 없었던 것이었기 때문이다. 달리 말하면 동주시대에 긴장관계가 촉발되어 한 무제 때에 일시적으로 한사군이 만주에 주둔한 적이 있어도 결코 요동과 만주 지역을 차지하지 못한 중국왕조가 비록 신라와 연합하여 고구려를 멸망시키기는 하였지만, 그러나 상시적인 정규군대를 주둔시켜 만주를 당나라의 영토로 병합하기에는 역부족이었기 때문인데, 따라서 발해의 등장은 당나라로서는 어쩔 수 없었던 역사적 사실이었기 때문이다.

그런데 정작 비판되어야할 역사적 문제는 말갈, 여진, 숙신이라고 불리는 종족이 당연히 고구려유민임에도 불구하고 마치 이방인 취급을 하여 마치 고구려가 평양에 거점을 둔 반도(半島)국가이고 반도(半島)인이 고구려민족인 것처럼 만든 우리민족의 역사관이다. 즉 만주의 고구려인과 반도의 고구려인을 서로 분리시킨 점이다. 다시 말해 중화사상을 발상한 황로학자들이 화하 족을 내세워 이족, 만족, 융족, 적족을 이방인으로 내몰았던 경우와 유사하게 우리민족의 고대역사에서도 고조선민족 대신에 새로운 한(韓)민족이 우리민족개념으로 등장하여 북방의 우리민족을 각기 별개로 분리시키는 작업이 정착되었고, 그리고 우리민족이 그 시각을 어처구니가 없게도 고스란히 수용하였던 점이다. 그러므로 실제로 우리민족은 스스로를 고조선인 즉 조선인이라고 불려야 당연한 것이고 따라서 패배적인 의미를 지닌 한(韓)민족이라고 불려서는 아니 될 것이다. 왜냐하면 고조선이 흔들리는 시점의 위정자(爲政者)를 두고서, 우리민족이 한

(韓)씨 조선의 후손이라고 자처한 것은 지극히 잘못된 부끄러운 역사의식이기 때문이다. 또한 그런 부족의 명칭이 우리민족에게는 없었기 때문이다.

즉 멀쩡한 조선(朝鮮)이란 국명이 있는데도 불구하고 정식 나라의 명칭을 쓰지 않고, 그 한시적인 위정자의 이름을 전체민족의 이름으로 사용하는 것은 지극히 잘못된 것이기 때문이다. 그리하여 그 결과 고조선 민족은 만주(滿洲)인과 한(韓)인이 분리되게 되고 마침내 반도의 고조선의 후예들이 만주의 고조선의 후예들을 경멸적인 용어인 오랑캐로 부르게 된 것이다.

더욱이 고려를 뒤이은 조선의 선비들이 고구려에 앞선 조선을 새로운 왕조의 국명으로 내세웠지만, 그 명칭은 진정한 민족의 혼을 담고 있는 것은 아니었기 때문에 더더욱 반성해야 한다. 다시 말해 중국사관에 더욱 경도된 사대주의의 정신을 지닌 사대부들이 중화사상의 절정체인 주자학을 국학으로 내세우고서 고조선의 역사를 한반도로 제한시킴으로서 우리민족의 뇌리와 가슴에 만주의 고조선을 영영 지어지도록 만들었기 때문에 그렇게 반성해야 한다는 것이다. 그러므로 북쪽의 우리민족이 사용하는 조선의 국명은 남쪽의 우리민족이 사용하는 대한민국과 더불어 진정한 민족혼을 담고 있는 국명이 결코 아니게 된다.

그런데 이 점에 대해 어떤 반론을 제기하려고 하면 당연히 고조선인의 정체를 밝히고 그리고 한(韓)씨 조선의 정체를 밝혀 그리고서 우리민족의 정체를 밝혀야 할 것이다. 그러면 당연히 고조선의 이족이 이룬 문명의 근본 틀로 되돌아가야 할 것이다. 하여간 그렇게 되면 당연히 고조선인과 중국인을 구별하는 방법은 가장 먼저 사용하는 언어의 차이점이 될 것이다.

그러므로 만주를 상실한 한반도의 고조선의 후예와 만주를 차지하지 못한 중국민족 사이에서 만주는 고구려의 후예인 발해인 및 거란족, 여진족, 몽골족, 여진족의 영토로 이어지는 역사를 되풀이 하다가 마침내 중국이 바라는 바대로 중국인의 수중에 들어가게 되었고 그리고 급기야 현재 중국인이 조작하는 역사왜곡의 현장인 동북공정에서는 고구려사와 발해사가 중국의 변방역사로 전락하기에 이르렀다. 그리고 이런 역사의 틈바구니를 비집고 들어와서, 중국인들이 만주의 역사를 중화민족의 아류의 역사를 둔갑시켜도 둔감한 민족이 되었으니, 여기에서 그 점을 더 이상 논구할 이유가 사실상 없게 된다.

그럼에도 불구하고 그렇게 하면 할수록 명백한 사실은 화하족을 내세운 화하사상의 역사관은 정말 꼴불견의 역사만 될 뿐이라는 점이다. 왜냐하면 지금 서북공정과 동북공정의 지역은 모두다 화하족이 일군 역사가 아니었기 때문이다. 곧 그들은 북방의 이민족들에게 지배당했다가, 그들이 망한 후 그들이 일꾼 역사를 거꾸로 훔치고서 역사왜곡을 시도하는 비윤리적 작업만 하는 그런 파렴치한 민족만 될 뿐이기 때문이다. 그러므로 중국인이 화하족이라는 의식 하에서 역사를 계속 왜곡하는 작업을 마땅히 중단해야만 한다. 적어도 민주주의제도가 정착된 현대사회에서 역사를 왜곡하고 패권적인 입장에서 주변국을 압도하려는 작업은 지극히 잘못된 발상으로서, 장차 그 오판은 거꾸로 부메랑의 효과를 반드시 되갚음을 당할 것이기 때문이다.

그런데 이런 파렴치한 사건과 별개로 이미 서두에서 말한 바처럼, 현재의 중국공산당은 고대통치이념에 가장 가까운 정치형태를 유지하고 있다고 말할 수 있게 된다. 왜냐하면 그동안 공산당의 이념과 지도자들이 다민족의 모든 구성원을 하나로 결집시킬 구심점 노릇을 잘했다고 평가할 수 있기 때문이다. 그러나 더 이상의 그런 효과를 거둘 수 없는 한계의 시기가 다가오기 때문에, 따라서 현재의 중국은 지금 추진하는 패권적 사고방식의 대·내외정책 대신에 주변민족이 솔복하게 한 문화정책과 겸손과 겸양을 미덕으로 한 대·내외정책을 본받아 실행하여 세계 각국의 중심국가의 역할을 올바르게 수행해야 할 것이다. 그러면 주변국들의 지원 속에서 중국은 내적으로는 화합과 발전을 그리고 외적으로는 평화와 공생을 이룩하여 안정을 도모할 수 있게 될 것이다. 그러므로 중국을 다스리는 위정자들은 논어 이인(里仁)에서의 이 구절을 깊이 명시해야할 것이다.

"공자께서 말씀하셨다(子曰).「능히 예와 겸양으로서 한다면(能以禮讓) 나라를 다스림에 무슨 어려움이 있으며(爲國乎 何有), 예와 겸양으로서 나라를 다스리지 못한다면(不能以禮讓爲國) 예를 어찌하겠는가(如禮何)?」."[205]

---

205) 논어 p77

2). 일본역사의 왜곡과 천황사관의 문제점

논구초점 : 일본의 역사왜곡의 발단은 백제가 멸망한 이후 720년 일본사기(日本書紀)[206]와 712년 고사기[207](古史記)를 편

---

206) 일본서기는 일본의 나라(奈良)시대에 만들어진 일본 최초의 정사(正史). 30권으로서 신대(神代)부터 지토천황(持統天皇, 재위 AD645~702)까지를 편년체(編年體)로 기록되어 있다 그리고 덴무천황(天武천황]의 명으로 도네리친왕(舍人親王)이 중심이 되어 AD680년경 착수, AD720년에 완성된 것으로 추정된다. 일본 6국사(六國史) 중의 첫째로 꼽히는 정사(正史)로서 편찬 자료는 제기(帝紀) 구사(舊辭)는 물론 가기(家記), 정부의 기록, 한국의 사료 등을 널리 활용하였다.<출처 : 네이버 지식백과 일본서기(日本書紀)>

207) 고사기는 원본은 현존하지 않고, 필사본 형태로 몇 가지 사본이 전하여 내려왔다(성립 연대는 이 사본의 서문에 기록된 날짜에 따른 것이다). 그 내용은 일본에서 신대(神代)라 불리는 신화시대의 아메쓰치(天地)의 창조에서 시작해 스이코 천황(推古天皇)의 시대에 이르는 여러 가지 사건(신화나 전설 등을 포함)과 함께, 고대 일본의 수많은 노래들을 수록하고 있다. 덧붙여 「다카마노하라(高天原)」라는 말이 많이 쓰이는 점도 《고사기》의 특징이다.

고사기는 일본에서 가장 오래된 신화와 전설을 기록한 역사서로 알려져 《일본서기》와 함께 고전으로 중시되나, 그러나 일반적으로 일본에서 가장 오래된 역사서는 더 후대를 기술한 책인 일본서기로 간주된다. 그런데 비록 고사기는《일본서기》처럼 율령국가의 정사(正史)로서 황명으로 편찬된 책은 아니었지만, 서문에 "제기(帝紀)를 찬록하여 구사(舊辭)를 토핵하고, 거짓을 깎아내고 사실을 가려 후세에 전해주려 한다(撰錄帝紀 討覈舊辭 削僞定實 欲流後葉)"는 덴무천황(天武天皇)의 발언이 실려 있는 점을 미루어 《일본서기》와 같은 황명으로 편찬된 사서로서 간주되었다. 곧 그 사실은 당시 천황(天皇)을 제신(祭神)과 연결시켜 천황이 가진 권력의 '정당성'과 '정통성'을 주장하려 했다고 볼 수 있게 하는 정황이다.

여하튼 성립 경위를 기록한 서문에서는 덴무 천황의 명으로 히다노 아레(稗田阿礼)가「송습(誦習)」하고 있던 「제황일계(帝皇日継)」(천황 계보)과 「선대구사」(先代舊辭)(오래된 전승)을 오노 야스마로가 글로 적어서 편찬한 것으로 되어 있다. 그리고 일반적으로 「송습」은 「암송」으로 해석되지만, 오기와라 아사오(荻原淺男)는 쇼가쿠칸에서 펴낸 『일본고전문학전집

찬한 사실로부터 비롯된다.

그런데 이 시기가 아주 흥미로운데, 곧 그 이유는 통일신라이후에 공백이 된 만주지역에 고구려 유민인 대조영이 발해의 국가

(日本古典文學全集)』 제1 《고사기》에서 「옛 기록을 보면서 고어로 구절을 떼어 반복해서 낭독하는 뜻으로 해석하여야 한다」고 주장하였다. 따라서 책 제목인 《고사기(古事記)》는 원래는 단순히 '오래된 책'이라는 뜻의 보통명사로 정식 이름은 아니며, 그 제목을 야스마로가 붙였는지 후대에 누군가가 붙인 것인지는 확실하지 않다.

《고사기》는 상, 중, 하의 세 권으로 나뉘는데, 천황가의 계보와 신화·전설 등을 중심으로 한 이야기로 구성되어 있으며, 상권은 신들의 이야기, 중 · 하권은 각 대(代)의 계보와 천황 · 황자들을 중심으로 엮어져 있다(중권은 초대부터 15대 천황까지, 하권은 16대부터 33대 천황까지). 내용은 크게 「제기」(천황 기록) 부분과 「구사」(전승) 부분으로 분류할 수 있다. 「제기」는 초대 천황에서 제33대 스이코 천황까지의 이름, 황후 · 황자 · 황녀의 이름 및 그 자손의 씨족과 이밖에 황궁의 이름 · 치세 햇수 · 붕어한 해의 간지 · 수명 · 능묘의 소재지 및 그 치세의 주된 사건 등을 적었는데, 이것은 당시 야마토 조정의 가타리베(일본어: 語部 かたりべ) 등이 암송했다가 천황의 모가리(일본어: 殯 もがり) 즉 빈소에서의 제의 등에서 구술하던 관습을 6세기 중반에 이르러 문자로 기록한 것이다. 「구사」는 궁정 내의 이야기, 황실이나 국가의 기원에 관한 이야기를 집계한 것으로 「제기」와 같은 시기에 쓰여진 것이다. 이 「제기」나 「구사」는 6세기 전반 내지 중엽 무렵까지의 시기에 야마토 조정의 오키미(大王) 집안을 중심으로 하는 귀족이나 호족이 창작한 구비전승으로서 '천황'(오키미)이라는 존재가 야마토(일본)을 지배하게 된 경위를 설명하는 것으로, 임신의 난을 넘기고 신성화된 왕권의 유래를 이야기하면서, 천황의 지배하인 국가체제를 정당화하기 위해 만들어졌다는 점에서 일본 민족의 진정한 역사적 전승은 아니다. 한편, 널리 민중들에게도 수용하게 할 필요도 있었던 점에서, 민중을 의식한 상권 부분이 본래의 《고사기》가 아니냐고 보는 설도 있다.

그리고 오노 야스마로는 히다노 아레가 '송습'하는 자료를 바탕으로 하였고 그 과정에서 한자의 훈독과 음독 표기를 섞고 알기 어려운 말에는 주(註)를 달았다. 본문은 변체 한문을 주로 하고 일본의 고어나 고유 명사처럼 한문으로 대용하기 어려운 것은 한 자 한 음 표기로 하고 있으며, 가요는 모두 한 자 한 음 표기로 본문의 한 자 한 음 표기 부분을 포함해 고대 일본의 특수한 가나 사용법의 연구 대상이 되고 있다. 또 한 자 한 음 표기 가운데는 일부 신(神)의 이름 등의 오른쪽에 상(上), 거(去)처럼, 중국의 문서에서 볼 수 있는 한어의 성조인 사성 중 상성이나 거성 같은 문자를 배치하고 있다.<출처: 네이버 지식백과 일본서기(日本書紀)>

를 건국한 시기가 AD698년이기 때문이다. 그리고 여전히 우리민족은 말갈족을 고구려 유민이 아닌 새외이민족으로 기술하고 있기 때문이다. 그런즉 우리민족은 스스로 북방민족과 일본열도로 이주한 우리민족의 삶의 역사를 우리민족의 역사에서 배제하는 우를 범했다고 평가받지 않을 수 없게 된다.

더욱이 한반도에서 일본열도로 이주한 우리민족들이 그 곳에서 정착한 과정을 살펴보면, 당연히 일본역사는 고조선인, 고조선이후의 고구려인, 신라인, 백제인, 가야인들이 이주하여 고대왕조를 구성하면서 이루어진 나라의 역사가 아닐 수 없게 된다.

만약 이점을 두고서 자국의 역사를 연구하는 일본역사가들이 다민족국가로서 남방인, 중국인, 한반도인 그리고 백계러시아인들을 열거하면서 한반도 도래설을 반박한다면, 그것은 오로지 반박을 위한 반박에 해당할 뿐이다. 왜냐하면 중국민족이 일본열도로 이주하여 일본 땅에 정착하고서 중국문화를 일본 땅에 이식시켰다면, 당연히 일본어는 중국어의 아류가 되어 있어야 마땅할 것이기 때문이다. 또한 이주민이 중국인들이라면 오늘날의 일본가옥의 구조가 중국식이 되어 신발을 벗고서 마루에 올라가는 일이 결코 없어야 할 것이기 때문이다.

그러나 현대 일본인의 습속이 원천적으로 한반도 도래인의 습속을 그대로 고스란히 전승하고 있기 때문에, 따라서 일부 정착민들이 중국에서 이주하였더라도 그 점과 상관없이 그들이 한반도에서 건너간 도래인의 집단에 흡수되어 오늘날의 일본인의 선조가 되었다고 말해야 타당하다. 즉 어떤 민족이라도 일본 땅에 들어가서 자신의 습속을 버리고 일본문화에 동화되었다면, 당연히 그들도 동일한 일본인으로 간주되어야 하며, 마찬가지로 그들 전부를 하나로 묶여 일본인으로 만든 문화의 틀을 곧장 일본민족의 정체성의 근본으로 간주해야 한다. 따라서 그 근본 틀이 한반도 도래인의 습속과 동일하기 때문에 일본인의 뿌리와 우리민족의 뿌리는 같다고 말해야 타당하게 된다. 따라서 한·일양국의 민족관계는 근대시기에 서구인에 의해 강점된 식민지에서 형성된 정복자의 외래인과 피정복자의 토착민의 관계처럼 해석되어서는 안 되는 특이한 경우가 된다. 즉 일본역사는 대다수의 토착민인 일본민족 위에 한반도 도래(渡來)인이 정복자이면서 지배자로서 군림한 역사가 아닌 것이기 때문이다. 다시 말해 일본역사는 한반도의 도래(渡來)인이 일본민족 그 자체가 되어 유구한 일본역사를 형성하였기에 일본은 가장 순수한 의미에서 바라보면 우리 선조들이 개척한 고조선인의 식민지라고 말할 수 있기 때문이다.

우리나라와 일본의 고대역사가 오늘날처럼 적대적인 관계였는가? 하는 의문점에 대한 해명은 우리민족이 고조선역사를 상실한 경우와 마찬가지로 객관적인 문헌의 기록을 통해서는 도저히 확인할 길이 없다. 그러므로 그 관계는 단지 하나의 대전제와 그리고 그로부터 파생된 두 가지 형식적인 틀 속에서만 추측할 수 있을 뿐이다.

그러면 우선적으로 추론의 대전제는 일본은 우리민족이 일본열도로 건너가 세운 왕조의 나라로서 당연히 우리민족의 식민지였다는 사실이 아닐 수 없게 된다. 그런데 근대역사를 염두에 두고서 식민지의 용어를 연상하면 곧바로 일본인이 무조건적인 알레르기성 반응을 일으킬 수 있겠지만, 그러나 고대시대의 한일관계 즉 한국민족의 고대역사와 일본민족의 고대역사는 결코 불편한 역사가 아니었기 때문에 전혀 그럴 여지가 없다. 그 이유는 일본에 정착한 도래(渡來)인이 토착민을 정복하여 철저한 수직적 신분관계를 형성한 역사가 아니었기 때문이다. 물론 토착민에 해당하는 인종이 전혀 없지는 않았지만, 그러나 인도의 카스트제도처럼 신분사회를 만들어 토착민을 지배한 경우가 아니었으므로 일본역사는 그야말로 한반도의 도래(渡來)인이 일본 문명과 문화를 건설한 시대의 족적인 것이다. 그러므로 이 경우의 식민지개념은 근대유럽인들이 토착민을 지배하면서 유럽문명과 문화의 세계에 건설한 그런 의미로서의 식민지개념이 결코 아니다. 즉 글자 그대로 한민족이 일본열도로 이주하여 새로운 삶의 터전을 마련하였다는 의미의 식민지이다.

그리고 일본고대사의 연원을 일본초대천황인 신무(神武:일본식명칭 진무)왕의 제위인 BC660~585년경으로 가장한다면, 당연히 요서(遼西)에 위치한 고죽국(孤竹國)이 동주(東周) 춘추시대 제나라와 연나라의 연합군에 의해 멸망당한 BC664년 보다 조금 늦은 시기가 되는데, 따라서 그 시기는 대단히 중요한 역사적 관점을 시사(示唆)하게 된다. 왜냐하면 본서가 논구한 바대로 고조선(古朝鮮 BC2333년)의 역사가 상대적으로 중요해지기 때문이다.

그러므로 한일관계는 서양인과 동양인, 남방민족과 북방민족, 중동민족과 동아시아 민족과 같은 그런 관계가 아니라, 한민족과 한민족간의 관계로 파악해야만 그 진실이 명백히 드려날 수 있게 된다.

가령 일본이 한반도를 차지하였다고 주장하는「임나일본부설(任那日本府說)」의 경우가 대표적인 사례인데, 곧 그 진상은 이민족과 이민족간의 항쟁의 이야기가 아니었기 때문이다. 즉 그 이야기의 발단은 4세기중반부터 6세기 중반까지 야마토(大和)정권이 한반도남부를 지배하였다는 주장을 일본역사가 기록함으로서 비롯된 것인데, 그러면 그곳이 신라, 백제 가야 지역중 한 곳이 아닐 수 없게 된다. 그런데 통일신라는 말할 것도 없고, 백제도 7세기까지 존속한 강대국이었기 때문에 따라서 AD3세기말부터 7세기 중엽까지 일본열도를 지배한 일본최초의 통일정권이었던 야마토(大和)정권의 왜(倭)국이 백제 땅을 지배하였다는 것은 어부성설이 아닐 수 없게 된다. 그러면 당연히 남아 있는 지역은 가야지역밖에 없게 된다. 즉 가야가 신라에게 멸망하면서 가야의 유민들이 일본으로 건너갔다는 이야기이다. 다시 말해 가야가 멸망하기 전까지는 당연히 가야인이 한반도 남부지역을 다스렸기 때문에 그런 주장이 있음직하게 된다. 그리고 그런 역사적 사실을 바탕으로 하여 일본의 조정이 임나일본부설을 가공할 수 있게 된다. 그런데 오히려 이 점은 역설적으로 대단히 중대한 두 가지 역사적 관점을 드려낸다.

하나는 일본서기에 임나일본부의 존재를 기록해 둘 정도라면, 일본의 고대시기의 가야인의 존재가 대단했었다는 점이다.

다른 하나는 임나일본부의 기록이 바로 일본고대사의 왜곡을 단적으로 실증하는 증거가 되는 점이다. 왜냐하면 일본이 AD712년에 고서기, 720년에 서기를 편찬한 시점이 비로소 한일 간의 역사가 한반도와 무관하게 독자적인 노선을 걷게 되었다는 점을 보여주는 것이며, 또한 그 방향으로 나아가면서 일본의 통치자들이 그런 행보의 역사를 억지로 만들기 위해 자국의 역사를 심히 왜곡하였다는 점을 보여주는 객관적인 증거가 되기 때문이다.

그러므로 역설적으로 일본서기가 신공황후(神功皇后: 일본명 진구)가 보낸 왜군이 369년 한반도로 건너와 7국(國)과 4읍(邑)을 점령하였고, 그 뒤 임나(任那:伽倻)에 일본부(日本府)를 설치하였다가, 562년 신라에 의해 멸망당했다고 기록해 둔 점이야말로 오히려 도래인의 후예들의 손에 의해 직접적으로 일본역사가 바로 한반도 도래(渡來)인의 식민지이었음을 고스란히 입증해주는 결정적인 증거가 된다. 왜냐하면 전기(前期) 가야연맹맹주인 김해의 금관가야가 멸망한 시기가 AD532년이고, 그리고 후기(後期) 가야연맹맹주인 고령의 대가야가 멸망한 시기가 AD562년인데, 일본서기가 임나일본부의 멸망시기를 562년으로 기록하였다면 당연히 가야의 역사를 고스란히 그대로 일본서기에 옮겨놓았기 때문이다. 따라서 일본이 가야에 임나일본부를 세우고서 369년부터 562년까지 약 200년 동안 한반도 남부지역을 지배하였다는 주장은 거꾸로 그만큼 한일 간의 고대(古代) 시기가 불가분의 관계로서 일본열도를 한반도의 왕국이 관리하고 있었다는 사실을 그대로 보여주는 명백한 증거가 아닐 수 없게 된다.

그러면 우리민족은 곧바로 백제가 멸망한 뒤 50년이 지난 720년경에 일본왕조가 일본서기를 편찬하면서 왜 한반도와의 관계를 역전시키기 위해 가야지역에 임나일본부를 설정한 의도가 도대체 무엇인가? 하는 의문점에 대해 이 기록이 지닌 역사적 의의가 실질적으로 무엇인지를 냉엄하게 살펴보아야 한다. 왜냐하면 일본의 왕국이 한반도의 왕국과 식민지적 관계를 청산하고 독자적인 노선을 선택하면서 한반도로 복귀할 여지를 남겨둔 점 때문이다.

곧 이 점은 두 가지의 의의를 지니고 있는데, 하나는 그 명칭대로 가야의 역사가 곧 일본역사의 토대를 이루었던 정황을 사실적으로 보여주는 점이고, 또 다른 하나는 가야의 역사가 신라와 백제의 중간에 끼여 존재한 한반도의 역사인데, 따라서 일본왕조가 신라에게 멸망당한 가야를 두고서 일본이라는 명칭을 부여했었다면, 당연히 당시의 독자적인 노선을 선택한 일본이 한일관계를 종전과 달리 수직에서 수평으로 만들기 위해 가야를 선택했었다는 정황을 사실적으로 보여주는 점이다. 그러므로 이 명칭은 한반도 반도(半島)인과 달리 도래(渡來)인에게는 중대한 역사적 의의를 지니게 된다.

곧 첫째는 일본이 가야의 역사를 제대로 몰랐다면, 결코 임나

일본부라는 표기를 하지 못했을 것인데, 하지만 그렇게 기록할 수 있었던 여지는 일본인이 고대한반도의 역사를 잘 알고 있었다는 사실을 보여주는 증거인 점이고, 둘째는 비록 가야가 신라에게 멸망당했더라도 가야유민들이 일본열도에서 삶의 터전을 잡고 있는 상황에서는 그 명칭이 대단히 모욕적인 경우가 될 수 있는데, 그럼에도 불구하고 일본왕조가 임나일본부의 명칭을 사용했다는 사실은 역으로 말하면 일본인이 자국의 역사를 여전히 한반도역사의 연장선상에 놓고 있음을 보여주는 증거인 점이다.

그러므로 이런 일이 발생한 근본이유를 따지게 되면, 곧 그 이유는 일본이 스스로 독립된 역사를 만들기 위하여 일본왕조의 한반도 도래(渡來)설을 완전히 부정해야만 했던 역설적 상황 때문이다. 따라서 일본역사가 그들이 도래(渡來)설을 부정하기 위해 의도적으로 꾸민 역사왜곡의 진상이 바로 가야민족의 일본 도래설이 아니라 거꾸로 일본민족이 가야국을 한반도에 세웠다는 거짓된 정복설인 것이다.

그러면 당연히 한일 간의 역사는 뒤죽박죽이 되지 않을 수 없게 된다. 왜냐하면 그렇게 되면 곧 그 경우는 한반도의 도래설 대신에 거꾸로 일본의 도래설이 한일역사의 전면에 나서야 하는 것을 의미하기 때문이다. 그리고 더 나아가 심지어 한반도에서의 도래설 대신에 일본이 굳이 내세우는 중국에서의 도래설마저 어처구니없게도 일본역사의 전면에 나서야하기 때문이다. 하지만 그런 점은 근본적인 역사문제를 야기하게 된다. 곧 그것은 일부의 중국인들이 일본으로 이주하는 것과 달리 일본인의 주류가 곧장 중국에서 곧바로 건너와서 일본을 건설하게 되었다는 것으로서, 그러면 당연히 오늘날의 일본어와 일본문화, 일본인의 풍습이 전혀 설명될 수 없게 되기 때문이다. 그와 마찬가지로 이미 지적하였듯이, 한반도의 언어가 이족의 언어인 만큼 거꾸로 일본인의 언어가 한반도를 거쳐 북방으로 전파되었다는 어처구니없는 결론에 도달해야하는 일이 벌어지게 된다. 또한 그렇게 되면 일본과 한반도의 거주민들이 중국어를 모국어로 사용하지 않았는지의 의문이 발생하게 된다. 곧 동아시아의 세 나라가 필히 중국어로 통일되어 있어야 타당한 것이 된다. 그런데 결코 그렇지 않기 때문에 일본역사의 왜곡은 일본서기가 등장할 무렵, 곧 고구려와 백제가 멸망하고 통일신라가 시작된 시기와 북방에서 발해가 건국된 시기를 서로 비교하고 그리고 그 과정을 올바르게 검토한 연후에 그리고서 양국의 올바른 역사가들에 의해 잘못된 역사관이 제대로 정정되어야 한다.

따라서 논구의 근본적인 과제는 역시 일본이 독자적인 노선을 완전하게 주장하려면 임나일본부조차 무시해버리면 되는데, 왜 멸망한 가야를 일본역사의 전면에 내세웠는가? 하는 의문점에 있게 된다. 그 점은 삼국시대에 왜가 신라를 공격하고, 백제 멸망시기에 백제부흥군(百濟復興軍)을 출병시키고, 고려 때에 왜구가 침략하고, 조선 때에는 아예 대규모 원정대를 보내 임진왜란과 정유재란을 일으킨 사실들을 총체적으로 설명해야하는 과제를 포괄적으로 아우르는 과제가 되는데, 따라서 그 점 때문에 더 더욱 임나일본부설은 실로 중대한 역사적 의미를 지닌 기록이 아닐 수 없게 된다.

그런데 우리민족은 이와 같은 의문점을 논구하기 이전에, 다시 말해 일본역사의 왜곡을 비난하기 이전에, 먼저 깊이 반성해야할 점에 각별히 주목해야한다. 곧 그것은 역사의 주체성에 관한 문제이다. 즉 일본이 자신들의 왕을 천황이라고 부르는 것을 못마땅하게 여기기 이전에 그들이 그렇게 한 이유를 철저히 파악해야 하는 반성이다. 만약 그렇게 하지 않고, 그런 일을 사시적인 시각으로 비난만 앞세우면 우리민족은 중화사상의 눈으로 그들을 비난한다는 역공을 받게 되어, 우리민족이 스스로 사대주의에 함몰되는 우를 범하게 될 뿐이기 때문이다.

어쨌든 신라가 당나라와 연합하여 백제와 신라를 멸망시킨 사건은 일본이 한반도와의 관계를 단절시킬 계기를 제공한 것임에 틀림없다. 즉 신라에 의해 멸망당한 가야와 백제의 도래인들이 더 이상 한반도와의 생산적인 관계를 유지할 명분이 사라졌다는 사실이다. 더욱이 신라가 독자적으로 고구려와 백제를 멸망시킨 것이 아니라 중국의 당나라와 연합을 하였기 때문에 더 더욱 끈끈한 유대관계를 유지할 이유가 사라진 사실이다. 따라서 일본이 통일신라가 시작된 시점에 독자적인 역사를 만든 경우는 비록 역사의 왜곡일지라도 그럴 수밖에 없었다고 이해할 수 있는 여지가 발생한다.

그런즉 이 대목에서 특히 주목해야할 유의점은 일본의 야마토(大和)조정은 그 즉시 자신들의 왕을 대왕(大王)대신에 천황

(天皇)이라고 명칭한 점인데, 그 점은 대단한 역사적 의의를 지니고 있기 때문에 각별히 유념해야 한다. 곧 한반도의 우리민족이 굳게 방어해야할 민주주체성과 자주성을 오히려 이웃 일본이 대신 계승했었다는 역사적 의미를 지니게 되었기 때문이다. 다시 말해 일본이 중국의 황제(皇帝)와 버금가는 천황(天皇)의 호칭을 채택함으로서, 먼 훗날 이 사실이 소중국을 지향한 한반도의 역사를 중국역사의 아류로 격하시키는 꼴이 되었기 때문이다. 게다가 그들이 한반도에서 도래한 역사를 왜곡하여 오히려 일본의 한반도 진출(進出)설을 내세워 우리민족의 자존심과 자긍심을 압박하였는데, 곧 그런 부끄러운 역사적 사실은 우리민족이 고조선의 역사를 잃어버리고서 중국역사의 아류가 되어도 항변조차 하지 못하고 그러면서도 더 나아가 소중국(小中國)을 지향한 반대급부의 응보(應報)처럼 되었기 때문에, 따라서 일본이 취한 그런 처신이 우리민족이 실로 반성해야 점의 반면교사가 아니 될 수 없게 되었다는 점이다. 왜냐하면 한반도의 우리민족이 사대적(事大的) 안목으로 말갈, 여진족들을 동일한 백성으로 여기지 않고 오랑캐라고 여겼으니 당연히 그런 시각으로 의식화된 우리민족이 고조선, 부여, 고구려, 발해역사의 민족적 의의를 제대로 직시할 리가 만무하였기 때문이다. 따라서 우리민족은 먼저 중국인에게는 사대하고 같은 뿌리를 가진 종족들에게 경멸적인 오랑캐로 부른 시각부터 철저히 반성하고

교정해야 한다. 만약 우리민족이 자신의 고대사에 대해 자부심과 자긍심을 유지하고서 제대로 된 역사관을 형성하고 있었다면, 중국과 일본과의 관계에서 오늘날처럼 한편으로는 사대의식과 다른 편으로는 피해의식으로 가득차지는 않았을 것이다.

마찬가지로 일본도 우리민족처럼 지금의 아전인수 격의 역사인식을 철저히 반성해야 한다. 곧 아무리 자신들이 독자적인 역사를 만들고 독자적인 노선을 걸어갔다고 하더라도, 중국도래설 등을 내세워 자신의 조상을 모독해서는 결코 안 될 일이었기 때문이다. 물론 일부의 중국인들이 고대시기에 일본으로 건너갔었다고 하더라도, 여하튼 그런 사실은 널리 포괄적인 이족의 고대문명사에서 이해하면 될 터이고 또한 일본열도로 도래한 소수의 중국인들이 곧장 일본인의 토착문화에 흡수되었으므로, 따라서 일본역사가들이 소수의 중국인의 도래를 침소봉대(針小棒大)하여 한반도의 도래설을 부정하거나 평가절하하는 그런 행위를 결코 해서는 안 되었기 때문이다. 곧 그런 행위는 자기조상을 스스로 부정하고 평가절하하는 행위가 아닐 수 없기 때문에 어쨌든 간에 일본인은 더 이상 그렇게 해서는 안 된다.

더욱이 한국과 일본이 연합하지 않으면, 미국과 중국의 인구와 국부와 자원 앞에서 결코 그들을 앞서 나갈 수 없기 때문에, 그리하여 고조선의 역사를 이어받은 양국이 서로 합심하여 서로 부족한 것을 극복하고서 세계평화달성과 세계문명과 문화발전에 기여하는 주역이 함께 되어야 할 것이기 때문에, 따라서 서로가 그렇게 적대적이어서는 결코 아닐 될 것이다. 즉 혼자의 노력만으로는 미국과 중국을 지도하는 역할을 수행하기에는 역부족이기 때문에 양국이 서로 합심하고 협력하여 발전의 시너지효과를 최대한 도모해야할 것이다. 그렇게 하기 위해서는 먼저 양국민은 서로 간의 불편한 역사적 과거사건을 더 앞선 시기의 고대역사를 통해 해소하고 그런 연후에 진정으로 서로를 이해하는 민족과 국가로 거듭나 밝은 미래의 길을 함께 개척해 나가야 할 것이다.

그러므로 현대에 이르러 한국과 일본이 우호적으로 협력관계를 유지하고서 세계로 함께 뻗어 나가려면 당연히 여러 가지 감정적인 문제를 원초적인 관점에서 바라보고 공존의 방법을 모색해야 한다.

가령 동해라는 명칭을 두고서 한국과 일본이 다투는 경우이다. 곧 한국과 일본이 각기 서로 동해와 일본해로 하겠다고 하는 것은 두 가지 역사적 문제점을 야기하기 때문에 따라서 새로운 인식전회의 발상이 필요해진다.

하나는 일본민족이 동해라는 명칭에 무신경했었다는 역사적 사실은 일본인의 사고방식에는 자신들의 뿌리가 한반도에서 도래한 동이족이고 그리하여 자신들이 조상이 한국인과 동일하다는 것을 무의식적으로 인정하고 있었다는 입장을 여실히 입증하는 정황이다. 그런즉 이 사실은 단순한 바다의 명칭에 관한 문제가 아니라 민족의 정체성과 관련된 문제이기에 실로 중대차한 역사문제가 아닐 수 없게 된다. 그리고 역사적인 그 명칭은 역설적으로 일본이 억지를 부려 동해를 일본해로 표기하여 자연스럽게 독도를 일본영토로 편입할 근거를 거꾸로 제공할 수 있는 현실적 문제이기도 하기 때문에 따라서 양 국민 모두에게 인식전회가 필요하게 된다.

또 다른 하나는 그렇다면 현대에 이르러 세계가 하나가 되고 그리고 일본과 한국이 독립된 주권으로 대등한 자격을 유지하고 있는 상황에서 양국이 일본해와 동해를 똑같이 고집하고서 국력을 바탕으로 감정적으로 해결하려고만 한다면, 도저히 해결할 수 없다는 점이다. 그러므로 양국이 슬기롭게 양국의 국민이 수용할 수 있는 명칭을 찾아서 미래지향적인 변증적 사고방식으로 해결하려고 시도해야 한다. 즉 한일해의 의미를 담은 새로운 용어를 찾아 양국의 국민이 서로 공유하는 방법이다.

물론 당연히 동해와 서해와 남해는 어쨌든 우리민족이 줄곧 사용한 명칭이다. 그런데 한반도의 위치에서 보면, 서해일지라도 중국에서 보면 동해가 되는 해역에 대해 우리민족은 일찍부터 서해와 다른 황해라는 또 다른 명칭을 가지고 있었다. 따라서 그런 맥락에서 보면 과거에는 동해라는 명칭에게 대해 일본이 별다른 이의를 제기하지 않았다고 하더라도, 지금에 이르러 두 국가의 국익이 마찰하는 명칭에 대해 한쪽 당사자인 일본이 수용할 수 없다고 반발하게 되면, 당연히 그런 방향으로 나아가 협상을 통해 해결해야 한다.

그런데 누군가가 일본인의 시각으로 동해의 명칭만을 고수하려는 우리나라의 그런 자세가 결코 올바르지 않다고 지적할 수 있겠지만, 그러나 그런 갈등의 소지이전에 기존의 동해의 명칭에 대해 일방적으로 일본해를 사용하겠다고 나서는 일본의 태도는 결코 용납될 수 없는 도발적인 태도이기 때문에 국제법상의 이론을 공개적으로 제시하기 이전에 심히 무례하기 짝이 없는 야만적인 자세가 아닐 수 없다. 그러므로 적어도 양국의 정치 지도자가 현명하고 그리고 올바른 도덕의식을 갖춘 인물이라면, 서해 대신에 황해와 같은 중성적인 용어로서 첨예한 갈등을 풀어 나가려고 노력해야한다.

그럼에도 불구하고 양국의 그런 수준의 지도자와 또 그런 지도자를 추종하는 수많은 지지자들이 이런 종류의 문제들에 대해 긍정적인 마음가짐을 가지고서 머리를 맞대어 건설적인 해결방향으로 나아가지 못하고, 도토리 키 재기 식의 좁은 안목의 식견과 마음가짐으로 오늘날에도 여전히 양국 간의 현안에 갈등만 유발하고 있는데, 단연코 그 갈등의 동기와 이유에는 양국민의 마음속의 밑바탕에 자리 잡고 있는 심히 왜곡된 역사의식이 상생의 길을 가로 막고 있기 때문이 아닐 수 없다. 그런즉 모든 현안의 문제를 슬기롭게 풀어나가기 위해서는 양 민족이 모두 역사의 피해의식을 극복해야 한다.

3) 한국민족의 역사왜곡과 사대주의 역사관의 문제점

논구초점 : 오늘날의 미국의 역사는 미국인에 의해 건설된 역사이긴 하지만, 그러나 그 미국인이 원주민인 인디언이 아니고 이주민인 백인이고 흑인이라는 사실이 대단히 역설적이다. 곧 수많은 다른 국가들로부터 이주한 다민족이 현재의 미국 국민의 모태가 되어 미국을 위한 미국국민으로서의 소속감과 정체성을 형성한 역사이다.

그러므로 이런 경우를 역사발전의 예로 삼고서 우리민족이 자신의 역사를 바라보게 되면, 우리민족에게 동아시아에서 과거의 중국과 일본이 자기 영토 내에 거주하는 여러 민족들을 통합하기 위한 이념적 노력을 역사왜곡의 부도덕한 행위라고 공개적으로 비판하면서 비난할 수 있을 것인가? 하는 의문점이 남게 된다.

물론 비판의 입장은 어디까지나 평화공존과 공생공영을 위한 전제조건을 충족해야 하므로, 당연히 이웃국민을 막무가내로 모욕하는 방향은 결코 수용될 수 없다. 그럼에도 불구하고 양국의 도덕적 평가가 수미일관되어야 하기 때문에 탁상 위에서 그럴듯한 미사어구의 평화의 소리는 실로 이런 문제를 감당할 수가 없게 될 뿐이다. 왜냐하면 역사인식은 그 민족의 정체성과 자존심이 걸려 있기 때문이다. 그런즉 역사에 있어서 시시비비를 따지고 가려 잘못을 평가하고 구분하려고만 하면, 형식적 사고방식에 얽혀서 실로 앞으로 나아가지 못할 것이다.

그러므로 모든 갈등의 문제점을 풀어나가려면, 당연히 그 해결을 위한 큰 밑그림이 그려져야 하고 그리고 그 바탕위에서 관련 당사국의 민족들이 미래지향적인 평화공존의 방향을 상호 실천해나가야 할 것이다. 그런즉 지금까지 논구한 주제의 모든 내용은 종국적으로 그럼 목적을 추구하기 위한 것이었다.

주목 : 우리민족이 형성한 문명사회의 틀, 문화생활의 틀, 통치방식의 틀에서 발생한 개별적인 사건들을 올바르게 이해하려는 역사학적인 입장과 별개로 나라를 다스리는 통치이념을 논구하는 연구과제는 전체를 아우르는 보편적인 역사의식의 철학적 관점에서 진행되어야 한다.

본서는 아무리 우리가 고대유적과 유물을 가지고서 우리문화가 중국문화를 선도한 역사성과 우월성과 주체성을 내세워도 결코 중국의 기록을 넘어 설수가 없었든 한계 때문에, 그리하여 이미 고착화된 의식구조를 그런 정도의 자료로서 중국인의 의식을 도저히 자신 있게 바꿀 수가 없었기 때문에, 따라서 그동안 민족정체성을 제대로 확립하려는 우리학계의 연구자들이 우리민족을 동아시아문명사에서 중국민족보다도 더 근원적인 뿌리를 지닌 민족이라는 사실을 강하게 논증하였지만, 그러나 중국역사와 중국문화의 거대한 장벽 앞에서 좌절한 실정을 제대로 극복하려고 시도하는 또 다른 종류의 작업이다. 즉 본서의 작업은 한자의 기록 앞에서 발생한 중국문화에 대한 존경심과 자국문화에 대한 상대적 열등감을 정당하게 극복하기 위한 방법론이다.

따라서 본서는 새롭게 발견된 역사유물로 중국인과 동아시아 역사의 또 다른 주체인 일본인을 설득하려는 것 대신에, 아예 중국인이 자랑하는 중국고대경전을 가지고서 그 점을 논구하려고 하였다.

그리하여 본서는 우리민족문화의 원형의 틀이 중국민족문화의 원형의 틀과 결코 다른 것이 아니라 오히려 중국민족과 우리민족이 애초부터 고대 이족이 수립한 문명과 문화의식을 공유하고 있었다는 점과 그리고 역사기록의 수단인 한자에 지나치게 경도되어 우리민족이 스스로 자긍심을 허물어뜨렸다는 점을 밝혔다. 그리하여 본서는 기존의 잘못된 역사의식에서 탈피하여 정당하게 역사왜곡의 본질을 검토하였던 것이다.

그러므로 이 점을 논구하기 위해 본서가 주목한 역사적 사실은 곧바로 고대역사에 있어서 우리민족이 중국민족과 가장 분명하고도 확실하게 얽힌 사건인데, 곧 그것은 한 왕조에 의해

BC 108년에 고조선이 멸망한 사건이었다. 여하튼 이 사건은 AD 313년에 고구려가 평양에 위치한 한사군의 마지막 군현인 낙랑군을 멸망함으로서 종결되었다. 그리고 또 다시 얽힌 사건은 수나라의 문제와 양제가 고구려를 침공했을 때이고 그리고 수나라의 멸망이후 수나라를 이은 당나라의 태종이 직접 고구려를 침공했을 때이다. 그리고 마지막으로 얽힌 사건은 당 고종 때 신라의 요청에 의해 백제와 고구려로 원정하여 연합군으로 두 왕국을 멸망시킬 때와 당나라군을 한반도에서 내 몰았을 때의 사건인데, 그런데 수나라와 당나라가 오호십육국들의 후예들이었기 때문에 실질적으로 수·당 두 왕조를 화하족이 세운 왕조라고 부르기가 마땅찮게 된다. 그리고서는 중국민족과 우리민족이 직접적으로 얽힌 사건이 별로 없다. 왜냐하면 그 이후에 발생한 여러 사건들은 북방의 거란족과 여진족과 몽골족들과의 얽힌 사건들이었고, 어쨌든 중국민족과는 직접적으로 얽힌 적이 없었기 때문이다. 오히려 굳이 거론하자면 임진왜란 때에 명나라가 조선왕조를 구원하기 위해 출병한 사건이다.

그렇지만 이런 사건과 전혀 다르게 중국민족에 대해 우리민족이 스스로 족쇄를 채운 사건이 다름 아닌 바로 명나라에게 자진하여 사대를 한 역사적 사실이다. 이 사건의 지닌 중대한 역사적 의미는 고려가 원나라에게 복속 당해 어쩔 수없이 굴종한 것과 달리, 조선이 성리학을 매개로 하여 소중국(小中國)을 지향하면서 중국에 자진해서 다가가 종주국으로 섬겼으니 두 경우는 그 성격이 판이하게 다르다. 즉 고려는 공민왕에게 원나라에게 독립을 선언하고서 원래의 고려로 되돌아 왔지만, 조선은 왕조가 망할 때까지 끝내 중국을 종주국으로 섬기고서 도저히 벗어날 생각조차 가지지를 못했다.

그리하여 우리민족은 서구문물을 받아들이는 것조차 스스로 판단할 수 없었고, 더욱이 일본에게 강점당했을 때에도 입으로는 독립을 주장했어도 중국왕조에게 사대한 정신은 한 치도 허물어지지 않았다. 즉 조선의 위정자들은 애꿎은 백성들에게 독립투쟁을 하게하고 피를 흘리게 하였어도, 번영하는 나라에서 멋진 인생을 구가하지 못하게 만든 죄책감은 도무지 반성조차 하지 않았던 것이다. 왜 이봉창, 윤봉길 같은 인물들이 제대로 된 나라에서 제대로 된 역할을 하지 못하고 그렇게 죽어야만 했는지를 반성하지 않았던 것이다.

더 나아가 우리민족은 세계의 중심국가 되기 위해 필수적으로 갖추어야할 사해동포의 정신을 일찍이 갖춘 민족이었지만, 그러나 그런 기백을 상실하고서 마침내 중국에 사대하면서 스스로를 자기 동족을 오랑캐로 전락시킨 여파 때문에 쉽게 남의 장점조차 제대로 받아들이지 조차 못하는 의식의 수준으로 전락하였다. 오히려 우리민족의 정신세계에는 여전히 대국이라면 사대하려고 하고 자기만 못하면 무시하려는 경향이 이로부터 더욱 심화되었을 뿐이었다.

곧 이것을 두고서 혹자가 조선의 탓이 아니라고 반박하려고 하겠지만, 그러나 그렇게 시도하려면 당연히 그 논박은 신라와 고려가 발해를 두고서 오랑캐로서 경멸하고 배타적으로 배척한 역사의 증거를 반드시 제시해야 한다. 특히 그 논박은 신라가 발해를 적대국으로 대립하여 치열한 무력항쟁을 거듭하였는지를 확실하게 증명해야 한다. 다시 말해 그 논박은 고구려, 백제가 신라가 국경선을 맞대고 무력충돌을 거듭한 것처럼 발해와 국경선을 맞대고 무력충돌을 거듭하였는지를 실질적으로 증명해야 한다. 그런즉 그 논박은 신라가 발해를 선린우호국으로 대하고 활발한 교류를 하지 않았다고 하여 곧바로 적대적 긴장관계 속에서 군사적 대립과 충돌을 양국이 서로 멸망할 때까지 지속하였는지를 증명해야 한다. 그런데 반도의 우리민족은 비록 고려시대까지도 여전히 국력이 미약하여 거란에게 멸망당한 발해의 땅을 되찾지는 못하였어도 언제나 그 땅을 수복하려는 정신만을 버리지 않았기 때문에 오히려 거꾸로 조선의 역사의식이 비판의 대상이 아니 될 수 없게 된다.

그러므로 발해의 존재를 두고서 우리민족은 왜 발해는 청나라처럼 우리 신라를 침략하지 않았는가? 하는 의문점부터 따지면서, 우리민족정기가 왜곡된 실상을 반성해야 한다. 또한 금나라는 고려를 청나라처럼 침공하여 왕조를 복속시키려 하지 않았는데, 왜 청나라는 조선을 정벌하려고 침공했는가? 하는 의문점도 아울러 따져보아야 한다. 따라서 이 같은 역사적 사건에 얽힌 우리민족은 앞서 논구한 바의 연장선상에서 우선적으로 중국민족과 중국을 침공한 이들 북방민족들을 서로 별개로 구분하고서 그리고 이들 각 민족들과 직접적으로 얽힌 우리민족이 도대체 어떤 민족인지에 대한 민족정체성을 확실히 검토해야 한다.

그러므로 우리민족의 역사에 있어서 우리민족이 위와 같이 직접적인 관계가 아니라 간접적으로 중국민족과 얽힌 사건을 중시하지 않을 수 없게 된다.

그러면 그 점은 크게 두 경우로 나누어 따져보아야 하는데, 하나는 고려시대의 사대부 사이에 널리 확산된 중국역사와 문명에 대한 사대적 경향이고, 다른 하나는 바로 고려를 전복하면서 새 왕조를 연 조선이 성리학을 통치이념으로 채택하면서 중국왕조인 명나라에 자진하여 사대를 자청한 사건이다. 이 사건들이 우리민족으로 하여금 동아시아의 역사를 제대로 직시할 여유와 여지를 말살하고 그리하여 우리민족의 정체성 확립에 가장 어려움을 제공하게 되는데, 그 단적인 이유는 고려중기인 1145년 김부식이 삼국사기를 저작한 이래로 우리민족의 사대부의 뇌리에 확고히 자리 잡은 사대의식의 시기가 고려의 여연 300년과 그리고 조선의 500년이 넘는 통치기간을 합쳐 너무도 길었기 때문이다.

그리하여 자진하여 오랜 기간에 걸쳐 사대를 하여 굴종을 했으니, 그 긴 세월을 지나 지금에 이르러 중국민족이 왜곡한 역사와 문화에 대해 과거청산의 기치를 높이 내세우고 우리민족의 주체를 외치는 일들이 오히려 우리 스스로가 평가해도 민망스럽기만 하고 그리하여 왠지 어색하고, 거북스럽고, 또한 더 나아가 부끄럽기까지 느껴질 지경이다.

그러면 이대로 중국민족과 중국문화에 굴종한 우리민족의 비굴한 역사를 순순히 받아 들어야 하는가? 물론 혹자는 이런 물음자체를 전면 부정하고 우리의 주체적인 문화전통을 내세워 결코 그렇지 않다고 반박할 것이다. 그러나 그것은 고려와 조선시대의 우리민족의 지도층이 사대한 사건들 때문에 반도의 민족으로 전락해야만 했든 우리민족이 중국과 다른 생활습속의 전통의 문화유산을 내세워 과감히 주체정신을 부르짖어도 곧바로 중국 역사서적의 기록의 벽에 부딪쳤을 뿐이고, 그리하여 그런 문화적 유산들이 지닌 가치로부터 우리민족들끼리 공유할 수 있는 문화적 의의의 공감대는 여하튼 형성할 수가 있었어도, 그러나 결코 중국민족들 앞에서 그들이 쉽게 동의해 줄만한 객관적 실체의 근거는 만들 수가 없었던 것이다. 왜냐하면 첫째는 어느 민족도 전통문화의 특성을 지니고 있고 또한 자국의 문화에 대한 전통을 자랑하고 있기 때문이었고, 둘째는 사대를 자청한 우리민족의 사대부의 눈에는 중국민족에 대해 우월하다고 내세울 만한 우리민족의 역사적 사건들이 별로 없었기 때문이었다.

그러므로 스스로 문화적인 차이를 시인하고, 그리고 스스로 자신의 조상의 역사를 왜곡하면서 그들에게 굴종적인 사대를 한 마당에 누구를 또 무엇을 탓할 수 있었으며, 그렇게 스스로 형성한 역사 속에서 도대체 무엇을 바로 잡을 것이 있었다는 것인가? 하는 반문이 거꾸로 우리민족의 주체의식이 나아가려고 하는 미래행보에 발목만 잡게 되었을 뿐이었다.

또한 우리민족이 장차 도대체 어떻게 하면 사대주의 발상에 찌든 적폐를 해소하고, 그리고 무엇으로서 우리민족의 자존심과 자긍심과 주체의식을 바로 새울 수 있겠는가? 하는 물음에 대한 해결방법을 실질적으로 찾으려고 해도 지금의 역사적 시각과 안목으로는 어림없다는 자조적인 패배감과 앞설 뿐이었다. 그리하여 설사 무엇을 잘못 인식하였기에 우리민족이 스스로 자신의 역사를 왜곡하는 그런 한복판에 휩쓸리게 되었는가? 하는 근원적 의문점에 대해서도 지금의 노선으로는 그에 대한 올바른 해법을 내놓을 수가 없었다. 물론 그 이유는 근본적으로 중국역사와 중국문화에 대한 우리민족의 이해가 출발부터 잘못되었기 때문이며, 그리하여 중국문물에 대한 우리민족의 대응방식도 그와 같이 잘못되었기 때문이다.

따라서 일반국민들은 민족의 역사의식을 담당하는 학자들에게 무엇을 잘못 이해했고, 무엇을 잘못 대응했으며, 따라서 지금 그것을 바로 잡기만 하면 지난 시절의 과오를 극복할 수 있겠는가? 하는 가장 현실적인 의문을 제기할 수 있으며, 그리하여 그런 문제점을 해소하고서 앞으로 나아가야할 방향에 돌파구를 열수 있는 실마리를 내놓으라고 요구할 수 있게 된다.

그런데 관련당사자들이 그 요구에 대응하려면 먼저 가장 당혹스러운 어려운 난점부터 해결해야 하는데, 곧 그것은 우리역사는 우리민족이 만든 역사이고, 중국역사는 중국민족이 만든 역사라는 역사인식 앞에서, 어떻게 해야만 우리민족의 시각으로 중국민족의 시각을 바로 잡을 수 있겠는가? 하는 현실적 장애를 극복할 수 있는 구체적 방법론이다. 즉 일방적으로 받기만 하고 준 것이 없어 보이는 문화교류의 외양에서 우리민족이 중국민족이 형성한 역사에 대해 달리 무슨 할 말이 있겠는가? 하는 역사인식의 장벽을 넘어설 구체적인 논구방법에 관한 문제이다.

그러므로 그런 해결책을 발견하려면, 먼저 중국민족과 우리민족이 문화적으로 서로 연결되어 공동의 영역을 구축한 역사적 사실이 있어야 하고, 그 다음으로 중국민족의 오만한 행동이 우리민족에게 잘못된 영향과 결과를 야기했을 때에만 비로소 가능해진다. 따라서 그 점을 염두에 두게 되면 당당하게 우리민족은 다음과 같이 말할 수 있게 된다.

1. 얼핏 보면 일방적인 것처럼 보이는 우리민족과 중국민족과의 관계는 그리하여 역사의 근원적인 시기인 고대로 거슬러 올라가서 확인할 수 있는 관계는 곧 고려시대의 사대부에게서 비롯된 사대적 의식의 관계가 아니라 오히려 이족의 문명과 문화를 공유한 호혜적 관계였다.

2. 그러므로 중국문명과 문화의 기본 틀이 고대시기에 형성한 기본 틀을 벗어난 것이 아니었기 때문에 우리민족이 중국민족에게 신세를 진 문화적인 특별한 빚이 없으며 따라서 그들에게 결코 열등의식을 느낄 까닭이 전혀 없다.

3. 우리민족이 한자의 글자를 수용한 바탕은 이런 근본 틀이 있었기에 자연스러운 것이었고 그리하여 그런 한자에 의한 중국문물을 수입한 나라의 정책은 문화발전을 도모하기 위한 전략적인 선택의 방법이었기 때문에 일방적인 의존관계 및 사대관계라고 말해서는 안 된다.

4. 이런 맥락에 따라 동아시아 전체의 역사발전의 근본 틀을 직시하려면, 후대에 진행된 역사적 사건이 아니라 중국고대왕조의 통치이념을 담고 있는 고대의 경전을 제대로 파악해야만 가능해진다.

따라서 그 동안 우리나라가 중국에 대해 사대적인 근성을 여전히 버리지 못한 근본이유를 꼽자면, 다름 아닌 그것은 고려시대와 조선시대의 선비들과 아울러 오늘날의 역사가들이 경전에 깃든 중국고대왕조의 왕도정신의 근본 틀을 제대로 파악할 독자적인 정신적 여력이 부족했기 때문이었다. 다시 말해 왕도정치의 통치이념을 수립한 중국고대인의 정체를 제대로 파악하지 못하고, 오로지 전국시대이후에 거대한 통일왕조를 다스리는 황제의 패도정치의 모습에 위축된 우리조상들이 고대 중국왕조와 문화적인 공동의 틀을 공유한 고대시기의 우리조상의 당당한 모습을 도대체 머리와 가슴 속에서 도저히 상상할 수가 없었기 때문이다.

더욱이 객관적 시각으로 고대사를 역사학의 대상으로 삼아 연구하려는 입장은 두 가지 점에서 큰 오류를 범했기 때문에 우리민족의 역사학은 결코 고대역사의 진상에 접근할 수 없었다. 곧 그것은 다음의 두 가지 문제점으로 요약되어질 수 있다.

첫째는 사마천과 같은 중국인들의 기록만 신봉하고서, 심지어 모든 유적과 유물의 역사적 의의조차 그 기록의 틀 속에서 파악하려고 한 점이다. 그리하여 우리민족의 역사를 중국민족의 시선으로 이해하게 된 점이다.

둘째는 우리조상의 역사를 기록한 내용이 모순된 잘못을 드러내어도, 그것을 논리적으로 추궁하여 바르게 잡을 생각을 전혀 하지 않은 그리고 못했다는 점이다.

그런즉 특히 그 중에서 가장 문제가 되는 역사이해의 문제점은 바로 고조선과 한사군에 관한 기록이 야기하는 고대역사의 정체성 논란이다. 왜냐하면 고대역사에서 우리민족과 중국민족과의 관계는 기자조선과 위만조선의 기록에 의해 직접적으로 연결되어 있기 때문이다. 그리고 더 나아가 한 무제에 의한 고조선의 멸망과 한사군의 설치 및 한사군의 몰락은 이(夷)족의 역사를 바탕으로 하고서 이해해야만, 비로소 그 역사적 진실에 다가설 수 있기 때문이다. 따라서 만약 이 점을 유념하지 않고 고대역사의 진면목을 밝히려고 시도하게 되면, 오늘날 당연하게 사용하는 한자(漢字)와 한족(漢族)의 명칭이 중국의 왕도정치의 이념을 담고 있는 명칭이 아니라 패도정치의 이념을 담고 있는 명칭임을 전혀 깨달을 수 없게 된다.

그러므로 우리역사에서 우선적으로 검토되어야할 사안은 단연코 고조선과 한사군에 관한 기록이 야기한 논란이다. 그리고 연이어서 검토되어져야할 사안은 고조선의 역사에서 우리의 고려왕조와 조선왕조가 단군왕검이 도읍지로 정한 아사달을 한반도의 구월산이나 평양이라고 설명한 경우이다. 그리고 또 다음으로 위만조선의 도읍지를 왕검성이라고 하면서 그 위치를 요동이 아니라 평양부근이라고 말한 경우이다.

그런데 왕검성의 위치가 평양이 아닌 요동지역이라고 주장하게 되면, 당연히 그 주장은 거꾸로 우리의 조상이 반도의 구월산에서 또는 반도의 평양에서 왜 대륙의 요동으로 천도하지 않으면 안 되었는지의 이유를 반드시 설명해야만 한다. 마찬가지로 그 주장이 왕검성의 위치를 평양이라고 하게 되면, 당연히 한나라는 고조선의 도읍지인 평양지역에 모든 병력을 집결시키고서 곧바로 공격했어야만 했고 그리고 정복을 한 직후에, 곧바로 그곳에 한나라군대의 주력을 집결했어야 마땅한데, 전혀 그렇지 않았기 때문에 그 점도 명확히 해명해야 한다.

게다가 그렇게 되면 처음에 만주의 졸본성과 그 다음에 만주의 국내성을 도읍으로 삼은 고구려에서 남하하여 한강 이남에 백제국을 세운 온조와 비류의 세력은 자연스럽게 한나라군대의 주력이 주둔한 낙랑의 지역이나 아니면 배를 타고서 서해바다를 거쳐야만 하게 된다. 그런데 만약 그렇게 하지 않았다면, 당연히 그들은 동쪽인 함경도지역과 강원도 지역을 거쳐서 서쪽인 한강방면으로 진출해야 했는데, 하지만 당시의 모든 여건을 고려해보면 도저히 그렇게 될 수 없었기 때문에 따라서 그들의 이동경로는 반드시 서쪽지역이지 않을 수 없게 된다. 더 나아가 그들이 육로가 아닌 해로를 선택했다면, 당연히 그 경우에도 서해바다의 최상단인 요동지역의 발해만의 항구에서 배를 타고 남하하여 한강유역에 도착해야 한다. 그러나 그런 경우의 사정도 올바르게 설명되어 있지 않다. 그런즉 우리민족의 역사학자들이 이런 의혹의 진실을 명확히 밝혀야 한다.

다시 말해 고구려군대에서 이탈한 온조와 비류의 무장 세력이 한반도로 남하하면서 낙랑지역을 통과하였다면, 어떻게 마찰없이 통과할 수 있었겠는가? 그리고 육로가 아닌 해로를 선택하였다면, 어떻게 그런 대규모의 선박과 항해기술을 졸본성과 국내성에서 출발한 온조와 비류의 무장 세력이 갖출 수가 있었겠는가? 또한 소규모가 아닌 대규모의 무장 세력이 남하하였다면, 그 경우에 평양성을 공략한 한나라의 수군이 왜 이들을 방치하게 되었는가? 혹은 방치하지 않으면 안 되었는가? 하는 의문점들이다.

그 뿐만 아니라 만약 온조와 비류의 남진세력이 수적으로 극히 미비하여 쉽사리 통과할 수 있었다고 가정하게 되면, 당연히 수적으로 열세인 그들의 소규모가 도저히 상대할 수 없는 기존의 토착세력인 진한의 부족연맹체들을 어떻게 복속시킬 수 있었겠는가? 하는 의문점이 절로 발생하지 않을 수 없게 된다.

그와 달리 온조와 비류의 남진세력이 선진문명의 기술로서 그들을 복속시킬 수 있을 정도의 규모였다고 가정하게 되면, 그로부터 또 다른 두 가지의 의문점이 발생하게 된다. 곧 하나는 비류와 온조의 남진세력이 선진문물을 갖추고서 남하했다면 당연히 그 규모가 어느 정도 방대하지 않으면 안 되었을 것이라는 의문점이다. 그리고 또 다른 하나는 만약 남하세력의 문명수준이 고도의 수준이 아니었다고 가정하고 그리고 그럼에도 불구하고 당시에 중국과의 교류가 전혀 없는 것도 아닌 마한의 부족들이 그들에게 쉽게 굴복을 당했다고 가정하게 되면, 그러면 그 가정은 당연히 북방에서 남하한 그들의 문명수준이 결코 내세울 수 없을 정도로 낙후되었고 또한 빈약했었음에도 불구하고 오히려 남하한 그들이 손쉽게 마한의 정복자가 되었다는 어처구니없는 결론에 도달해야만 한다. 곧 그 가정이 야기하는 문제점은 한사군을 멸망시킨 고구려의 세력의 문명수준이 낙후하였다는 어처구니없는 비상식적 결론에 도달하게 되는 논리의 모순점이다.

더욱이 그렇게 되면, 강력한 수군을 갖춘 한나라가 평양성에 낙랑군을 설치하면서, 왜 그런 낙후된 마한지역에 한나라 군현을 설치하려고 하지 않았는가? 하는 의문점과 더 나아가 만약 그렇게 하지 못했다면, 마찬가지로 그 이유가 도대체 무엇인가?

하는 의문점들이 연이어 발생하게 된다. 그런즉 이런 의문점을 종합해서 추론해 보면, 당연한 하나의 귀결이 나오는데, 곧 그 귀결은 비록 고조선의 왕조가 한나라의 군대에 의해 멸망당했지만 그러나 고조선의 문명과 문화수준이 중국과 비견할 정도 이상으로 수준이 높았다는 점이다.

그러면 곧장 우리민족은 삼국유사와 삼국사기가 의존하고 있는 중국역사서를 그대로 의심 없이 받아들어야만 하는 것인가? 하는 근본적인 의문에 직면하게 된다.

그리고 우리는 이 의문을 해소하기 위해서는 당연히 누군가가 두 가지 방향에서 납득할 수 있는 충분한 답변을 찾아 지금의 역사서가 놓인 탁자위에 올려놓아야 한다. 그런데 그 일을 하기위해서는 선결요건을 갖추어야 하는데, 곧 그중의 하나가 중국인의 기록한 서책에서 특히 그 중에서도 가장 권위 있는 경전에서 그 근거가 되는 바탕을 찾아서 먼저 제시해야 하는 일이고, 그리고 또 다른 하나는 모든 기록에 있어서 사용된 한자(漢字)에 대한 학문적 신세의 부담을 청산해야 하는 일이다. 왜냐하면 반드시 그렇게 해야 하는 근본이유는 우리민족의 연구근거가 중국의 고대기록을 뛰어넘을 수가 없는 상황에서 그리고 우리민족이 독자적으로 기록한 자료가 별로 남아 있지 않은 상태에서, 그것조차도 한자로 기록하지 않으면 안 되었던 불리한 조건에서 이루어진 학문의 성과가 번번이 무시당했기 때문이다. 즉 여태껏 우리의 고대사연구가 매번 한자로 기록된 문헌의 장벽 앞에서 난파당했어야만 했던 굴욕적 상황 때문이다. 다시 말해 우리민족이 내놓은 연구의 결과가 중국민족의 고대

기록 앞에서 우리민족의 유려한 고대사가 우리식의 억지 주장인 것처럼 되어 버렸기 때문이다.

그러므로 그런 장벽과 한계를 극복하기 위해서는 우리민족은 다른 무엇보다도 먼저 중국내에서 이족의 수립한 역사의 정통성을 벗어나기 위해서는 요·순사관의 중국고대사를 의도적으로 왜곡시키고서 그리하여 동아시아의 역사적 노선을 정상궤도에서 이탈시킨 잘못된 사실부터 규명해야 한다. 그리고서 우리민족은 앞으로의 동아시아의 역사가 올바르게 나아갈 수 있도록 그들과 더불어 힘껏 공동으로 노력해야 한다.

그런즉 김부식의 삼국사기의 출발이 고조선이 아니라 삼국시대였던 점부터가 현재의 우리의 지식인들이 반성해야할 우선적 문제점이 아닐 수 없게 된다. 왜냐하면 BC108년에 한 무제의 침략군에 의해 고조선이 멸망당했는데, 그러면 우리의 역사학은 실재한 고조선의 실체를 왜 제대로 다루지 않았는가? 하는 의문점을 우리의 지식인들이 정면으로 마주해야하기 때문이다.

곧 김부식에게 쏠린 의혹의 주된 이유는 우리민족이 중국의 임금이 황제(皇帝)인 것을 알게 된 시기가 한나라가 고조선지역에 한사군을 설치한 시대 이후에 해당하는 점 때문이고, 게다가 고조선의 역사가 황제사관과 무관하고 요·순임금의 사관과 연관되어있으므로 당연히 그런 고조선의 역사적 사실이 사대사상을 지닌 김부식의 역사관에서 기피대상이 될 수밖에 없었던 점 때문이다. 더 나아가 한사군을 폐지하여 중국왕조와 긴장관계를 형성하고 있었던 고구려시대에는 사대주의가 만연할 시기가 아니었으므로, 따라서 당연히 고려시대의 김부식이 사대사상의 소유자가 결코 아니었다면 당연히 그 전후의 과정을 철저히 살펴 고대사를 제대로 기술했어야만 했기 때문이다.

그 뿐만 아니라 김부식이 중국민족의 황제사관과의 마찰을 피하고 중국왕조의 인물들과 선린우호관계를 유지하기 위해 고의적으로 고조선을 삭제하고서 생략했다고 하면, 마땅히 그런 사고방식은 사대부(士大夫)를 중심으로 움튼 사대적(事大的) 사고방식이었을 뿐이지 결코 정직한 사관의 태도가 아니었기 때문이다. 더욱이 김부식의 삼국사기이후에 고려와 조선의 친중(親中)사대부들이 결코 고조선의 역사를 올바르게 기술할 의지가 전혀 없었기 때문에, 그리하여 여전히 오늘날에도 그런 김부식의 역사관이 친중(親中)사학자들의 뇌리에 자리 잡고 있는 사대적 사고방식의 원천이 되고 있기 때문이다. 따라서 역사왜곡의 폐단은 즉시 바로 교정되어야 한다.

그런즉 이 과정에서 유념되어야할 사항은 다름 아니라, 신화시대를 고대역사의 전면에 내세우고서 고대시대의 진실을 왜곡하고 그리고서 중화사상을 고수하는 중국역사가의 잘못된 시각을 바탕으로 저술된 중국인의 문헌에 의지하여 우리민족의 고대사를 해석하고 그리고 나서 우리민족의 고대사[208]및 동아시아의 고대사를 중국인의 고압적 역사관의 맥락에 따라 해석하

208) 배달국(환국 밝을 환(桓) : 광명(光明)-천광명(天光明) → 아사달(하얼빈) - 아침 태양이 떠올라 빛을 비추는 땅(7대 환인 3301?, 18대 환웅 1565?, 47대 단군) - 송화강 아사달 - 백악산 아사달(장춘)

려는 학문적 자세가 지극히 위태로운 학자의 입장이 아닐 수 없게 된다는 점이다. 물론 그와 반대로 지나치게 아전인수 격으로 우리민족의 고대사를 부풀려 해석하는 태도도 마찬가지의 경우에 해당한다. 하여간 우리민족의 지식인들은 우리의 사대부들이 지레 낮은 자세로 임하고서 중국이란 국명 아닌 국명을 강대국의 상징으로 여기고서 무신경하게 사용했기 때문에 그와 같은 것들이 모여 사대주의의 출발점이 되었다는 사실부터 깊이 반성해야 한다.

따라서 그런 점에서 보면, 조선조가 왜곡된 유가사상을 진정한 유교로서 떠받들고 불교를 억압한 노선은 실로 유가의 근본정신을 제대로 보지 못한 결과로서, 더 나아가 그런 정치노선은 공자의 가르침을 모독한 행위가 아닐 수 없게 된다. 특히 조선조의 우리네 유생이 춘추시대의 난국을 수습하려는 공자의 순수한 의도를 제대로 파악하지 못한 잘못은 선조이후에 기승을 부린 붕당정치의 부정적인 폐단에 의해 단적으로 증명된다. 왜냐하면 공자는 명확하게 춘추시대의 혼란이 제후들의 탐욕에서 비롯되었다고 진단하여, 줄기차게 군자의 올바른 처세에 대한 명확한 도덕적 입장을 확고하게 제자들에게 훈육하였기 때문이다.

그러므로 민본사상을 지향하는 왕도정치노선을 수호하고 견지하려는 공자의 가르침은 사욕으로 얽매인 붕당정치를 철저히 부정한 입장이었는데, 도리어 그런 비판의 대상이 된 부정적인 정치현상이 버젓이 유교를 국교로 선정한 왕조에서 만연하였으니 도대체 조선왕조의 나라를 진정한 유교국가라 말할 수 있겠는가? 하는 역사적 문제점을 지금의 우리민족이 제대로 해결해

나가야 한다.

그런즉 우리민족은 앞으로의 나라 발전을 위해 다음의 유가의 가르침을 올바르게 수용해야 한다. 왜냐하면 아래의 글은 과거를 넘어서 오늘날의 민주주의에도 합당하기 때문이다. 곧 현대의 대의민주정치에서 정당을 매개로 하여 정파의 형성이 자연스러운 과정일지라도, 그러나 그 정파들이 애국애족의 이념을 벗어나 어떤 인물을 중심으로 권력쟁취에만 몰두하게 되면 곧 일반국민들을 삶을 피곤하게 하는 정국의 혼란만 초래하게 된다는 역사적 교훈 때문이다. 다시 말해 현대의 정치지도자도 여전히 민본주의를 추구해야 하고 그리고 그 과정에서 올바른 인재를 선택하여 그리하여 그들과 더불어 상생의 협치정치를 하여 언제나 국민을 위한 민본주의의 정치를 실행해 나가야 하는 점 때문이다. 따라서 그 점은 멀리 갈 필요도 없이 아래 글에서 그 근본을 찾아야 한다.

> "공자께서 말씀하셨다. 「군자는 두루 사랑하고 편당하지 않으며, 소인은 편당하고 두루 사랑하지 않는다.」"[209]

그런즉 정치지도자들은 언제나 민본주의의 이념을 공유하고서 나라의 발전을 도모해 나가야 하며 따라서 오로지 권력을 위해 곡학아세(曲學阿世)하고 권력을 위해 교언영색(巧言令色)하여 민중을 선동하는 정치꾼들이 끼기끼리 작당을 하여 파벌을 형성하는 일을 자신의 주변에서 철저히 경계해야 한다. 그러

209) 논어 p42

므로 또한 그 점도 멀리 갈 필요 없이 아래의 글에서 그 근본을 찾아야 한다.

> "공자께서 말씀하셨다(子曰). 「군자는(君子) 화하고 동하지 않으며(和而不同), 소인은(小人) 동하고 화하지 않는다(同而不和).」"[210]

더 나아가 정치지도자는 이념과 능력으로서 일을 추진해나가야 하기 때문에, 반드시 모든 판단의 근거를 철저히 민본주의의 근본이념에 두고서 같은 소속의 구성원들을 이끌고 나아가야한다. 그러면 서로간의 어울림이 설사 파벌처럼 보일지라도 그러나 그 모임은 누구에게도 개방되어 있는 동호회가 될 뿐이지 그 이상의 폐쇄적이고 맹목적인 성격을 지닌 이익집단이 될 수 없게 된다. 따라서 나라전체가 그와 같이 올바른 이념으로 의식화되면 마침내 바람직한 사회가 유지되고 그리고 발전될 것이다. 그러므로 더욱더 그 점도 멀리 갈 필요 없이 아래의 글에서 그 근본을 찾아야 한다.

> "공자께서 말씀하셨다(子曰). 「군자는(君子) 삼가서 엄숙하되 다투지 않으며(矜而不爭), 같은 뜻을 가진 사람들끼리 모이되 편당하지 않는다(群而不黨).」"[211]

그러면 고려조에서 조선조에서 이행한 과정이 철저하게 송학인 성리학을 받아들이려는 유학자들에 의해 주도되었기 때문에

210) ibid p270
211) ibid p317

그들이 과연 고대왕조의 천명사상에 담긴 진정한 유교정신에 투철하였는지가 의문의 대상이 아닐 수 없게 된다. 왜냐하면 오히려 조선조의 사대부와 유생들이 지향한 바의 정세가 유가가 철저히 경계한 패도정치에 오염된 정치노선을 나아갔기 때문인데, 그러면 그 사실은 역사의 준엄한 비판을 결코 피할 수가 없게 되기 때문이다. 다시 말해 공자의 제자들이 군자들이 지향해야할 바를 언급한 공자의 준엄한 말을 논어의 마지막 장의 대미로서 잘 수록해 두었기 때문이다.

> “…… 공자께서 말씀하셨다(子曰).
>
> 「명을 알지 못하면(不知命) 군자가 될 수 없으며(無以爲君子也),
>
> 예를 알지 못하면(不知禮) 설 수 없으며(無以立也),
>
> 말을 알지 못하면(不知言) 사람을 알 수 없다(無以知人治).」”[212]

곧 나라를 다스리는 위정자는 천명의 명(命)을 제대로 파악해야 한다는 교훈이다. 곧 사심과 사욕과, 좁은 식견과, 아집을 버리고 진정으로 나라와 국민을 위해 헌신해야 하는데, 그렇게 하려면 당연히 위정자는 먼저 올바른 도리의 지식을 갖추어야 하며 그리고서 올바른 정책을 수립하여 나라를 발전시켜나가야 한다는 교훈이다.

따라서 허장성쇠의 주기적 과정을 되풀이한 중국왕조의 역사를 형성한 중국과 그리고 그런 중국문화를 본받기 위해 소중국

---

212) ibid p390

(小中國)를 지향하여 성장이 멈추어버린 우리나라와 더 나아가 이들 양국의 문화를 수용하여 매우 빼어난 문화를 구축했지만 그러나 지나친 자기중심적 국가관의 한계를 극복하지 못한 일본이 서로 얽힌 동아시아의 역사를 앞에 두고서, 각 나라의 모든 지식인들은 서로 자기민족의 바람직한 미래를 향한 역사의식을 위해 제대로 된 의식의 눈을 뜨고서 과거의 잘못된 역사적 사실을 깊이 통찰하고 반성해야 한다.

어쨌든 이 문제를 논구한 본서는 동아시아의 고대사를 지금 새롭게 발굴되고 있는 유물과 유적을 바탕으로 하여 재구성하려고하거나, 또는 환단고기(桓檀古記)와 같은 전래의 책들을 바탕으로 하여 우리의 고대사를 새롭게 재구성하려고 하는 역사서가 아니다.[213] 물론 앞으로의 역사서는 새롭게 발굴되는 유물과 유적을 바탕으로 하여 동아시아의 고대사를 새롭게 수정하고 재구성해야겠지만, 그러나 본서는 중국고대왕조의 정통성과 중국민족의 정체성을 왜곡한 배경을 밝혀 종국적으로 동아시아의 삼국의 진정한 평화를 구축할 토양과 토대가 무엇인지를 규명하려고 시도한 것일 뿐이다.

---

213) 재야 사학계라는 표현이 다소 거칠겠지만, 어쨌든 간에 동아시아의 역사를 재구성하려는 노력은 그 자체로 높이 평가되어야 한다. 그리고 앙소문화, 홍산문화, 대문구문화, 이리두 문화 등 내몽고와 요동반도 및 중국내에서 발굴되는 갖가지 유적과 유물들이 보여 주는 바대로 언젠가는 동아시아의 역사를 다시 써야할 날이 올 것이다. 그러나 이 책의 의도는 환단고기와 같이 너무 그리고 미리 앞서간 고대역사의 기술을 뒷받침하기 위한 목적이 아니라, 누구나 객관적으로 논구할 수 있는 자료를 가지고서 중국의 고대역사를 바로 잡아 그리하여 우리민족 내에 뿌리 내린 사대주의의 경향을 해소하려는 것이다.

그러므로 지금까지 논구한 이 주제로부터 우리들은 다음의 두 가지 사안을 고려해 볼 필요가 있다.

첫째는 동아시아의 민주주의에 대한 장래의 전망이다. 지금의 서구민주주의가 동아시아 정치사상인 민본주의의 성질과 부합하였기 때문에 나름대로 이식의 토양을 마련하여 착근할 수 있게 되었다. 그런데 서구인의 인본주의사상을 바탕으로 하여 탄생한 민주주의가 동아시아 삼국의 정치지형에 따라 다른 모습으로 뿌리를 내렸기 때문에, 전제군주제도의 통치이념이 깊이 뿌리내린 중국과 우리나라가 민주주의제도를 쉽게 정착시켜 동아시아 공동번영의 기틀을 마련할 수 있겠는가?하는 우려감에 직면할 수 있게 되는데, 따라서 그 전망이 심도 높게 논구되어야할 것이다.

곧 그 점은 서구식 근대인본주의의 사고방식과 조화를 이룰 유교의 민본주의의 사고방식이 중국과 한국에서 퇴조되었기 때문에 그리고 더 나아가 그 공백을 서구사회주의 및 공산주의가 메웠기 때문에 곧장 그런 의문이 발생하게 되는 것이다. 물론 일본을 뒤이어 우리나라도 어느 정도 바람직한 방식의 민주제도의 운용단계에 접근한 것은 사실이지만, 그러나 여전히 우리나라는 성숙된 민주제도의 운용단계에 만족할 만큼의 수준에는 이르지 못했기 때문에 그런 것이다. 그러므로 우리민족이 그 약점을 극복할 방법으로 유교의 민본주의식 사고방식을 재차 고려해 볼 필요가 있는데, 그러나 과연 그 일이 가능하겠는가? 하는 의문점에 직면해서는 어느 누구도 자신 있게 긍정적으로 말하기가 실로 어려울 뿐이다. 그리고 중국도 마찬가지로 공산주의의 약점을 극복할 방법으로 유가의 민본주의적 사고방식을 고려할 수 있겠는가? 하는 의문점에 직면해서는 어느 누구도 자신 있게 긍정적으로 말하기가 실로 어려울 뿐이다. 그런데 그 일이 결단코 이루어지기만 하면, 여하튼 동아시아삼국은 유교의 근본가르침을 매개로 하여 바람직한 민주주의를 실현하여 공동번영의 발판을 제대로 마련할 수 있게 될 것이다.

둘째는, 앞으로 동아시아가 태평양을 마주보고 있는 미국과 더불어 정치·경제영역에서의 세계질서를 주도적으로 이끌고 나가야 하는데, 그 경우에 동아시아 삼국의 상호협력방법을 유교의 근본가르침이 제대로 그 역할을 수행할 수 있는 현대적 성격을 지닌 사상인가? 하는 관점이다.

그런데 이런 의문들을 검토하는 논구선상에서 보면, 여전히 중국이 중화사상에 도취되어 동북공정을 통해 동아시아의 역사를 왜곡시키고 있는 점은 진정으로 중국인들로 하여금 문명국으로 자부하도록 만든 예의의 근본정신을 스스로 부정하는 진정 부끄러운 작태에 해당하므로 따라서 반드시 스스로 시정해야 한다. 그런즉 우리민족도 적극적으로 올바른 역사관으로 동북공정과 같은 그런 안하무인격의 잘못된 반문명적 행위를 저지르는 중국인들로 하여금 반성케 만들어 그리하여 왜곡된 사실과 왜곡을 부끄러워하지 않는 그들의 태도를 바로 잡도록 해야 한다. 그렇게 되어야만 일본민족도 자신들이 자행한 역사왜곡을 바로 잡게 될 것이다.

그리고 나서야 비로소 중국과 일본과 우리나라는 공동으로 협화(協和)하여 동아시아의 공동번영과 평화를 추구하면서 그리고 더 나아가 세계문명국의 선두에서 인류문화 및 문명의 발전을 위한 상호협력을 주도적으로 적극 추진해나갈 수 있게 될 것이다. 그래서 지금까지 본서는 중국고대왕조사를 왜곡한 역사적 의의를 제대로 밝혀 우리민족의 역사의식을 바로 잡아 한다고 줄곧 주장하였다.

그러므로 우리민족이 과거역사를 돌이켜 통렬히 반성해야할 점은, 당연히 그것은 조선을 건국한 세력이 건국명분으로 내세운 숭유억불정책과 같은 그런 종류의 잘못된 결정을 결코 되풀이해서는 안 된다는 점이다. 그 이유는 숭유억불에서의 유가는 순수한 유가의 정신을 계승한 것이 아니라, 중화정신의 산물을 계승한 것에 지나지 않고 그리하여 그것은 조선왕조안위와 그에 동참한 세력의 기득권을 보존하려는 수단으로만 이용한 것에 지나지 않았던 것으로서 따라서 그에 대한 반성의 교훈은 여전히 진행형인 ing이기 때문이다.

물론 숭유억불정책을 두고서 고려왕조가 안고 있는 폐단을 바로 잡기위해서는 선택의 여지가 없었던 어쩔 수 없는 방법이었다고 두둔할 수도 있겠지만, 그러나 그렇게 하면 중국과 일본민족이 우리민족의 식견을 심히 비웃을 것이다. 왜냐하면 고려가 안고 있는 불교의 폐단을 당시의 정치적 역량으로 결코 극복할 수 없었다고 단정적으로 말하는 경우에는 불교의 폐해를 비판하는 정도를 넘어서 오히려 거꾸로 민족의 주체성을 스스로 부정하는 꼴만 초래하기 때문이다. 다시 말해 조선의 개국이 그런 폐단을 극복하기 위한 주체성의 발로였다면, 당연히 먼 훗날 조선 말기에 주자학의 폐단을 막기 위해, 가감하게 주자학을 포기하고 자발적으로 또한 적극적으로 서구문물을 받아들였어야만 했을 것이기 때문이다. 그러나 조선은 출발부터 폐쇄적이었듯이 대원군이 왕조의 안위를 위해 서원을 철폐해도, 왕조의 안위를 위해 철저히 쇄국한 점 때문에 더 이상의 변명이 허용될 수 없게 된다. 만약 진정으로 나라의 안위가 걱정되었다면 일본 막부가 미국에게 나라를 개방한 점과 비교하여 조선왕조의 조정이 나라가 처한 정세를 면밀히 살펴보아야 했을 것이다. 곧 우리민족이 우리민족의 정체성을 바로 회복하기 위해서는 이웃 일본이 싫더라도 일본의 개방을 참조해보았어야 했든 것이다. 더욱이 과거 일본도 고려시대처럼 불교의 폐단이 심했지만, 그러나 일본막부는 그 점을 극복하고서 나라를 이끌고 나아갔기 때문에 따라서 그런 점을 염두에 두게 되면, 당연히 고려를 몰락시킨 주자학(朱子學)파의 학자들이 불교를 배척하면서 고려를 몰락시킨 명분이 실로 어불성설에 지나지 않음을 파악할 수 있게 된다. 왜냐하면 그들이 내세운 역사의 종착역이 결국 우리민족의 문화와 역사를 소(小)중국화로 내몰고간 것이었기 때문이다. 그리고 마침내 조선의 왕조가 이웃 일본에게 치욕적인 국난을 맞이하게 만들었기 때문이다.

따라서 우리민족이 유가의 진정한 학풍을 공유하였다면, 결코 일본을 경멸하거나 무시하지 않았을 것이고 반드시 선린외교정책을 구사하여 일본과 공동번영을 추구하였을 것이다. 그런데 중화사상에 물들어 중국에게는 사대하고 일본인들은 무시하고, 만주인들은 오랑캐로 매도하였으니, 도대체 이런 해괴한 역사적 시각과 안목이 우리민족의 어떤 의식에서 연유되었는지 참으로 불가사의만 할 뿐이다.

그런즉 참으로 애석한 점은 이런 잘못들을 우리민족의 지식인들이 앞장서서 지적하고 바로 잡아야함에도 불구하고, 앞장서서 고려정권을 전복할 명분을 내세우기 위해 중국 송 왕조에서 비롯된 주자학을 집안의 신주단지 모시듯이 국교로 삼아 민족의식을 사대주의로 물들게 하였으니, 어찌 이 일이 통탄스러운 일이 아니겠는가? 그리고서도 임진왜란과 병자호란을 당한 치욕의 근본을 철저히 반성하지 않고 오로지 그들을 원망하면서 더욱 더 멸시하려고만 했으니 마침내 나라가 일본에 치욕을 당하기에 이르게 되었던 것이다. 다시 말해 만주족과 일본민족은 우리와 같은 고조선의 민족이었지만 멸시대상으로만 삼았고, 오히려 중국민족은 우리의 고조선을 멸망시켰음에도 불구하고 그들의 멸시를 무릅쓰고 기를 쓰고 그들을 뒤쫓아 가려고 하면서 심지어 자기역사를 비하하고 자기민족을 멸시하였으니, 참으로 그 일이 딱하지 않을 수 없을 뿐이다.

어쨌든 지금 우리민족은 역사이래로 우리민족의 영역을 벗어나 세계로 진출하였다. 북방의 퇴로가 막힌 이래로부터 한반도에 은거한 고조선의 후예는 제대로 기지개조차 제대로 켜지 못하고서 중국의 벽 앞에 움츠려 철저한 반도(半島)인이 되었지만, 지금의 세계화 정책은 우리민족이 맞이한 참으로 제대로 자신의 본색을 드려낼 절호의 기회이다.

그리고 이 기회는 평화를 사랑한 민족들에게 알맞게 외국을 정복하려 나가는 대신에 정정당당하게 상품을 들고서 전 세계로 진출하는 것이기에 지극히 바람직한 상황이다. 따라서 우리민족은 이 기회를 적극 활용하여 세계로 뻗어나가 세계 각국의 여러 민족과 어울러 동반성장과 공동번영을 구가하는 여세를 계속 몰고 나아가야 한다. 그러므로 우리사회의 각계각층의 지도자들이 세계로 뻗어나간 지금의 상황을 지속시켜 나가야 하는데. 그렇게 하려면 당연히 중화사상에 물든 우리민족의 의식을 올바르게 정화해야 한다. 곧 중국에 사대한 지난 과거의 역사를 제대로 직시하고서 그로부터 진정한 우리민족의 정체성을 회복해야 한다. 그 이유는 사대를 하지 않고서 당당하게 나라를 제대로 발전시킬 수 있었음에도 불구하고, 그런 굴욕의 사대를 자초한 역사적 잘못을 반성하지 않으면, 어느 지도자도 우리민족전체를 올바르게 통합시켜 나라의 번영을 지속적으로 도모하면서 세계평화를 추진하는 지도적 역할을 제대로 수행할 수 없을 것이기 때문이다.

따라서 우리사회의 각계각층의 지도자들은 우리민족의 과거역사의 불운을 유념하고서 한편으로는 우리나라의 인구와 영토와 자원이 지닌 정치·경제적 문제점을 극복하고 그리고 다른 편으로는 주변국과의 협력관계를 잘 만들어 나라를 발전시켜 나아가야 한다.

그리고 그 점은 우리국가와 민족이 세계중심국가의 민족으로 부상하려면 먼저 일본을 견제하기 위해 미국의 협력을 강화시켜야 하고, 그 다음으로 미국과 일본과의 협력을 바탕으로 하여 중국을 견제해야하고, 또 그 다음으로 일본과 중국과의 연대하여 동아시아의 문화를 세계의 중심문화로 거듭나게 하여, 마지막 단계로 처음으로 되돌아가 유럽문화를 수용하고 있는 미국과 더불어 인류의 공영을 주도해 나가야만 별 탈 없이 우리민족이 계승한 홍익인간의 이념을 매끄럽게 수행할 수 있게 될 것이다.

물론 수평적인 시각을 가지고 보면 자신이 선호하는 나라 때문에 이런 단계적 방법론이 매우 잘못된 것처럼 여겨질 수 있겠지만, 그러나 마치 달리는 자동차가 겉모습과 달리 생산과정에서 조립순서를 정확히 지켜야만 제대로 된 역할을 수행할 수 있듯이, 우리나라의 발전전략도 이와 같이 보이지 않은 내면의 이 순서를 반드시 제대로 지켜야만 주변강대국과의 갈등을 극복하고서 그들과 대등한 동반자의 입장에서 그들과 나란히 세계중심국가의 역할을 수행해 나갈 수 있게 된다.

따라서 본서가 3권을 마무리하면서 하고 싶은 말은 설사 우리민족의 구성원들이 개인적으로 단군신화(檀君神話)를 부정하든지 인정하든지 간에 상관없이, 자기 자신의 의식에 홍익인간(弘益人間)이란 고귀한 정신이 DNA로 자리 잡고 있다는 점을 자각해야 한다는 것이다.

인용경전 :

서경. 유교문화연구소 역, 성균관 대학교 출판부

시경. 유교문화연구소 역, 성균관 대학교 출판부

육도<삼략>. 세계병법대전집, 이 상옥 역, 하서출판사

관자·열자. 이 원섭 역, 현암사

논어. 전통문화 연구회, 동양고전국역총서 1. 성 백효 역.

묵자. 김학주 역, 대양서적

맹자. 전통문화 연구회, 동양고전국역총서 2. 성 백효 역

순자. A 김 학주 역, 대양서적

B 김 학주 역, 을유문화사

예기 상·하. 사서오경, 김 영수 역, 한국교육출판 공사

노자. 송 지영 역, 동서문화사

장자. 이 원섭 역, 대양서적

장자. 신동준 역, 인간사랑

한비자 A. 김 학주 역, 대양서적

B. 세계병법대전집, 김 상일 역, 하서출판사

C. 명역고전, 김 원중 역, 휴머니스트 출판그룹

D. 중국역대명저전집총서, 장각 역, 귀주인민출판사

사마천. 사기 본기·열전· 세가, 김 원중 역, 민음사

사마천. 사기 열전, 최 익순 역, 백산서당

자사. 대학(The chinese classics 1권), James legge 역, Clarendon press

지은이 이 현모

1974년 성균관 대학교 철학과에 입학하여 동 대학에서 학사, 석사, 박사를 취득한 후, 1984년 이래로 현재까지 국립 강릉원주(江陵原州) 대학교 철학과 교수로 재직하고 있음.

中華思想의 實體 (Ⅲ)

초판 1쇄 2017년 12월 15일

지은이 이현모

펴낸이 장석홍

펴낸곳 도서출판 장서원

주소 서울 용산구 한강대로 88길 21-5 (201호)

전화 703-5362 팩스 713-7436

등록 제 03-01213호

E-mail shjang1011@hanmail.net

정가 30,000원